GÜTERSLOHER VERLAGSHAUS

DIE VISION EINER NEUEN WELT

Günter Bauch, geboren 1949 in München, hat wie Konstantin Wecker das Münchner Wilhelmsgymnasium besucht. Als Fahrer, Roadie und Lichttechniker seit Konstantins Karrierebeginn immer mit dabei. Von den 80er Jahren bis heute auf den Tourneen Konstantins als Tourneebegleiter, Fahrer und Merchandiser tätig.

Roland Rottenfußer, geboren 1963 in München. Nach dem Germanistikstudium Tätigkeit als Lektor, Buch-Werbetexter und Autorenscout für verschiedene Verlage. Von 2001 bis 2005 Redakteur beim spirituellen Magazin »connection«, später für den »Zeitpunkt«, Schweiz, und »Matrix 3000«. Zahlreiche Artikel zu Themen aus Kultur, Politik und Spiritualität. Seit 2006 Chefredakteur www.hinter-den-schlagzeilen.de., Hrsg.: Konstantin Wecker. Zusammenarbeit mit diesem für drei Bücher, u.a. »Mönch und Krieger«. Veröffentlichung: »Schuld-Entrümpelung« (Goldmann Verlag).

Konstantin Wecker
mit Günter Bauch und Roland Rottenfußer

Das ganze schrecklich schöne Leben

Die Biographie

INHALT

Vorwort
(Konstantin Wecker) 9

**I. Wie ich Musiker wurde:
ein Weg mit Umwegen und Abwegen** 17

Meine Kindheit: behütet
(Konstantin Wecker) 18

Mein München: wo Flussmenschen dahoam sind
(Konstantin Wecker) 22

»Die Dinge singen hör ich so gern«
(Konstantin Wecker) 41

Wiedersehen mit Konstantin 1969/70
(Günter Bauch) 47

Zum ersten Mal im Gefängnis – und endlich frei
(Konstantin Wecker) 55

Die Jahre 1971 und 1972
(Günter Bauch) 58

Versicherungen
(Günter Bauch) 64

Lasst uns eben weiter irren!
(Konstantin Wecker) 70

Gardasee – Sommer war's
(Günter Bauch) 76

Sadopoetische Gesänge
(Günter Bauch) 85

Premiere in der Lach- und Schießgesellschaft
(Günter Bauch) 88

Die frühen Aufnahmen
(Roland Rottenfußer) 92

Berlin 1972
(Günter Bauch) 120

Bin ich ein Schauspieler?
    (Konstantin Wecker) 125
»Was passierte in den Jahren?«
    (Günter Bauch) 132

II. Geschichten des Erfolgs und des Scheiterns 143

»Gestern habns an Willy daschlogn«
    (Günter Bauch) 144
Toskana-Trilogie
    (Günter Bauch) 147
»Wieder dahoam«
    (Günter Bauch) 164
Kaffee Giesing, Männerwochen
    (Günter Bauch) 169
Lautes Glück und feine Gesellschaft
    (Roland Rottenfußer) 178
»Kein rechtes Herz für's Vaterland«
    (Roland Rottenfußer) 187
»Uferlos« und der Sog des Abgrunds
    (Roland Rottenfußer) 193
Herbert Rosendorfer
    (Günter Bauch) 203
Ein Hauptwerk und eine Mammut-Tournee
    (Roland Rottenfußer) 205
Die Justiz macht langen Prozess
    (Roland Rottenfußer) 217
Endlich wieder unten
    (Roland Rottenfußer) 224
»Mitten hineingestoßen ins Geistige«
    (Konstantin Wecker) 229
Sterben und Wiederauferstehen
    (Roland Rottenfußer) 242

III. Neue Erkenntnisse und alte Konstanten 249

Nach der Entlassung
(Günter Bauch) 250

»Die Vergangenheit umwandeln«
(Konstantin Wecker) 256

»Ich bin im Lieben gar nicht so versiert«
(Konstantin Wecker) 261

»Oh, die unerhörten Möglichkeiten!«
(Roland Rottenfußer) 269

»Papa, es schneit«
(Konstantin Wecker) 278

Manfred
(Günter Bauch) 285

»Vaterland«
(Roland Rottenfußer) 289

11. September 2001
(Roland Rottenfußer) 293

»Die Schwester meines Glücks«
(Roland Rottenfußer) 296

Irak-Reise 2003
(Roland Rottenfußer) 304

»Das Wasser hat mich gesucht, bevor ich
ein Dürstender war«
(Konstantin Wecker) 310

Der Klang der ungespielten Töne
(Roland Rottenfußer) 318

Buchautor Konstantin Wecker
(Günter Bauch) 321

Wut und Zärtlichkeit
(Roland Rottenfußer) 325

Firekeeper in Bleierner Zeit
(Roland Rottenfußer) 331

»Mönch und Krieger«
(Roland Rottenfußer) 339

Ein Ungenügsamer lernt loslassen
  (Roland Rottenfußer) 346
»Ohne Warum«: Mystik und Widerstand
  (Roland Rottenfußer) 351
»Zum dritten Mal nicht aufgewacht« –
neue Kriegsgefahr
  (Roland Rottenfußer) 357
»Tut doch, was dein Herz dir sagt« –
die Flüchtlingskrise
  (Roland Rottenfußer) 364
Warum ich kein Patriot bin?
  (Konstantin Wecker) 372
»Man muss das Pack enteignen« –
Aufruf zur Revolution
  (Roland Rottenfußer) 375
Philosophisches Intermezzo: »Ach, diese
verdammten Konzepte von Gut und Böse!«
  (Konstantin Wecker) 379
Unterwegs mit Konstantin Wecker
  (Günter Bauch) 383

IV. Mit der Zeit: immer dankbarer 405
Ich bin ein Lober
  (Konstantin Wecker) 406
So viele großartige Menschen ...
  (Konstantin Wecker) 414
Dass alles so vergänglich ist
  (Roland Rottenfußer) 437
Nachwort
  (Konstantin Wecker) 447

Das ganze schrecklich schöne Leben 454
Zeittafel 456
Text- und Bildnachweis 477

»Jeder Mensch erfindet sich früher oder später
eine Geschichte, die er für sein Leben hält.«

(aus Max Frischs »Mein Name sei Gantenbein«)

»Jemand fragt mich: Sind Sie ein guter Mensch?
Ich antworte: Zu sagen, ich sei ein guter Mensch,
wäre Hoffart, hieße also, ich bin kein guter Mensch; zu
sagen, ich sei ein schlechter Mensch, wäre Koketterie.
Die Wahrheit ist, ich bin mal ein guter und mal ein
schlechter Mensch. Das ganze Leben verläuft so, dass
es sich wie eine Harmonika zusammenzieht und dehnt
und wieder zusammenzieht – vom Schlechten zum
Guten und wieder zum Schlechten. Gut zu sein bedeutet
nur, den Wunsch zu haben, häufiger gut zu sein.
Und diesen Wunsch habe ich.«

Leo N. Tolstoj

VORWORT

Konstantin Wecker

Das Leben jedes einzelnen Menschen auf diesem Planeten wäre spannend genug, um in einer Biographie erzählt zu werden. Meistens sind es dann doch die eher Prominenten, deren Lebensgeschichten gelesen werden. Prominent aufgrund ihrer Verdienste, ihres Ruhms, ihrer Exzentrik – oder aber aufgrund ihrer Bösartigkeit. Aber auch die Biographien unauffälliger, sich stets dem Rampenlicht verweigernder Wesen wären der Beachtung wert.

Die Frage ist nämlich stets (ob der Mensch nun bekannt oder unbekannt ist): Wie entwickelt sich ein Lebensweg zu diesem einzigartigen Wesen, das es nie vorher gab und auch danach nie mehr geben wird?

Kein Wassertropfen gleicht dem anderen, keine Schneeflocke ist identisch mit einer anderen – und kein menschliches Leben, und sei es noch so angepasst, gleicht einem anderen.

In jedem Menschen lauern Abgründe und Höllen, in jedem ist das Unvergleichliche, Ewige und Göttliche zu erahnen, manchmal sogar zu erspüren. Jeder und jede hat seine eigene Geschichte, Eltern, Großeltern, Schrecknisse und Gnadenmomente, seine ureigene Vita eben, seine Biographie. Auch wenn man über Jahrzehnte hinweg mit anderen die gleiche Geschichte teilt, schon ein falscher oder richtiger Tritt aus dem stets gleichen Trott – und sei es nur der Zufall einer Sekunde, der einen zum Schwanken bringt –, ein Windhauch, ein kurzes Hinüber- oder Zurückblicken, könnte genügen, um die Weltgeschichte zum Beben zu bringen.

Es ist doch gar nicht sicher, ob es immer die Großen und Berühmten waren, die Heerführer und Kaiser, die Großdichter und Propheten, die unsere Weltgeschichte verändert haben – oft zum noch Inhumaneren, manchmal aber auch zum Menschlicheren.

Vielleicht war es die aus dem Moment geborene Befehlsverweigerung des Adjutanten eines Feldherrn, die das römische Imperium zum Einstürzen brachte. Vielleicht sind es aber auch viel weniger geschichtsträchtige Augenblicke, die zählen: das Händchenhalten zweier Verliebter zum rechten Zeitpunkt, ein Lächeln, das aus der Tiefe der Seele sprang, ohne damit etwas erreichen zu wollen, der unbedachte Satz eines im Ozean der Geschichte längst vertilgten Einzelgängers, die Abweisung einer Geliebten, der Pantoffel eines Ehepartners – ach, was weiß ich?

Wir alle drehen ständig am Rad der Geschichte, und keiner von uns, kein Einziger, kann sich da ausklinken. Auch wenn eine solche Vogel-Strauß-Politik einfacher wäre: Nein, so wie wir alle ein unvergleichliches und einzigartiges Leben haben, sind wir auch alle an dem beteiligt, was in der Welt geschieht. Am Schönen wie am Schrecklichen.

Vor über 30 Jahren habe ich fast im Rausch und ohne mir wirklich bewusst zu sein, was ich da in einer Nacht zu Papier gebracht habe, meine Elegien »Uns ist kein Einzelnes bestimmt« geschrieben. Sie enden mit den Worten:

Uns ist kein Einzelnes bestimmt.
Ein jeder ist die Menschheit,
geht mit ihr unter
oder wendet sie
zum Guten hin.

Spannend, wie mich nach drei Jahrzehnten diese Verse wieder einholen und wie sie mein Leben in einem neuen Licht erscheinen lassen.

Kann es überhaupt eine objektive Biographie geben?

Bei Egon Friedell, dem genialen Autor der »Kulturgeschichte der Neuzeit«, einem großen Bekenner des Dilettantismus und der subjektiven Geschichtsschreibung, kann man lesen: »Der Unterschied zwischen dem Historiker und dem Dichter ist in der Tat nur ein gradueller. Alles, was wir von der

Vergangenheit aussagen, sagen wir von uns selbst aus. Wir können nie von etwas anderem reden, etwas anderes erkennen als uns selbst. Aber indem wir uns in die Vergangenheit versenken, entdecken wir neue Möglichkeiten unseres Ichs, erweitern wir die Grenzen unseres Selbstbewusstseins, machen wir neue, obschon gänzlich subjektive Erlebnisse. Dies ist der Wert und Zweck alles Geschichtsstudiums.«

Schon als sehr junger Mann war ich von Friedell begeistert. Seine radikale Subjektivität, die sich nicht einmal bemühte, objektiven geschichtswissenschaftlichen Standards zu folgen, ließ uns aufhorchen. Wissenschaftliche Erkenntnisse sind kein Credo, dem man sich wie in der Kirche beugen muss. Man kann sie umstürzen, verwerfen und dann für sich selbst wieder neu entdecken. Wie sollte es da bei einer Biographie anders sein – zumal bei der eigenen?

Meine Biographie ändert sich ständig. Je nachdem, was ich an Neuem dazulerne, erfahren habe, erlebt und erlitten habe, verwandelt sich mein Gedächtnis. Gewisse Fakten bleiben, aber auch nur, weil sie so geschrieben stehen. Geboren am 1.6.1947 in München. Kann ich mich daran erinnern? Natürlich nicht. Man hat es mir gesagt. Der Eintrag vermodert irgendwo in einem städtischen Archiv. Und heute ist es natürlich in der digitalen Welt für immer im kollektiven Gedächtnis eingebrannt. Oder wird von der NSA irgendwann ausgelöscht. Aber wie erlebe ich heute meine Kindheit, und wie erlebte ich sie mit vierzig Jahren? Was ist mir heute wichtig an meinem einstigen Zusammensein mit meinen Eltern, und was war mir mit 17 wichtig?

In den letzten Wochen habe ich mit vielen Menschen darüber gesprochen, meist nach Konzerten, und fast jeder hat mir das bestätigt: Es gibt keine objektive Sicht auf die eigene Biographie.

Genauso hat natürlich der Blick anderer auf mein Leben in erster Linie mit seinem eigenen Erleben zu tun.

War ich als junger Mann für meine Freunde eher ein Konkurrent oder ein Freund, dem man liebend folgen wollte?

In den Augen der einen bin ich heute ein Sturkopf, der sich an seine 68er-Ideale klammert und nichts dazugelernt hat, für die andern vielleicht gerade deshalb ein aufrechter Künstler, der seinen Idealen treu geblieben ist.

In den letzten Jahren habe ich zwei Autobiographien geschrieben: »Die Kunst des Scheiterns« und »Mönch und Krieger«. Aber auch meine anderen bisherigen Bücher waren autobiographisch. Für meinen ersten Roman »Uferlos«, die Geschichte eines Drogenabsturzes, gilt das ohnehin, und bei meinem zweiten Roman »Der Klang der ungespielten Töne« sind Kindheit und Jugend Anselm Hüttenbrenners untrennbar mit denen des Konstantin Wecker verbunden.

Vieles aus all diesen Büchern würde ich heute anders schreiben – nicht weil ich glaube, dass es falsch oder schlecht wäre, sondern einfach, weil ich es anders sehe. Weil sich mein Gedächtnis nun anders erinnert an diese Zeiten, als ich das Erlebte damals gespeichert hatte.

Bei meinen Gedichten und den meisten Liedtexten verhält es sich anders. Die Gedichte passieren mir, sie berühren eine tiefere Ebene des Seins, sie sind auch oft frei von persönlichen Erlebnissen, sie sind eher frei von Ratio, sie ereilen mich wie Melodien, und ich habe keinen Zugriff auf den Akt ihres Entstehens. Wie ich oft auf der Bühne sagte: Sie waren und sind immer klüger als ich.

Aber über seine Biographie muss man zuerst mal nachdenken. Und sein Gedächtnis bemühen.

Und da hapert's sowieso bei mir.

Mit Jahreszahlen hab ich's nicht so, und bestimmte Phasen meines Lebens sind völlig im Nirwana abgetaucht. Gesichter konnte ich mir auch nur schlecht merken – einzig Gefühle, die ich in bestimmten Situationen hatte, tauchen immer wieder mal aus dem Nebel der Vergangenheit auf.

Aus welchem Grund auch immer, fiel es mir nie schwer, mehr im Jetzt als im Gestern oder Morgen zu verweilen.

Einen Bruder Leichtfuß mochte man mich deshalb gern schelten, aber ich bedauerte das nie, denn es ließ mich öfter die Gegenwart genießen, wo ich mir sonst quälende Gedanken gemacht hätte.

»Vielsorgerei« nennen die orthodoxen Christen diese Gedanken, die man nicht selbst denkt, sondern die einen denken: Gedanken, die einen daran hindern würden, zu Gott zu finden. Nicht dass sie mich nicht auch oft erwischt hätte, diese Vielsorgerei. Sie hat mich sogar häufig in die Knie gezwungen, und erst seit ich ein Lied darüber geschrieben hatte, vor gerade mal 16 Jahren, wurde mir klar, dass ich auch immer schon schwermütig gewesen bin.

Aber im Großen und Ganzen half und hilft mir mein eher schlechtes Gedächtnis, den Augenblick besser zu genießen.

Das kann man natürlich nicht verallgemeinern.

Mein Freund Günter Bauch zum Beispiel, ein Leuchtturm des guten Gedächtnisses, bei dem ich immer wieder wie in einem Lexikon blättern kann, würde sich wohl sehr verbitten, dass er deswegen den Augenblick nicht genießen könne. Ich glaube vor allem, er genießt sein gutes Gedächtnis, das ihn mit zunehmendem Alter aus allen Gleichaltrigen herausragen lässt.

Günter hat mich mein Leben lang als Freund begleitet.

Wir lernten uns im Gymnasium kennen, als Buben, und bis auf ein paar Jährchen Pause blieben wir einander immer eng verbunden.

Wir wohnten in München oft zusammen, wir lebten in Italien im gleichen Dorf und seit vielen Jahren begleitet er all meine Tourneen als Merchandiser.

Günter ist im schönen Sinn des Wortes mein bester Freund von Kindheit an, und wenn wir früher als jugendliche Gockel noch hin und wieder heftig gestritten haben, so hilft uns nun eine gewisse Altersabgeklärtheit, über derartigen Unsinn milde zu lächeln.

Günter war immer schon ein glühender Thomas-Mann-Verehrer, im Gegensatz zu mir, der ich Thomas Mann zwar mochte, aber seinen Sohn Klaus und seinen Bruder Heinrich viel spannender fand. Aber wir haben Günter natürlich wegen seines ungeheuren Wissens über den Nobelpreisträger schon sehr bewundert.

Seine Abiturarbeit über »Joseph und seine Brüder« – ein mehrbändiges Werk Manns, das selbst Germanisten meist nur vorgeben gelesen zu haben – wurde von den Lehrern natürlich mit einer Eins benotet: mit der Bemerkung, diese Note sei ein Akt der Hilflosigkeit, denn man könne ein solches Werk eines Schülers über das schwierige Riesen-Epos gar nicht angemessen würdigen!

Günter schrieb und schreibt sein Leben lang. Er ist ein wunderbarer Autor, und viele seiner Bücher warten noch auf den würdigen Verleger.

In seinen letzten Büchern beschrieb er oft die Zusammenarbeit mit mir und viele Geschichten aus unserer gemeinsamen Studentenzeit. Da lag es ja auf der Hand, ihn zu bitten, den Teil meiner Biographie zu schreiben, den er sozusagen hautnah mit mir erlebt hatte und erlebt.

Denn aus den erwähnten Gründen finde ich es viel spannender, nicht nur meine eigene Sicht auf mein Leben dem geneigten Publikum vorzustellen, sondern diese 70 Jahre auch aus anderer Perspektive zu betrachten – in diesem Fall aus der des Freundes und Wegbegleiters mit einem Gedächtnis, das meinem weit überlegen ist. Daher stammen einige Kapitel aus Günters Feder.

Ach ja – und wie ich es ja bei meiner Tour »40 Jahre Wahnsinn« bereits aufgedeckt habe, verbirgt sich hinter Günter ja auch noch der im Lied »daschlagne Willy«. Was liegt da näher, als gerade diesem »Willy« das Wort zu erteilen?

Der dritte Mitstreiter ist – versuchen wir's trotz Egon Friedell eben doch – der eher objektive Betrachter: Roland Rottenfußer. Ihn lernte ich vor 15 Jahren als Journalisten kennen. Er interviewte mich für spirituelle Magazine und offenbarte mir damals schon, dass er ein profunder Kenner des Weckerschen Liedguts war.

Ich mochte sofort seine stilsichere, kenntnisreiche und selbstbewusste Art zu schreiben, und zu meiner großen

Freude erklärte er sich nach einiger Zeit (2005) bereit, die Redaktion meines Webmagazins »Hinter den Schlagzeilen« (www.hinter-den-schlagzeilen.de) zu übernehmen.

Wir befreundeten uns, und mittlerweile ist dieser großartige Mensch und Autor aus dem Wecker-Universum nicht mehr wegzudenken. Wir verstehen uns vor allem auch in diesem oft bei mir heftig kritisierten Punkt der notwendigen Verbindung von Politik und Spiritualität.

Bis heute beziehen wir dafür Prügel, sowohl aus dem politischen Lager als auch aus dem spirituellen.

Die einen bekommen einen Brechreiz, wenn das Wort Gott von irgendwo in ihr ausschließlich materialistisches Weltbild einbricht; den anderen rollt es die Zehennägel auf, wenn man sie auffordert, aus ihrer Eso-Ego-Ecke hinabzusteigen in die fleischlichen Niederungen des politischen Engagements.

Dabei gibt es so wunderbare Beispiele sich engagierender spiritueller Meister, wie eben Bernie Glassman, mit dem ein Buch zu schreiben ich die Ehre hatte (herausgegeben von der großartigen Christa Spannbauer).

Die Zusammenarbeit mit Roland wurde immer enger, so dass er auch bei meinen Büchern »Mönch und Krieger«, »Entrüstet Euch« mit Margot Käßmann und »Dann denkt mit dem Herzen« eine große Hilfe war.

Eigentlich gehört ja zu uns drei Autoren noch ein vierter, stets bescheidener, aber unersetzlicher Mann, der mich seit vielen Jahren mit seiner beständigen Aufmerksamkeit, seinem Wissen und seiner Hilfsbereitschaft beglückt. Alexander Kinsky, mein Archivar und mein unermüdlicher Mitstreiter, Stichwortgeber, Freund. Ohne sein fundiertes Wecker-Wissen wären viele Anfragen in den letzten Jahrzehnten wohl unbeantwortet geblieben. Mein schlechtes Gedächtnis hab ich ja nun schon hinlänglich erwähnt und ohne das Kinskysche Fachwissen hätte ich wohl keine Ahnung mehr, welche Lieder, Filmmusiken, Gedichte, Notizen sich welchen Phasen meines Lebens zuordnen ließen. Seine Mitarbeit für »Hinter den

Schlagzeilen« und sein Administrator-Auge auf meiner Facebookseite sind von unschätzbarem Wert, und ebenso wäre diese Biographie ohne ihn nicht wirklich möglich gewesen.

Liebe Leserin, lieber Leser, diese Biographie ist ein wirklich neuer Versuch, einem ganz schön aufregenden Leben schreibend näherzukommen. Mir genügt meine eigene Sicht nicht, sie kommt mir etwas einseitig vor, und ich habe mich auch in so vielen Interviews, Internet-Blogs und auf facebook schon über mich ausgelassen.

Vielleicht finden Sie es ja genauso spannend wie ich, diese nicht unbedingt langweiligen 70 Jahre aus drei Blickwinkeln beleuchtet zu sehen. Sie halten die vielleicht einzige Autobiographie mit biographischen Elementen in den Händen. Der Autorenname am Anfang eines Kapitels macht sofort klar, wer sich hier zu Wort meldet und aus wessen Perspektive Sie durch mein Leben geführt werden.

So vielen Menschen gilt es Dank zu sagen für ihre Hilfe, für ihre Anregungen und Anstrengungen, damit dieses Buch entstehen konnte. Meine beiden Mitautoren habe ich schon gewürdigt, aber an dieser Stelle sei von Herzen Thomas Schmitz im Gütersloher Verlagshaus gedankt, der das Projekt auf die Beine gestellt hat und unermüdlich daran glaubte. Ebenso unserem Lektor Peter Schäfer und meiner großartigen Agentin Heike Wilhelmi.

Zu guter Letzt möchte ich Oliver Sacks zitieren, die letzten Sätze aus seiner bewegenden Biographie »On the Move«, die man treffender nicht schreiben könnte:

»Hunderte Menschen sind mir im Laufe eines langen und ereignisreichen Lebens lieb und wichtig gewesen, aber nur wenige von ihnen konnten in dieses Buch Eingang finden. Den anderen möchte ich versichern, dass ich sie nicht vergessen habe und dass sie ihren Platz in meinem Gedächtnis und Herzen behalten werden bis zu dem Tag an dem ich sterbe.« Mir geht es genauso: Danke, dass ich an eurer Seite sein durfte und ihr mein Leben bereichert habt.

I. WIE ICH MUSIKER WURDE: EIN WEG MIT UMWEGEN UND ABWEGEN

MEINE KINDHEIT: BEHÜTET

Konstantin Wecker

Um es vorweg deutlich und für immer gültig zu sagen: Ich hatte wundervolle Eltern. Was für ein Glück! Was für ein Geschenk!
 Ja, wird mancher nun sagen, aber gab es nicht auch Streit und Kampf, Tränen und Differenzen?
 Vielleicht – aber eben auch zärtliche Stunden, unvergessliche Einigkeit, Musik und Liebe und gemeinsames Lachen. Und was für ein Lachen: aus vollem Hals und gesundem Herzen, nicht spöttisch, sondern im Witz sich selbst vergessend.
 Haben meine Eltern Fehler gemacht? Was für Fehler bitte, außer dem einzigen großen Fehler, den wir alle teilen: menschlich zu sein.
 Wer wäre ich, wenn ich ihnen etwas vorwerfen würde, was ich mir im Laufe meines Lebens und meines Vaterseins ja auch immer vorzuwerfen hätte?
 Werfen wir die Vorwürfe in die Mülltonne.
 Entsorgen wir sie in einer getrennten Tonne, neben Papier, Restmüll und Sperrmüll. Entsorgen wir sie in der großen Tonne der moralischen Eitelkeit. Werfen wir sie in den Sumpf unserer eigenen Unzulänglichkeit, die immer wieder darauf bedacht sein wird, anderen anzulasten, was wir an uns selbst unerträglich finden.
 Ich liebe meine Eltern, mit ihren Untröstlichkeiten und Einsamkeiten, ihrer Hilflosigkeit und Großartigkeit, meine humanistischen, sich stets bemühenden, sich immer wieder selbst erobernden Eltern.
 Ich danke ihnen für mein Aufgehobensein in ihrer Großzügigkeit und ihrer alles umarmenden Liebe, auch und gerade weil sie selbst nie so sehr umarmt wurden. Nicht mal von mir, dem rebellischen, eitlen, kleinkarierten und sicher auch manchmal großherzigen jungen Mann.

Nun bin ich fast 70, die Biographie zu meinem runden Geburtstag steht vor ihrer Vollendung, und ich sage dir, liebe Leserin, lieber Leser: Ich kann dir nicht sagen, wie das ist, fast 70 zu sein.

Oft genug fühle ich mich immer noch wie der 4-Jährige, der auf dem Rücken seiner taffen Mama die *isaria rapida* (die Isar) durchquert. Alle schimpften, das sei verantwortungslos, und ich bräuchte doch wenigstens einen Schwimmreifen. Ich sei viel zu klein für solche Abenteuer.

Aber was war schon sicherer als eine den kalten Fluten der Isar trotzende Mama, bei der man, wenn man sie umarmte, aufgehoben war im Ewigen?

Was war sicherer als ihre Liebe?

Ja, sie war streng, ehrgeizig und fordernd, aber eben auch immer für mich da, ein steter Anker, der mich zwar tadelte, aber immer wieder auffing. Der mich manchmal auch, meistens später, verurteilte, aber immer auch wieder entschuldigte.

Und der sanfte Vater, geboren in einer Zeit, da der Militarismus die westliche Welt beherrschte und das Autoritäre die Seelen der Kinder vernichtete – dieser sanfte Vater, der mich lehrte, ungehorsam zu sein? Ungehorsam auch gegen ihn selbst, das konnte er vertragen.

Dieser Vater hat sich dem Gehorsam des Militärs verweigert, als Widerstand ungemein gefährlich war. Er sah nicht ein, sich von irgendeinem völkischen Vollidioten anbrüllen zu lassen in einer Kaserne, die viel zu weit weg war von seinem Elternhaus, zu weit weg von seiner Vorstellung einer geborgenen Welt. Mein Vater war es, der mir sagte: Wieso hätte ich auf jemanden schießen sollen, den ich gar nicht kenne?

Meine Eltern waren Humanisten, mit allen Schwächen und Schwierigkeiten, die Menschen nun mal eigen sind. Wenn Thomas Mann im Exil schrieb, er habe Angst vor dem »Abfall der Epoche vom Humanen«, dann konnte er nicht wissen, dass es selbst in dieser schrecklichsten Zeit der Umwandlung des Menschlichen ins unsagbar Unmenschliche, ja, Teuflische, noch Menschen gab, die sich auch von einer bejubelten Ideologie des Wahnsinns nicht entmenschlichen ließen.

Ja, auch dafür liebe ich meine Eltern: für die Standhaftigkeit, mit der sie dem Terror des Naziregimes die Stirn boten. Sie waren keine aktiven Widerstandskämpfer, aber sie widerstanden im Herzen. Und deshalb durfte ich schon als kleiner Junge mit ihnen reden über diese unfassbare Zeit des Schreckens. In meinem Elternhaus wurde nicht aus Scham geschwiegen, sondern diskutiert, gefordert, gelacht und geweint.

Eine Laudatio? Ja, natürlich, ein Psalm, ein Lobgesang. Sie mussten mich ertragen und haben mich getragen – bis zu ihrem Lebensende.

Ich sehe jetzt schon die Psychologen die Ohren spitzen. Liebe Kolleginnen, liebe Kollegen, ich weiß, was ihr nun vielleicht denkt: Da verdrängt jemand Kindheitstraumata, indem er verherrlicht, was ihm auch Schmerzen bereitet hat.

Was ich an der Psychologie, die ich ja durchaus auch studiert habe mit heißem Bemühen, so gar nicht mag, ist, dass sie einen oft darin bestärkt, Schuldige zu finden.

Ihr wisst doch: Im Alten Testament gab es ihn noch, den Sündenbock. Das ganze Dorf lud seine Sünden auf ihn, und dann wurde er verjagt oder geschlachtet. Und dann war man ohne Sünd'.

Was aber, wenn es gar keine Sünde gibt? Kein Strafgericht Gottes? Nur Verfehlungen, Irrungen, Wirrungen, ein Sich-Absondern – der ursprünglichen Bedeutung von »Sünde« entsprechend – vom Wesentlichen, uns allen Ureigensten, dem wahren Wesen unseres Seins?

Als mein Vater mich, seinen 19-jährigen Sohn, zum ersten Mal im Knast besuchen durfte, seinen Sohn, der ohne ein Wort zu sagen von zu Hause abgehauen war und die Kasse der Rennbahn Riem in München ausgeraubt hatte, sagte er: »Ich hab dir immer schon gesagt, dass zwischen Künstler und Verbrecher nur ein kleiner Unterschied besteht. Wie es aussieht, taugst du nicht zum Verbrecher.«

Was für ein grandioser Satz eines Vaters, der allen Grund gehabt hätte, zu schimpfen, zu toben, mich zu enterben und sich von mir loszusagen.

Mich erfüllt ausschließlich Dankbarkeit, wenn ich an meine Eltern denke.

Und auch die Mama kämpfte wie eine Löwin für mich, wenn sie die Nachbarinnen aus unserem Stadtviertel Mitleid heuchelnd verhöhnten.

Obwohl sie moralisch war, obwohl sie katholisch war – sie stand zu mir. Sie war eben eine liebende Mutter.

Ach so viele sind so unglaublich schlau und haben Erziehungsmodelle und sprechen davon, wie man Kinder behandeln und bestrafen müsse – dabei muss man nur eines: sie bedingungslos lieben. Ohne Warum.

So bedingungslos wie Gott uns liebt.

Und auch wenn es keinen Gott geben sollte: Es ist ausschließlich diese bedingungslose Liebe, der wir unser Sein verdanken.

Worte sind Symbole. Gott ist ein Symbol, Liebe ist ein Symbol.

Und jetzt fragen Sie mich vielleicht: Ja, wofür denn?

Für das Unbegreifliche, das wir immer in uns spüren, wenn wir einen kurzen Augenblick Zeit haben zwischen den Attacken unserer Gedanken.

MEIN MÜNCHEN: WO FLUSSMENSCHEN DAHOAM SIND

Konstantin Wecker

Wenn ich an München denke, denke ich an die Isar, und wenn ich an die Isar denke, denke ich ans Kindsein, ans Spielen und an Sommer. Vor allem an Sommer. Ich habe den Winter einfach ausgeklammert aus meiner Erinnerung, um genug Platz zu lassen für Wärme und Geschrei. Geschrei vor allem, um den Fluss zu übertönen. Lauter Momentaufnahmen. Alles Standbilder.

Alles auf ein paar tausend Quadratmeter Kieselsteine begrenzt, wo man leichtfüßig drüber wegflog. Ich war allerdings schon damals etwas behäbiger als alle anderen, ich war schon immer ein schwerer Junge. Begrenzt durch die Bäume auf der anderen Isarseite, wo's nach Haidhausen geht: Feindesland. Wir lieferten uns prächtige Prügeleien, begrenzt auch durch den Wasserfall. Früher war da noch ein Damm, und die Kenner wussten ganz genau, wo man reinhechten musste, um heil zwischen die Felsen tauchen zu können.

Die Fremden schlugen sich oft die Schädel auf, da kamen wir dann recht zum Retten mit unseren Lebensretterhöschen und Lebensretterkappen. Wer den DLRG-Grundschein nicht hatte, brauchte sich sowieso nicht sehen zu lassen auf der Schtoanse. »Schtoanse« kommt von »steinig« – unser Lehel-Lido an der grünen Isar.

Damals aber war noch kein Denken dran, dass man dieser flussgewordenen Lebensfreude mal ein Leid antun könnte, und so hat der Fluss mein Leben geprägt. Du gibst ihm einen Namen, betrachtest ihn, und keinen Augenblick ist er derselbe. Andauernd zieht was anderes, Neues an dir vorbei, denn das Sein eines Flusses ist sein Werden, und so wollt ich mich auch immer neu entwickeln. Auch wenn mir damals als Kind dieser philosophische Gedanke in der Form noch nicht gekommen ist, ist er in meiner Rückschau mit ihm verknüpft.

Die liebe Isar und der Urwald beim Flaucher und der Grand Canyon hinter Grünwald und die Isarfeste an der Isarlust. Und natürlich die Spitzbande, gefährliche Burschen. Ich habe immer tief und ehrfürchtig gegrüßt, wenn sie knastblass und federnd an mir vorbeitigerten. Die Spitzbande, das war einfach alles, was man selbst nicht war: Sex und Crime und Anarchie. Das war die heiß ersehnte Wirklichkeit. Männerfreundschaft und Bizepskult, dahin zog es mich, wenn ich an Frühlingstagen zum Physiksaalfenster hinausträumte, wenn ich in unserem ehrwürdigen Wilhelmsgymnasium Bakuninthesen an die Toilettentüren nagelte. Als Humanist muss man halt alles in einen Vers zwängen, ein Leiden, dem ich bis heute nicht entrinnen konnte.

Die Isar hat mich geprägt wie der Lech den Brecht. Ich denke, ich und die anderen Kinder waren »Flussmenschen«. Das ist eine sehr schöne Verbindung. Ich habe auch immer betont, dass nicht stehendes Gewässer, sondern der Fluss mein Leben geprägt hat. Es macht einen großen Unterschied in der Lebensphilosophie, ob du ein Meermensch bist oder ein Flussmensch, der sich dauernd verändert.

Ach, das war alles noch so nah beisammen, die ganze Welt in ein Stadtviertel gepresst. Und das hat auch genügt, das war mehr als genug, um die ganze Welt kennen zu lernen. Was wäre eine Münchner Kindheit ohne Kirchen? Ohne die bösen Religionslehrer und ohne die lieben Fratres und die Beichte: Ich habe Unkeusches gedacht, gefühlt, gesehen, getan. Mein Gott, wie soll man sowas nur ehrlich beichten, war ich doch schon ganz schön früh frühreif, aber leider nur für mich ganz allein. Die Mädchen waren immer schon von den schöneren Jungs »besetzt«.

Also, die Kirchen: Mit Rom können wir da sicher nicht mithalten. Aber die zwischen die Häuser geduckte und dann innen so ausladend verschwenderisch freche Asamkirche, das Gasteigkircherl oder die St. Annakirch' (da hab ich immer gebeichtet und war so selten befreit, weil ich halt immer a bisserl lügen musste). Nein, natürlich, mit Rom können wir nicht mithalten, aber die Protestanten müssten vor Neid schon erblassen, wenn sie ehrlich wären. Ich jedenfalls fand es immer schon großartig, dass so viele Jahrhunderte lang so viel Kraft, Zeit, Geld und Arbeit in etwas Übersinnliches gesteckt wurde.

Und wie er mich auch manchmal gequält haben mag, der Katholizismus – speziell dieser bayerische Katholizismus – ich möchte ihn nicht missen mit seinen Zeremonien, seiner Magie, seinen lateinischen Litaneien. Das ist heute alles entzaubert, langweilig geworden. Die Fronleichnamsprozession hat nichts Heiliges mehr. Jesus tut einem heute gar nicht mehr leid. Klar, ich bin älter geworden, muss mich nicht mehr auf die Zehenspitzen stellen, um den Leichnam des Herrn Jesus zu sehen. Achtundsechzig schlich ich mich manchmal heimlich in die Ludwigskirche (wehe, ein Genosse hätte mich dabei ertappt), um ein bisschen in mich zu gehen und den Draht zu meinem Herrgott nicht ganz zu verlieren.

Der Dom zum Beispiel hat mir nie so gefallen, aber dieses bayerische Barock, wo man das Gefühl hat, am liebsten würden sie mit der himmlischen Familie ein Saufgelage abhalten in ihren Kirchen, das kommt mir schon sehr entgegen. Da lässt sich's einkehren und den Papst auch mal kurz vergessen. Da kann man dann schon auch mal eine Kerze anzünden und sich auf den lieben Gott besinnen, der schon so lange kopfschüttelnd vor dem ganzen Firlefanz steht, der da mit ihm veranstaltet wird.

An der Feldherrnhalle, wo sich die Wüstesten der Nazikrakeler alljährlich trafen, ohne dass der liebe Gott auch nur einmal ein Donnerwetter aus der Theatinerkirche nebenan geschickt hätte (aber er wurde ja auch kein einziges Mal dazu aufgefordert von seinem Stellvertreter), da, wo sich gleich nebenan beim Hofgarten unser gewichtigster ehemaliger Landesvater seinen Kindheitstraum verwirklicht hat – am Odeonsplatz also, bin ich als kleiner Bub zum ersten Mal von der großen Politik berührt worden. Da stand ich mit roten Ohren verklärten Blicks, keine Ahnung von gar nichts und hab dem Charles de Gaulle zugejubelt. Ausgerechnet dem de Gaulle. Aber es haben eben alle gejubelt.

Sonntags sind wir zusammen geradelt, natürlich die Isar entlang, rauf oder runter, Flaucher oder Hirschau, um dann endlich eine Radlermaß zu trinken. Die heißt zu Recht so, denn sie schmeckt nur nach dem Radln. Frag einen Münchner, wonach er sich im Ausland am meisten sehnt, und er wird antworten: nach einem Biergarten natürlich.

Es gibt natürlich auch unangenehme Menschen hier, die mit den Gebrauchtwagenverkäufer-Köpfen, die nachts um vier in den Cocktailbars große, dumme Reden schwingen, die Schweinemetzger-Schickeria, diese selbstgefälligen, erzkonservativen, nie um einen Strauß verlegenen Bajuwaren, die einem diese herrliche Stadt und diesen warmen, weichen Dialekt fast vermiesen könnten. Aber die Stadt ist winkelig genug, damit man ihnen aus dem Weg gehen kann. Man kann ins Volksbad fliehen und sich die letzte Nacht aus dem Blut dampfen, denn auch das Müller'sche Volksbad, dieser Fast-Jugendstil-Tempel, ist nicht aus der Welt.

Am Samstag, wenn's gemischt ist, sollte man das Dampfbad meiden. Da ist die neue Spießigkeit am Drücker (nackt so schön all ihres progressiven Habitus beraubt). Nein, man gehe am Donnerstag, am Männertag, zum Dampfen, da wird man nicht abgelenkt von großen oder kleinen Busen, da kann man seinen Bauch rausstrecken und auf den FC Bayern schimpfen von Fall zu Fall. Gerade bei strahlendem Sonnenschein suche man das Dampfbad auf, wenn alle anderen bei den Nackerten draußen liegen und wenn die alten Dampfhasen endlich wieder unter sich sind. Und fällt dann ein Stück Sonne durch die Kuppel im Dampfraum, dann gibt's keinen Ort auf der Welt, wo ich mich weicher fühlen könnte.

Und beim Nachhausegehen höre ich immer noch meine Mutter pfeifen, vom vierten Stock runter, sehe sie aus dem Fenster gebeugt, und dann schimpft sie mich, weil ich natürlich wieder zu spät dran bin, und ruft mir zu, was ich bei der Frau Christmann noch einkaufen soll. Und dann weiß ich wieder ganz genau: Wo auch immer in der Welt ich mich noch aufhalten werde oder muss: »Da bin i geborn und da ghör i hi.«

Mutter: »Stehe immer zu dem, was du tust!«

Oft schnürte mir die Strenge deiner Liebe
wie eine Last den Hals. Die Tür fiel zu.
Mir war so bang, dass mir für mich nichts bliebe
vielleicht stiehlt uns das heute noch die Ruh.

Es tat dir weh, wie ich dich oft verbannte
um jeden buhlte und dich übersah
den Süchtigen versucht das Unbekannte
du warst so selbstverständlich einfach da.

Du warst die Mutter. Die war mein Gewissen.
Was dich bewegte sah ich lange nicht.
Wie einstmals Gott hab ich dich töten müssen
jetzt könnt ihr auferstehen im Gedicht.

Es war doch immer nur die eigne Enge
die mich so oft nicht weiter werden ließ.
Nur so verstummen Verse und Gesänge
so schwindet der Geschmack vom Paradies.

Du bist dein Eigen. Und nur du
kannst mit kaputtem Rücken gehen.
Die Lügner sehen unbeholfen zu
die können nicht mal grade stehn.

Da hast du dich schon lang befreit
wo andre nach Befreiung schrein
die huren mit dem Geist der Zeit
du wirst du selbst für immer sein.

Du warst da groß wo andre meist versagen
und hast dich nie verkauft für schnöden Lohn
und solltest du mich wieder schwer ertragen
vergiss nur nicht: ich bin dein Sohn.

Dass ich nicht fiel, verdank ich dir
mein Dichten fällt auf dich zurück
du lobst, verzweifelst auch in mir
du leihst mir den geraden Blick.

Und nun so sich die Wunde schließt
die du mir warst, die ich dir schlug
jetzt wo du vieles leichter siehst
was sich so schwer mit dir vertrug

bitt ich, dass dich, nein, dass uns beide
dein Engel einst nach Hause führt
und dass Erinnerung, die leide
nun als Vergessen an dich rührt.

Wenn ich so gern auf die Bühne gehe, hat das sicherlich mit dem Drang zu tun, Liebe zu erfahren, also mit dem Wunsch, geliebt zu werden. Ich habe gedacht, wenn man von seiner Mutter so viel Liebe wie ich mitbekommen hat, dann dürfte man das doch gar nicht so sehr brauchen. Mittlerweile sehe ich, dass es umgekehrt ist: Wenn man so viel Liebe bekommen hat, sucht man genau diese starke Liebe immer wieder und ist dann furchtbar enttäuscht, dass es das nicht noch einmal gibt.

Je älter ich werde, mit desto mehr Verständnis betrachte ich meine Eltern. Früher sind sie mir manchmal spießig vorgekommen, heute im Rückblick finde ich sie großartig. Ich habe Phasen gehabt, da habe ich in meiner Mutter das Böse gesehen, obwohl ich wusste, dass sie mich mit Liebe geradezu überschüttet hat. Eine Mutter wie die meine wollte ihr Kind natürlich nie hergeben. Es war traurig, als ich daheim ausgezogen bin. Doch ihre Liebe ging ja weiter, folgte einem. Und da gab's dann natürlich immer wieder Stationen und Situationen in meinem Leben, die sie nicht begreifen konnte. Ich konnte ihr dabei auch nicht helfen, vor allem, wenn ich mich selbst vor ihr verschlossen hatte. Das ging bis zu ihrem Tod so: Ich war eingepanzert und stur, und sie panzerte auch. Aber bei alldem wusste ich eines ganz genau: Ich hätte einen Mord begehen können – wenn meine Mutter meine ehrliche Hilflosigkeit gespürt hätte, hätte sie mich in die Arme genommen und gesagt: »Jetzt schauen wir mal, wie es weitergehen soll.«

Meine Mutter hatte aufgrund ihrer Liebe zu mir meinen Werken gegenüber die größtmögliche Toleranz. Als ich mit fünfzehn Jahren meine ersten »revolutionären« Gedichte schrieb, in denen noch eimerweise Blut geflossen ist, hat sie mich unterstützt und verstanden. Mein Vater, der in Wirklichkeit gar nicht emotionslos war, aber sehr diszipliniert mit sich selbst umgegangen ist, akzeptierte meine Texte erst Jahre nach meinem Debüt als Liedermacher – seit sie nicht mehr so viel von Sturm und Drang an sich hatten und in seinem Sinne philosophisch geworden waren.

Meine Mutter war immer mehr bereit, auf meine Entwicklung einzugehen. Die Einfühlsamkeit, die sie mitbrachte, hat er nicht für wichtig erachtet. Mein Vater war Philosoph, ein Denker und Idealist. »Er denkt, er ist ein denkender Mensch«, hat meine Mutter vom Vater gesagt. Sie hatte überhaupt immer solche fertigen, druckfertigen Sätze, die ich nie vergessen werde, deren Bedeutung mir teilweise erst heute ganz bewusst wird. Als Kind habe ich immer von ihr gehört: »Meinen Hund würde ich nicht für eine Million verkaufen.« Das habe ich nicht verstanden, weil eine Million einfach ein Haufen Geld für mich war. Und wir hatten doch keins.

Das Schöne an meiner Mutter war ihre ganz und gar unbürgerliche Einfühlsamkeit. Sie mochte zum Beispiel meine allererste LP, die Sadopoetischen Gesänge, über die viele Leute schockiert gewesen waren. Es gab bei mir auch einmal eine Phase, in der der weitere Verlauf meines künstlerischen Wirkens auf der Kippe stand. Da dachte ich: Jetzt schreibst du einmal ein paar Schlager unter einem Pseudonym, das bringt Kohle – und die hätte ich nötig gehabt. Als ich das meiner Mutter erzählte, hat sie gesagt: »Steh zu deinem Namen – mach, was du machen willst, aber wenn du's machst, dann steh dazu.« Sie hat mich also nicht unbedingt vom Kommerziellen abhalten wollen, aber sie ist derart zu mir gestanden, dass ich es gar nicht fertig gebracht hätte, ins kommerzielle Lager abzurutschen. Auch dies hatte natürlich wieder damit zu tun, dass das Materielle in dieser Familie nie eine Rolle gespielt hat.

Vater: Philosoph und erster musikalischer Mentor

Niemals Applaus. Kein Baden in der Menge
und Lob, das nur vom kleinsten Kreise kam.
Und das bei einer Stimme, die die Enge
des Raumes sprengte, uns den Atem nahm.

Dein »Nessun' dorma« war von einer Reinheit,
die nur den Allergrößten so gelang.
Du blühtest nur für uns. Der Allgemeinheit
entzog das Schicksal dich ein Leben lang.

Und trotzdem nie verbittert, keine Klage
du sagtest einfach, deine Sterne stehn nicht gut.
Doch gaben dir dieselben Sterne ohne Frage
die Kraft zur Weisheit und unendlich Mut.

*Mir flog das zu, was dir verwehrt geblieben
du hattest Größe und ich hatte Glück.
Du hast gemalt, gesungen, hast ein Buch geschrieben
und zogst dich in dich selbst zurück.*

*Du hast die Liebe zur Musik in mir geweckt
und ohne dich wär ich unendlich arm geblieben.
Du bliebst verkannt und hast dich still entdeckt,
ich war umjubelt und ich hab mich aufgerieben.*

*Das, was ich heute andern geben kann,
wäre nicht denkbar ohne dich.
Es war dein unbeachteter Gesang
der in mir klingt und nie mehr von mir wich.*

*Und meistens sagt man erst zum Schluss
was man verdeckt in tausend Varianten schrieb:
wenn ich an meinen Vater denken muss
dann denk ich stets – ach Gott, hab ich ihn lieb.*

Ich glaube, am Beispiel meines Elternhauses kann man sehr deutlich sehen, wie wenig es eigentlich auf das Milieu – oder sagen wir, den gesellschaftlichen »Stand« eines Elternpaars ankommt. Wichtig ist, wer die Eltern sind, nicht was. Wir sind eigentlich eine Kleinbürgerfamilie mit wenig Geld gewesen. Aber mein Vater war absolut kein Kleinbürger, sondern ein Künstlertyp. Ich habe ihm als Kind oft vorgeworfen, dass er nicht wie ein Künstler aussieht. »Die, die so aussehen«, hat er gesagt, »sind meistens keine.« Er meinte: »Wer auf Künstler macht, der hat's irgendwie nötig.«

Ich bin zwanzig Jahre lang eigentlich mit einem Existenzminimum aufgewachsen. Meine Eltern hatten nie Geld, aber immer ein ganz bestimmtes Niveau. Sie haben es geschafft, dass ich nie darunter leiden musste, dass kein Geld da war. Ich hatte ein Fahrrad, und auf dem bin ich mit meinem Vater zum Starnberger See gefahren. Andere Eltern hatten damals schon längst ein Auto. Als ich meinen Vater einmal fragte, warum wir kein Auto hatten, antwortete er: »Weil wir keins brauchen.« Entscheidend ist, dass ich meinen Vater nie deswegen verachtet habe. Heute behaupten so viele Eltern, sie müssten im Beruf Kompromisse machen – wegen des Geldes und weil ihre Kinder dies und das bräuchten. Das ist Irrsinn, weil die Kinder dadurch die völlig falschen Prioritäten beigebracht bekommen: Eltern, die die Finanzkraft besitzen, uns alles Mögliche zu kaufen, aber nicht den Mut, auch im Beruf sie selbst zu sein.

Mein Vater war kein Mensch, dem man sich bei jeder Gelegenheit in die Arme werfen wollte. Dennoch fühlte man sich bei ihm geborgen, weil er einen nie moralisch verurteilte. Meine Mutter hat meinem Vater manchmal mangelndes Engagement für mich vorgehalten. Ich selbst hatte dieses Gefühl nie, weil ich wusste, wenn ich ihn brauchte, dann war er als mein Vater immer da. Er hat mich ja zum Beispiel auf eine wunderbare Art vor der Bundeswehr bewahrt. Ich hatte den Einberufungsbescheid bekommen, weil ich mich nicht darum gekümmert hatte, rechtzeitig zu verweigern. Mein Vater sah den Einberufungsbefehl, bekam vor Wut einen roten Kopf, zerriss den Wisch und ging damit aufs Kreiswehrersatzamt. Dort sagte er, er sei bei den Nazis nicht beim Militär gewesen, und sein Sohn werde nun auch nicht zum Militär gehen. Mit diesen Worten legte er ihnen die Fetzen des zerrissenen Schreibens auf den Schreibtisch. Die haben ihn dann beruhigt, und ich habe einen zweiten Musterungstermin bekommen. Diesmal war das Ergebnis negativ: Ich brauchte wegen seelischer und geistiger Defekte nicht zum Militär. Na ja, vielleicht hatten sie teilweise auch Recht damit, aber mir ist es eben gelungen, besagte Verhaltensauffälligkeiten zum Künstlertum zu überhöhen.

Es gehört schon Mut dazu, einen Einberufungsbefehl zu zerreißen, obwohl jeder Bürger weiß, dass das verboten ist. Ich habe sehr an meinem Vater bewundert, dass er sich nie vor irgendeiner Institution wie Militär oder Polizei geduckt hat. Er hatte keinerlei Respekt vor Machtapparaten. Hier muss ich natürlich sagen, dass ich mit meinem Familienhintergrund großes Glück hatte. So viele in meiner Generation – jener der »Alt-68«, wie wir ja gern genannt werden – haben sich ihr ganzes Leben lang an ihren Nazi-Eltern abgearbeitet. Wer nichts über meine Eltern wusste, mochte aufgrund meiner Texte sogar mutmaßen, ich wolle mit meinen nonkonformistischen Äußerungen gegen ein reaktionäres Elternhaus rebellieren. Nichts könnte falscher sein. In meiner ganzen Familie – väterlicher- und mütterlicherseits – gab es nur Anti-Nazis. Da war kein einziger Mitläufer bekannt. Allen voran mein Großvater (der Vater meiner Mutter): Der ist damals auf die Straße gegangen und hat auf Hitler geschimpft – als Beamter wohlgemerkt! Als sie ihn dann verwarnten, hat er geantwortet: »Ich bin ein alter Mann, mir tut ihr nichts.«

Ich zögere, mich als Nachfolger dieser mutigen Familienmitglieder zu betrachten, denn das Rebellieren ist heute vergleichsweise ohne Risiko. In meinem Lied »Fast ein Held« sang ich: »Hätt ich zu meines Vaters Zeit dasselbe Lied geschrieben? Manchmal beschleicht mich das Gefühl, ich wär sehr stumm geblieben.« In jedem Fall aber haben mich diese Vorbilder geprägt. Es war und ist meine Aufgabe, eine solche Tradition fortzusetzen, nicht gegen sie zu rebellieren.

Mein Vater hat mich ernst genommen. Und er hat vielsagend gesprochen und sich zugleich das Recht vorbehalten, in bestimmten Situationen gar nichts zu sagen. Er wäre nie auf den Gedanken gekommen, mich zu belehren. Obwohl er mir durchaus manche Dinge erklärt hat – oft auf eine schöne Art. Zum Beispiel hat mich als Kind der Begriff »Ewigkeit« beschäftigt, wie sicher jedes Kind einmal. In schlaflosen Nächten habe ich manchmal in den Himmel geschaut. Was war dahinter, etwa die Ewigkeit? Da sagte mein Vater zu mir: »Da brauchst du nicht in den Himmel zu schauen. Ein Baum, der könnte dir viel von der Ewigkeit erzählen – ein Stein noch mehr.« Da hab ich das Wort »Ewigkeit« dann für mich verstanden – zumindest akzeptiert.

Oder eine andere Geschichte: Als Bub habe ich mich furchtbar geschämt, wenn ich in einer Schlägerei plötzlich jemandem gegenüberstand, der viel größer und stärker war als ich, und wenn ich dann aus Feigheit abgehauen bin. Da sagte mein Vater einmal zu mir: »Ich versteh dich gar nicht. Wenn du im Dschungel einem Tiger begegnest, dann haust du doch auch ab auf den nächsten Baum, und nachher erzählst du jedem stolz, dass du dem Tiger entkommen bist.« Diese Erklärung hat bei mir viel ausgelöst. Ich kämpfe heute nicht mehr um jeden Preis, auch wenn ich auf viele standhaft, vehement, ja, aggressiv wirken mag. Früher habe ich Kampfsituationen bewusst aufgesucht, um meine Kräfte zu messen und weil ich Rabatz liebte – heute gehe ich ihnen meist aus dem Weg. Das hat auch mit Respekt vor den Menschen zu tun. Aber auch die Weisheit meines Vaters wirkt hier in mir weiter.

Nicht zuletzt ist mir ja auch die Musik von meinem Vater vermittelt worden, denn er war Sänger. In gewisser Weise bin ich froh, dass mein Vater in diesem Beruf erfolglos war. Denn dadurch hatte er genug Zeit, um mit mir zu musizieren. Wäre er hingegen ein Welttenor gewesen – wozu er zweifellos die Veranlagung und das stimmliche Material hatte –, dann wäre mit mir sicherlich etwas ganz anderes passiert. So jedoch war er fast immer zu Hause, hatte Zeit und konnte mit mir üben. Es war eine Erfahrung der Liebe in zweifacher Hinsicht. Da war erstens die Liebe zur Musik, die er mir vermittelt hat, und zweitens natürlich die Liebe zu meinem Vater. Dies kam vor allem dadurch zum Ausdruck, dass wir zusammen die größten und schönsten Liebesduette der Operngeschichte sangen: ich mit meiner Knabenstimme die Frauen- und mein Vater die Männerpartie.

Alles, woran ich mich erinnern kann, hat mit Musik zu tun. Mein Gedächtnis ist anscheinend nicht in der Lage, Bilder zu bewahren, es hat sich stattdessen mit Tönen vollgesaugt und mit Belcanto. Caruso und Tauber, Björling und Schipa und tagaus, tagein der verführerische Schmelz der Tenorstimme meines Vaters, sein unschuldiges, fast kindliches Timbre – all diese Klänge verzauberten unsere Wohnung, ließen sie über die Dächer der Stadt hinausfliegen in italienische Opernhäuser und Palazzi. Ich lernte mit Verdi zu hoffen und mit Puccini zu weinen, ich starb tausend Tode mit Manot und träumte von einer letzten Reise mit meiner geliebten Violetta. Es herrscht ein reges Frauensterben in den Belcanto-Dramen jener Zeit, und mir, dem die Oper das einzige Tor zur Wirklichkeit war, schienen Liebe und Tod untrennbar verbunden.

Gerade mal fünf Jahre alt, trällerte ich, wie Mutter mir erzählte, die Arien nach, die mein Vater unermüdlich übte. Dann lernte ich Klavier spielen, und schon bald begann ich zu improvisieren und bescheidene Melodien zu komponieren. Einige Jahre vor dem Stimmbruch sang ich mich mit meinem Vater quer durch die Klavierauszüge seiner Lieblingsopern. Was für ein ungewohnter Zusammenklang der verwandten Stimmen in den schönsten Liebesduetten der Musikgeschichte vereint! Was für eine Herausforderung für die Mutter, die in diesen Momenten die Liebe des Vaters wie die des Sohnes der Musik opfern musste! Wir beachteten Mutter nicht mehr, wenn wir sangen.

Ich war Mimi, und als wäre ich die Wiedergeburt einer Geraldine Farrar, ließ sich mein Pathos durch keine musikalische Leitung zügeln. Ich ließ mich von Puccini selbst leiten und von der Liebe, die seinen Melodien und harmonischen Progressionen entströmt. Und damals wenigstens war ich mir sicher: Wer noch nie bei Puccini geweint hat, kann nicht zur menschlichen Spezies gezählt werden. Vater liebte zwar Puccini ebenso abgöttisch wie ich, doch dann verschwand er so sehr im Gesang, war so mit der Vollendung des Tones beschäftigt, mit dem samtenen Gewand des Belcanto, mit der nie versiegenden Atemquelle, der Schlankheit der Atemsäule, dass er das Geschehen der Oper völlig aus den Augen verlor und sich von meiner unprofessionellen Leidenschaft führen ließ.

Mit dem Verlust der engelsgleichen Knabenstimme verlor ich die künstlerische Selbstsicherheit, und mein traumwandlerisches Klavierspiel wich einem trotzigen Aufbegehren gegen alles, was mir geschenkt worden war. Der gefallene Engel sank mit seiner Stimme um ein paar Oktaven tiefer in die Niederungen der Fleischlichkeit.

Als nun mit dem Stimmbruch die himmlische Leichtigkeit, mit der ich vierzehn Jahre lang musikalisch jubilieren durfte, irdischeren Konzepten weichen musste, entdeckte ich die moderne Musik und das dazugehörige Leben. Der kehlige und heisere Bluesgesang, das kurzatmige, immer erregte Schluchzen und Stöhnen des Rock 'n' Roll, dieser ungeschulte und spontane Aufschrei der Gefühle, schien mir bald ehrlicher und erstrebenswerter als jede Kantilene. Es wollte mir nicht mehr genügen, meinen Melodien, die mir immer noch zuflogen und auf die ich weiterhin wie auf einen verborgenen, nur mir bekannten Schatz zurückgreifen konnte, klassische Harmonien zuzuordnen. Meine Improvisationen begannen, sich im Kreis zu drehen, meine Finger warteten auf neue Ideen, ich war offen für die Klänge der Welt außerhalb der Kartause meines Elternhauses.

Erste Zweifel gegen die musikalische Unfehlbarkeit des Vaters regten sich, und der Verlust der Klarheit und des Schmelzes meiner Stimme zwangen mich geradezu, mich vom Gesangsstil meines Vaters zu distanzieren und mir andere Vorbilder zu suchen. Mit dem Ende unseres gemeinsamen Musizierens zerbrach der wichtigste Zusammenhalt der Familie.

Vater arbeitete, kaum mehr ansprechbar, neben seinen täglichen Solfeggien und seinen unermüdlichen Versuchen, nichts als Licht auf die Leinwand zu bannen, an einem dramatischen Gedicht. Eine göttliche Komödie, die er erst am Ende seines Lebens ins Reine bringen sollte. Viel später bedeutete er mir einmal, er hätte nie etwas vollenden wollen, da ihm immer nur die Arbeit an und für sich wichtig gewesen sei. Nichts Vollendetes würde je von Menschen geschaffen werden, alle Schönheit sei im Ungeschaffenen verborgen.

Vater antwortete auf meine Fragen meistens mit klaren Sätzen, die, je älter ich werde, umso lebendiger vor mir auferstehen. Mutter tadelte ihn oft wegen seiner Naivität, vor allem wenn er uns wieder mal in finanzielle Schwierigkeiten gebracht hatte. Einmal nahm er mich beiseite und raunte mir zu: »Wie soll man denn ohne Naivität dieses Leben einigermaßen anständig überstehen?« – »Alexander«, pflegte meine Mutter dann zu sagen, »was tuschelst du mit dem Jungen!« Das war keine Frage, das war ein Befehl, sofort die Heimlichkeit einzustellen. Sie hatte immer Angst, man könne sich gegen sie verbünden. Vater grinste darauf verschmitzt und zog sich in seine Komödie zurück.

Bis zur Pubertät war ich durch die Musik und das Singen, durch die Selbstverständlichkeit dieses Talentes, dieses Gottesgeschenks, in anderen Gefilden. Ich war nicht in der Wirklichkeit verankert, meinem Gefühl nach war ich den Engeln nahe. Die Pubertät zog mich dann brutal auf die Erde zurück. Plötzlich forderte mein Körper vehement sein Recht ein, und über viele Jahre hinweg pendelte ich auf diese Weise zwischen zwei Extremen: vom Himmel hinunter zur Hölle, und zurück. Natürlich gehört all das zur musikalischen Entwicklung, aber ich empfand es wohl besonders intensiv und fühlte mich geradezu zerrissen von diesen widerstreitenden Gefühlen. Ich fühlte mich nicht mehr in das gewohnte Urvertrauen eingebettet.

In der Folge begann ich schon sehr früh, von zu Hause auszureißen, was viele zu der Vermutung brachte, ich hätte keine glückliche Kindheit gehabt. Ich glaube im Nachhinein gar nicht, dass ich von meinen Eltern wegwollte; ich fühlte mich nur derart aufgewühlt, dass ich nur einfach irgendwohin wollte. Wahrscheinlich wollte ich mein verlorenes Kindheitsparadies an einem anderen Ort wieder suchen.

Vielleicht tue ich bis heute nichts anderes, als dieses Paradies wieder zu suchen.

Genau betrachtet, hatte ich mehr als nur eine glückliche Kindheit. Ich hielt mich durch die fast ausschließliche Beschäftigung mit wunderbarer Musik zum großen Teil in einer ganz anderen Welt auf – einem Bereich, der in gewisser Hinsicht gar nicht von dieser Welt ist. Pathetisch gesprochen ist die Musik für mich eine Treppe zum Himmel. Das ist eine Sprache, die eher an Meditation angrenzt als an unseren Intellekt. Musik ist vielleicht die einzige Möglichkeit, um etwas zu erahnen von der eigentlichen Wirklichkeit.

Ich bin meinen Eltern auch deswegen unendlich dankbar, weil ich nicht kommerziell verheizt wurde, wie es zehn Jahre später mit Heintje geschah. Ich sang gleichwohl als Solist im Rudolf-Lamy-Kinderchor, im Theater am Gärtnerplatz in Benjamin Brittens Kinderoper »Der Schornsteinfeger« und für Schallplatten- und Filmaufnahmen. Auf der 1959 erschienenen Schallplatte »Heimat, deine Lieder« wurde ich erstmals namentlich erwähnt. Die Platte war lange Jahre ein gesuchtes Sammlerstück. Meine Mutter hütete drei Exemplare davon, wie vieles andere auch aus meiner Frühzeit, bis an ihr Lebensende in unserer Wohnung am Mariannenplatz.

Im Februar 2002 rief sie mich und einige Freunde an einem Nachmittag an, ich solle unbedingt sofort den Fernsehapparat aufdrehen. Gesendet wurde der Heimatfilm »Mein ganzes Herz ist voll Musik« von 1959, und der beginnt mit einer ländlichen Kirchenaufführung der Bach-Kantate BWV 71 »Gott ist mein König« unter der Leitung von Erika Köth an der Orgel – und mit mir als Knabensolist, offenbar ganz versunken in das musikalische Geschehen. Ich musste von einer Mitsängerin angestupst werden, um meinen Einsatz auf die Zeile »der alle Hilfe tut« nicht zu verpassen. Bis zu meinem zweiten Filmauftritt sollten dann übrigens 13 Jahre vergehen. Es war ein Werk ganz anderer Art, »Die Autozentauren«, zusammen mit Ingrid Steeger.

Wilhelmsgymnasium: erste musikalische Aufbrüche

Einmal im Jahr war es mucksmäuschenstill im Musiksaal. Da waren selbst die wildesten Musikverächter und Musiklehrerquäler gebannt von den zwei Füßen, zuckend in der Glut. Und von dem aufsprühenden und zischenden Feuermeer und dem ergrauten Herrn, dem gestern »dunkelbraun sich noch gekraust das Haar«. Conrad Ferdinand Meyers »Füße im Feuer« als Bezwinger einer Horde wilder Knaben – oder war's doch die Vorleserin, eine ältere Dame, deren Name mir entfallen ist, die uns Knaben verzauberte? Auch ich saß geröteten Kopfes in meiner Bank und wagte nicht mich zu bewegen, um auch jedes Detail dieses furiosen Vortrags in mich aufsaugen zu können: Kein Räuspern, kein Augenaufschlag, keine noch so kleine Veränderung ihrer fast singenden Stimme sollte mir entgehen.

Unserem sanften Lehrer Bissinger wollte das nicht gelingen. Was mühte er sich redlich ab, uns die Schönheiten der Musik nahezubringen, Volkslieder und Kunstlieder zuallererst, die er mit seinem samtenen Bariton, sich selbst am Klavier begleitend, vortrug! Keine Chance, die Klasse zu begeistern. Die meisten erledigten ihre Hausaufgaben während der Musikstunde, hielten ein Schwätzchen, träumten sich an die Isar hinüber, wildere Abenteuer im Sinn, als sie Ännchen von Tharau je erlebt hatte.

Musiklehrer Bissingers Paradestück war »Hab mei Wage vollgelade« – da blühte er auf, das war sein Dialekt; und bei der Stelle »voll mit alte Weibse« verzog er den Mund, angeekelt, und bei »voll mit junge Mädle« juchzte er geradezu auf, etwas zu exaltiert, will mir heute scheinen. Ich mochte ihn, den stillen, musikbegeisterten Mann, er nahm mit mir ein paar Kunstlieder auf Tonband auf, bei denen er meinen Sopran kompetent und gefühlvoll am Klavier korrepetierte. An das »Heideröslein«, das wohl später noch öfters Schülern vorgespielt wurde, und ein Wiegenlied von Reger kann ich mich noch gut erinnern. Das Heideröslein habe ich sogar mal auf meine CD »Vaterland« als Hidden Track geschmuggelt.

Ich mochte ihn nicht nur – ich habe ihm viel zu verdanken, diesem Einzelgänger, diesem so aufrichtig von der Musik Besessenen. Er hat mir mit seiner Freude am Musizieren beigebracht, dass einem auch ein Haufen musikalischer Banausen nicht die Lust am Singen nehmen kann, dass man auch über alle Vorurteile und Gemeinheiten hinweg seinem Herzensanliegen treu sein kann, dass man seine Leidenschaft nie verraten sollte. Er hat mich darin bekräftigt, auch gegen rationales Besserwissertum das Pathos zu bewahren. Vermutlich war er zu sensibel für diesen Beruf, er war kein Dompteur, kein Schülerbändiger wie sein Kollege Büchinger. Man kann nie alle erreichen. Auch nicht als Lehrer.

Ja, ich mochte ihn und litt oft mit ihm, wenn ihm wieder mal besonders übel mitgespielt wurde, und ein bisschen schäme ich mich auch, ihm damals nicht tapferer zur Seite gestanden zu haben. Aber wer wollte schon als Streber dastehen oder gar als Lehrerversteher, und so habe ich eben meistens auch mit den Wölfen geheult oder in das große Summen mit eingestimmt, das in den letzten Jahren oft den Beginn seiner Unterrichtsstunde einleitete: Einer begann ein stimmhaftes »S« anzustimmen, und schon bald war der ganze Raum erfüllt von diesem S-Choral. Einige wollten wohl damit etwas andeuten, was immer wieder im Raum stand, aber nie bewiesen wurde und heutzutage schon gar kein Thema mehr ist.

Mich allerdings hat er erreicht. Und mir bleibt er unvergessen. Ich habe mich jedes Mal gefreut auf diesen schönen Raum mit seinen großen Fenstern und dem respektablen Flügel auf der kleinen Bühne.

Zwei Stockwerke tiefer – soweit ich mich noch erinnere – war der Physiksaal: das krasse Gegenteil zu dem Raum mit der verzauberten Stimmung oben. Für mich jedenfalls. Denn das war das Reich des Lehrers Urban, und uns beide verband eine tiefe gegenseitige Abneigung. Noch Jahre nach meinem eher unfreiwilligen Schulabgang drohte er unaufmerksamen Schülern mit den Worten: »Wenn ihr nicht aufpasst, werdet ihr enden wie der Wecker: im Knast!« Mir blieb bis heute verborgen, ob diese martialische Drohung einigen faulen Buben den Weg zum großen Physiker geebnet hat. Bei mir hat der Herr jedenfalls jede mögliche naturwissenschaftliche Karriere im Keim erstickt.

Im Musiksaal aber fühlte ich mich geborgen. Noch heute sehe ich mich manchmal am Fenster sitzen, wohlig geschaukelt von Bach- und Mozartklängen, betört vom Zauber all der großen Komponisten, die uns Herr Bissinger näherzubringen versuchte.

Oft setzte ich mich in der Pause an den geliebten Flügel und improvisierte ein wenig; und manchmal entdeckte ich dann meinen Lehrer, der sich unbemerkt in eine der hinteren Bänke gesetzt hatte und meinen nicht wirklich großartigen Versuchen stumm lauschte. Manchmal setzte er sich dann zu mir auf die Klavierbank, lobte mich und gab mir ein paar Tipps.

Und jetzt, da ich mich wieder zurückversetze in diese Zeit des musikalischen Aufbruchs, tut es mir richtig leid, es ihm nicht schon damals wenigstens einmal gesagt zu haben: Wenn's auch zu spät ist — danke, Lehrer Bissinger!

»DIE DINGE SINGEN HÖR ICH SO GERN«

Konstantin Wecker

> *Ich fürchte mich so vor der Menschen Wort.*
> *Sie sprechen alles so deutlich aus:*
> *Und dieses heißt Hund und jenes heißt Haus,*
> *und hier ist Beginn und das Ende ist dort.*
>
> *Mich bangt auch ihr Sinn, ihr Spiel mit dem Spott,*
> *sie wissen alles, was wird und war;*
> *kein Berg ist ihnen mehr wunderbar;*
> *ihr Garten und Gut grenzt grade an Gott.*
>
> *Ich will immer warnen und wehren: Bleibt fern.*
> *Die Dinge singen hör ich so gern.*
> *Ihr rührt sie an: sie sind starr und stumm.*
> *Ihr bringt mir alle die Dinge um.*
>
> Rainer Maria Rilke

Je älter ich werde, desto intensiver beschäftigt mich die Frage, was mich mein Leben lang mit der Poesie so stark verbunden hat. Sicher ist diese große Liebe zum poetischen Wort erst mal meiner Mama zu verdanken. Sie liebte Gedichte und rezitierte sie oft zu Hause, als ich noch ein sehr kleiner Junge war.

Sie rezitierte sie nicht aus pädagogischen Gründen, um mich damit zu belehren, sondern aus Begeisterung für die Verse und Reime. Sie machten ihr Freude, und ich lauschte, mal bewusst, mal unbewusst, den Klängen und Melodien der geheimnisvollen Sprache.

Damit wurde sicher eine Lunte gelegt, die sich Jahre später in meiner Pubertät zu einem Feuer entfachen sollte.

Mit etwa zwölf Jahren schrieb ich meine ersten eigenen Verse, meistens im Stile Eichendorffs oder Mörikes, romantische Gedichte, die ich in einem Sammelband in der Bibliothek meiner Eltern entdeckt hatte und die mich sehr ansprachen.

Wenn man in diesen frühen 60er Jahren als Kind lesen wollte, musste man sich die Bücher der Erwachsenen greifen, denn Literatur für Kinder gab es kaum. Einzig an den »Münchner Bilderbogen« und »Struwwelpeter« kann ich mich erinnern und natürlich an »Max und Moritz«.

Dann entdeckte ich die Expressionisten, und ich glaube, ohne diese großen Leidenden hätte ich meine Pubertät nicht überstanden.

Wie ich in der »Kunst des Scheiterns« schrieb, war ich auch nicht wirklich schuld daran, dass ich das erste Mal von zu Hause ausgerissen bin.

Georg Trakl war's.

Er war schuld, dass ich das erste Mal von zu Hause ausriss.

Und Georg Heym und Ernst Maria Stadler und Jakob van Hoddis. Viele Namen dieser oft so früh verstorbenen, so tief empfindenden, so unendlich traurigen Dichter des expressionistischen Jahrzehnts habe ich leider vergessen, aber ich kann mich noch gut erinnern an ein Taschenbuchbändchen, das sich ausschließlich den Gedichten dieser Zeit widmete und das mich nachhaltig davon überzeugte, dass dieses bourgeoise Gymnasium mit seinen bourgeoisen Karriereaussichten jeder freien künstlerischen Entwicklung im Wege stehen musste.

»Lyrik des expressionistischen Jahrzehnts« hieß das Buch, zu dem Gottfried Benn ein Vorwort geschrieben hatte, und kein weiteres Buch hat meine eigene lyrische Produktion auch nur annähernd so beeinflusst.

Ich litt mit diesen großen Leidenden, ich zog mit ihnen in den Krieg, ich lag verwundet im Schützengraben, ein Notizbüchlein auf den blutenden Knien, und reimte von blauen und trüben Stunden im »sinkenden Abend«, in der »austreibenden Flut«.

Ich berauschte mich an Trakls Versen und seinem tragischen Geschick, wie Jahre später an süßem Lambrusco, wir schwänzten die Schule und gaben uns in diversen Kaffeehäusern allmorgendlich eine Dröhnung expressionistischer Gedichte.

Mein Freund Stephan, ein stiller, scheuer Junge, der wunderschön Blockflöte spielen konnte, hörte zu. Ich rezitierte. Das verständnislose Kopfschütteln der übrigen Gäste wertete uns anfangs auf, ihre Verständnislosigkeit bestätigte uns in unserem Kampf gegen die Spießer dieser Welt, später vergaßen wir auch sie.

Die blaue Stunde wurde zum blauen Tag, zur blauen Woche, dem Bürger flog vom spitzen Hut der Kopf, und Anna Blume?

Ich liebe dir! Du, deiner, dich, dir, du tropfes Tier!

Nicht nur die Stunde war blau, auch unsere Herzen: blau. Keine Alkaloide damals, nicht mal ein Bier. Himbeerlimonade und Waldmeister, ein Kakao und eine Butterbreze, ab und zu eine Semmel tief in den Senftopf getaucht, mehr konnten wir uns sowieso nicht leisten.

Das Taschengeld war knapp bemessen, und ohne ab und zu in die Hosentasche unserer Väter zu greifen, hätten wir unsere Kaffeehausstunden nie finanzieren können. Nein, keine Drogen, sondern einzig die wunderliche Komposition der Worte verrückte unsere Welt, der Fluss der Sprache und ein bedrohlicher, sich nur selten erhellender Rhythmus wie von fernen Kriegstrommeln angefacht.

Dann lasen wir erschaudernd vom frühen Kokaintod des Meisters, der als Sanitäter die Toten des Ersten Weltkriegs nicht mehr ertragen wollte, zu viele Leichen, zu viele Verstümmelte, und ihm war das Herz so schwer geworden, dass er, noch nicht mal dreißig Jahre alt, sein Leben hingab.

Nein, ich war's nicht, Georg Trakl war schuld, dass dieser vierzehnjährige Romantiker, statt in die Schule zu gehen, eines Morgens mit hochrotem Kopf am Bahnhof stand, um ein neues Leben als freier Dichter zu beginnen.

Ja, das war mein großer Traum, ein Leben als freier Dichter, Rinnstein-Poet wollte ich werden, auf der Straße leben und auf abgelaufene Straßenbahntickets meine Ergüsse kritzeln. Nicht um berühmt zu werden, sondern um Dichter zu sein. Ohne warum. Keine Leistung erbringen, sondern leben im Augenblick. Blühen wie die Rose blüht.

Natürlich muss ich mir ein halbes Jahrhundert später die Frage stellen, ob mir das auch nur annähernd gelungen ist.

Ruhm lenkt ab vom eigentlichen Sein, nährt die Gefallsucht.

Ruhm lässt einen zu sehr nach den Blicken der anderen schielen und hindert einen an der Selbstbetrachtung.

Und doch, glaube ich, ist es mir durch meinen Enthusiasmus für Melodien und Poesie gelungen, immer wieder diese tiefen Momente der Kreativität zu durchleben, die mich weg vom Äußerlichen das erahnen ließen, was »die Welt im Innersten zusammenhält« – um wieder einmal meinen geliebten Goethe zu zitieren.

Die Augenblicke, in denen mir meine Gedichte passieren, sind außerhalb der Zeit. Sie entlarven die Zeit als ein zwar notwendiges, aber doch eigentlich sehr unvollkommenes Instrument, um uns in dem, »was ist«, zurechtzufinden. In dieser Wirklichkeit, von der wir immer nur einen minimalen Ausschnitt verstehen und erklären können.

Diese Augenblicke sind ewig, das heißt nicht in der Dimension der Zeit angesiedelt. Natürlich kann man das erst nachher irgendwie versuchen, in Worte zu fassen, denn währenddessen ist man ja zeitlos. Es sind zweifellos stets die glücklichsten Momente meines Lebens gewesen, denn sie waren mehr als glücklich: Sie verwiesen auf eine Glückseligkeit, die nur erahnbar ist, aber eben weil sie zu erahnen ist, auch irgendwo in einem selbst zu finden sein muss.

Schon seit Jahrtausenden wird zwischen Glück und Glückseligkeit unterschieden. Das Glück ist ein vergänglicher, an Körperlichkeit gebundener Zustand, Glückseligkeit ist immerwährend – das eigentliche Wesen des Seins.

Nun – das hoffe ich jedenfalls.

Aber, um an die anfängliche Frage anzuknüpfen, was der Urgrund meiner Liebe zur Poesie sein könnte: Die Poesie lehrt uns, dass Worte nur Symbole sind. Die Buddhisten sagen: Der Finger, der auf den Mond zeigt, ist nicht der Mond. Und das Wort »Mond« ist eben auch nicht der Mond, sondern immer nur unsere jeweilige Vorstellung davon. Wir müssen uns daran gewöhnen, dass es vom Mond – wie von allem – nicht die eine endgültige Interpretation geben kann.

Der Wissenschaftler hat bei dem Wort »Mond« eine völlig andere Vorstellung als der Verliebte, der im Mondschein wandelt; der Mondsüchtige, vom Vollmond gequälte eine andere als der Bauer, der seine Samen nach den Phasen des Mondes sät.

Und was ist nicht alles für Unheil angerichtet worden mit einer endgültigen Interpretation und Definition des Wortes »Gott«. Schon als sehr junger Mann, in einer Zeit, da ich mich diesem Wort und Glaubenskonzept restlos verweigerte, um es nicht in eine Zwangsjacke zu stecken, hatte ich mit dem Gott Rilkes keine Probleme. Im Gegenteil:

Was wirst du tun, Gott, wenn ich sterbe?
Ich bin dein Krug (wenn ich zerscherbe?)
Ich bin dein Trank (wenn ich verderbe?)

Bin dein Gewand und dein Gewerbe,
mit mir verlierst du deinen Sinn ...

Ich habe an den Anfang dieses Kapitels auch ein Gedicht Rilkes gestellt.

Ich habe es als junger Mann geliebt, aber wohl nicht annähernd so gedeutet, wie ich es jetzt zu verstehen glaube.

Das ist ja das Wunderbare an Gedichten, dass sie sich ändern mit jeder Phase deines Lebens, dass mit jeder neuen Erfahrung eine andere Seite beleuchtet wird, ein anderes

Wort zum Klingen kommt, ein anderer Satz wichtig wird, obwohl die Worte dieselben bleiben.

Nichts ändert sich, und doch wird alles anders.

Die Poesie lehrt uns, dass das Leben nur jenseits der Sprache zu erklären ist. Dass man die »Dinge singen« lassen muss, anstatt sie »umzubringen«.

Ja, natürlich: Wir brauchen die Sprache, um uns verständlich zu machen, wir sollten uns ihrer bedienen. Aber die Ratio darf nicht zum Herrscher werden über das Leben. Die sich der Worte bedienende Ratio ist ein Werkzeug, das es zu pflegen gilt. Mehr nicht.

Die Worte bergen mehr in sich, als wir in sie hineindeuten können.

Die Poesie ist der Wegweiser dazu.

Und deshalb glaube ich auch an die Poesie als Mittel zum Widerstand.

Immer schon haben die Mächtigen versucht, die Deutungshoheit über die Worte zu erlangen, ihre Interpretation zu bestimmen und uns zu diktieren.

Gerade die Verrückt-heit der Poesie bringt uns wieder dazu, das, was scheinbar für alle Zeiten festgefügt wurde, neu zu betrachten, neue Wege zu erforschen, nicht im Althergebrachten zu ersticken.

Um eine neue Welt zu erschaffen, brauchen wir auch ein neues Denken, und da die Worte dieselben bleiben, müssen wir den Mut haben, sie neu zu deuten, zu interpretieren, in neue Zusammenhänge zu stellen.

Und dem zu lauschen, was sie uns in ihrer Tiefe noch anzubieten haben.

Vielleicht einfach wieder mal schlendern, ohne höh'ren Drang, absichtslos verweilen in der Stille Klang.

WIEDERSEHEN MIT KONSTANTIN 1969/70

Günter Bauch

Jahrelang hatte ich Konstantin nicht mehr gesehen, allenfalls von ihm gehört. Er war 1965 in meine Klasse im Wilhelmsgymnasium gekommen – wie man eben in die Klasse eines jüngeren Jahrgangs kommt ... Bestimmt war er leicht verlegen, unsicher unter den neuen Mitschülern, verbarg es aber geschickt nach außen. Wir waren neugierig auf neue Lehrer und neue Kameraden, wie stets am ersten Schultag.

Konstantin galt als musikalischer Könner, sein Talent hatte schon früh aufgeleuchtet. Mit seinem Vater übte er eine spezielle Form der Hausmusik: Im Wohnzimmer sangen sie Opernduette, von denen prähistorische, durch Mutter Dorle betreute Aufnahmen existieren. Konstantin gab mit seiner Knabenstimme den Sopranpart, etwa die Gilda aus »Rigoletto« oder die Titelrolle aus »Traviata«, der Vater Alexander den entsprechenden Tenor. Beide sangen ergreifend schön und aus reiner Lust an der Kunst.

Die Duette verklangen im Familienkreis, denn Vater Wecker verspürte trotz seiner außerordentlichen Stimme nicht den Drang zur Öffentlichkeit. Er bewahrte auch in seiner Lebensführung eine philosophische Distanziertheit und Diskretion. Nur die Mutter, Konstantins erster und unbeirrtester Fan, sprühte etwas wie Ehrgeiz oder Zukunftshoffnungen über das melodische Familienidyll.

Bevor er in meine Klasse wanderte, bekam ich Konstantin eher nur von ferne mit. Vor allem hörte ich von ihm, im buchstäblichen Sinn: Seine Stimme wurde von den Musiklehrern gerühmt, jeder gab sich als sein Entdecker aus. Nur der unvergessliche Lehrer Bissinger zeigte selbstlose Bewunderung: Mehrmals im Jahr und jeder Klasse spielte er die Tonbandaufnahme eines Sängerknaben vor, der ein himmlisches »Ave Maria« darbot. Er ließ den letzten Ton noch eine Weile im Raum schweben, um dann bebend zu fragen:

»Und wisst ihr auch, wer das gesungen hat? Das war euer Mitschüler Konstantin Wecker!«

Die Öffentlichkeit der Schule bildete seine erste Bühne. Es war wohl die Offenheit seines Charakters, die ihn schon damals drängte, sich aufzutun, Einblick in sich zu gewähren, egal was die Außenwelt davon hielt. Auch im Deutschunterricht war Konstantin kein Liebhaber des Halbschattens. In die gleiche Klasse gewürfelt, erlebte ich ihn erstmals aus der Nähe und war Zeuge, wie er den »Panther« von Rilke rezitierte, auswendig, in freiem Vortrag, ohne »dran« zu sein. Ein Hauch von Freiheit und Rebellion und auch etwas Theater schwang bei seinem Auftritt mit. Schließlich war der Panther ein Gefangener, dem nur das Aufbäumen fehlte.

Der berühmte Lehrer Huber folgte der Szene mit begeistert aufgeblendeten Augen. Um einer solchen Kostbarkeit willen ließ er sich gern unterbrechen.

Bald verschwand Konstantin aus der 10. Klasse und aus der Schule, erst Jahre später erfuhr ich, wohin.

Im Herbst 1969 traf ich ihn zufällig im »Zehnerl«, einem Spielsalon am Isartorplatz. Wir schlugen damals ganze Nachmittage am Flipper tot, liebten auch den Kicker, das Tischtennis, zeigten nur den Geldspielgeräten die kalte Schulter. Jetzt ließen wir das Flippern sein und setzten uns zu einem Bier, aus dem mehrere wurden. Konstantin hatte so viel zu erzählen, nicht speziell mir, ein anderer guter Zuhörer hätte es auch getan, er quoll einfach über von Erzählungen, von Erlebnissen.

Ich erkannte ihn schon da als eingefleischten Lyriker, als Anhänger von Aphoristik, Resümee, Synopse. Zu langen Erläuterungen zeigte er keinerlei Neigung, weder aktiv noch passiv. Tatsächlich las er keine Romane, er überflog sie höchstens. Erzählungen mit kompletten Hintergründen machten ihn kribbelig. Wenn ich, auch in späteren Phasen, mit solchen Ausmalereien anfing, unterbrach er mich bald.

Ich kam schon damals im »Zehnerl« nicht dazu, mein Studentenleben episch vor ihm auszubreiten. Allenfalls höflich hörte er hin, als ich vom Elternhaus, vom Sport, von meiner katholischen Jugendgruppe, vom Germanistikstudium erzählte. Komm auf den Punkt, schien er nach kurzem Lauschen zu sagen und kam gleich selbst auf denselben.

Ich erfuhr, was er seit seinem Schulabgang 1966 getrieben hatte: Er sprudelte von seiner »Tat«, dem Diebstahl der Rennbahnkasse Riem, die ihm ein halbes Jahr U-Haft und anschließende Bewährung eingebracht hatte. Er beschrieb das Gefängnis Stadelheim in ausgewählten Stichpunkten, erzählte vom »Schub«, dem Gefangenentransport durch ganz Deutschland, von der strengen Hierarchie im Knast, von »Punkte«, seinem kleinen starken Beschützer. Es klang so spannend, dass ich mir wünschte, dabei gewesen zu sein. Natürlich hegte ich auch voll inneren Grauens den Gegenwunsch, vor allem als Konstantin die Einsamkeit, Angst und Verzweiflung in der nächtlichen Einzelzelle schilderte.

Aber er gab ja auch die drei Wochen zwischen Tat und Verhaftung zum Besten, Dinge, die wirklich vom Besten waren: das freie Dichterleben, das eher ein Luxusleben mit dreimal täglich Bratwurst wurde, die Scheine im Koffer, die unermesslich schienen, den Bootskauf an der Nordsee, sogar den Unfall mit dem Boot und auch den gar nicht so netten Komplizen Karlheinz, an den er durch das gestohlene Geld gekettet war und der es gern zu Huren trug.

Was uns verband, war das Schreiben, das Lesen, die Liebe zur Literatur. Außerdem fungierte als Bindeglied unser Schulfreund Harald Herzog, der ebenfalls schrieb. In diesen frühen Jahren trafen wir uns selten zu dritt, meist einer von uns beiden – Konstantin oder ich – mit Harald, der uns mit seiner großen Attitüde des stolzen Einzelgängers beeindruckte. Einmal überraschte ich Konstantin und Harald auf einer Decke liegend in den Isarauen. Sie unterhielten sich intensiv und bemerkten mich erst ganz zuletzt. Ich vermutete, sie genossen eine Art geistiges Picknick.

Ende 1969 arrangierten Harald und Konstantin ein Treffen junger Dichter im »Mariannenhof«, unserer Stammwirtschaft gleich beim Wilhelmsgymnasium, in der wir noch zu Schulzeiten das Biertrinken erlernt hatten. Ein gutes Dutzend altmodisch-absonderlich gekleideter Gestalten erschien, bizarr zwischen den bayerischen Stammgästen. Jeder trug eine Mappe, eine Papierrolle, ein Konvolut bei sich, offenbar schien jeder bereit, sich zum Vorlesen zu stellen.

Ich wunderte mich weniger über das Aussehen als über die Anzahl, ja, Unzahl der Dichter. Außer Harald und Konstantin kannte ich keinen, der schrieb. Dass es so viele Schreibende gab, die mit ihrem Geschriebenen an die Öffentlichkeit drängten, machte mir Angst. Und das waren nur die Paradiesvögel, die Auffälligen mit Federschmuck und Faltenwurf! Man musste doch auch die Lautlosen hinzurechnen, die heimlich schrieben, die so taten, als schrieben sie nur für die Schublade, aber in Wahrheit genauso von Ruhm und Rampenlicht träumten wie alle anderen! Konnte man sicher sein, dass überhaupt irgendjemand nicht schrieb?

Harald und Konstantin diskutierten hitzig über Verfahrensfragen. Ihnen imponierte die Heerschar der Dichter nicht, zu sehr waren sie mit sich beschäftigt, mit dem Ringen um die geistige Führerschaft der Gruppe. Heftig prasselten ihre Vorschläge, die die Tagesordnung betrafen, das Wie und Wann der Lesungen, die eine gleich große Menge von Hörungen bedeutete ...

Noch am selben Abend gründeten wir jene Dichtervereinigung, die sich »Menge« bzw. zur Unterscheidung von künftigen Gruppen gleichen Namens »Menge 1« nannte. Für dieses Mal unterließen wir sowohl Lesungen als auch Hörungen. Wir lärmten, lachten und tranken enorm, schließlich befanden wir uns im »Mariannenhof«. Die Diskussion um die Gruppenführung flammte nicht wieder auf, Konstantin wurde – auch von Harald, der auf lange Sicht lieber den einsamen Wolf spielte – als Primus inter Pares anerkannt.

Die Sonderlinge und Spinner in der »Menge« bröckelten mit der Zeit ab, ein harter Kern blieb übrig, in dem Konstantin und ich uns näherkamen.

Richtige Freunde wurden wir Ostern 1970 in Rom. In meinem VW-Käfer fuhren wir den halben Stiefel hinunter, meist auf den kostenlosen Landstraßen. Ich saß, eine Wachhaltepille nach der anderen schluckend, am Steuer, Konstantin neben mir, auf der Rückbank schmuste Harald mit seiner Freundin Ruth. Wenn er kurz aufschaute, gab er mit schnarrender Stimme tollkühne Fahrkommandos. Diese zu ignorieren, putschte mich zusätzlich auf, die tausend Kilometer vergingen wie im Flug. Wir bezogen eine Pension in der Nähe der Stazione Termini und besichtigten Roms Kunstschätze wie brave Touristen. Nachts verwandelten wir uns in eine Art Gelichter der Großstadt, geisterten durchs Forum Romanum, stiegen hinab in die Metertiefe des Inneren des Kolosseums. Die Finsternis, die Säulenstümpfe, die ehrwürdigen Trümmer, die unversehens aufragten wie rasch errichtete Theaterkulissen, dazu die Lampen der Nachtwächter, die uns jagten – all dies ergab eine spontane, der »Menge eins« würdige, künstlerische Aktion. Rom war uns wie so vielen anderen Künstlern Schauplatz, Autor und Regisseur zugleich.

Als unser Geld zur Neige ging, wurden wir Musiker und traten öffentlich auf Roms Plätzen auf. Jeder von uns vier warf sein Talent in die Waagschale, der eine mehr, der andere weniger: Konstantin spielte Gitarre und sang Bob-Dylan-Songs und die Hits der Rolling Stones, Harald begleitete schnarrend, Ruth glitt durchs Publikum und sammelte. Ich wiegte mich lautlos im Takt, aber vor allem stand ich Schmiere und warnte vor den Polizisten, die nicht lange auf sich warten ließen. Sie hatten nichts gegen unseren Auftritt, auch nichts gegen Haralds Gesang, denn Lärm ist in Europas lautester Stadt kein Grund zum Polizeieinsatz. Wir durften nur kein Geld einnehmen, hätten wir gratis musiziert, hätten sie uns geduldet.

Wir fanden viel Beifall als Straßenmusiker, sicher lag es an Konstantin, der auch in kleinen Dingen den Erfolg zu zwingen wusste. Auf der Straße zu singen, zur Begleitung von Gitarre oder Mundharmonika, war 1970 kein originelles, konkurrenzloses Unterfangen. Auf der Spanischen Treppe schwirrte die Luft von zahllosen Sängern, Rasslern, Pfeifern aus aller Herren Ländern, die Einheimischen mussten schreien und gestikulieren, um sich verständlich zu machen – was kein großes Opfer für sie bedeutete.

In diesem Gedränge von Klängen setzten wir uns durch, Konstantins Musikalität und seine geschulte Stimme schufen einen klaren Vorsprung vor den anderen Sängern. Hinzu kam sein Engagement auch im Detail, seine bohrende Konzentration auf die Musik, die immer seine Geliebte war, im Unterschied zu vielen Liedermacherkollegen, denen sie eine entfernte Bekannte blieb. Vertieft in seine Lieder ließ Konstantin das Publikum dennoch nicht aus den Augen, er rang um die Gunst der stolzen Römer. Und er gewann, er zog sie in seinen Bann, nagelte sie fest. Wenn der Passant nach einer intensiven Viertelstunde doch weiterging, so tat er es mit der zerknirschten Entschuldigungsmiene eines Konzertbesuchers, der vor dem Schlussapplaus seinen Platz verlässt. Die Einnahmen aber waren für Konstantin nicht so wichtig, schon damals zog er den wirklichen Erfolg vor, der auf alle, nicht nur die pekuniären Sinne wirkte.

Allmählich teilten wir uns in zwei Zweiergrüppchen auf, Harald zog mit seiner Ruth durch die Stadt, wobei er sie an Kolosseum, Forum, Kapitol und Pantheon streng vorbei- und dafür alles vorführte, was es in Rom an Unbekanntem, ja, Unsichtbarem gab. Konstantin und ich hielten es eine Nummer kleiner und volkstümlicher. Wir lernten, wieder beim Gitarrespielen, eine Gruppe junger linker Italiener kennen, streiften mit ihnen durchs proletarische Trastevere, tranken am Strand von Ostia.

Als wir wieder einmal zu zweit allein waren, definierte Konstantin unsere Verbindung: Wir seien jetzt Freunde,

Freunde für immer, sagte er kurzerhand und ließ mich in einer glücklichen, aber auch leicht panischen Schwebe. Was hatte ich geleistet, um seiner Freundschaft wert zu sein? Vielleicht, dachte ich schüchtern und erschüttert, war alles auf die Zukunft gemünzt, und ich musste mir Konstantins Zuneigung erst noch verdienen. Zunächst einmal musste ich mein Wort geben, für den Fall, dass wir uns aus den Augen verloren, an Silvester Punkt zwölf am Kolosseum zu stehen, Jahr für Jahr, bis wir uns wiedersahen. Konstantin machte keine halben Sachen, auch bei Freundschaftsregeln nicht, ich versprach begeistert alles.

Konstantin studierte 1970 an der Uni München Psychologie und Philosophie, außerdem Musik am Konservatorium. Er schwankte damals noch zwischen einer Ausbildung als Tenor und einer zum Dirigenten. Obwohl von der Rockmusik schon beleckt, stand ihm die klassische Musik hoch über allem. Zum Geldverdienen spielte er Klavier in der Kleine-Nestler-Schule an der Ursula-Kirche. Die Schule war ein Ballett-Institut, rein weiblich, er war der einzige Mann im Saal, umtanzt, umschwebt von Scharen von Feen und Elfen. Ich holte ihn manchmal dort ab, blass vor Neid. Dann gingen wir in die Kneipen Schwabings, nach einigen Bieren beruhigte ich mich.

Freitagabends, jeden Freitag also, hatten wir einen festen Vorlesungstermin: Professor Elhardt las über Tiefenpsychologie, wegen des großen Publikumszuspruchs auch von außerhalb, im überfüllten Audimax. Wir hingen an seinen Lippen, umso hitziger diskutierten wir danach das Gehörte. Da oft Harald mit dabei war, konnten wir uns Elhardts drei Charaktertypen unter uns aufteilen: Konstantin entschied sich für den Schizoiden, Harald wählte den Zwanghaften, für mich blieb nur mehr der Depressive, der keiner sein mochte. Wahrscheinlich war ich einfach zu langsam, zu leise beim Auswählen gewesen, und prompt fühlte ich mich ein wenig depressiv.

Die Vorlesung war um 20 Uhr aus, wir blieben gleich im Uni-Viertel und frequentierten die Lokale im Karree Amalien-, Schelling-, Türkenstraße. Da gab es den Lehrer Lämpel, meine Schwester und mich, das Stop In, den Türkenhof, den Atzinger, den Alten Simpl, wo uns wegen schlechten Betragens auch mal der Einlass verwehrt wurde. War das renommierte Brettl von Kathie Kobus und Oskar Maria Graf ein Treffpunkt gesetzter Spießer geworden? Egal, wir zogen ein Haus weiter, die Auswahl war riesig, auf kleinster Fläche. Oft gingen wir ins Kino, in die Nachtvorstellungen um halb elf, entweder ins Arri, wo die Zuschauer in den Eddie-Constantine-Filmen Trompeten, Tuben, Bombardons einsetzten, um Eddie zu helfen, oder in den Türkendolch, ein winziges Kino der Holzklasse, wo unsere geliebten französischen Krimis liefen. Danach gingen wir gerne in den Ur-Wienerwald Amalien-, Ecke Theresienstraße, zu Hühnerleber im Reisrand ...

Silvester 1970 feierte ich mit Konstantin in München, nicht in Rom. Wir brauchten uns nicht am Kolosseum zu treffen, wir hatten uns kaum aus den Augen verloren. Und ein paar Tage danach zogen wir zusammen. Für über ein Jahr, damals eine unendliche Zeitspanne, wohnten wir in einer 2-Zimmer-Wohnung in der Kanalstraße 14, direkt am Altstadtring.

ZUM ERSTEN MAL IM GEFÄNGNIS – UND ENDLICH FREI

Konstantin Wecker

Mein Aufenthalt in Stadelheim war richtungweisend für mein weiteres Leben: nicht nur, weil er das Ende meiner Kindheit bedeutete, sondern weil er mich zum Reflektieren zwang. Es gab auch damals schon diese unbeschreiblichen Momente der Schönheit, ähnlich denen, die ich dreißig Jahre später erleben sollte. In genau demselben Gefängnis.

Die meisten Menschen wundern sich, wenn ich ihnen erzähle, dass ich gerade im Gefängnis Augenblicke größter Freiheit erlebt habe. Und auch mich überfiel damals diese Erkenntnis so unvorbereitet, dass ich sie erst mal nicht wahrhaben wollte.

Auch diese Minuten sind wieder so ein biographischer Paukenschlag, der unauslöschbar in mir nachhallen sollte, und ich erinnere mich, selten genug, an jede Einzelheit.

Wir waren vom Arbeitsraum zurückgekehrt, in dem wir Prospekte für eine Versandfirma einzutüten hatten, und ich war sehr erzürnt. Ein Wärter hatte das mir so kostbare (und gegen Tabak eintauschbare) Papier, auf dem ich Tagebuchnotizen aufgeschrieben hatte, in meinen Taschen entdeckt, einige Zeilen dieser sehr privaten und äußerst melancholischen Aufzeichnungen unter brüllendem Gelächter aller vorgelesen und, als ich sie ihm aus der Hand reißen wollte, genüsslich zerfetzt. Er konnte mich nicht ausstehen, den »Studenten«, wie er mich abfällig bezeichnete, und meinen Knastgenossen war ich, so sehr ich mich anfänglich um ihre Gunst bemühte, auch nicht sympathisch.

Ich fühlte mich gedemütigt und der einzigen Werte beraubt, die ich mir in dieser prosaischen Parallelwelt erhalten hatte: meiner Gedanken und meiner Poesie.

Mit meinem Zornausbruch handelte ich mir auch noch

drei Tage Arrest ein, die ich in den darauffolgenden Tagen abzusitzen hatte.

Ich ließ mich auf meine Pritsche fallen und haderte mit meinem Schicksal. Meine Verzweiflung lässt sich nicht in Worte fassen, und alle möglichen Ängste stürmten wie plötzlich von der Leine gelassen auf mich ein.

Der vergitterte Mond kam mich in meiner Zelle besuchen, und wie jeden Abend, schlag neun Uhr, wurde das Licht ausgeschaltet. Stimmen des Unmuts über diese Bevormundung wurden laut, das war fast jeden Abend so, aber normalerweise ebbten die meist unflätigen Beschimpfungen bald wieder ab.

An diesem Abend lag aber etwas anderes in der Luft, ein Hauch von Revolution beseelte den Neubau von Stadelheim, die Rufe nach Licht wurden lauter, im Stockwerk unter mir begannen sie, auf die Blechnäpfe zu schlagen, und schon nach kurzer Zeit war ein Gebrüll und Geklapper, Gejohle und Pfeifen im Gang, das mich aus meiner Schwermut riss und neugierig machte. In dieser Form hatte ich den geballten Unmut hunderter Gefangener noch nie erlebt, das regte die ungeheuerlichsten Fantasien an, da begannen sich Bilder in mir aufzutürmen von berstenden Mauern und wilden Horden Flüchtender, ich mittendrin, gewalttätig, zum Brandschatzen bereit, ein Aufstand nur noch der französischen Revolution vergleichbar, einzig angezettelt, um mich auf flammenspeienden Pferden in die Freiheit zu entlassen.

Und erst als die ersten brennenden Klopapierrollen und Handtücher in den Hof geworfen wurden, hörte man hektisches Schlüsselgerassel, herrisches Wärtergebrüll, und schon nach wenigen Minuten war der Spuk beendet, so unvermittelt, wie er begonnen hatte.

Ich hatte mich nicht vom Bett bewegt und war dennoch schweißnass, meine Fantasie war derart entzündet worden, dass ich glaubte, all meine Träume körperlich durchlebt zu haben.

Am liebsten hätte ich die Marseillaise angestimmt, aber das schien mir dann doch etwas fehl am Platz. Also ergab ich mich lautlos der Konterrevolution und lächelte dem Wärter hochmütig zu, als er seinen hochroten Kopf durch meine Kostklappe steckte, um nach dem Rechten zu sehen.

»Die perfekte Guillotine«, murmelte ich, und dann schloss ich die Augen, um seinen Kopf besser rollen zu sehen.

Und mit einem Mal war mir sehr leicht und wohlig im ganzen Körper zu Mute, eine süße Wärme durchflutete mich von den Füßen ausgehend bis in den Kopf, und ich erlebte zum ersten Mal in meinem Leben bewusst das Gefühl der Freiheit.

Das hatte ich jahrelang gesucht mit meinen Fluchtversuchen und all meinen törichten Taten: bar aller Hoffnung, allen Besitzes, selbst bar aller Wünsche und Träume, frei zu sein.

Selbst wenn mich jetzt ein schwarzer Ritter in die Freiheit hätte entführen wollen, selbst wenn die Mauern geschleift, die Zellen geöffnet und alle Wege nach draußen geebnet worden wären – ich wäre geblieben, denn freier wäre ich nie mehr geworden. Was konnte mir noch passieren?

Man konnte mir nichts mehr wegnehmen, denn ich besaß nichts mehr.

Ich war in diesem Moment keine Person mehr, ich hatte kein Ich mehr, das es zu verteidigen galt, ich brauchte nicht mehr um Liebe zu buhlen, denn es war niemand da, von dem geliebt zu werden ich begehrt hätte.

Ich hatte das Rad der Zeit angehalten. Ich hatte die Ewigkeit erspürt. Sie hat mit der Realität des Menschlichen nichts zu tun. Sie ist an einem anderen Ort zu Hause.

Als ich wieder zurückkatapultiert wurde in die Welt, kam der Schmerz wieder. Aber ich war um eine Erkenntnis reicher.

DIE JAHRE 1971 UND 1972

Günter Bauch

Die Wohnung in der Kanalstraße 14, die Konstantin und ich Anfang 1971 bezogen, bestand aus zweieinhalb Zimmern, einem großen, einem normalen und einem kleinen, fensterlosen. Dazu gab es eine große Diele, ein kleines Klo und kein Bad. Sie kostete 400 Mark im Monat, kalt, besser gesagt: eiskalt. Es wurde nämlich auf jegliche Heizung verzichtet, wohl weil es sich nicht um Wohn-, sondern um Geschäftsräume handelte. Vielleicht sah der Vermieter in uns Vertreter der Arbeiterklasse, unverzärtelt und frostgewohnt – in jener Nach-68er-Epoche war alles möglich, was die Vermischung oder Verwechslung von Studenten und Arbeitern betraf. Was uns persönlich betraf, waren wir durchaus verzärtelt und heizten heftig mit Strom. Im Frühjahr erhielten wir die Quittung, der Strom wurde gesperrt, wir schafften uns unzählige Kerzen an.

Konstantin, besser gesagt sein Klavier, hatte das große Zimmer inne. Einsam stand es an der langen Wand und wartete auf ihn wie ein treuer Hund. Wenn er heimkam, warf er sich immer zuerst über die Tasten, weckte und streichelte sie und entfachte für eine Stunde so viel pralles, fettes, feistes Leben, dass sie bis zum nächsten Mal zu zehren hatten. Wegen des Klaviers bekam Konstantin in allen unseren Wohnungen das größere Zimmer, und Gäste hielten sich meistens bei ihm auf. In manchen Wohnungen erschien sein Zimmer überfüllt von ihm selbst, vom Instrument und den Gästen, während bei mir die kühle, nur von Büchern und Blättern garnierte Kargheit des Schriftgelehrten herrschte. Sollte ich so den Eindruck des Assistenten Konstantins hervorrufen, so durchaus zu Recht. Konstantin war immer so voll von Plänen und Aktivitäten, von Einfällen und Vorschlägen, dass schon das Mithecheln als Freund und Begleiter zu einer Leistung wurde, die nicht jedem gegeben war. Jeder andere an meiner Stelle hätte sich ebenfalls als Assistent einstufen müssen. Er durfte es nur nicht als Degradierung empfinden.

Was aber mein Zimmer in der Kanalstraße aufwertete, war das Fresko. Konstantin überzeugte erst seine Mutter, dann gemeinsam mit ihr seinen Vater davon, dass er in die, wenngleich gemietete, Wohnung ein riesiges Wandgemälde malen müsse. Professor Wecker ließ sich breitschlagen und das Fresko ward. Es war so breit wie die längste Wand meines Zimmers und enthielt alle nur denkbaren Motive der griechischen Klassik: Meer, Tempelruinen, nackte Göttinnen, Zypressen, Pinien, Amoretten, Zentauren, Satyrn und ein ferner Pegasus. Einiges blieb blasser Umriss, Andeutung statt Ausmalung. Konstantins Vater hatte nur einen Vormittag lang Zeit und warf das Werk in genialischem Tempo an die Wand. Konstantin, Mutter Dorle und ich leisteten Handlangerdienste, hielten Kübel, reichten Farben, rückten Leitern und wirkten arbeitsscheu im Vergleich zu ihm.

Gegen Mittag holte ich für Herrn Wecker einen Kasten Bier, so sehr gemahnte mich seine geschwinde, gründliche Arbeitsweise an einen Handwerker statt Künstler. Doch er verschmähte das Bier, keine Zeit, wir waren ihm nicht böse und tranken es selbst. Mit der Zeit bekam das Umrisshafte, Unfertige einen Stich ins Verblichen-Altehrwürdige, wie man es auf freigelegten Originalfresken in Pompeji findet. Ich postierte mein Bett so, dass mein Blick beim Aufwachen auf die Malerei fiel. Zweitausend Jahre abendländische Kultur, dachte ich und fühlte mich ausgesprochen griechisch. Und wenn Gäste auch mal in meinem Zimmer waren, gar übernachteten, prahlte ich mit »meinem« Fresko, was das Zeug hielt.

Die Wohnung lag ebenerdig. Wenn man den Schlüssel vergessen hatte, konnte man durchs angelehnte Fenster einsteigen. Auch um schneller draußen in der Welt zu sein, benutzten wir den Weg durchs Fenster. Die Welt lockte mit

Kneipengeräuschen, nebenan war das Kanalstüberl, ein Stehausschank, der von Pennern und zahnlückigen Huren im Endstadium frequentiert wurde. Bizarre Laute, gurgelnde Schreie, letzte Artikulationsversuche, akustische Signale des ins Delirium kippenden Suffes drangen zu uns und zogen uns unwiderstehlich an. Oft standen wir mit dem letzten Zehner im Kanalstüberl und tranken lange, denn das Bier dort war billig. Nur der Rückweg durchs Fenster ging dann nicht mehr.

Wenn wir aber nach Schwabing wollten, ins Studentenheim am Biederstein oder ins Occamstraßen-Säuferviertel, in angesagte Kneipen, wo die Luft brannte, dann mussten wir uns von den Pennern gedanklich verabschieden. Dann mussten wir uns fein machen, am liebsten im nahegelegenen Müller'schen Volksbad. Denn dann stand uns der Sinn stets nach Weiblichem. Frauen füllten unsere Gedanken aus, während wir uns aufputzten, während wir unser Ziel für den Abend wählten, während wir klopfenden Herzens die Kneipe, das Studentenheim betraten. Gleich danach waren Frauen nicht mehr zentraler Gedanke, sondern Ziel unserer Blicke, konkretes Objekt unserer Sprüche, Mittelpunkt unserer panthergleichen, unstillbaren Motorik. Gab es keine, so langweilten wir uns und suchten bald das Weite.

Nicht, dass wir großen Erfolg bei den Frauen gehabt hätten. Im Gegenteil, wir waren umso getriebener, wir jagten dem Erfolg umso rastloser hinterher, je mehr er uns versagt blieb. Zumindest galt das für unser Auftreten zu zweit. Meinem Freund Konstantin lachte das Glück bei den Frauen eher – nicht erst seit seinem Durchbruch als Liedermacher. Auch ohne die Zutat der Prominenz gewannen ihm seine reichen äußeren und inneren Gaben die Herzen. Das ernsthafte Anbandeln, das zielstrebige Aufreißen aber geschah in der Stille und Einsamkeit, nicht, wenn wir zusammen loszogen. Viel Konzentration und Verbohrtheit gehört dazu, die Frauen vom Ernst der Angelegenheit zu überzeugen, und an diesem Ernst ließen wir es, wenn wir zusammen waren, bei aller Triebhaftigkeit fehlen. Uns war die Gaudi, das Aufreißerspiel wichtiger, und am wichtigsten war uns die Solidarität unserer Freundschaft. Also gingen wir meistens allein miteinander heim, statt jeder für sich mit irgendeiner Frau.

Wir waren Spieler und Träumer, unsere Einbildungskraft hatte die Vorherrschaft und überwog eine Wirklichkeit, die genau besehen so trist gar nicht war. Wir waren jung, gesund, kräftig, sportlich – eigentlich stand uns die Welt offen. Aber eben doch nicht die ganze Welt, sondern, wenn es ans Verwirklichen, ans ernsthafte Realisieren ging, immer nur ein Teilbereich, eine spezielle und partielle Welt: Der Kräftige wurde Sportlehrer, der Gescheite Jurist, der Begabte reüssierte als moderner Dichter für Eingeweihte, als schräger Texter voll Verachtung der Grammatik, der Gutaussehende machte eine kurze steile Karriere bei Fassbinder oder Brummer. Wir waren umgeben von Beispielen der Verwirklichung, Tür an Tür mit uns saß ein wie in alten Zeiten büffelnder Schulfreund, der Historiker und nichts als Historiker werden wollte. Im Nachbarhaus krümmte sich ein weiterer Schulkamerad als angehender Goldschmied. Auch er meinte es fürchterlich ernst damit und glich dem Historiker aufs Haar.

Wir wollten so schnell nichts werden, wir gingen völlig auf im Planen und Fantasieren. Unsere Projekte richteten sich nicht auf die Zukunft, sondern auf den nächsten Tag. So blieb ein geringer Realitätsbezug, wenn uns dieser nächste Tag mit seiner mächtigen Präsenz den Kopf zurechtrückte.

Im Laufe des Jahres 1971 versuchten wir alles Mögliche, um schnell Geld zu verdienen. Olympia nahte, die Stadt boomte, Jobs gab es in Hülle und Fülle, aber was für uns Ungelernte im Angebot war, wurde alles gleich schlecht bezahlt. Egal ob Ausfahrer, Lagerarbeiter, Briefträger, Bauhelfer, Kulissenschieber oder Knecht eines Gemüsehändlers in der Großmarkthalle – man bekam überall zehn Mark in der Stunde, ein äußerst langsames Geld. Am Abend fühlte man sich kaputt, gebeugt, gedemütigt und fast nicht mehr fähig, das eingenommene Geld auszugeben. Ich spielte eine Zeit lang den Privat- und Nachhilfelehrer, das klang vornehmer, brachte aber noch weniger ein.

Wir sahen uns die Kleinanzeigen im Stellenteil der Tageszeitungen genauer an. Sofort sonderten wir die offensichtlichen Offerten aus, in denen ehrliche Arbeit für zehn Mark die Stunde, also Sklaverei auf Zeit angeboten wurde. Uns reizten die geheimnisvollen Annoncen voller Versprechungen und Ausblicke auf ein Leben in Saus und Braus. Die Leute, die diese Anzeigen verfassten, kannten uns wohl persönlich, so genau beschrieben sie uns: jung, gutaussehend, unternehmungslustig, reisefertig ... Oft fügten sie hinzu: gern auch Studenten – und eben Studenten waren wir gerne auch. Wir blieben aus Versicherungsgründen ewig eingeschrieben und beschäftigten dazu eine eigene Kraft im Uni-Sekretariat. Die Dame war in Konstantin verknallt und pflegte uns zu retten, wenn wir, unabkömmlich im Urlaub in Italien, wieder einmal die Rückmeldefrist versäumt hatten. Weiter hieß es in diesen undurchsichtigen Texten, man könne verdienen, was man wolle. Man war also nicht der Monotonie des Achtstundentages mit seiner deprimierenden Gleichung von Stundenzahl und Stundenlohn ausgeliefert, man entschied selbst, wann und was man arbeitete. Diese Annoncen klangen spannend, in allen ihren Hieroglyphen.

Wir riefen die Inserenten der Reihe nach an, erfuhren am Telefon weitere Geheimnisse und suchten sie auf, brennend vor Neugier. Meist stießen wir auf Zeitschriftenwerber, die vielgeschmähten Drücker. Doch die Banalität der Zeitschriften, die allen Annoncenträumen Hohn lachte, stieß uns gleich wieder ab. Viel lieber als wirklich zu drücken, schnupperten wir durch die anderen Anzeigen. Welch Fülle der Möglichkeiten auf ein paar Zeitungsseiten, welch betrübliche Enge, sich für eine dieser Möglichkeiten zu entscheiden.

Wir zogen Buchclubs, Lesezirkel, Volkslexika, Golden Products, also schlichte Waschmittel, kanadische Immobilienaktien, Wertpapierfonds und den Alleinvertrieb der potenzfördernden Ginseng-Wurzel, der uns für Berg am Laim versprochen wurde, in Erwägung, bei der wir es beließen. Einen ganzen Abend verbrachten wir auf einer Verkaufsparty unter lauter Hausfrauen, bei der der Verkäufer nie von Geld, Gewinn, Verdienst, sondern nur von Wärme, Wohlbehagen, Gastfreundschaft, Hilfe, Freundschaft, Solidarität sprach und ewig die Katze nicht aus dem Sack ließ. Erst spät zog er Tücher vom Tisch, die Geste eines Magiers, und zum Vorschein kamen Kochtöpfe, Sätze und Familien von Kochtöpfen, nichts als Kochtöpfe. Diese galt es zu verscheuern. Man sollte erst ein eigenes Set erstehen, an dem unser Verkäufer verdiente, dann mit Freunden und Nachbarn eine »Kochparty« geben. An den dabei verkauften Töpfen sowie an den Töpfen, die bei den daraus entstehenden Kochpartys verkauft werden würden, verdiene man immer mit. Nie war ein Schneeballsystem erfolgversprechender gewesen, trotz der Hitze in den Kochtöpfen. Konstantin und ich stimmten ein böses Gelächter an und flüchteten in die nächste Wirtschaft.

VERSICHERUNGEN

Günter Bauch

Plötzlich, im Sommer 1971, fingen wir richtig an zu arbeiten. Wir fanden einen Job, der uns ausfüllte, der sich so breitmachte, dass für nichts außer ihm mehr Platz war. Ein Job, der auch uns aufblähte und für Monate verdarb. Wir machten in Versicherungen und verdienten viel Geld.

Der Mann, der uns anwarb, war ein dufter Schwabinger Typ, der uns vom ersten Moment an mit seinem Siegerlächeln überzeugte. Auch bei ihm ging es ums Jung- und Reisefertigsein, also ums Verkaufen, aber die Art, wie er davon erzählte, wie er uns das Verkaufen verkaufte, war hinreißend. Gläubig hörten wir zu: Lebensversicherungen nach dem 624-Mark-Gesetz, nichts sei leichter unters Volk zu bringen, jeder Abschluss sollte uns blanke 500 Mark einbringen. Abends in der Freizeit, unter Freunden, in der Kneipe – kaum erwähne man diese Lebensversicherungen, schon würden sie einem aus den Händen gerissen. Sein Starverkäufer liege ständig im Ungererbad, er schreibe seine Verträge immer zwischen zwei Mädchen. Und auch der berühmte Kommunarde Rainer Langhans »arbeite« für ihn und liefere fleißig. Übrigens, die 500 Mark gebe es sofort und »cash«. Er sagte immer »... weißt du ...«, gedehnt durch die Nase, und ich sagte immer »Natürlich!«, sogar bei »cash«, einem mir damals völlig unbekannten Wort.

Nach kurzer Schulung wurden wir auf die nichtversicherte Menschheit losgelassen. Jeder trug eine Mappe, die überquoll an Folien, Grafiken, Statistiken und vor allem Antragsformularen. Warme Semmeln, die wir unter unseren Freunden und Bekannten zu verteilen gedachten. Leider aber wurde das 624-Mark-Gesetz nur bei echten Arbeitnehmern wirksam, einer raren Splittergruppe in unserem Umfeld, in dem es von Studenten, Exstudenten und anderen Arbeitsscheuen nur so wimmelte. Das Versichern von Freunden und Bekannten schlugen wir uns aus dem Kopf, wir suchten den urwüchsigen Arbeiter, wir mieden die Fabriktore und gingen auf die Baustellen.

Die deutschen Bauarbeiter, denen wir in der Mittagspause mit unseren Mappen kamen, sahen uns leer an. Mahlten mit den Backen wie Büffel auf der Weide. Viel fehlte nicht, und wir wären hochkantig rausgeflogen. Bei den Gastarbeitern sah es besser aus, bei ihnen durften wir uns wenigstens dazusetzen. Und Wunder, ein junger Türke zeigte Interesse an unseren Mappen. Gleich sprang Konstantin an. Er kopierte unseren Anwerber in Ton und Lässigkeit, setzte selbst ein Siegerlächeln auf. Ich war der trockene Mann der Zahlen, nannte 624 Mark im Jahr, 25 000 Mark nach 35 Jahren und das bei nur 13 Mark Eigenanteil im Monat. Konstantin, der Konkrete, führte dem jungen Türken Gegenwerte vor: Autos, Wohnungen, Häuser, Yachten …

Der Türke war reif zur Unterschrift, er war praktisch Vertragspartner, zu weit hatte er sich in Konstantins Traumwelt hinein verführen lassen. Als er den Kugelschreiber ansetzte, stand ein älterer massiver Türke auf. Er sah aus wie ein Ringer, stellte sich aber nicht vor. Einer wie er pflegte sich nicht vorzustellen, einer wie er wirkte wortlos. Er zerriss das Antragsformular und war, als wir die Mappen schlossen, gleich wieder freundlich.

Wir versicherten dann doch einen Freund, praktisch der einzige Arbeitnehmer, den wir kannten. Er spielte bei der Gruppe »Zauberberg«, bei der Konstantin ein paar Jahre lang hospitierte, und arbeitete bei der Süddeutschen Zeitung. Er hieß Wolfgang, seine Frau Wanda wälzte sich aus Eifersucht, zu der er nur sporadisch Anlass gab, gerne im Schnee. Wolfgang wurde mit seiner Lebensversicherung erst als Spießer verlacht, behielt sie aber die ganzen 25 Jahre bei und war danach ein reicher Mann – oder was man damals so nannte.

Unser Kontaktmann reagierte müde auf das unterschriebene Formular, das auch lange genug gebraucht hatte.

Wir dachten in unserem Stolz, er fiele uns um den Hals, aber seine Lässigkeit ließ das nicht zu. Egal, her mit den 500 Mark! Er gab uns dann doch einen Scheck, kein Cash, denn »cash« war wohl eher ein Wort als Wirklichkeit.

Wir kauften uns für die 500 Mark rein gar nichts, nichts Bleibendes. Weder Kleidung noch Platten oder Bücher. Nicht einmal die überfällige Stromrechnung in der Kanalstraße zahlten wir. Das Geld wurde verfressen und versoffen. Wir frequentierten die damals neu aufkommenden China-Lokale und saßen stundenlang an mächtigen Reistafeln. Wir mieden Alt-Schwabing, das Occamstraßenviertel, wo versicherungsfeindliche Freunde auftauchen konnten, und wurden Stammgäste vornehmerer Lokale. Im Ganzen flog uns ein spießiges, staatserhaltendes, völlig unanarchistisches Image an.

Das Geld reichte für einige himmlische Tage. Wir saßen beim Frühstück, das morgen bereits ausfallen würde. Aus alter Gewohnheit lasen wir immer noch die Stellungsangebote in den Zeitungen. Die Anzeige mit der Telefonnummer unseres Anwerbers fiel uns flüchtig auf. Aha, sie suchten sich ihre jungen, reisefertigen Leute auch per Annonce, nicht nur abends in der Kneipe: »Wir setzen auch eine Annonce in die Zeitung und zwar genau die gleiche! Was die können, können wir schon lange!« Konstantin sah mich glühend an, ich nickte zögernd. Ihm war nicht zu widersprechen, weder hier und jetzt noch überhaupt.

Wir annoncierten in der Abendzeitung und gaben als Termin, da stromlos, den frühen Abend an. Die Typen, die erschienen, übrigens lauter Männer, da Frauen auf solche Anzeigen damals nicht reagierten, waren bunt gemischt und hatten alle nur eines gemeinsam: die Arbeitsscheu, den Hang zum Versagen. Selbst die paar Studenten schienen energiefrei, bei uns witterten sie eine Art zweiten Bildungsweg für den denkbaren Fall, dass sie ihre Prüfungen schmissen.

Bei der Schulung teilten wir uns nach dem im Fall des jungen Türken beinahe bewährten Muster: Ich referierte über das 624-Mark-Gesetz, nannte Zahlen, zählte Namen. Konstantin sprang ein, wenn ich stockte, und nahm sich die Leute einzeln zur Brust. Was das Finanzielle betraf, hatten wir es schwerer als unser Vordermann in der Schneeballkette, denn wir mussten ja unsere Provision aufteilen. Mehr als 250 Mark konnten wir für die Verträge, die von uns ausgehen sollten, beim besten Willen nicht zahlen. Aber Konstantin machte alles durch seinen Einsatz wett. Seine Blicke durchbohrten die jungen Arbeiter, die Studenten und fingen auch alte Vertreterhasen, die den Schwindel zu kennen glaubten.

Wir versicherten unseren künftigen Mitarbeitern, wie einfach das Versichern sei. Der Freundes- und Bekanntenkreis jedes Einzelnen sei eine Goldgrube. Wir bemühten auch das Bild von den warmen Semmeln und schwiegen nur vom Ungererbad. Wir stellten die Leute ein, wurden zu Arbeitgebern im großen Stil. Keiner wollte abseitsstehen, jeder wollte eine der Mappen, die ich zusammengeschustert hatte und die nichts als Antragsformulare enthielten. Beim Hinausgehen blieb einer der Arbeiter vor Konstantin stehen. Schüchtern fragte er, ob er nicht auch selbst so eine Lebensversicherung abschließen könne. Nicht so sehr wegen der Provision, aber so eine Vermögensbildung sei doch eine tolle Sache. Die könne man doch nicht allein seinen Freunden überlassen ...

»Natürlich können Sie sich auch selbst versichern! Bei Unterschrift bekommen Sie sofort Ihre 250 Mark!«

»Cash, also bar auf die Kralle«, sagte ich mit meinem Lieblingswort.

»Ich meine, Sie kriegen die zehn Promille sofort dann, wenn mein Kollege auf der Bank war«, variierte Konstantin, dem noch rechtzeitig einfiel, dass wir keine 250 Mark hatten. Ich nannte dem Jungen ein Café in der Nähe der Bank, wo wir unseren Scheck eingelöst hatten. Dorthin bestellten wir ihn für den nächsten Morgen, rissen den lässigen Versicherungsmann mit dem Antrag wedelnd aus dem Schlaf, rasten in die Bank und teilten die Beute mit unserem ersten Mitarbeiter.

Als er sich verdrückt hatte, meinte Konstantin, dass es so weitergehen könne: »Jeder von unseren Untervertretern versichert sich selbst und bringt uns satte 250 Mark. Wir müssen nur immer genug Cash im Haus haben, damit wir unsere neuen Angestellten gleich entlohnen können.«

Jetzt wurde es ernst mit dem Reichwerden. Wir inserierten zweimal die Woche, hatten immer um die zehn Interessenten, die wir zu Mitarbeitern machten. Durchschnittlich die Hälfte unterschrieb gleich selbst. Von vielen der 250-Mark-Empfänger hörten wir nie mehr wieder, was leidvolle Folgen haben sollte. Einige waren tatsächlich dabei, die den ursprünglichen Plan verwirklichten und wild in ihrem Freundeskreis herumversicherten. Sie konnten jederzeit zu uns kommen und die Hand aufhalten. Manchmal ging doch das Bargeld aus und ich raste wieder zum Lässigen, auf die Bank und zurück. Aber die schnelle Auszahlung machte gewaltigen Eindruck auf die Neulinge.

Das viele Geld verprassten wir auf die gewohnte Weise: Fressen, Saufen, Dampfbad, Kino, Billard ... Wir kauften uns einen alten Porsche und fuhren ihn nach kurzer Zeit zuschanden. Es wäre wohl eine Heldentat gewesen, dieses viele Geld richtig auszugeben. Zu dieser Leistung, die Einsicht, Reife und Überblick voraussetzte, fühlten wir uns jedoch außerstande. Wir spürten nur, dass Kohlen, die auf so schräge Art gewonnen werden, nicht gebunkert, nicht gespart oder gar für honorige Zwecke eingesetzt werden können. Der Gedanke, dass all dieses Geld am besten gar nicht verdient worden wäre, kam uns nicht.

Der finanzielle Höhenflug war kurz. Die meisten Versicherungsverträge wurden storniert, weil fast keiner der neuangeworbenen Mitarbeiter bereit war, die monatlichen Beiträge zu zahlen. Vielleicht hatten wir auf diesen Punkt zu wenig hingewiesen, vielleicht hatten sie ihn einfach verdrängt. Wir schuldeten für jeden dieser Verträge 500 Mark, der betreffende Mitarbeiter uns 250 Mark. Jeder versuchte sich dieses Geld vom anderen zu holen, es begann ein hektisches Hinterher- und Hin-und-her-Gerenne, der Lässige war gar nicht mehr *so* lässig. Ihn betrübten aber, außer Stornos, auch noch die so genannten »Fingis«. Das waren fingierte Verträge, bei denen Name und Adresse falsch waren und deren Ungültigkeit sofort ans Licht kam, wenn die Versicherungen genauer hinsahen. Der fingierte Vertrag – erdachte Personen, erfundene Unterschriften – war für uns eine Ungeheuerlichkeit, die wir erst gar nicht fassen konnten. Als wir es zu fassen lernten – denn die Fingis wurden immer mehr –, fühlten wir uns abgestoßen von dem schnöden Arbeitseinsatz, in den die Fantasie gezwungen wurde. Ein schwerer Missbrauch der Erfindungskunst, die doch geschaffen war, frei zu schweifen und sich nur zu dichterischen Fiktionen aufzuschwingen ...

In der Abenddämmerung unseres Versicherungstreibens, kurz bevor es endgültig finster wurde, liefen wir unserem Freund Harald über den Weg. Er war nicht zu umgehen, aber nach freudiger Begrüßung wurden wir verlegen. Wir ahnten die Standpauke voraus, die er uns nicht zu ersparen gedachte:

Wir sähen verändert aus, erklärte er apodiktisch. Wir seien richtige Arschlöcher geworden. Wir hätten uns zurückentwickelt, geistig, menschlich, moralisch. Das folgere er nicht nur aus unseren neureichen Klamotten, sondern vor allem aus unseren aufgeschwemmten, von Besitzdenken verformten Köpfen. Alle in unserem Freundeskreis seien unglücklich über unsere Entwicklung. Am unglücklichsten aber seien wir selbst, das spüre er genau und das lasse andererseits wieder hoffen.

Dem war schwer etwas zu erwidern. Wir tranken drauf und machten lahme Witze. Das Versichern aber ließen wir von da an bleiben.

LASST UNS EBEN WEITER IRREN!

Konstantin Wecker

Erstaunlich bei so einem ausführlichen Lebensrückblick sind ja gerade die helleren Momente einer Einsicht, die einem früher anscheinend vollständig verschlossen war. Verschlossen durch was? Bedenkenlosigkeit der Jugend? Mangelnde Lebenserfahrung?

Es gibt jedenfalls Phasen meines Lebens, in denen ich nur herzzerreißend blöd war. Ja, blöd, durchaus im Sinne von »verblödet« und nicht einfach nur »dumm und unwissend«.

Manches mag dem exzessiven Drogenkonsum zuzuschreiben gewesen sein, wie die vermutlich größte Dummheit meines Lebens, nach Kamerun mit einem halben Kilo Koks einzureisen und, da wir es nicht aufgebraucht hatten, mit ein paar Gramm wieder auszureisen. Keine Ahnung, wie dort die Gesetze waren, aber vermutlich wäre ich dort wohl, hätte man mich erwischt, viele Jahre in einem Knast verrottet, in einer Anstalt, deren Härte ich mir in meinen schlimmsten Fantasien nicht ausmalen möchte. Mein Münchner Stammgefängnis Stadelheim ist dagegen sicher nur noch mit einem Luxushotel vergleichbar.

Wie durch ein Wunder blieb mir das erspart, und wie mich Günter und seine Liebe zum Fußball bei der Ausreise vor der Verhaftung retteten, habe ich in der »Kunst des Scheiterns« ausführlich beschrieben.

Ganz sicher war es nur pures Glück und nicht mein Verdienst, dass ich damals an der Hölle knapp vorbeischrammen konnte.

Aber das ist nur eines von vielen Beispielen, bei denen ich mich heute frage: Wie konnte ich es so weit kommen lassen, wie konnte ich mich so hemmungslos unbedacht, unüberlegt und auch rücksichtslos, nicht nur gegen mich selbst, benehmen?

Ob nun meine – von Günter so lebendig beschriebene – turbokapitalistische Versicherungsvertreterphase oder meine Rücksichtslosigkeit gegenüber meinen Eltern, denen ich so viele unfassbar schmerzhafte Stunden zugefügt habe, ohne mich auch nur einen Dreck darum zu scheren – so viele Momente nicht nur des Scheiterns, nein, heute muss ich bekennen: des kein bisschen mitfühlenden, ausschließlich egomanischen Handelns durchziehen mein Leben, dass ich, so oft ich daran denke, vor Scham erröten müsste.

Und ich erröte auch.

Was mich aber nun im Rückblick auf das Geschehene am meisten irritiert: Hätte ich damals mit mir selbst aus meiner heutigen Sicht gesprochen – ich hätte kein Wort von mir verstanden. Es wäre abgeprallt, ich hätte meine jetzigen Einwände als spießig, moralisierend, lustfeindlich abgetan.

Ich hätte nicht gewusst, wovon der andere, ältere Konstantin da überhaupt spricht. Ich wäre mir fast wie ein Wesen aus einem anderen Universum gegenübergestanden.

Gut, es hätte sicher auch Anknüpfungspunkte gegeben, bei denen sich der damalige und der heutige Wecker gut verstanden hätten. In der Liebe zu Poesie, Musik und Philosophie – solange sie theoretisch blieb und nicht die Lebensweise beeinträchtigte – und in stilleren Momenten der Verzweiflung zum Beispiel, der Trauer über das eigene Von-sich-entfernt-Sein, da hätten wir uns kurz berührt.

Es war ja nicht so, dass ich nicht in der Tiefe des Herzens oft geahnt hätte, dass sich mein Ego derart verselbstständigt hatte, dass es mir manchmal den Zugang zu mir selbst mit eisernen Ketten versperrte.

Es gab auch viele Tränen, aber dann doch eher aus Selbstmitleid, es gab Momente klarerer Sicht, die meisten davon am Klavier oder mit meinem Notizblock in der Hand.

Schreibend war ich immer mehr bei mir, wohl auch, weil ich allein war, nicht umgeben vom Applaus oder von denen, deren Applaus ich mir erhoffte. Und es ist ja immer nur ein kurz anhaltendes Glück, das Glück der Selbstbestätigung durch andere – etwas, das einem meist nur beschert wird von denen, die sich dasselbe erhoffen. Ein Spiel, das darauf ausgelegt ist, für kurze Zeit die eigene Unsicherheit vor allem vor sich selbst zu vertuschen.

Damals gab es noch keine sozialen Medien, aber die sind für viele Menschen heute nichts anderes als die digitalisierte Form dieses Trauerspiels.

Natürlich besteht auch die Gefahr, mit sich selbst im Rückblick zu streng zu sein. So versuche ich, mich von moralischer Verurteilung mir selbst gegenüber fernzuhalten. Schon aus Selbstschutz.

Aber diese biographischen Einlassungen zwingen mich geradezu, mal lächelnd, mal erstaunt und durchaus auch erschüttert auf den Mann zu blicken, der anscheinend ich gewesen bin. Ich sage »anscheinend«, weil ich mich nur in wenigen Bildern wiederfinde, oder, um es genauer auszudrücken, den wiederfinde, der sich heute als er selbst zu erkennen glaubt.

Eine zweifellos verzwickte Angelegenheit, ein Gedankenkarussell, ein Vorgang aber, der mir heute viele der Anfeindungen, die ich ertragen musste und muss, verständlicher werden lässt.

Berechtigterweise wird nun der kritische Leser einwenden, das sei ja ganz schön und gut, aber soll das nun heißen, dass ich mich heute befreit von diesen Uneinsichtigkeiten fühle, mehr oder weniger im »Guten« angekommen, frei von Zweifeln und falschem, weil egoistischem Handeln?

Ach, das wäre doch was: angekommen in der Weisheit letztem Schluss, unverwundbar, über allem schwebend.

Aber leider muss ich mir eingestehen: Würde ich noch ein paar Jahrzehnte leben dürfen bzw. müssen, ich stünde dann diesem noch älteren Herrn genauso fassungslos gegenüber wie damals der junge Mann dem jetzt 70-Jährigen.

Die Gratwanderung meines Lebens bestand und besteht wohl immer wieder darin, gängige Moralgebäude und ideologische Festungen einzureißen.

Auch der Anarchist kommt nicht ohne Gesetze aus, nur dass er diese Gesetze sich selbst erlassen muss. Und der bekennend Unmoralische würde verzweifeln, wenn er sich nicht auch immer wieder seinen ureigenen moralischen Regeln beugen würde. Wie und wo aber sind diese Regeln zu finden, wenn man vermeiden will, dass das eigene Fühlen von der herrschenden Moral vereinnahmt wird, vielleicht auch nur unbewusst?

Deshalb glaube ich nach wie vor: Man muss zuerst alles in Frage stellen, ja, vielleicht sogar zertrümmern, was einem Staat und Gesellschaft, Kirche und Elite als Muss und Müssen auferlegen.

Zu sehr sind habgierige Interessen im Spiel, zu eindeutig zeigen sich die tödlichen Krallen der Macht, zu fremdbestimmt sollen wir werden, nichts als Rädchen im Getriebe einer Maschine des Materialismus, bereit zu töten, wenn es uns auferlegt wird, bereit zu sterben für Volk und Vaterland, für krude und mörderische Ideen, an die sich all jene klammern, die sich selbst in ihrer Schönheit noch nie begegnen durften.

Noch einmal eindringlich möchte ich auf Henry David Thoreau und seine Schrift »Über die Pflicht zum Ungehorsam gegen den Staat« hinweisen. Thoreau, einer der Urväter des zivilen Widerstands, schrieb nach einem Gefängnisaufenthalt, den er aufgebürdet bekam, weil er sich vier Jahre lang weigerte, Wahlsteuern zu bezahlen, aus Protest gegen den Krieg mit Mexiko und die Duldung der Sklaverei: »Unter einer Regierung, die irgendjemanden unrechtmäßig einsperrt, ist das Gefängnis der angemessene Platz für einen gerechten Menschen. Der entflohene Sklave (...) und der Indianer mit seinen Anklagen gegen das Unrecht, das man seiner Rasse zufügt: nur hier sollten sie ihn finden, im Gefängnis, auf diesem abgeschiedenen und freieren und ehrbareren Boden, wo der Staat jene hinbringt, die nicht mit ihm, sondern gegen ihn sind: Es ist das einzige Haus in einem Sklavenstaat, das ein freier Mensch in Ehren bewohnen kann.«

Das bringt mich natürlich noch einmal zu meinem Gefängnisaufenthalt wegen meines Drogenkonsums.

Ganz so verklärt und begeistert konnte ich meine Knastzeit nicht erleben, wie Thoreau es formuliert hat, und als gerechten Menschen sah und sehe ich mich nun auch nicht wirklich – eher als einen immer nach Gerechtigkeit Dürstenden –, aber in einem Punkt fühle ich mich von ihm bestärkt: Die Regierung sperrt Süchtige und Drogenabhängige unrechtmäßig ein.

Wenn ich mich schuldig bekenne, dann wegen meines Missbrauchs an mir selbst und meinem Körper, aber nicht deswegen, weil ich etwas Verbotenes getan habe. Ich sah und sehe nicht ein, weshalb der Staat den Konsum willkürlich verbotener Drogen verfolgt und gleichzeitig heuchlerisch hoch angesehenen Verbrechern gestattet, mit Finanzspekulationen ganze Nationen zu vernichten und Millionen Menschen in Hungersnöte zu treiben.

Wie sagte Thoreau doch so treffend – ein Satz, der zu einem Credo für uns Anarchos wurde: »Die beste Regierung ist die, welche gar nicht regiert.«

So sollte, wie ich glaube, der kritische Rückblick ins eigene, oftmals immer wieder verschwimmende und manchmal so gar nicht fassbare Leben vor allem eine große Chance sein.

Eine Chance, sich zu ent-decken, diese Gebilde, die man sich errichtet hat, um sie dann »Ich« zu nennen, abzutragen, um zu einem Kern zu gelangen, der wahrscheinlich wenig spektakulär ist: unser Selbst, ohne Armada und Festung ziemlich nackt und hilflos, aber offen und empfänglich für Schönheiten, die einem gepanzert verwehrt blieben.

Die Schönheit des Miteinanders ohne Ehrgeiz und Wahn, die Schönheit zu erkennen, dass wir in keinem Punkt besser sind als andere, nur anders, und in diesem Anderssein auch geliebt werden wollen.

Die Mystiker würden sagen: Das ist der Beginn, um sich mit Gott zu verbinden, dem Dao, dem Atman. Mit dem, was wir alle manchmal erahnen, das uns aber meist verwehrt ist in einer Welt, die das Äußerliche mehr anbetet als das Wesentliche. Mit dem eigentlichen Sein, das uns darauf hinweist, was wir sein könnten, wenn wir uns befreit haben von den Fesseln eines ausschließlich zweckgebundenen Denkens und Wollens.

Und wenn der Weg dorthin über Irrungen und Wirrungen führt, dann lasst uns eben weiter irren.

Vielleicht jedes Mal ein wenig weiser.

Das hoffe ich jedenfalls.

GARDASEE – SOMMER WAR'S

Günter Bauch

Anfang der 70er Jahre fuhren Konstantin und ich jeden Sommer an den Gardasee, fast immer zum Camping. Pro Aufenthalt verbrauchten wir ein Zelt, wir konsumierten die Zelte wie Tempotaschentücher, wir verloren sie wie einzelne Socken, wir ließen sie stehen wie Regenschirme bei Sonnenschein. Am meisten kämpften wir noch um das erste Zelt, 1970, als unsere Energien als Zeltbewohner und Zeltbehalter noch unverbraucht waren. Manchmal kam Sturm auf, mitten in die ewig scheinende Sonne und wollte uns das Zelt entreißen. Der Gott der Winde war eifersüchtig auf unser Camperglück, dem tosenden Gardasee dürstete es nach unserem Zelt, doch wir hielten es fest, mit Zähnen und Klauen, mit Leinen und Heringen.

Wir ließen die Zügel locker, fühlten uns als Sieger über die Naturgewalten. Gleisnerisch lächelte uns die südliche Sonne zu, da kam der Sturm zurück. Heute wissen wir – damals noch nicht –, dass Stürme am Gardasee immer zweimal klingeln. Die Bora dreht stets eine Runde um den ganzen See, eingeschlossen im Gefängnis der steilen Gebirge, und besucht jedes Dorf, jede Küste, jeden Campingplatz, jedes Zelt ein zweites Mal – ein lästiger Verwandter, der sich zum Schein verabschiedet und gleich darauf durch die Hintertür wiederkommt. Und wiederkommend zerfetzte der Sturm unser nichtsahnendes Zelt.

Wir hausten in den Fetzen, mit jener Gleichgültigkeit äußerlichem Tand gegenüber, die immer die Gabe großer Geister war. Eine Lässigkeit, die stark mit der Sorgfalt und Professionalität kontrastierte, mit der das Zelt anfangs aufgestellt worden war – freilich nicht von uns. Wir waren schlicht unfähig, ein Zelt zu montieren, der Weg von der drallen, mit Schnüren und Stäben ausgestopften Plastikwurst bis zu der schmucken Behausung, die auf der Verpackung abgebildet war, schien uns allzu steinig. Wer will, kann dies einen Charakterfehler nennen. Doch wir waren lernfähig, darin bestand unsere Stärke: Wir lernten bald, wie hilflos wir uns stellen mussten, um unser Zelt von freundlichen Nachbarn aufgestellt zu bekommen, garantiert ohne Eigenleistung.

Wir lernten auch, was der beste Zeitpunkt war, um Hilfswillige anzutreffen. Am späten Nachmittag kamen wir an, suchten uns ein geeignetes Plätzchen, eine Art Freilichtbühne, umgeben von einem Halbrund aus offenen Zelteingängen, und begannen unsere Show. Die Essenszeiten, wenn köstliche Düfte aus den Garküchen aufstiegen und jedwede Hilfsbereitschaft hintansetzten, galt es zu meiden wie die Nachtstunden – nachts, erfuhren wir, kommen nur verdächtige Figuren auf den Campingplatz. Und direkt nach dem Essen fläzen die Camper schwer in ihren Klappsesseln, unfähig, sich selbst zu rühren und rühren zu lassen. Erst später lagen wir richtig mit der Darbietung unserer vollkommenen Ungeschicklichkeit.

Wir leerten den Packsack aus, was schon die ersten Schwierigkeiten bereitete, und beschauten den Inhalt mit angstgeweiteten Augen. Wir packten Gummihammer und Heringe und schlugen sie sinnlos in die harte Erde. Wir zerrten am Zeltboden, wobei wir mit lauten Stimmen feststellten, dass dies Unterfangen unsere Kräfte bei weitem überstieg. Schon nahmen wir Blickkontakt auf, richteten ein unterwürfiges Wörtchen an einen der Zuschauer. Im Publikum gab es die ersten Bemerkungen:

»Da kann man ja nicht zuschauen!«

»Erst das Zelt auslegen! Weiß doch jedes Kind!«

»Das gehört zu Hause geübt!«

Demütigungen, doch Wasser auf unserer Mühle. Wir hatten Geduld, warteten auf die Komplettenhilfe. Noch steckten wir in der Belehrungsphase, sollten selbst arbeiten, allenfalls gnädigste Anweisungen befolgen. Wir hockten uns hin, fast ungespielte Verzweiflung zwang uns in die Knie. Wir rauchten, eine Tätigkeit, die wir perfekt beherrschten.

Dann fand sich doch noch eine mitleidige Seele. Es handelte sich um den Typ wortkarger Praktiker, dessen Hände nicht wie bei unsereinem untätig an den Armen baumeln, sondern stets auf handfeste Objekte lauern, auf Gelegenheiten zum Zupacken und Eingreifen. Er weiß, dass die Welt nicht durch Worte, sondern durch Taten verändert wird, doch logischerweise spricht er nicht davon und rühmt sich dessen nicht. Er ist auch keiner von denen, die zuvor lästerten, sein Ruhm und sein Mitleid wohnt nur in seinen Händen. Im Handumdrehen baute er unser Zelt auf, wobei er uns, die wir hinderlich um ihn wuselten, in sicherer Entfernung abzuwarten befahl. Er verlangte auch nicht, wir sollten ihm genau zuschauen, damit wir es beim nächsten Mal allein könnten. Er wusste, was wir wussten: Beim nächsten Mal wären wir genauso unfähig zur manuellen Weltverbesserung und bedürften wieder eines Tatmenschen wie seiner.

Im Sommer 1970 führte mich Konstantin in die Arena di Verona. Dass das Glück so nahelag, keine 30 km. Es war nicht nur meine erste italienische Oper, es war überhaupt mein erster Kontakt mit ernsthafter Musik. Bis dahin hatte ich nur Schlager im Radio gehört, im Vorüberhören, komischerweise hatten sich mir viele Textzeilen eingeprägt. Und jetzt ging ich in Puccinis »Manon Lescaut«. Konstantin kannte sich aus, Puccini war sein Lieblingskomponist, dafür fand ich den Weg zur Arena. Hinwärts machten die anarchistischen Italiener und ich die Straße zur Einbahn und fuhren in Dreierreihen, nachts, nach der Oper, fuhren wir ebenso zurück. Es schien, als wollte jeder in »Manon Lescaut«.

In den vier Stunden Arena wurde ich vom Saulus zum Paulus, vom Musikverweigerer zum Opernfan. Konstantin vermerkte es mit Begeisterung – wenn ihm sein Enthusiasmus noch einen Blick auf mich ließ. Beim Schlussapplaus tobte ich gleichstimmig mit ihm und Tausenden von Italienern, die in der Oper gar nicht mehr anarchistisch waren, sondern strenge Regeln für Beifall und Stille einhielten. Sogar die geliebten Bambini hatten zu schweigen. Übrigens jubelten wir mit nacktem Oberkörper. Wir betrieben damals Bodybuilding, hatten dem Wein zugesprochen und wollten uns zeigen. Aber den Vogel schoss ein kleiner Dicker, ein altgedienter Opernfan ab: Er drehte seinen Kassettenrekorder, mit dem er schon die Pausen Puccini spielend verkürzt hatte, voll auf und schmetterte die letzte Tenorarie, die noch in aller Ohren war, mit gewaltiger Stimme. Und rief, dass es durchs weite Rund schallte:

»Für mich, Manon, wirst du niemals sterben!«

Die Sängerin kam an die Rampe und küsste ihn. Das fand ich logisch und atemberaubend zugleich.

Mit Anfang Zwanzig ist man unverwundbar und unsterblich, denn auch wenn der Tod so früh zuschlagen sollte, hat er noch keine Zeit gehabt, seinen Schatten vorauszuwerfen. Fast unverletzt überstanden wir, Konstantin, mein Bruder Walter und ich, einen Autounfall, den wir meinen kargen Fahrkünsten verdankten. Schauplatz war das Gardasee-Hinterland, wo sich die Straßen in trunkenen Kurven krümmen, um so die Touristen abzuweisen. Walter verbrachte den Sommer 1970 mit Vater und Mutter in unserem Ferienhaus, ganz in der Nähe unseres Campingplatzes. Er hatte ein neues Auto, einen Glas Isar, und den musste ich Probe fahren. Man musste nämlich alles ausprobieren, nicht nur Autos, auch Jeansjacken, Aufreißsprüche, Weltanschauungen, Jobs, Verhaltensmuster – alles, was man am anderen sah und erfolgreich fand, gehörte ihm nicht länger allein, man lieh es sich aus, man eignete es sich an. Nur bei der Freundin des anderen hatten wir Respekt, wir hielten Abstand, wir schreckten vor ihr zurück.

Der Glas Isar reizte mich, den ewigen VW-Fahrer. Walter setzte sich fahrlehrerartig neben mich, erklärend und bremsbereit. Das Auto war von absurder Kleinheit, der große Konstantin nahm die ganze Rückbank ein. Der Motor trompetete keck, er schien zu ganz anderen Taten aufgelegt als die biederen Käfermotoren. Der Isar forderte heraus, er wollte erprobt werden und selbst auf die Probe stellen. Das Auto schoss dahin wie ein Wildpferd, immer kurz vorm Durchgehen, vor jeder Kurve mühsam gebändigt. Meine Beifahrer erhoben warnend ihre Stimmen, Walter wies auf technische Einzelheiten hin, Konstantin sang in den höchsten Tönen der Panik. Aber ich musste weiterreiten, es war Gesetz und Ehrensache. Vorschrift für uns Halbstarke war auch, keine Angst zu zeigen. Nach den ersten Kurven, die ich heimlich zitternd überstand, wurde ich immer schneller. Langsamer zu fahren, hätte das Eingeständnis bedeutet, ein Angsthase zu sein, der zudem nicht Auto fahren konnte.

Führerlos – denn ich war viel zu sehr beschäftigt, meinen Mut zu zeigen, um noch lenken zu können – drehte sich der Isar aus der Kurve und kippte in eine liebliche, mit Obstbäumen bestandene Wiese. Er drohte sich aufs Dach zu legen, beließ es aber bei der Drohung. Er setzte mehrmals auf und steckte die Schnauze ins Erdreich. Der Motor lief weiter, jaulend wie ein verwundetes Tier. Walter und mir war nichts passiert, aber Konstantin klagte laut. Er war bei dem Geholper jedes Mal hart an den Dachhimmel geschlagen. Walter stieg aus und beschaute sein Auto, ich kümmerte mich um meinen Freund.

Er hatte einen Schock erlitten, ihm war übel, es bestand Verdacht auf Gehirnerschütterung. Wir brachten ihn zu unseren Eltern ins Haus und betteten ihn auf die Couch. Hypochondrie ist Hypersensibilität, wenn auch gepaart mit extremer Selbstbeobachtung. Konstantin neigt zu dieser Form der pessimistischen Nabelschau – übrigens früher viel stärker als heute. Ebenso wie ihm seine Hoffnungen und Glücksaussichten stets ganz intensiv, fast greifbar nahe vor Augen stehen. So hell ihm dieses Licht strahlt, so schwarz malen auch seine Ängste, vor allem auf körperlich-medizinischem Gebiet. Er fühlt voraus, was auf ihn zukommen kann, und für dieses Gefühl ist es wirklich egal, ob es dann tatsächlich eintrifft.

Ich fuhr in die Apotheke und besorgte alle Medikamente, die in Frage kamen. Meine Mutter backte Kuchen, wir häuften alles vor Konstantin auf. Für eine Weile ließ er sich verwöhnen, allmählich klangen seine Beschwerden ab. Plötzlich riss es ihn von der Couch hoch, er griff nach seiner Gitarre, die er immer bei sich hatte. Er setzte sich auf die Terrasse, nahm Schreibzeug und begann zu spielen. Uns beachtete er nicht. Der grandiose italienische Sommerabend gab ihm Wort und Weise ein, die untergehende Sonne riet zur Vergangenheitsform, es entstand das Lied »Sommer war's«:

Sommer war's, der Steg erstickte fast
an Sommerlust und Lieb und Leid
und Sommerkörperlast.

Boote, angefüllt mit Segel, Mensch und Leib,
und Hitzebläschen auf dem Mund
und Schifferseligkeit.

Sommer war's, das Wasser wellte steil,
die Wünsche waren eingefleischt
und standen steif und geil.

Sommer war's, drei Meter hoch nur stand
die Hitze wie ein Heiligtum,
dem Lustgewinn zum Pfand.

Und die Steine waren weiß,
und die Erde war ein Tier,
und wir wühlten feucht im Sand,
auch woanders wühlten wir.

Die ganze Familie umhegte Konstantin. Noch mehr als vorher der Kranke schien uns der Künstler bei seinem fiebrigen Schöpfungsakt eines weiten Mauerringes aus Schonung zu bedürfen. Meine Mutter brachte stille Getränke, Walter schwieg staunend, mein gewichtiger Vater ging auf Zehenspitzen, ich, winzig unter der Zentnerlast meines Schuldbewusstseins, drückte die Daumen, dass alles ein gutes Ende nähme.

Konstantin saß zusammengesunken in der Sonne, horchte in sich hinein. Er blickte zum Horizont, vielleicht suchte er ihm das Lied abzulisten. Er summte, sang halblaut, kicherte, nahm plötzlich Zuflucht zu einem einzigen gebrüllten Wort, sprang auf und rannte, ein Tiger in engem Gehege, auf der Terrasse hin und her. Er sah jedem von uns bohrend ins Gesicht, als läge die Lösung bei uns, aber ich bin überzeugt, dass er im Moment keinen von uns erkannte. Er sank wieder in den Stuhl und kritzelte die fünfte, sechste Korrektur. Die Noten saßen sofort, nur der Text wollte sich zuerst nicht fügen. Konstantin hat die Gewohnheit, alte Wörter nicht durchzustreichen, sondern sie durch fettes Überschreiben in die neuen zu verwandeln. Ich rätselte oft an frischgedichteten Liedern herum, die ich ins Reine schreiben sollte, Konstantin musste helfen. Er hatte ja Melodie und Rhythmus, damit auch Versfuß und Reimschema im Kopf und war sich dessen stets ziemlich sicher, was er in seinem Schöpfungsrausch aufs Papier geworfen hatte. Zusammen erarbeiteten wir dann die gültige Reinschrift.

Endlich war es vollbracht. Konstantin war glücklich, wir fast noch mehr. Ein solcher Anfall von Produktivität ist ja, ähnlich einer Geburt, keine durchaus liebliche Angelegenheit, man ist froh, sie mitzuerleben, aber noch viel froher, sie hinter sich zu haben. Erleichtert und stolz umringten wir ihn und gratulierten der jungen Mutter. Er trug uns das komplette Lied vor, wir bildeten ein begeistertes Premierenpublikum. Sogar mein bejahrter Vater, der zum Konservativismus neigte und von den 70er-Jahre-Frechheiten normalerweise nichts hören wollte, ließ sich bezirzen und stellte sein »gutes«, einzig noch hörfähiges Ohr voll auf Konstantin ein.

Es war Samstag Abend, ein denkwürdiger Samstag, der nicht so schnell zu Ende gehen durfte. Wir beschlossen, ihn im »La Busa«, der angesagtesten und auch einzigen Diskothek von Pacengo zu verbringen. Bis aus Verona kamen tanzwütige, soundsüchtige Leute ins »La Busa« und ließen ihre eigenen Diskotheken darben. Als wir kamen, klebten Menschentrauben am Eingang, das Lokal platzte aus allen Nähten, seine Mauern vibrierten vor pochender Musik.

Es pochte auch am Himmel: Ein Gewitter bei seiner ersten Visite, später, nach seiner Tour um den See, würde es heftiger anklopfen, vielleicht gar mit der Tür ins Haus fallen. Die Lichter im »La Busa« flackerten, so viel Strom fraßen die Bässe. Wir sprachen, schrien eher über das neue Lied, wobei wir eine eigentliche und eine Meta-Existenz führten: Wir waren am Gardasee und zugleich in dem Lied, das am Gardasee spielt. Mich überlief ein wohliges Gefühl, es war, als ginge man mit Thomas Mann durchs Buddenbrook-Haus. Prompt tauchte auch Antonio auf, der Kellner aus Lied und Wirklichkeit. Hier im »La Busa« war er endlich kein Kellner mehr, sondern ein Gast wie du und ich – mithin ein Gast, der nach Mädchen Ausschau hielt.

Dann kehrte das Gewitter zurück. Die Donnerschläge übertrumpften die Bässe, jedes Mal, wenn die Tür aufging, drängten, vom Regen gepeitscht, nasse Jugendliche herein. Die Diskothek glich einem überfüllten Wartesaal, von Beatrhythmen und den grellen Zacken der Lightshow gemartert. Plötzlich erloschen Licht und Musik – Stromausfall! Italienische Unwetter, in Verbindung mit italienischen Stromleitungen führen häufig zu dieser Konsequenz. Meist war der Blackout nicht von Dauer, der Besitzer des »La Busa« rief Beschwichtigendes. Er schien nicht gesonnen, den Gästesegen gleich wieder aus der Hand zu geben, wieselte herum und stellte Kerzen auf. Attraktionen wie Antonio erhielten Gratisgetränke. Aber die Musik fehlte, die Gäste begannen, trotz der ansaugenden Bemühungen des Besitzers, davonzuwehen.

In einer Ecke stand ein Klavier, verstaubt, anachronistisch, vorwiegend diente es als stilvoller Untersatz für einen Kerzenleuchter. Doch jetzt, unter Konstantins Händen, wurde es zum strahlenden Mittelpunkt. Er sang, spielte Stücke von Ray Charles und Janis Joplin. Er fantasierte über den Tasten und ging zu eigenen Liedern über: »Sommer war's« erstmals zum Klavier, erstmals vor größerem Publikum. Vor fachkundigem Publikum: Jeder, ob Deutscher, Holländer, Italiener erkannte in Konstantins sehnender, sich verzehrender Melodie die Stimmung wieder, die, genießerisch und zerstörerisch, das Leben am Gardasee prägte.

SADOPOETISCHE GESÄNGE

Günter Bauch

Konstantins erste Platte, die »Sadopoetischen Gesänge«, erschien im Herbst 1973. Walter Fitz, der Patriarch der so zahlreichen Münchner Musikerdynastie, zusammen mit Fred Bertelmann, dem »lachenden Vagabunden«, hatten Konstantin dazu verleitet: Die beiden planten eine Art Herrenserie, Platten mit Liedern erotischen Inhalts, die an Interessierte versendet werden sollten. Konstantin, über Tochter Lisa Fitz mit Walter bekannt, war der erste, der für diese Produktion gewonnen wurde. Die »Sadopoetischen Gesänge« wurden dann keineswegs versendet, sie schafften es bis zur Plattenfirma Ariola, und der erotische Versand ging ein, wie so viel Wagemutig-Neues der frühen 70er Jahre.

Nach den halbseidenen Kontakten zur Welt des Films, eher Sexfilms, nahmen wir endlich Fühlung zur wirklichen Kultur auf.

Wir waren sehr stolz auf »unsere« Plattenfirma. Wir nannten sie einfach »die Firma«, denn sie war die einzige, die wir kannten, und sie erschien uns als Inbegriff der Produktivität und Geschäftigkeit. Wir gingen ständig in die Firma, auch wenn wir dort gar nichts zu tun hatten. Es waren immer nette Menschen, hübsche Mädchen, lustige, trinkfeste Männer anzutreffen, die ihre Arbeit – wie vermutlich auch bei jedem anderen Gast – bei unserem Anblick sofort unterbrachen, ja, die den Eindruck erweckten, als hätten sie nur auf uns gewartet.

Es gab eine gut sortierte Kantine, in die zog man mit den Neuankömmlingen, trällerte dabei den neuesten Schlager der Firma. Derselbe Hit ertönte in den Büros, auf den Gängen, in den Lagern aus versteckten, unabstellbaren Lautsprechern. Die Lieder, die die Firma herstellte, schwankten zwischen guter Laune und sanfter Romantik, folglich schwankten auch alle Firmenangehörigen und Besucher zwischen diesen Gefühlen. Huxleys schöne neue Welt schien hier verwirklicht: sanfte, gutgelaunte, romantische Menschen, die sich liebten, wenig gegeneinander intrigierten, deren Arbeit wie ein Kinderspiel anmutete.

Konstantins erste Platte war kein Verkaufserfolg, die Stimmung, die in seinen »Sadopoetischen Gesängen« schwang, war von der echten nachtschwarzen Romantik geprägt, seine Melodien waren nicht unbedingt trällerbar. Trotzdem wurde er in der Firma respektiert: Beim Fußvolk, den Sekretärinnen, beim Kantinenwirt kam er gut an, weil er jovial mitfeierte und keine Starallüren aufwies, zu denen die Sänger einer einzigen Platte sonst unfehlbar neigen. Die Firmenbosse aber, in ihrer höheren Position, erwarteten von ihm Höheres: eine zweite Platte, auf der er von den Irrungen der Sadopoesie doch noch zum rechten Weg der gutgelaunten Romantik fände. Vielleicht auch, weil sie seine Talente erkannten, eine Karriere als Texter und Komponist, wenn er denn als Interpret die steinigen Pfade des engagierten Liedes weiterzugehen trachtete.

Eingängige Melodien, locker sangbare Texte wurden immer gebraucht, die berühmten Schlagersänger der Firma, die uns täglich auf den Gängen, in der Kantine wie ganz normale Menschen gegenübertraten, gierten danach, es war, als riefen sie uns zu, wobei sie mit den Fingern schnippten: »Los doch, worauf wartet ihr, schreibt Schlager für uns, hossa, ihr beiden!«

Wir begannen uns die Sache zu überlegen. In bewährter Gemeinschaftsarbeit, mit einer neuen Gewaltenteilung planten wir die Schlagerproduktion anzupacken: Konstantin würde die Melodie und die zündende Titelzeile, ich den füllenden Strophentext beisteuern. Wir würden die Firma mit Schlagern eindecken, weiterhin mit den gutgelaunten Mitarbeitern verkehren und ihre Feste mitfeiern. Außerdem würden wir in aller Anonymität diverse Hits landen. Konstantin hatte von den verlockenden Abrechnungen der

GEMA erfahren und wir rechneten milchmädchenartig unsere Verdienstmöglichkeiten aus. Sie waren gewaltig, wir fühlten uns bereits wie gemachte Leute, die Lebensversicherungen erschienen Almosen dagegen.

Natürlich gedachten wir die Schlagerproduktion auf den reinen Gelderwerb zu beschränken, nie durfte der Schlager zum Lebenszweck werden. Zwei, drei Hits, bis wir genug hätten und die Villa im Süden abbezahlt wäre. Keinesfalls wollten wir mehr Schnulzen auf den Markt werfen als unbedingt nötig. Vier, fünf, wenn's hoch kam, sechs oder sieben Erfolgstitel mussten doch genügen, um uns ein bescheidenes, sorgenfreies Leben in Saus und Braus zu sichern. Sofort würden wir dann wieder aufhören, Schlager zu fabrizieren. Selbstverständlich würden wir an der wahren Kunst niemals irrewerden. Konstantin würde parallel seine Lieder schreiben, die vor Spannung, Poesie und Engagement vibrierten und die ihm die Bühnen Deutschlands eröffneten.

Plötzlich hielten wir inne im Reden und horchten nach, was wir da fantasierten. Wir sahen, dass es nie und nimmer funktionierte. Wir hatten einen ersten Schlagertitel zusammengeschustert, mit einer hitverdächtigen Melodie, und er lautete allen Ernstes:

*Ich sah dich weinen, sah die Tränen
in deinen Augen stehn
doch unsere Liebe wird uns vereinen
und sie wird nie vergehn.*

Wir zerknüllten das Blatt und gelobten, Text und Musik zu vergessen. Wir gaben uns die Hand darauf. In die Firma, zum Festefeiern gingen wir weiterhin.

PREMIERE IN DER LACH- UND SCHIESSGESELLSCHAFT

Günter Bauch

»Dann pack ich meine Zähne aus und schleich ums Haus ...«
Konstantin sang, spielte und agierte mit vollem Einsatz, er stampfte auf den Boden und traktierte den Flügel, er forderte und überzeugte ein unsichtbares Publikum. Obwohl es nur eine Probe war, wuchtete er seine ganze Persönlichkeit auf die enge Bühne.

Seitlich verfolgte Samy Drechsel, der Hausherr der »Lach-und Schießgesellschaft«, das Spielgeschehen. Er hielt große Stücke auf Konstantin, er betrachtete ihn als Phänomen. Freilich hatte er, ob im Sport oder in der Kleinkunst, schon manches Phänomen erlebt ...

»Konstantin«, rief er mit seiner hellen, vom Radio bekannten Stimme: »Du bist doch ein wahnsinnig sportlicher Typ. Zieh doch die Tennisschuhe, die du jetzt anhast, ruhig auch zum Auftritt an. Du wirst sehen, diese Mischung aus Kraft und Dekadenz kommt unheimlich gut!«

Samys Kommentare nervten mich: Warum sagte er nichts zu den Texten, zur Musik, zum Wesentlichen? Was sollte diese Turnschuhnummer? Samys Beiträge beschränkten sich aufs Äußerliche, er gab Ratschläge, wie Konstantin auftreten, sich verbeugen, wie er seine Gänge auf der kleinen Bühne gestalten sollte. Vielleicht wusste er, was er tat. Die »Sadopoetischen Gesänge«, soeben als LP erschienen und jetzt, 1973, Kernstück des bevorstehenden Auftritts in der Münchner »Lach- und Schießgesellschaft«, ragten erhaben über aller Kritik. Die Lieder selbst, ihre musikalische Einrichtung probte Konstantin in einsamer Kompetenz, kein Samy Drechsel konnte ihm da hineinreden.

Die Premiere war gut besucht, wir zitierten alle Freunde, Geschwister, Musikerkollegen und sogar Zufallsbekanntschaften aus Kneipen und Billardsalons herbei. Konstantins Mutter Dorle eroberte sich mit ihren engsten Mitbuhlern einen Tisch dicht an der Bühne, links vom Klavier, mit unverbaubarem Blick auf den Sohn – eine Anordnung, die ihr zur Gewohnheit und Lieblingsstellung werden sollte.

Die Plattenfirma schickte reichlich Personal aus den unteren Abteilungen. Die Herren der Chefetage beobachteten Konstantins Auftritt aus sicherer Entfernung, ließen sich vielleicht später berichten – wie Könige über den Ausgang einer Schlacht. Es kamen unsere Freunde, der Kantinenwirt, die Sekretärinnen, die lebhaften Jungs von der Promotionabteilung. Die Firmenschlager auf den Lippen, erfüllten sie die heiligen Hallen der »Lach- und Schieß« mit guter Laune, sanfter Romantik und hoher Trinkfestigkeit. Zwar wussten sie, dass es heute Abend keine Hits zum Mitträllern geben würde. Aber sie wirkten gerne mit bei Konstantins Aufstieg und waren bunte Tupfer im vollen Haus.

Kurz vor dem Auftritt war Konstantins Lampenfieber greifbar wie ein Stück Materie, »eine Wand zum Festhalten«. Seine Hochspannung war von derselben Intensität wie die Gefühle, die er sonst verströmte, Freude, Ärger, Angst, Begeisterung, Optimismus, die uns Freunde in Bann hielten und die Atmosphäre eines Raumes, später eines ganzen Konzertsaals beherrschten. Doch dann auf der Bühne wirkte er fieberfrei, es war, als hätte sie ihn verwandelt, beruhigt, professionalisiert. Die Bühne war seine Heimat, schon bei diesem allerersten Konzert.

Samy sprach noch einleitende Worte, er legte uns den jungen Künstler, der tatsächlich Turnschuhe trug, wärmstens ans Herz. Ich applaudierte schon jetzt mit aller Kraft, ich wusste, wie großartig Konstantin war, nur noch den Leuten musste er es zeigen. Die Aufregung hatte sich ganz von ihm auf uns, die Fans der ersten Stunde, verlagert. Wir flehten um den Erfolg, Konstantin wirkte sicher, fast routiniert, getragen von seinem Talent. Die außergewöhnlichen Texte, die raffinierten Melodien, das perfekte Klavierspiel, sogar der humoristische Umgang mit der Gitarre – alle diese Qualitäten, die ich mir atemlos lauschend aufzählte, mussten das Publikum doch verzaubern. Mit geteilter und zugleich verdoppelter Aufmerksamkeit horchte ich auf das Konzert und auf die Zuhörer. Sie sollten gefälligst ebenso konzentriert und fasziniert horchen wie ich. Wenn jemand hustete, drehte ich mich empört nach ihm um, wenn jemand am falschen Platz kicherte – bestimmt eine von den phäakischen Sekretärinnen – wäre ich am liebsten in starker Motorik aufgesprungen. Wenn Beifall aufbrandete, klatschte ich wie ein Berserker und schaute mich um, ob auch ja alle mitklatschten. Ich war ein früher Zerberus der Wecker-Kunst.

Beim Lied von der »Toten«, dem Leichenliebeslied, brauchte ich nicht für Ruhe zu sorgen. Wahre Totenstille knisterte, gelassen, fast eisig entwickelte Konstantin seinen unerhörten Text, kein Wort ging verloren, keines der düster-feuchten Bilder verblasste. Die Melodie von Chopin, die aus dem Flügel perlte, besiegelte den Text: Ton und Wort wirkten vollendet zusammen, ergänzten einander, schufen eine perfekte, unangreifbare Einheit. Von Anfang an zeigte sich diese Eigenschaft, die Konstantin seinen besten, seinen meisten Liedern mitgibt: Text und Melodie stützen einander, schenken sich gegenseitig Überzeugungskraft und Glaubwürdigkeit.

Der Schlussbeifall nach zwei Stunden war enorm, er hielt an, als wollten sich die Leute klatschend befreien aus soviel gefesselter Aufmerksamkeit. Die feschen Firmenjungs pfiffen auf amerikanische Art, die Sekretärinnen strahlten, Mutter Dorle stand kurz davor, die Bühne zu stürmen. Samy Drechsel gratulierte, zugleich ließ er sich gratulieren, umgeben von den Stammgästen der »Lach- und Schieß«. Indem er diesen hochbegabten Nachwuchsmann vorstellte, bewies er einmal mehr den guten Riecher, für den er bekannt war.

Konstantins Durchbruch erfolgte damals noch nicht. Zwei Wochen trat er in der »Lach- und Schießgesellschaft« auf, der Publikumszustrom war wechselvoll, an manchen

Abenden strömte das Publikum gar nicht, blieb überschaubar. Doch Konstantins Bekanntheit nahm zu, immer schaffte er es, seine Zuhörer zu beeindrucken, ja, zu begeistern, egal ob es Hunderte oder nur Dutzende waren, immer gab er sich ganz. Die Presse begann, Notiz von ihm zu nehmen, sein Ruf in der Kleinkunstszene festigte sich, andere Münchner Bühnen von der gleichen Größe standen ihm offen. 1974 spielte er im »Intimen Theater«, 1975 im »Marienkäfer«, 1976 im »Atelier Jean«.

DIE FRÜHEN AUFNAHMEN

Roland Rottenfußer

»Ich singe, weil ich ein Lied hab, nicht weil es euch gefällt« ist eine der sehr frühen und klassischen Zeilen Konstantin Weckers. Kaum ein Debüt-Album wollte so wenig gefallen wie »Die sadopoetischen Gesänge des Konstantin Amadeus Wecker« (1973). Das Werk schien die wenigen Kaufinteressenten geradezu abschrecken zu wollen: durch ein hässliches, surreales Cover mit Uhrwerk, Eierbecher und zerbrochener Puppe, durch garstige Texte von Nekrophilie, Lustmord, Voyeurismus und Selbstverstümmelung. Wollte der werdende Genius schon früh künstlerischen Suizid begehen? Oder kann man in dem schockierenden Erstling den Keim künftiger Größe schon erahnen? Lyrisch jedenfalls war Konstantin Wecker schon von Anfang an ganz »bei sich«. Seine Verse waren ungemein kraftvoll, anschaulich und direkt. So im »Lied vom abgeschnittenen Glied«, das vom Schicksal einer einsamen, emanzipierten Jungfrau handelt, die sich einen ganzen Kerl herbeiträumt.

> *Und doch, wie träumte sie in ihren Nächten*
> *von Haus und Herd und einem feisten Mann*
> *mit Mannesfleisch und Mannesruch und Mannesgliedern*
> *und auch von nassem Heu und dann und wann*
>
> *von einem Fleisch, das feucht und ohne Worte*
> *sich auf sie legt und wiegt und treibt,*
> *in ihren Armen auf und nieder stößt*
> *und dann sehr weich ist, träumt und schweigt.*

Die Verblühte rächt sich am Ende an der Männerwelt, jedenfalls an einem bedauernswerten Exemplar. Sie kann »mit einem Messerschnitt ihm das Geschlecht entziehen«.

In dieser Weise sind fast alle »Gesänge« gestaltet. Wer das Wecker-Universum chronologisch bei LP 1, Lied 1 betreten will, wird mit folgender Zeile empfangen: »Ich habe meinen linken Arm in Packpapier gepackt und hab ihn nach Paris geschickt. Am 3. Mai zur Nacht hab ich ihn abgehackt, denn ich bin so verliebt.« Nicht zu vergessen, zwei (!) ebenso krude wie sprachlich berückende Lieder, in denen sich der Sänger eine weibliche Leiche zur Geliebten nimmt:

Noch mehrere Wochen lebten wir
in dem trotzig, wässrigen Raum,
dann ertrank ich in dir,
und wie ein feister, tanzender Faun

sucht mein Fleisch den Gestank
deiner Fäulnis zu fangen.

Nicht nur, dass Dekadenz, Ekel und Grausamkeit inhaltliche Schwerpunkte des frühen Wecker waren, diese Schattenanteile erscheinen ästhetisch verbrämt, das Hässliche wird in betörend schöne Verse verpackt. Dergleichen hatte Charles Baudelaire Mitte des 19. Jahrhunderts in seinen »Blumen des Bösen« unternommen, als er etwa in »Une Charogne« (»Ein Aas«) wortreich das wimmelnde Gewürm in einem Tierleichnam am Straßenrand beschrieb – ein literarischer Skandal seinerzeit. Wecker indes könnte sich da Gottfried Benn zum Vorbild genommen haben, einen seiner Lieblingsdichter, welcher seinerseits von den Lyrikern der französischen Moderne sehr beeinflusst war. Benn hatte als Armenarzt drastische Gedichte über das Leichenschauhaus »Morgue« verfasst.

Innerhalb der Liedermacherszene ist dergleichen fast ohne Vorbild, sieht man vom Wiener Meister des Makabren, Georg Kreisler, ab. Franz Josef Degenhardt hatte Wecker gezeigt, was gesungene Lyrik deutscher Sprache leisten konnte. Kreisler, ein 1938 in die USA emigrierter Jude, hatte ihm vermittelt, dass dergleichen auch am Klavier möglich war: mit Themen von bitterem Hohn und verzweifelter Grausamkeit, eingelullt von geradezu heimtückisch süßlicher Wiener Dreivierteltakterei. »Gemma Tauben vergiften im Park« gehörte zu seinen Klassikern. Die »sadopoetischen Gesänge« wiesen Konstantin Wecker insofern früh als einen Gesinnungswiener aus – dem lustvoll Morbiden, Verweslich-Körperlichen zugeneigt.

Dergleichen sprengte nicht nur die Grenzen des guten Geschmacks, sondern auch jene eines klaren ethischen Standpunkts, auf den ja gerade Liedermacher immer großen Wert gelegt hatten. Man könnte mutmaßen, Kreislers poetische Granteleien seien quasi in Anführungszeichen gedichtet, um der faschismusgeneigten, schmähgezuckerten Bourgeoisie den Spiegel vorzuhalten. Man könnte entschuldigend hinzufügen, Ähnliches gelte auch für die provokanten Verhaltensoriginalitäten des Weckerschen Lieder-Personals. Aber die Wahrheit geht vermutlich tiefer. Seinen Danse macabre tanzte Wecker, der triebstarke Sommer- und Sonnenjüngling, mit seinem eigenen Schatten, diesen gerade noch in einem fragilen Gleichgewicht haltend, ihn einhegend im Gedicht. Der früheste Wecker war einem Ludwig Hirsch näher als den einschlägigen linken Politbarden in der Art eines Degenhardt oder Süverkrüp, jedoch vitaler, von weniger lähmender Traurigkeit wie Hirsch.

Man lasse sich von der Tatsache, dass Weckers linker Arm nachweislich noch »dran« ist, nicht täuschen. Nicht alle seine Verse sind reine Fantasie. Sie dürften zumindest innerlich autobiographisch sein. Wenig später, 1976, blieb Konstantin im »sadopoetischen« Fahrwasser, bekannte gar: »Ich will etwas bleibend Böses machen«. Im selben Lied findet sich auch das unerhörte Bekenntnis: »Ich will die Träume leben, die mich quälen.« Alles will gelebt werden, und »es fruchtet kein Denken ohne die Tat«, wie Wecker im Lied »Was willst Du jetzt tun« ergänzt. Skizziert wird eine radikal chaotische, amoralische Triebnatur, die von innen gegen die Gitterstäbe der gesellschaftlich aufgezwungenen Selbstkontrolle drückt. Zehn Jahre nach seinem Karrierebeginn sang – nein: schrie – Wecker es in seinem Lied »Mei was is bloß aus mir word'n« heraus: »Schändn, brandschatzn, raubn, spielen, leben, lieben, des is ois im Schädl drin, und da muaß des a wieder raus«.

Das »Böse« freilich war in diesem künstlerischen Kosmos immer eine Kategorie von außen, auferlegt von gesellschaftlichen Kontrollinstanzen. Es wohnte nicht den Handlungen selbst inne, die bei Weckerschen Protagonisten stets von irritierender Unschuld sind. Wenn etwa der Sänger im Lied »Sie war ein Mittelmaß« beiläufig bekennt, er habe seine Geliebte »still und dezent dann umgebracht mit einer Sicherheitsnadel«. All das Destruktive und Morbide, dem der junge Wecker mit seiner damals extrem hohen, immer ein wenig gierig klingenden Stimme Ausdruck gab, war von Anfang an stark sexualisiert. Ja, das ganze Künstlertum des frühen Stürmers und Drängers schien Triebsublimation – wie das Leben als Bühnenstar auch das Ausleben seiner Wünsche erleichterte.

Findet man da den politischen Moralisten, den Autor von »Willy« und »Sage nein« schon im Ansatz wieder? Kaum: Ein ethisches Koordinatensystem musste sich erst aus dem Urchaos des radikalen ästhetischen Amoralismus herausbilden. Andere Liedermacher griffen die bürgerliche Moral an, Wecker anfangs *jegliche* Moral. Es ist sein Alleinstellungsmerkmal und verleiht vielen seiner frühen Aufnahmen eine eigentümlich verstörende Frische. Der aufrechte, ja, gütige Moralist Wecker, den wir heute kennen, entstand, als sein anfangs frei schweifendes verbales Triebtätertum ein positives emotionales Zentrum fand: die zärtliche, erotische Liebe. Und als der Hauptgegner identifiziert war: die einengende Gesellschaft mit ihren Moralvorstellungen bzw. mit dem, was sie unter »moralisch« verstand. Da war etwas wie ein ethischer Dualismus geboren: Nicht Gut und Böse hießen seine Pole, sondern *lustfördernd* und *lusteinschränkend*.

Das Leben, das sich vor allem im Streben nach Lust offenbarte, sucht immer nach Maximierung, nach barrierefreier Ausbreitung gemäß seiner innersten Natur. Zu bekämpfen ist also, was diese Ausbreitung hindert, was die Lust durch künstliche Schranken zurückdrängt ins Gefängnis bloßer Potenzialität und all die Krankheitsformen emotionaler Selbstvergiftung erzeugt, die man »Kultur« nannte oder »Moral«.

Die Keimzelle dieses poetischen Konzepts war »Zwischenräume«, ein Lied von der LP »Ich lebe immer am Strand«. Wecker beschreibt darin einen Liebesakt zugleich zärtlich und kitschfrei-direkt – den Titel kann man getrost mit »Körperöffnungen« übersetzen.

Das war nur ein Moment, der ohne Lügen
den Kreislauf dieser Welt zum Stehen brachte.
Wir könnten zwanglos über uns verfügen,
und da war nichts, was uns beschränkte und bewachte.

Und da war nichts mehr, was uns uns verbot.
Wir schnitten die Verbote einfach ab.
Die Zeigefinger unserer Väter und die Atemnot
und alles das, wofür man uns erzogen hat.

Dabei zeigt sich eine wichtige Stoßrichtung Weckerscher Liebesdichtung – in der er sich prinzipiell auch mit seinen Kollegen Wader, Mey und anderen trifft: der Abgrenzung vom damals allgegenwärtigen Schlager. Hört man sich heute Weckers allererste erhaltene Live-Aufnahme an: »Live im Onkel Pö«, so gewinnt man den Eindruck, das Schlager-Bashing sei dem jungen Liedermacher fast so wichtig gewesen wie eigene künstlerische Gegenentwürfe. Konstantin rezitiert darin Heinos »Blau blüht der Enzian« und intoniert ein Fragment seiner herzzerreißenden Schlagerparodie »Ich sah dich weinen«. Über 20 Jahre hörte man seither von Konstantin Wecker fast nur »Anti-Liebeslieder«, die eher abseitige Varianten des Themas betonten: von »Meine Leiche« bis »Ich liebe diese Hure«. In einem Lied sang Wecker uncharmant: »Du bist so hässlich, dass ich's kaum ertragen kann«. Ein weiteres, das Weltuntergangs-Liebeslied »Dorthin mit dir«, bezieht Erotik in ein Untergangsszenario mit ein: »Und meine Hand pirscht sich leise und bröckelnd an deine heran, verdorrt und verbrannt, doch du nimmst diese sterbende Zärtlichkeit an.« »Zwischenräume« ist demgegenüber einer der wenigen leidlich »normalen« Lovesongs. Aber auch dieses Lied zerstört gnadenlos ehrlich und körperbetont den Märchen-Mythos von »großer Liebe«. »Du konntest währenddessen von der großen Liebe träumen, ich war darauf bedacht, dich zu enthüllen. (...) Und ich bin in deine zarten Traume eingebrochen. Und nahm dir deinen Prinzen wieder weg.«

Wenn es um die Abgrenzung des Chansons vom Schlager geht, ist natürlich vor allem Weckers »Ich singe, weil ich ein Lied hab« beachtenswert. Was der Sänger den Schlagerfuzzis dort vorwirft, sagt viel über sein eigenes Selbstbild, sein ästhetisches Ideal aus. »Er war Sänger, wie andere Bäcker oder Handelsvertreter sind«, beginnt Konstantin Wecker sein Lied, wobei er die beiden Berufe in beinahe verächtlichem Tonfall herbeizitiert. Das Singen, so scheint Wecker sagen zu wollen, ist viel mehr als ein Handwerk – und schon gar keine Schönfärberei. »Seine Welt war so herrlich gerade, seine Hemden so weiß und so rein, und er sang sich, ganz ohne zu zögern, in die Seele des Volkes hinein.« Sogar das gute Aussehen, das perfekte Styling wird als Argument gegen den Schlagersänger ins Feld geführt. Hatte sich Wecker doch während seines Drogenprozesses in den 90ern ironisch dafür entschuldigt, »nicht wie Rex Gildo in seiner besten Zeit« auszusehen.

Mangelnde Authentizität, Unaufrichtigkeit, Lüge und Fremdbestimmtheit gehören zu den Hauptvorwürfen gegen die Rex Gildos und Roy Blacks. Eine »Sangesmaschine« ist der fiktive Schlagersänger in Weckers Lied. Und jegliche

Anpassung an den Publikumsgeschmack widerspricht dem Selbstbild eines künstlerischen Überzeugungstäters. So gesehen wäre das Chanson »Anti-Pop«, der bewusste Verzicht auf Gefälligkeit bis hin zur kalkulierten Provokation, zum wissenden Verstoß gegen die Hör- und Denkgewohnheiten der Mehrheit. Der Liedermacher ist ein Rebell gegen die allgegenwärtige Kommerzialisierung der Kulturszene, und er zahlt dafür durchaus manchmal einen schmerzlichen Preis in Form finanzieller Nöte. Aber: »Lieber allein und wieder auf der Straße sein als gestriegelt und gebügelt so wie die ein Händler zu sein.« (Klaus Hoffmann)

Das ganz Eigene bei Wecker bricht sich Bahn und bildet auf seinen frühen Aufnahmen zunächst »Inseln« in einem Umfeld merkwürdiger, erstaunlich üppig arrangierter Up-tempo-Nummern wie »Spinnen« und »Der Model Blues«, die aus heutiger Sicht gar nicht so sehr »nach ihm« klingen. Zwei Titel sind es – neben »Zwischenräume« – vor allem, mit denen der Künstler zu sich selbst fand: Mit »Ich lebe immer am Strand« und »Wenn der Sommer nicht mehr weit ist«. Beide sind – soweit man erkennen kann – ohne wirkliche Vorbilder. Das erstere, das Titellied auf Weckers zweiter LP, bestach durch eine schwelgerische Melodie und eine fast narzisstische Erotik, die sich mit mythologischen Motiven mischte:

Und die Göttinnen Roms steigen herab zu mir,
voll von Welle und Gischt und nur mich im Visier.
Und wo die Campagna noch ein weiches Stück Erde hat,
da besteigen sie mich, und ich habe die ganze Stadt,
das ganze rötliche Rom, in meiner Schenkelgewalt.
Die Wölfin kauert sich an meine Göttergestalt.

Du, ich lebe immer am Strand
unter dem Blütenfall des Meeres.
Du, ich sag ein Lied in den Sand,
ein fast vertraut imaginäres.

Eher konsensfähig und radiotauglich war dann Konstantins berühmtes Sommerlied (1976), bis heute das von ihm wohl meistgespielte. Es ist sozusagen Weckers »Satisfaction« – das Wiedererkennungslied, das bei keinem Konzert fehlen darf. Wecker hat sich vom Kokettieren mit dem »Bösen« und jeglicher »Gothic«-Thematik hier gelöst. Er schwelgt ganz in Lebenskult und biophilem Hedonismus, der selbst den Intellekt – bei den »Linken« seiner Generation ja überschätzt – zweitrangig erscheinen lässt:

*Wenn der Sommer nicht mehr weit ist
und die Luft nach Erde schmeckt,
ist's egal, ob man gescheit ist,
wichtig ist, dass man bereit ist
und sein Fleisch nicht mehr versteckt.*

Gerade dieses »Ist's egal, ob man gescheit« gehört zu den zu wenig beachteten, eigentlich sensationellen Aussagen aus der Feder eines sehr gescheiten Mannes. Ebenso auffällig ist die Wendung »Denn Genießen war noch nie ein leichtes Spiel«. Genuss ist hier kein entspanntes Sich-fallen-Lassen, sondern ein beständiges Suchen, Drängen, Getriebensein und Erobern-Müssen. Eine schöpferische, fast quälende Ungeduld springt in vielen Liedern der ersten Schaffensperiode vom Sänger auf den Hörer über, eine zunächst noch halt- und ziellose Kraft, die nach Lebensvollzug drängt. Einzigartig in Worte und Töne gefasst ist sie im Titellied der LP »Genug ist nicht genug« (1977), Weckers bis heute erfolgreichster und folgenreichster Aufnahme.

*Viel zu lange rumgesessen,
überm Boden dampft bereits das Licht.
Jetzt muss endlich was passieren,
weil sonst irgendwas in mir zerbricht.*

*Dieser Kitzel auf der Zunge,
selbst das Abflusswasser schmeckt nach Wein.*

Jetzt noch mal den Mund geleckt,
und dann tauch ich ins Gewühl hinein.

Komm wir brechen morgen aus,
und dann stellen wir uns gegen den Wind.
Nur die Götter gehen zugrunde,
wenn wir endlich gottlos sind.

Auf den ersten Rängen preist man
dienstbeflissen und wie immer die Moral.
Doch mein Ego ist mir heilig,
und ihr Wohlergehen ist mir sehr egal.

Damit sind auch die Gegenmächte benannt – unpräzise wie fast immer beim frühen Wecker. Konstantin Wecker ist eine mystische Naturbegabung – wir werden auf seine Spiritualität in einem späteren Kapitel noch genauer zu sprechen kommen. Dies hindert ihn jedoch nicht am prometheischen Trotz gegen eine aufoktroyierte Gottheit. Weckers scheinbare Gottlosigkeit ist ein Instinkt-Anarchismus, der sich gegen irdische wie himmlische Autoritäten richtet. »Ni Dieu ni Maitre« (Weder Gott noch Herr) hatte der französische Anarchist und Liedermacher Leo Ferré sehr leidenschaftlich gesungen. Der Atheismus vieler linker Künstler der Nachkriegszeit erklärt sich aus dem sozialen Kontext, aus der schäbigen Machterhaltungs- und Menschenverdummungs-Allianz von Thron und Altar. Bei Wecker richtet sich die Rebellion vor allem auch gegen die lusteinschränkende Funktion kirchlicher Moral. Es gibt eigentlich bei ihm keine Sünde außer jener, der Lust im Wege zu stehen. Selten eigentlich nennt Wecker Ross und Reiter. Nirgendwo findet man »CDU« oder »Katholische Kirche«, an denen sich der damals in der Blüte seines Schaffens stehende Großschriftsteller Heinrich Böll noch explizit abarbeitete. Die Anklage klang bei Wecker immer verklausuliert: »Die Zeigefinger unserer Väter«, »Auf den ersten Rängen«, »Die Herren pokern, ihre Welt schneit unsere Herzen langsam ein.« Oder die Widersacher werden mythologisch überhöht: »Päpste am Kiel, an den Masten ein Trauerflor.«

Eine Verschwörung der Spaßbremsen ist am Werk, ausgestattet mit institutioneller Macht, die Körper und Seelen zu knechten. Diese hat die nach lustvollem Sich-Verströmen gierende Menschheit mutwillig »um Ewigkeiten betrogen«. Das makellose, überschäumende Glück ist nichts, was der Mensch erst erschaffen müsste. Es ist immer da, wurde uns jedoch von Mächten vorenthalten, denen eine kastrierte, auf emotionales Mittelmaß heruntergedimmte Untertanenschar leichter handhabbar erscheint.

*Da ist ein Himmel, und der will
schon lange eingenommen sein.
An diesem Höhenflug der Lust
muss ich doch auch beteiligt sein.*

Überwunden werden muss aber nicht nur falsche Identifikation mit den Dunkelmächten, überwunden werden müssen auch innere Barrieren, deren gefährlichste die Halbherzigkeit ist. »Ganz oder gar nicht« heißt die Parole: »Unendlich lass dich leben oder bleib ewig tot«. Und was dieses unendliche Leben ausmacht, kann dir kein Arbeitgeber, keine Frau, kein Staat, keine Kirche und kein Gott geben: »Du musst dir alles geben, Dämmern und Morgenrot.« Ein radikaler Individualismus zeigt sich, nicht eingehegt durch sozialverträgliche Milde wie etwa bei Reinhard Mey.

Eine geradezu kafkaeske Dämonisierung der »Apparate« und Herrschaftsstrukturen spricht aus dem relativ wenig bekannten Lied »Tot geboren«. Auch hier bleibt der Gegner unbenannt, der Hörer kann das nur undeutlich Skizzierte mit eigenen Erfahrungen ausmalen. Die Erziehung der Bürger zu Höflichkeit und Genügsamkeit, ja, ihre Domestizierung durch »Brot und Spiele« wird als

Herrschaftsinstrument entlarvt. Das Ergebnis ist eine gespenstische, fast zeitlose Dystopie, die länger nachwirkt als Weckers späteres Stänkern gegen konkrete, teilweise heute historisch überholte Politiker: Hillermeier, Strauß, Guttenberg, Niebel, Merkel.

Groß geworden in den kalten Städten,
allesamt auf Frieden programmiert,
Höflichkeit und Schleim und Etiketten,
dafür lebenslänglich Rente garantiert.

Hilflos stumm zum Treten angetreten,
zittern wir noch vor der letzten Nacht.
Statt Bewusstsein: Beten und Pasteten,
denn die Dummheit ist der Mantel aller Macht.

Eingefroren in den kalten Städten,
haben wir das Sprechen nie geübt.
Träge lehnen wir an unsren Ketten,
stammeln leise: Danke. Das genügt.

Nur aus unseren Fantasien
Ist das Atmen noch nicht ganz verbannt.
Nein! Wir haben uns nicht ausgeliehen,
und der Widerstand liegt auf der Hand.

Wie die »letzten Menschen« in Nietzsches »Zarathustra« hat sich das Wohlstandsbürgertum der BRD von der Utopie eines restlos beschützten, schmerzfreien Lebens den Schneid abkaufen lassen. Es lebt im Zustand einer permanenten Betäubung, einer tranceartigen Starre, die es den Mächtigen erleichtert, über sie zu verfügen. Dem Einzelnen aber verunmöglicht diese Duldungsstarre jede politische Wachheit und verstellt den Weg zum eigenen authentischen Ich, zu jenem unzerstörbaren inneren Zuhause, nach dem wir alle auf der Suche sind. Das ursprüngliche

Menschentum nämlich ist nicht »gut« und nicht »schlecht«, es ist echt und moralisch ambivalent, wie in der anarchistischen Sozialisationsparabel »Es ist schon in Ordnung« angedeutet: »Und dann möchtest du rennen, dann möchtest du schreien, hast unheimliche Lust, einmal böse zu sein.« Aber die Gegenkräfte sind zu mächtig: »Du möchtest wachsen, doch sie kriegen dich klein.« Das Lied endet mit einem gespenstischen Chor der Gleichgeschalteten: »Dann dauert's nicht lange, dann ist es passiert: ›Es ist schon in Ordnung, wenn jemand regiert.‹« Die sensible Seele jedoch spürt das Reduzierte, Zurechtgestutzte dieser Existenzweise und reagiert mit zunächst diffusem Unbehagen, im besten Fall dann mit Rebellion:

Und das soll dann alles gewesen sein –
ein Leben fast ohne den Wind?
Versorgt und verplant und ohne Idee,
was wir wollen und wer wir sind.

In diesem Kontext erhält auch das sogenannte Böse seinen sinnvollen Platz, das beim ganz frühen Wecker noch ungebärdig und scheinbar zweckfrei hervorleuchtete: als Teil eines naturhaft-ursprünglichen Seelenzustands, der Freiheitsdrang und Lustverlangen in eines fasst. Freiheit als notwendiger Rahmen für Lust; Lust als Inhalt und einzig sinnvolle Färbung der Freiheit. Wer sich selbst »hat«, kann auch andere frei lassen und Lust wie einen positiven Virus weitergeben. Umgekehrt: »Wer nicht genießt, ist ungenießbar«. Und als ungenießbar erlebte Wecker seine Epoche, jene deutsche Demokratie, »deren Ordnung hysterisch wie noch nie alles prügelt, was offen und echt ist«.

Zu den größten Missverständnissen über Konstantin Wecker gehört aber sicher die Annahme, er sei *der* künstlerische Protagonist der 68er-Bewegung in Deutschland. Wecker betrat das »Haus« der politischen Auseinandersetzung vielmehr erst, als die Party schon fast vorbei war. Er war in den 70ern – wenn er sich überhaupt politisch äußerte – der Chronist der Restauration, einer Epoche, in der die gesellschaftlichen Fortschritte der 68er Schritt für Schritt zurückgedrängt und zurückgenommen wurden. Wecker dokumentierte eigentlich 68er-Nostalgie, die Trauer über den Abfall der Epoche vom Rebellischen. Das Post-68er-Lied par excellence ist »Frieden im Land« von der »Genug ist nicht genug«-LP: Es spiegelt exakt die Zeitstimmung in ihrer Mischung aus Terrorhysterie und der Sehnsucht nach Ordnung und Befriedigung der Gesellschaft nach den »Chaosjahren« zwischen 1967 (dem Jahr des Schah-Besuchs) und 1977 (dem Jahr des »Deutschen Herbstes«).

Vereinzelt springen Terroristen über Wiesen.
Wie chic. Die Fotoapparate sind gezückt.
Die alten Bürgerseligkeiten sprießen,
die Rettung, Freunde, ist geglückt.

Die Schüler schleimen wieder um die Wette.
Die Denker lassen Drachen steigen.
Utopia onaniert im Seidenbette,
die Zeiten stinken, und die Dichter schweigen.

Hier hält Wecker exakt die Waage: Seine Verse sind allgemein genug, um Raum für Interpretationen zu lassen und das Werk auf spätere Epochen übertragbar zu machen; sie sind speziell genug, um aktuelle Zustände in Deutschland wiedererkennbar zu machen. Selbst in Weckers präsiestem politischem Lied jener Zeit – dem »Willy« – bleibt vieles angedeutet, etwa wenn er die »Sonntagnachmittagsrevoluzzer« beschreibt, Mitläufer einer rebellischen Zeitstimmung, die sich beim geringsten Gegenwind nur allzu bereitwillig wieder ins System, aus dem sie kurz ausgebrochen waren, zurücksaugen ließen: »Die gleichn, Willy, die jetzt ganz brav as Mei halt'n, weil's eana sonst naß nei geht.« Erschütternd dann das sieben Jahre später entstandene negative Porträt eines domestizieren »Alt-68ers«: »Was passierte in den Jahren.«

*Und das nennt sich dann erwachsen
oder einfach Realist
Viele Worte, zu umschreiben,
dass man feig geworden ist.*

*Was passierte in den Jahren,
wohin hast du sie verschenkt?
Meistens hast du doch am Tresen
das Geschick der Welt gelenkt.*

*Und die fiel nicht aus den Angeln,
höchstens du fielst manchmal um,
und für die, die du bekämpft hast,
machst du jetzt den Buckel krumm.*

Ein bitteres Lied, das mich beeinflusst hat wie nur wenige von Wecker – und zwar gerade, weil es mich zu einem Zeitpunkt ereilt hat, als ich noch viel zu jung war, um angepasst und systemintegriert zu sein (21). Ich nahm es als Warnung. Man konnte, wenn man das Lied verinnerlicht hatte, bestimmte Schritte im Leben nicht mehr ohne Skrupel und Selbstverachtung gehen. Und wenn man schon im Sinne Weckers systemkritisch arbeiten wollte – warum nicht gleich für und mit Wecker selbst arbeiten?

Von Polit-Aktivisten ist Konstantin Wecker damals vorgeworfen worden, dass er das Politische nur halbherzig verfolgt habe, dass er stattdessen ins Allgemeine, Ästhetische und Private ausgewichen sei und seine Energien eher in musikalische Grandiosität habe fließen lassen. Eine derartige Entwicklung war ja für die 70er typisch: Viele der großen politischen Blütenträume waren ausgeträumt. Rainer Langhans begann zu meditieren, Dutschke versteckte sich – attentatsversehrt – in Italien, Reinhard Mey stänkerte mit seiner konterrevolutionären »Annabelle« gegen die 68er, die Grünen waren noch nicht geboren, linke Konzepte waren durch den RAF-Terror einerseits und den totalitären »Realsozialismus« des Ostblocks andererseits bis auf weiteres diskreditiert. Viele, zu viele, passten sich an.

Weckers Neo-Kunstlied hat teilweise mehr mit diesen instinkt-anarchischen, musikalisch sehr ambitionierten Entwürfen zu tun als mit dem Folk-Protestsong auf sechs Gitarrensaiten, der normalerweise als typisch für die Liedermacherkunst gilt. Als ich 1984 meine erste vollständige Wecker-LP durchhörte – »Eine ganze Menge Leben« –, war ich fasziniert davon, dass die Fülle der musikalischen Einfälle alle herkömmlichen Songstrukturen zu sprengen schienen. Es begann mit dem langen Vorspiel von »Es ist schon in Ordnung«, im Orffschen Stil geklöppelte rhythmische Motive auf Percussion-Instrumenten, komplexe Rhythmen, anschwellende Synthesizer-Klänge, parodierte bayerische Volksmusik, gemischt mit dem bedrohlich wirkenden Chor der Gleichgeschalteten. Es folgte das berückende kammermusikalische Vorspiel zu »Ich liebe diese Hure« – überhaupt eine der überzeugendsten musikalischen Umsetzungen von Liebesgefühlen in der Liedermacherkunst. Schließlich das strukturell völlig aus dem Ruder gelaufene »Hexeneinmaleis«, das Textauszüge aus »Faust«, gesprochene Erzählungen über berühmte Gewaltopfer der Weltgeschichte, aufwühlende Chöre à la »O Fortuna« und den Revolutions-Aufruf an die Zeitgenossen enthielt: »Höchste Zeit aufzustehen!«

Freilich blieb das Überborden der Vor-, Zwischen- und Nachspiele auf »Eine ganze Menge Leben« auch bei Wecker eher eine – wenn auch charakteristische – Ausnahme. Der Künstler hielt sich in der Folge meist an eine knappere, »ökonomische« Kompositionsweise, die er von Schubert und Schumann übernommen hatte. Gerade im Liederzyklus »Liebesflug« ist kein Ton überflüssig, der Ausdruck aufs Höchste konzentriert. Die Notwendigkeit, die eigenen Titel selbst zu interpretieren, führte zu einem charakteristischen Stil der Klavierbegleitung. Konstantin presste dabei in die Pausen zwischen zwei Worten oft sehr viele Töne, als wolle er nachholen, was er während der Textrezitation musikalisch nicht zur Geltung bringen konnte. Dieser Stil verlieh vielen seiner Kompositionen wie »Wer nicht genießt, ist ungenießbar« etwas Getriebenes, was bestens zum Triebhaften seiner Texte passte.

Hildi Hadlichs warmes Cello verlieh den Balladen ein einzigartiges, sehnendes Melos, wie unter anderem in »Ich liebe diese Hure« oder »Genug ist nicht genug« wunderbar zu hören ist. Das Problem, wie den Liedern rhythmische Elemente zugeführt werden konnten, löste Wecker zunächst vor allem durch seinen »Orff-Stil«, später auch durch Einbeziehung von Rock- und Jazz-Elementen. Viele Liedermacherkollegen fühlen sich ja einseitig dem Sanften gewogen und haben Schwierigkeiten, Rhythmus, Härte und Aggressivität musikalisch umzusetzen. Neben seinem großen musikalischen Vater Carl Orff und Vorbildern aus der Klassik wie Schubert und Puccini war es vor allem Kurt Weill, der Wecker inspirierte. Wenn er etwa singt: »Einen braucht der Mensch zum Treten, einen hat er immer, der ihn tritt«, dann ist das in seinem derben Volks-Gassenhauer-Stil eigentlich ein echter Brecht/Weill-Titel. Man vergleiche etwa aus der Polit-Oper »Aufstieg und Fall der Stadt Mahagonny« die Zeile: »Und wenn einer tritt, dann bin ich es, und wird einer getreten, bist's du.«

Interessanterweise blieb der große Deutschland-Skeptiker Wecker musikalisch geradezu auffällig deutsch. Wie Jacques Brel in den 60ern von der Beatlemania musikalisch unberührt blieb, merkt man auch bei Wecker in den 70ern nichts vom zeitgenössischen Pop, Punk oder Disco-Sound – sieht man von der Vorliebe für erweiterte Songformen im Progressive Rock ab. Die Franzosen wie Georges Brassens beeinflussten Wecker – im Gegensatz zu dessen Kollegen Degenhardt, Mey und Wader – kein bisschen, und auch den

Folk eines Dylan oder Donavan ignorierte der in seiner Jugend von Puccini und Verdi Sozialisierte. Abgesehen von einer gewissen »Italianità«, die auch seinen toskanischen Lebensstil prägt, ist Konstantin Wecker ein erstaunlich deutscher Künstler – zum Glück nicht im dunkelsten Sinn des Wortes. Rilke, Benn und Brecht, Schubert, Schumann und die Geschwister Scholl waren die Garanten seines alternativen »Deutschtums«. BILD, Bohlen und Bürgerwehr, gar die Schatten eines alten oder neuen Faschismus blieben draußen und wurden oft vehement bekämpft. Wenn Weckers Gesangsstil – von Gegnern oft als gepresst oder »knödelnd« verschrien – manchmal wie eine Mischung aus Operntenor und Zarah Leander klingt, so ist dies ein stilistischer, kein politischer Verweis. Dieser Liedermacher verlegte vielleicht seinen Aufenthaltsort vorübergehend in die Toskana, künstlerisch aber floh er nie aus Deutschland in vermeintlich unbelastete Gefilde. Er fuhr fort, sich »an diesem spröden Land liebend, hassend aufzureiben«.

Zurück aber zum politischen Wecker in den zunehmend sich entpolitisierenden Jahren der 70er und 80er. Im Grunde war Wecker eine holzschnittartige »Wir sind die Guten, ihr seid die Bösen«-Weltsicht immer zu fremd, um sich fest im Lager linker Rechtgläubigkeit zu verankern. Zu tief hatte er in eigene Abgründe geblickt. Zu sehr fühlte er sich von moralischen Korsetten beengt, als dass er sich – kaum dass das kirchliche abgestreift war – einen neues sozialistisches hätte überstreifen können. In »Mönch und Krieger« schrieb der Künstler später: »Indem ich fast alles, was ich anderen hätte vorwerfen können, schon selbst durchlebt habe, bin ich toleranter geworden. Ich verstehe die Beschwerden, Süchte und Bösartigkeiten der Menschen.« Man kann diese Haltung auch als eine Art auf die Spitze getriebenes Christentum interpretieren. Jesus hat alles vergeben, weil er sich – im mystischen Gottesbewusstsein verankert – in alles einfühlen konnte; Wecker vergibt alles, weil er (fast) jeden Fehler selbst gemacht, (fast) jede destruktive Seelenregung in sich selbst verspürt hat. Daher ist sein Werk im besten Fall frei von Heuchelei und Schuldprojektion und ermutigt auch die Hörer zur Selbstwerdung ohne falsche Rücksichtnahme auf »Moral«.

Das schließt auch die »Sympathy for the Devil« mit ein: das Mitgefühl mit den ärgsten Feinden des Anarchisten, den Despoten. So erklärt sich auch ein irritierender Satz aus Weckers »Abgesang eines Gefangenen« (1976): »Und ein ganzes Volk wird bluten unter mir. Und es wird gut sein …« Linke Fans seines Lieds »Willy« hatten Konstantin in den 70ern vor allem sein Lied »Der alte Kaiser« vorgeworfen, eines seiner musikalisch wie textlich wohl überzeugendsten überhaupt. Er hatte es geschrieben, als er in einer Zeitung ein Foto des einsamen abgedankten Kaisers Haile Selassie auf der Terrasse seines Schlosses gesehen hatte. Dieser Kaiser ist ein melancholischer Antiheld, fast mitleiderregend in Anbetracht des zu erwartenden Volkssturms:

> *Der alte Kaiser steht zum letzten Mal im Garten.*
> *Noch ein paar Stunden, und der Kaiser war.*
> *Er lässt die Arme fallen, die viel zu zarten,*
> *und wittert und ergibt sich der Gefahr.*
>
> *Die Tränen der Paläste werden Meere.*
> *Sogar die Ratten fliehen mit der Nacht.*
> *Und mit der neuen Sonne stürmen stolze Heere*
> *die alte Zeit und ringen um die Macht.*
>
> *Stirb, Kaiser, stirb,*
> *denn heute noch werden sie kommen.*
> *Du hast ihnen viel zu viel*
> *von ihrem Leben genommen.*

Noch heute erzählt Konstantin mit Vergnügen, wie ihn Ideologen aufgrund des Liedes nach einem Konzert beiseite nahmen und zurechtwiesen: »Du Konstantin, gutes Lied, aber politisch geht das so überhaupt nicht. Wir schicken dir Vorschläge, damit du's umarbeiten kannst.« Überflüssig zu erwähnen, dass sich der Künstler der fürsorglichen Belagerung durch linke Korrektdenker widersetzt hat. Ihre Einwände waren kunstfremd und somit zurückzuweisen. Später warfen ihm dieselben Leute eine »Innerlichkeit« vor, die unter anderem notwendig geworden war, um der poesiefeindlichen »Äußerlichkeit« des politischen Kampfes jener Jahre zu entgehen. Das Ausweichen auf Archetypen und Märchenmotive in vielen Liedern – Päpste, Kaiser, Paläste, Pferde, Ratten, Hexen und Scheiterhaufen – machte aktuelle politische Beobachtungen poetisch handhabbar, ohne sie dem Phrasenrepertoire einer sicher historisch notwendigen, aber auch bedrängenden 68er-Zeitstimmung zu unterwerfen. »Zwischentöne sind Krampf im Klassenkampf« hatte Weckers älterer Kollege Franz Josef Degenhardt, DKP-gestählt, behauptet. Damit Lyrik atmen kann, sind Zwischentöne jedoch überlebenswichtig.

Im Rückblick zeigt sich, dass der Vorwurf, Wecker hätte 68er-Ideale verraten, nicht greift. Auch ein »Ausweichen« kann ihm nicht ernsthaft angelastet werden. Vielmehr hat er die »Seele« der 68er-Bewegung – den Aufbruchsimpuls, den Selbstfindungsdrang und die Rebellion gegen Autoritäten – hinübergerettet in eine Zeit, in der diesen Regungen ein stärkerer Gegenwind entgegenblies. Er bewahrte den rebellischen Impuls zunächst auf im »Allgemeinen«, um ihn dann später, in den 90ern und danach, wieder in präzisere Attacken auf Kriegspolitik, Kapitalismus und Rechtsruck zu übersetzen. Noch 2016, in einer Zeit, in der man von vielen damals »konsequenteren« Kämpfern wenig bis gar nichts Revolutionäres mehr hörte, startete Konstantin Wecker mit einer fulminanten Tournee durch. Titel: »Revolution«.

Das Verklausuliert-Politische macht Weckers frühe Verse zu atmosphärisch interessanten Zeitdokumenten; das Allgemein-Menschliche macht sie zeitlos. Das Thema »Vergänglichkeit« etwa, ein großes Wecker-Thema, mit dem er dem Streben nach Glück und Lust eine besondere Dringlichkeit zu verleihen wusste. Am prominentesten ist dieses »Carpe Diem« wohl ausgedrückt in seinem Sommer-Lied, wo es heißt: »Wenn mein Ende nicht mehr weit ist, ist der Anfang schon gemacht. Weil's dann keine Kleinigkeit ist, ob die Zeit vertane Zeit ist, die man mit sich zugebracht.« Sehr oft scheint über dem Weckerschen Sommer-Idyll das Wörtlein »noch« als Drohung, als Memento Mori, zu schweben. Wenn eines seiner wunderbaren Lebensfreude-Lieder zum Beispiel eben nicht »Die Erde lädt ein« heißt, sondern »*Noch* lädt die Erde ein«. Oder: »Wir haben kaum noch Zeit, die Welt verbittert stündlich« – ein Satz aus dem Lied »Nur dafür lasst uns leben«.

Das ist nicht mehr morbide, ästhetisierende Todesbeschwörung wie in gewissen sado- und nekropoetischen Versuchen des ganz frühen Wecker; das ist todernste Lebensfeier, der Kostbarkeit des Daseins zugewandt. Ja, es scheint, als spüre der Liedermacher als einer der Wenigen die Kürze und (mutmaßliche) Unwiederholbarkeit des Menschlebens in seiner ganzen Schärfe. Als wolle er den Hörern sein Carpe Vitam mit fast jedem Lied eindringlich ins Gedächtnis rufen, bevor es zu spät ist: »Wie leicht, mein Schatz, verschläft man sich, wenn man sich nicht so mag. Das Leben währt kaum einen Sommertag.« Dem Leben selbst gegenüber zu versagen, indem man seine potenziell grenzenlosen Lust- und Erfahrungsangebote ungenutzt verstreichen lässt – es ist das eigentliche Sakrileg innerhalb der entgötterten Privatreligion des Konstantin Wecker. Es ist seine größte Angst – allenfalls noch vergleichbar jener politischen Angst, die erst Jahrzehnte später vollends in ihm durchbricht: zu versagen vor der Herausforderung, neue Kriege und Faschismen nicht rechtzeitig erkannt und vehement genug bekämpft zu haben.

Der junge Wecker schließt geradezu einen Vertrag mit dem Leben selbst, auf den kürzesten Nenner gebracht auf seiner »Liebesflug«-Platte:

Liebes Leben, abgemacht?
Darfst mir nicht verfliegen.
Hab noch so viel Mitternacht
sprachlos vor mir liegen.

Klassisch ausgedrückt wurde diese Haltung in Henry David Thoreaus »Walden«, dem Aussteiger-Tagebuch des großen amerikanischen Anarchisten: »Ich wollte tief leben, alles Mark des Lebens aussaugen (...) um nicht auf dem Sterbebett einsehen zu müssen, dass ich nicht gelebt hatte.« Dieser Vertrag mit dem Leben umfasst, da die Anzahl der Augenblicke nicht beliebig erhöht werden kann, die selbst gestellte Aufgabe, deren *Qualität* unendlich zu steigern, quasi in die Tiefe des Augenblicks einzudringen und aus seinem Kelch noch den letzten Tropfen süßen und herben Weins zu schlürfen. »Trink nur die Welt in vollen Zügen: Sie muss einst enden, doch du liebst.« Neben verstärkten »partnerschaftlichen« Aktivitäten weist diese vergänglichkeitsgetriebene Ungenügsamkeit auch schon voraus auf den später eskalierenden Drogenkonsum des Künstlers. Drogen als ein Weg, um zumindest vorübergehend die Erlebnistiefe zu steigern, sonst begrenzte Aktivitätsphasen zu verlängern und die Glücksfähigkeit des Menschen bis an ihre Grenzen zu dehnen. »Wenn sich der Rausch nur endlos steigern ließe, von Körperenge nicht so streng bewacht. Doch scheinbar sind für uns die Paradiese nur kurzes Wetterleuchten einer langen Nacht«, schrieb Wecker in einem nicht vertonten Gedicht.

Der Erlebnis-Stress, unter den sich Wecker setzte, erlaubte keine Halbherzigkeit. »Mach mich böse, mach mich gut, nur nie ungefähr«, lautet eine der Forderungen an das »liebe Leben«. Oder: »Unendlich lass dich leben oder bleib ewig tot.« Aufschub und Vertröstung sind die ärgsten Feinde dieses anspruchsvollen »Programms«. Gegner sind vor allem jene Heilslehren, die uns einlullend zum Aufschub verführen wollen. Mit jedem »Danach«, »Jenseits« oder »Vielleicht später« fressen Zeitdiebe das kostbare Menschenleben Stück für Stück auf. Vielleicht sind es weltliche oder religiöse Autoritäten, die zum eigenen Nutzen über unser Leben verfügen und es seinen rechtmäßigen Besitzern entreißen wollen. Eine der wichtigsten und rhetorisch dichtesten Wendungen Weckers lautet deshalb: »Heute nehm ich mir das Leben, um es nie mehr zu verlieren.« Das Lied »Endlich wieder unten« aus Weckers erstem toskanischen Album »Liebesflug« ist einer seiner großen Gesänge über den »Aufbruch der Seele«. Der Ego-Religiöse entdeckt in diesem und anderen Frühwerken das »Du«, den anonymen Hörer, den er zur Loslösung aus beengenden Strukturen anstiftet.

Endlich bist du wieder unten,
wieder mitten im Geschehen.
Hast dich glücklich losgebunden,
um als Mensch zu überstehen.

Wieder barfuß auf dem Boden,
wieder dort, wo dich die Welt,
losgelöst von Muss und Moden
ansatzweis zusammenhält.

Und jetzt liegt da dieser Zettel
zwischen deinen Wertpapieren:
Heute nehm ich mir das Leben,
um es nie mehr zu verlieren.

Kann auch ohne eure Titel
und Verträge überstehn.
Hab die Schnauze voll von Zielen,
will mich erst mal suchen gehn.

Das Lied mündet in die säkulare Erlösungsbotschaft: »… und bist endlich wieder du«. Kaum ein Inhalt der deutschsprachigen Liedermacherszene hat eine so starke soziale

Wirkung entfaltet wie der Weckersche »Egoismus«. Dagegen blieb das sozialistische Pflicht- und Unterordnungs-Ethos (»Du bist nichts, das Kollektiv ist alles«) häufig steril und konnte die Menschen nicht erreichen. Diese Botschaft hat nichts Exklusives. Sie führt die Menschen idealerweise nicht zu ihrem Verkünder, zu Wecker, sondern zu sich selbst. Weckers Lieder sind Fackeln, die mitunter nicht mehr gebraucht werden, wenn sie die Herzen der Hörer entzündet haben (auch wenn Wecker-Fans meist treu sind und sich das einmal »Gelernte« in Konzerten gern immer wieder rituell vergegenwärtigen). Dieser vermeintlich gottlose »Prophet« führt die Menschen nicht wie Nietzsches »Zarathustra« zu den Eisgipfeln der Einsamkeit. Es führt aus künstlichen und konventionellen Strukturen heraus durch den Umschlagpunkt des Ego hindurch zu einem freiwillig gewählten, wärmenden Wir. Besonders schön und einfach ausgedrückt wird dies im Lied »Inwendig warm« (1984): »Lass di foin in irgendan Arm und hoits d'Arm auf, wenn irgendwer foit.«

Weckers Lieder in der »Du-«, »Er-« oder »Sie«-Form nehmen ihre Hörer und Konzertbesucher gleichsam bei der Hand. Die Popularität des Liedermachers, ja, die das Maß »normaler« Künstlerverehrung häufig sprengende Hingabe vieler Fans, wäre nicht denkbar, ohne dass dieser ihnen das Gefühl vermitteln könnte, sie zu verstehen. Speziell gilt das für die Träumer und Verlierer, für die Versehrten und Außenseiter der Gesellschaft. »Renn lieber renn« ist einem schwulen Jugendlichen gewidmet, »Du wolltest ein Stück Himmel« einer Drogenkranken, »Manchmal weine ich sehr« einem Psychiatrie-Insassen, das autobiographisch gefärbte »Ich liebe diese Hure« einer Frau aus dem »ältesten Gewerbe«. »Und ging davon« schließlich gibt einem Selbstmörder eine Stimme.

Und in den Wohnblockzellen stricken sie Pullover
und richten sich schon jetzt auf Winter ein.

Die Hungrigen beschweren sich beim Ober.
Die meisten graben sich in ihren Ängsten ein.

Die Starken kämpfen noch um ein paar Rechte.
Die Hoffnungsvollen spenden Trost und Brot,
und er besinnt sich auf das einzig Echte:
Geht in die Knie, empfiehlt sich und ist tot.

Wie das Wasser scheint das Weckersche All-Verstehen die Eigenschaft zu haben, immer ganz nach unten zu fließen. Ähnliches ist auch über das Evangelium gesagt worden, nur dass Wecker Verlierer-Schicksalen keine transzendente Erlösungshoffnung überstülpt. Rettung kann allenfalls aus dem unzerstörbaren Ich-Kern erwachsen, der bloßgelegt wird, wenn alle schützenden Hüllen von Besitz, Erfolg und gesellschaftlicher Zugehörigkeit abgebröckelt sind. Dort, »ganz unten«, findet man zu einer Kraft, die man sonst unter dem Anpassungsdruck der Verhältnisse aufbraucht, um Masken und Rollen zu kultivieren. »Sie kenn an ned hoitn, denn jetzt hoit er si allein« heißt es in dem erschütternden Porträt eines jugendlichen Absteigers: »Vater lass mi raus«. Also gib den Kampf auf, den Wettbewerb und jedes »Etwas-gelten-Wollen«. Jeder wirkliche Sieg wird erst durch den Verlust des »Nicht-Selbst«, der von außen übergestülpten Schein-Identität erkauft. So bedeutet auf der sozialen Leiter Fallen in Wahrheit Steigen – und umgekehrt. »... Siehst, wie glücklich ein Verlierer ohne Kampf nach oben sinkt.«

Ein Sonderfall dieser »Verlierer«-Porträts sind Weckers sehr populäre »Frauenversteher«-Lieder, etwa »Was tat man den Mädchen«, »Warum sie geht« (über den Aufbruch einer Frau aus der Ehehölle) oder das thematisch ähnliche »Und dann«, das Wecker noch zwei weitere Male (1993 und 2015) auf CD aufnehmen sollte: »Dann verblassen dir auch bald die Fantasien. Ach, die hätt er dir auch sicher nie verziehn.« Konstantin Wecker hatte in Interviews und Konzert-Moderationen eingeräumt, dass seine eigene Beziehungspraxis mit den hehren Emanzipations-Idealen seiner gesungenen Frauenporträts nicht Schritt halten konnte. »Nicht meine Lieder waren unehrlich, mein Leben war es«, erklärte er dann. Er nannte diese scheinbar aus der weiblichen Psyche heraus geschriebenen Aus- und Aufbruchslieder auch »Lieder, die die Hausfrauen beim Bügeln stören«. Das war, als Konstantin Weckers Musik noch regelmäßig im Radio lief. In einem seiner musikalisch mitreißendsten frühen »Hits« warnte Konstantin Wecker vor allem Frauen vor den Fallstricken der Hingabe: »Bleib nicht liegen.« Selbst noch so beglückende Augenblicks-Erfahrungen führen in eine biographische Sackgasse, in ein Leben, das zu Ende geträumt und dessen weite Möglichkeiten in der Enge des Faktischen erloschen sind.

Schon wieder wühlt sich dein Gefühl
in irgendeine Weichheit ein.
So zart umfangen, so vertraut,
das muss doch jetzt die Liebe sein.

Und feuchte Haut und plötzlich Mut.
Und alle Lust will Ewigkeit.
Du bettest dich. So liegt sich's gut.
Jetzt nur noch Frau sein und bereit.

Doch bleib nicht liegen,
denn sonst gräbt sich etwas fest in deinem Hirn,
was dir irgendwann den Mut zum Atmen nimmt.
Und auf einmal prägt dir einer dieses Zeichen auf die Stirn,
das die Wege, die du gehen willst, bestimmt.

Dies war wohl auch eine Warnung an den Künstler selbst – verdeckt, weil nur scheinbar einer Frau in den Mund gelegt. Schon unmittelbar nach den Erfolgen mit dem »Willy« und der »Genug ist nicht genug«-LP entwickelte der Künstler eine Abwehr gegen das »Arriviertsein«. »Noch kriegt ihr mich nicht dran. Es gibt noch viel zu viel zu tun. Auf diesem Lorbeer, der erstickt und träge macht, will ich nicht ruhn«, heißt es im Lied »Wer nicht genießt, ist ungenießbar«. Selbstkritische Töne prägten vor allem Weckers letzte Aufnahme seiner Toskana-Phase. Zugleich ist es die letzte, die er zusammen mit dem »Team Musikon« aufnahm: »Inwendig warm« (1984). Sein Freund, der österreichische Kabarettist Werner Schneyder hatte ihm im Vorfeld die grandiose Neudichtung eines Chansons von Jacques Brel, genannt »Jacky«, vorgelegt. Es handelte von einem erfolgreichen Künstler, der sich nach seinen Anfängen zurücksehnt: arm, erfolglos, jedoch »echt«. Der Text hatte an einen wunden Punkt des Künstlers selbst gerührt:

> *Selbst wenn ich mein Programm und mich*
> *Zum allerhöchsten Preis verkauf*
> *Selbst wenn ich diese Art von Strich*
> *Bejubelt rauf und runter lauf*
> *Selbst wenn das kluge Feuilleton*
> *Mich als subtilen Könner preist*
> *Und mit dem Lorbeer um sich schmeißt*
> *Für meine Interpretation*
>
> *Mich machen Kränze nicht mehr froh*
> *Wo ist die Zeit in dieser Bar*
> *Wo ich als »Niemand« alles war*
> *Denn damals war ich noch der »Joe«*

Auf der späteren Studioaufnahme singt Wecker das Werk nuanciert druckvoll wie Jacques Brel selbst, sich gegen Ende noch in eine Art leidenschaftlichen Furor hineinsteigernd. In jener Schaffensphase, die nicht den Anfang vom Ende, wohl aber das Ende vom Anfang markierte, zweifelte Wecker durchaus auch noch an der Gesellschaft; er zweifelte aber vor allem – und das war in dieser Heftigkeit neu – an sich selbst. »Hätt ich zu meines Vaters Zeit dasselbe Lied geschrieben? Manchmal beschleicht mich das Gefühl, ich wär sehr stumm geblieben«, heißt es in »Fast ein Held«, einer Reflexion über künstlerischen Mut angesichts politischer Restriktionen. Auch in »Was passierte in den Jahren« wendet sich der wehmütige Sarkasmus des Sängers am Ende gegen diesen selbst:

> *Und ich frag mich, ob ich wirklich*
> *so viel anders bin als du.*
> *Zwar, ich kleide meine Zweifel*
> *in Gedichte ab und zu,*
> *das verschafft paar ruhige Stunden,*
> *eigentlich ist nichts geschehen.*
> *Ach, es gibt so viele Schlichen,*
> *um sich selbst zu hintergehen.*

Die Serie selbstkritischer Lieder gipfelt in dem bekenntnishaften Sprechgesang »Mei was is bloß aus mir word'n?« Der damals noch verheiratete Konstantin Wecker, künstlerisch in Maßen arriviert, zieht darin eine bittere, vorläufige Lebensbilanz: »Richtig brav bin i wordn. Nick freundlich nach rechts und links, lach brav, wenns sein muss, engagiere mich fürs Richtige und probe die Sanftmut. Dabei hab i mi immer scho aufgeregt über die, die wo scho Gandhi sei wolln, kurz bevors no aus die Windeln rausschaun könna. Ich glaub, ich spiel mir jemand vor, der ich sein möcht, weil ich mich gern so sehn würd. Das fördert das Ansehen, aber das Leben bleibt dabei auf der Streckn.« Selbst Weckers öffentliche Rolle als politischer »Gutmensch« (ein Begriff, der erst etwas später aufkam) wird radikal in Frage gestellt. »I glaub, i brauch jetzt a mal a Auszeit von mir selber. Vom Gutsein. Vom Stimmigsein.« Das Bekenntnis mündet in den irritierenden, fast gebrüllt vorgetragenen Aufruf: »I werd mitten in d'Sonna neihupffn, a wenn i verbrenn. Hauptsach: I brenn.«

Man muss kein Meister biographischer Textanalyse sein, um angesichts dieses Ausbruchs den späteren, massiven Drogenzusammenbruch des Künstlers kommen zu sehen.

BERLIN 1972

Günter Bauch

Die Lebensversicherungen hatten wir Anfang 1972 gründlich satt. Wir waren aus dem Rausch von Erwerb und Konsum erwacht, verdutzt darüber, was für eine Sackgasse wir da so geraume Zeit entlanggetaumelt waren. Alle anderen Abenteuer unseres jungen Lebens, die Auftritte mit der »Menge«, die Tagesjobs, die Autokäufe waren dagegen spannend, anarchistisch, kurzlebig, kurzweilig. Sie bildeten das aktionistische Gegengewicht zu der still studierenden Passivität der Schuljahre. Anders die Versicherungen: Sie waren auf lange Frist angelegt – 35 Jahre Laufzeit – und hätten sich alle Zeit der Welt genommen, um uns jedweden gymnasialen Humanismus auszutreiben und zu engherzigen Agenten verkümmern zu lassen.

Konstantin schaffte es, einen scharfen Schnitt mit dieser misslichen Vergangenheit zu machen. Entschlossen wandte er sich um die Jahreswende 1971/72 gänzlich anderen Dingen zu, Dingen, die seinen Genius beanspruchten. Er widmete sich intensiv seinem Klavierspiel, sein von Schulungen und vermögenswirksamen Leistungen endlich befreites Zimmer war davon erfüllt. Er schrieb wieder Gedichte und Liedtexte, lustige wie die »Ballade vom Dackel Waldi« oder sehnsuchtsvolle wie »Dorthin mit dir ...«. Er tendierte, wenn er all seine Talente prüfend überdachte, auch wieder zum ernsten Fach und schwankte zwischen einer Laufbahn als Tenor und einer als Dirigent.

Da erreichte ihn, vermittelt durch Walter Fitz, der später auch seine erste Platte inspirierte, der Ruf der deutschen Produktion von »Jesus Christ Superstar«. Dieses erste Musical aus der hurtigen Feder des Andrew Lloyd Webber hatte bereits die Bühnen der angelsächsischen Welt erobert und versuchte nun mit denen Westfalens ein Gleiches. Konstantin wurde für die Rolle des Hohepriesters Kaiphas eingeplant und fuhr – besser: zog – nach Münster, wo die Proben stattfanden.

Die Tournee begann, rollte durch Westdeutschland, mit wechselndem Erfolg. Konstantin war verändert, frisch gestylt, neu eingekleidet, als er auf eine Stippvisite nach München kam. Der Duft von Bühne, von großen Hotels und Flughäfen umgab ihn, als wir uns trafen. Er erzählte von der Produktion, in gehetzten Sätzen: Die Karawane sei jetzt in Berlin eingetroffen, Berlin sei als Schluss- und Höhepunkt der »Jesus Christ«-Deutschlandtournee vorgesehen, ich solle gleich mit nach Berlin kommen, die Zukunft gehöre Berlin. Ich wunderte mich, welchen Narren er plötzlich an der alten Hauptstadt gefressen hatte, kam aber nicht dazu nachzufragen. Gleich drängte Konstantin weiter: Der Judas sei dauernd indisponiert, einmal sei er schon für ihn eingesprungen, vielleicht bekomme er in Berlin die Rolle fest.

Schnurstracks fuhren wir nach Berlin. Konstantin steckte bis zum Hals in der Philosophie des Anarchismus und wie immer, wenn er von etwas erfüllt war, bordete er davon über. Er besang, bejubelte alles, was anarchistisch war, zitierte aus Büchern Bakunins, Stirners, Ernst Tollers, die auf dem Rücksitz lagen. Die Vopos konnten mit den Schriften nichts anfangen, da sie nach »Stern« und »Playboy« Ausschau hielten, nach deren Hochglanzfotos es sie verlangte. Zwei Anarchisten passierten so ohne Aufhebens die Grenze der Systeme.

In Berlin ging die Tournee von »Jesus Christ Superstar« unwiderruflich zu Ende. Die Mitwirkenden zerstreuten sich in alle Winde, die weg vom Musical, dessen große Zeit noch nicht gekommen war, und hin zum Theater, zur musikalischen Solokarriere und vor allem zum Film wehten. Konstantin, der damals bereits viele Lieder schrieb oder sie im Herzen trug, schob seinen Karrierebeginn als Liedermacher noch hinaus und ergab sich, wohl des größeren Außen- und Augenreizes wegen, ganz dem Filmgeschäft.

In Berlin trafen wir Harald, der schon länger dort wohnte. Schnell entschlossen zogen wir bei ihm ein und blieben über drei Monate in seiner Einzimmerwohnung, Ringbahnstraße in Berlin-Halensee. Drei Männer teilten sich Tisch und Bett, ein Matratzenlager, um den mächtigen Kachelofen gruppiert. Harald schien es nichts auszumachen.

Konstantin wurde Schauspieler und bewies Harald und mir sein Talent im Hinterhof unserer Wohnung. Er spielte uns Ausschnitte aus imaginären Liebesszenen vor, bei denen er sich die Kamera in Großaufnahme dachte. Wir mussten nah vor ihm Aufstellung nehmen, um ihn aufs Minuziöseste zu begutachten. Er war verzückt, seine Augen strahlten, er lachte in den Nachthimmel, sein ganzer Körper sang die süßesten Liebesworte. Ich überlegte: War Konstantin zurzeit verliebt und schaffte es deshalb so perfekt, den Lover zu spielen? Oder erinnerte sich etwas in ihm und brachte es zuwege, den Protagonisten der jüngsten Verliebtheit kurzerhand abzurufen? Er zeigte uns noch einen verlorenen Sohn, der nach langen Jahren ins leere Elternhaus kommt, einen verlassenen Ehemann, einen von aller Welt gehetzten Verbrecher. Da purzelten meine Theorien, das war Konstantin weder im Moment noch jemals im Leben gewesen, diese Rollen sog er aus der Luft, die ihn dichter, von Leben erfüllter umfing als andere.

In den Berliner Monaten wirkte er bei vielerlei Filmprojekten mit, die in begeistertem Planungsaufwand wie Strohfeuer auflöderten, um wenig später rasch und spurlos zu verschwinden. Als einziger wurde Chuck Kerremans' Fernsehfilm »Autozentauren« Wirklichkeit, in dem Konstantin und eine taufrische, vom Sexfilm noch unberührte Ingrid Steeger ein junges, vom Fetisch Auto besessenes Paar darstellten. Die Hauptidee des Films bestand in der Verwandlung der beiden in vierrädrige Fabelwesen, deren Oberkörper aus den Kühlerhauben von Fantasiemobilen herauswuchsen. Ihre Menschengestalt erlangten sie erst beim Höhepunkt und Hauptgag des Films, einer heilsam-schmerzlichen Massenkarambolage wieder. Es gab keine Stuntmen bei den Aufnahmen, Konstantin und Ingrid Steeger absolvierten den Crash höchstpersönlich. Reizvoll und abenteuerlich, aber doch, wie Konstantin zugeben musste, weit entfernt von den Charakterstudien, die er Harald und mir im Hinterhof der Ringbahnstraße geboten hatte.

Alle drei hatten wir eine große Neigung zum Film und allem, was damit zusammenhing. Nach unzähligen Kino- und Kneipenbesuchen, bei denen der gesehene Film diskutiert, gelobt, verrissen, eingeordnet wurde, schien es uns an der Zeit, den Weltbestand an Filmen mit eigenem Beitrag zu bereichern. Wir setzten uns an Haralds Schreibtisch, eine aufgebockte Zimmertür und schrieben als großes Gemeinschaftswerk das Drehbuch »Wixer/Die Wixer«. Es sollte ein Film werden, wie er noch nie da gewesen war, er sollte keine Frage unbeantwortet lassen, jede Richtung, jedes Genre, jede Sparte, jeden Lebensbereich abdecken, sollte nichts auslassen, was uns als Talent-, ja, Genieprobe dienen konnte. Wir spekulierten auf ein Brillantfeuerwerk an Gags, Dialoge voller Pointen, atemberaubende Szenenschlüsse, erhabene Einblicke ins Menschenleben, Einsichten und Gescheitheiten, uns weit voraus an Jahren.

Die wenigen Regieanweisungen nahmen den Mund umso voller: Eine Liebesszene war mit »perversem Weichzeichner« wiederzugeben, Auftritte von mehreren Personen postulierten wir grundsätzlich »à la Fellini«. Ebenso planten wir Komik à la Billy Wilder, Spannung à la Hitchcock, Eiseskälte à la Melville. Wir packten alles in das Drehbuch hinein, was wir an Besonderem erlebt hatten, alle besonderen oder auch nur sonderbaren Menschen, die wir kannten. Natürlich teilten wir uns selbst die Hauptrollen zu und schrieben uns viel Schmeichelhaftes auf den Leib.

Es wurde eine echte Gemeinschaftsarbeit. Einer tippte, die anderen beiden lehnten links und rechts über seinen Schultern, brüllten hektische Satzfetzen, sahen ihm genau auf die Finger und unterbrachen sofort, wenn er eigene

Wendungen einzuschmuggeln versuchte. Wir wechselten oft, so blieben die Anteile im Gleichgewicht. Nur im Titel ist eine unüberwindliche Meinungsverschiedenheit dokumentiert: Konstantin und ich tendierten zum normalen »Die Wixer«, während Harald den Artikel von der Höhe seines Linguistikstudiums herab für redundant erklärte und auf »Wixer« bestand. Er gab nicht nach, so kam es zum Doppeltitel »Wixer/Die Wixer«.

Mit den »Wixern« im Gepäck fuhren Konstantin und ich Ende Juli zurück nach München. Für uns persönlich hatte München doch noch etwas mehr Zukunft. An der Grenze wurden wir nicht als Drehbuchautoren erkannt. Die olympischen Spiele in München standen bevor, also fragte der Vopo angesichts unserer gestählten Figuren und des Reiseziels, ob wir Gewichtheber seien ...

BIN ICH EIN SCHAUSPIELER?

Konstantin Wecker

Bin ich ein Schauspieler? Vielleicht sogar ein guter Schauspieler? Ehrlich gesagt – ich glaube nicht. Eher bin ich ein Darsteller. Ein Darsteller der offenkundigen und manchmal auch eben der verborgenen Seiten meiner selbst.

Wie kam ich überhaupt zum Film? Als ich mich 1972 in Berlin ein paar Monate mit meinen Freunden Günter und Harald nach einem Studienplatz umsah, wurde ich in einer Kneipe von einem Produzenten entdeckt. Ihn hat wohl vor allem meine gut durchtrainierte und muskelbepackte Figur interessiert, denn genau so etwas brauchte er für sein kommendes Werk. Es ging um »Autozentauren« – so hieß der Film auch – also Männer, die ihr Auto so sehr vergöttern, dass sie mit ihm zu einem Körper verwachsen.

Damals sicher kein schlechtes Thema, denn anders als heute war das Auto Statussymbol und Objekt der Begierde, gewissermaßen für manche Männer wirklich ein Penisersatz.

Günters und mein durchtrainierter Körper waren ungewöhnlich für eine Jugend, in der der stets rauchende, langhaarige und leptosome Intellektuelle oder Scheinintellektuelle das optische Idol der Zeit war.

Workout war damals nicht »in«, und in die Muckibude rannten wir eher heimlich und ohne es – wie heute – stolz hinauszuposaunen. Meistens mühte man sich in einer Garage in irgendeinem Hinterhof auf der Drückerbank und versuchte in der Uni seinen hart erworbenen Bizeps eher hinter Schlabberlook zu verdecken.

Jedenfalls bekam ich dadurch die erste Chance geboten, ein Filmstar zu werden. Wenigstens malte ich mir das so in kühnen Träumen aus.

Das Drehbuch war gut und witzig, und der einzige Haken war, dass ich mir die Haare für meine Rolle wasserstoffblond färben musste. Es war für mich ziemlich eigenartig, in meiner Stammkneipe plötzlich »Blondy« genannt zu werden.

Die Dreharbeiten waren vorüber, Star bin ich keiner geworden, aber ich dachte mir, das könnte jetzt so weitergehen.

Wieder angekommen in München bewarb ich mich beim Künstlerdienst. Beruf: Schauspieler! Schon am nächsten Tag kam eine Einladung, mich bei einer Münchner Produktionsfirma in Schwabing vorzustellen. Das geht ja zügig, dachte ich mir, einmal Schauspieler, immer Schauspieler. Und ich war mir sicher, man hätte mein überragendes Talent sofort erkannt.

Zwei Herren und eine Sekretärin erwarteten mich zum Vorstellungsgespräch. Wir plauderten über dies und das, ich wurde begutachtet wie ein edles Pferd am Rossmarkt, und nach gerade mal einer Viertelstunde sagte einer der Herren: »Sie haben die Rolle. Drehbeginn in zwei Tagen. Es ist die Hauptrolle, Sie haben uns überzeugt.«

Ich versuchte, cool zu reagieren und mir meine Begeisterung nicht anmerken zu lassen und unterschrieb den Vertrag. Unglaubliche 300 Mark pro Drehtag, meine ständigen finanziellen Sorgen waren mit einem Schlag weggewischt.

Ich vergaß vor lauter Freude, das Kleingedruckte am Ende des Vertrages zu lesen: Der Darsteller stimmt ausdrücklich zu, sich im Film auch nackt zu zeigen.

Am ersten Drehtag wurde ich mit einem Mercedes abgeholt, und ich war mir sicher, wir würden nun nach Geiselgasteig, der Münchner Filmstadt, fahren, in der ich früher schon mal ab und zu bei großen internationalen Produktionen Komparse gewesen war.

Die Fahrtrichtung war aber eine völlig andere. Statt in den Süden Münchens ging es in den Westen, Richtung Pasing. Wir parkten vor dem Rückgebäude eines gar nicht mal so edlen Einfamilienhauses. Ich wurde zum Drehort geleitet: eine Garage. Darin stand ein Bett, ein paar Scheinwerfer, und zwei sehr ansehnliche Mädchen räkelten sich in den Kissen.

Drehbuch gab's keins. Da wusste ich, wo ich gelandet war.

Wohlgemerkt: Das waren sogenannte »Softpornos«. Kein Geschlechtsverkehr. Alles nur angedeutet. Und am Ende wurde ich von einem norddeutschen Schauspieler synchronisiert. Erregung war verboten. Die Schauspielerinnen wollten das verständlicherweise nicht.

Die Freude über das leicht verdiente Geld wich nach einigen Filmen dem Ekel vor dieser platten Show und den abgrundtief schlechten Drehbüchern. Ich beruhigte mich ständig mit dem Mantra: Hier kann ich lügen, mit meinen Liedern werde ich das nie tun.

Aber mir war klar, dass ich diesen Widerspruch nicht lange würde ertragen können. »Beim Jodeln juckt die Lederhose« und »Willy« – zwei Universen prallten aufeinander, und als ich mir dessen endlich so richtig bewusst war, gab es nur eine einzige Möglichkeit: Ich entschied mich gegen diesen Nebenverdienst. Auch hatte ich Angst, nie mehr ein wirklich schönes und romantisches erotisches Gefühl für eine Frau empfinden zu können. Erotik wurde in solchen Filmen zu einer Farce, und lustvolle Erregung war am Ende nur noch gespielt.

Ich war jung und brauchte das Geld? Die klassische Ausrede. Man könnte es so beschreiben, aber ich glaube, es hat dann doch tiefere Narben in mir hinterlassen, als ich es damals wahrhaben wollte.

Ganz abgesehen von diesen Jugendsünden habe ich eigentlich erstaunlich viele Rollen gespielt.

Eine meiner ersten seriösen Filmrollen habe ich bei der leider verstorbenen Marianne Rosenbaum bekommen. Wie so oft, sollte ich zuerst die Musik machen. Und dann schrieb diese warmherzige und eigenständige Regisseurin noch eine Rolle für mich ins Drehbuch zu »Peppermint Frieden«. Ich spielte den Schreiner Lustig, immerhin neben Peter Fonda!

Ähnlich war es mit Margarethe von Trotta, die ich immer sehr bewundert habe. Sie lud mich zu einem Treffen, weil sie mich als Komponisten haben wollte, und dann meinte sie, ich könne doch auch gleich mitspielen. Immerhin ein singender Musiker. Noch einige Male durfte ich später mit dieser großen Regisseurin zusammenarbeiten.

Anfangs wurde ich meistens für Rollen von eher sympathischen jungen Männern besetzt. Erst später kamen Peter Patzak und Bernd Fischerauer auf die gute Idee, mich entgegen meinem Image zu besetzen. Ich durfte auch böse sein, unsympathisch, grantig. Die Dreharbeiten mit Patzak waren sehr lehrreich für mich, vor allem auch, weil ich das Glück hatte, in »1945« mit Cornelia Froboess spielen zu dürfen. Ich habe viel von ihr gelernt.

Bernd Fischerauer ist ein wunderbar eigenwilliger Regisseur, der keinem Streit mit den Redakteuren aus dem Weg ging, um seinen Ideen und seinem Perfektionismus Ausdruck zu geben. Für ihn schrieb ich viele Filmmusiken, und in »Apollonia« durfte mein damals vierjähriger Sohn Tamino sogar meinen Enkel (!) spielen. Übrigens hinreißend, wie ich finde. Bernd half mir mit seiner großen Erfahrung sehr, meine Selbstzweifel beim Drehen abzulegen und ermutigte mich, weitere Rollen anzunehmen.

Helmut Dietl lernte ich kennen, als er als Nachmieter in meine Wohnung in Schwabing einzog. Wir trafen uns im Stiegenhaus, ich sagte ihm, dass ich gerne mal für ihn Filmmusik schreiben wolle, und er meinte: »Schaung ma mal.« Ein paar Wochen später hatte ich den Auftrag für »Kir Royal«.

Von all diesen guten Regisseuren habe ich sehr viel über das Wesen der Filmmusik gelernt. Allerdings war das noch in Zeiten, da sich keine RedakteurInnen allzu sehr einmischten und die Filmmusik ausschließlich dem Regisseur gefallen musste. Heute kann es schon mal passieren, dass eine Filmmusik kurz vor der Abnahme entgegen dem Willen der Regie geändert werden muss oder der Film gar umgeschnitten wird. Alles für die Einschaltquote – meistens also nur, um ein eigenwilliges Werk glatt zu bügeln. Keine der Damen und keiner der Herren, die ich hier erwähnt habe, hätte sich so etwas bieten lassen.

Im Zuge meiner Zusammenarbeit mit Helmut Dietl lernte ich auch Ulli Limmer kennen, den sympathischen Produzenten und Co-Autor von »Schtonk«. Für mich, wenn nicht die beste, so doch eine der allerbesten deutschen Filmkomödien aller Zeiten. Für Ulli schrieb ich dann noch einige Filmmusiken für Kinofilme, bei denen ich auch mit großem Orchester arbeiten konnte. Einige in Zusammenarbeit mit dem späteren Produzenten meiner CDs ab »Wut und Zärtlichkeit«, Flo Moser.

Eine Szene beim Dreh mit Helmut Dietl werde ich nie vergessen: Ich hatte nur einen kurzen Gastauftritt in »Kir Royal« als Studiomusiker und drehte diese Szene mit der wunderbaren Senta Berger. Wir hatten uns was zurechtgelegt – ein kleiner Flirt sollte es sein – und hatten die Szene schon einige Male zu zweit durchgespielt.

Dann spielten wir sie Helmut vor. Er grinste und sagte. »Schön, ja ja, aber überhaupt ned das, was i mir vorgstellt hab.« Dann drückte er mir irgendwas zum Essen in die Hand, und als mir Senta Noten vorlegte und mich fragte, ob ich das spielen könnte, sollte ich kauend und mürrisch nur sagen: »I konn ois!« Natürlich hat Helmut Recht gehabt.

Eines habe ich in diesen Jahrzehnten gelernt: Unter einem richtig guten Regisseur kann man eigentlich gar kein schlechter Schauspieler sein. Und so kann ich auch ganz offen und ehrlich gestehen: Wenn ich mal kurz als Schauspieler überzeugen konnte, war es in erster Linie immer dem Regisseur zu verdanken.

Filmmusiken zu schreiben war für mich als Musiker immer eine Bereicherung. Ob ich mich in die Musikstile der Zeit Karl Valentins versetzen musste, ob ich großflächige Orchestermusik schreiben sollte oder wie bei manchen Filmen eher folkloristische Melodien – bei jedem Film habe ich dazugelernt, und das wirkte sich dann auch immer wieder auf meine Bühnenprogramme aus.

An dieser Stelle sei noch einmal meine große Bewunderung für das Werk Carl Orffs erwähnt. Seine »Carmina

Burana« – ich habe eine handsignierte Partitur des Meisters – war für mich eine stete Fundgrube. Anfang der 80er stand ich mit einem Kammerorchester auf der Bühne, und das in Zeiten, als der Punk gerade in den Startlöchern stand und begann, die Jugendlichen zu erreichen. Heute glaube ich, viele meiner Zuhörerinnen und Zuhörer haben meine Musik eher in Kauf genommen als geliebt, aber vielleicht konnte ich auch einige von ihnen zu einer anderen als der damals gängigen Musik verlocken.

Das schönste Kompliment, das ich als Musiker bekommen habe, war bei meiner ersten Begegnung mit Carl Orff. Ich durfte ihn zu Hause in seinem Arbeitszimmer besuchen, und dort stand natürlich ein schöner Konzertflügel. Die Marke habe ich mir vor lauter Aufregung gar nicht merken können. Es war, glaube ich, ein Steinway.

Wir unterhielten uns ein bisschen, ich sprach ihm meine Bewunderung aus, und dann zeigte er in Richtung Flügel und sagte: »Spiel was, Bub.«

Ich spielte »Wenn der Sommer nicht mehr weit ist« und »Genug ist nicht genug«. Am Ende des Liedes schwieg er ein paar Minuten, ging um den Flügel herum, schaute mir in die Augen und sagte: »Du bist kein Mozart. Du bist auch kein Schubert. Du bist der Wecker!«

Davon angespornt, »orffte« es in meiner Musik dann gewaltig. Ob in »Hexeneinmaleins«, »Frieden im Land«, »Haberfeldtreiben« oder in unzähligen anderen Liedern, Filmmusiken oder Zwischenspielen – Orff war und ist neben Schubert und Puccini mein wertvollster musikalischer Lehrmeister.

Für die Musik zu »Kir Royal« hatte ich bis zum letzten Tag vor der Abnahme durch die Redaktion keine Titelmelodie. Helmut Dietl hatte alles abgelehnt, meine Vorschläge waren ihm nicht »witzig« genug. Immer wenn ich ihn fragte, was denn witzige Musik sei – Fagott oder Pikkoloflöte zum Beispiel – sagte er kühl: »Des woaß doch i ned. Du bist der Komponist.«

So vieles hatte ich ihm vorgeschlagen, ich war am Ende. Dann wachte ich nachts auf und hatte die Melodie im Kopf. Ich rief Helmut sofort an und pfiff sie ihm ins Telefon. »Des is witzig. So mach mas.« Noch in derselben Nacht wurden die Noten erstellt, am Morgen kopiert und dann mit dem Orchester im Kaffee Giesing eingespielt.

Viele Filmmusiken spielte ich beim ersten Ansehen des Films auf dem Klavier ein und konnte später feststellen, dass der sogenannte »first take« meist der beste Einfall war. Peter Patzak hat mir mal erzählt, dass es Ennio Morricone genauso macht. Natürlich geht die eigentliche Arbeit dann erst los. Es muss ja auf den Bruchteil einer Sekunde genau die Länge des Takes komponiert und dann eingespielt werden.

»WAS PASSIERTE IN DEN JAHREN?«

Günter Bauch

Anfang 1974 beendeten Konstantin und ich unsre Wohngemeinschaft, die immerhin seit Anfang 1971 angedauert und als Schauplätze sechs Wohnungen in zwei Städten gekannt hatte. Wir zogen auseinander, ohne ein tiefschürfendes Wort darüber zu verlieren, ohne Gründe für diese Trennung anzusprechen. Es war eine Trennung im Guten, wir hatten so lange unter chaotischen Umständen zusammen gewohnt, dass wir es nun etwas zivilisierter haben wollten. Eine komfortable Wohnung nämlich für uns beide war unerreichbar.

Unsere Seelen blieben vereint, wir trennten nur Tisch und Bett, trafen uns fast täglich, verbrachten unsere Freizeit gemeinsam, arbeiteten an seinen Auftritten, oft fuhr er mich mit häufig wechselnden Autos an meine ebensolchen Unterkünfte, meist Untermietzimmer in Giesing, Schwabing, dem Lehel. Dann fuhr er heim nach Hofolding, wo er mit Susi Herlet, seiner ersten festen Freundin seit langem, zusammenwohnte. Denn er hatte sich schwer verliebt, und dies war wohl der eigentliche Grund für unser Auseinanderziehen.

Schon damals wie auch später verließ und verriet Konstantin niemals einen seiner raren wahren Freunde um einer Frau willen, sein Herz war immer weit genug, um beide, Freund und Freundin darin aufzunehmen. Dabei war die Liebe zu Susi groß und deutlich dokumentiert:

Was is heit bloß die Zeit lang,
da kriag i richtig Zeitlang
nach dir.
I lieg scho fast bewusstlos
dahoam und bin so lustlos
nach mir.

*I drah mi und varrenk mi,
vergiss mi und vaschenk mi
und beiß mi und zerreiß mi,
darenn mi und vabrenn mi.
Was is des bloß, wo kummt des her?
Auf oamoi woaßt, jetzt geht nix mehr.*

*Susi, oh Susi,
bittscheen, kumm heit Nacht zu mir,
dass i di spür!*

Ebenso augenscheinlich spiegelten sich die Probleme, die der tägliche Heimweg nach Hofolding aufwarf, in dem Song »Heut schaung die Madln wia Äpfel aus«. Erst das trunkene Wagenlenken, dann die Allgewalt der Mädchenbilder, die ihn wie jeden Mittzwanziger in ihren Krallen hielten, schließlich Konstantins grandiose, poetisch wirkungsmächtige Ichbezogenheit – all dies zusammen rechtfertigt wohl das Goethe-Zitat am Ende das Liedes, diese Anlehnung an eine große Schulter, deren Konstantin bei allem Selbstbewusstsein stets bedurfte.

Nach den Soloauftritten in der Lach- und Schießgesellschaft scharte Konstantin ab 1974 eine Gruppe von Musikern um sich, die mit und neben ihm spielten, es entstand das »Team Musikon«. Übrigens ein geerbter Name, schon unsere kurzlebige Versicherungsagentur und das noch ehemaligere Tanzstudio, das Konstantin, seine Freundin Sabine und der schon genannte Harald Herzog in den Räumen der Kanalstraße 14 zu gründen versucht hatten, hießen »Musikon«, immer mit dem Ton auf dem O, nie auf dem U. Das Team bestand zuerst nur aus Markus Sing, dem Gitarristen, der außerdem ein Riesentalent als surrealistischer Maler und Zeichner war, dem Bassisten Raymund Huber und zeitweilig aus Mario Lehner, Leadsänger bei der von Konstantin mitgegründeten Gruppe »Zauberberg« und bei uns nur gern gesehener Gast.

Erst später, etwa ab 1976, komplettierten Hildi Hadlich am Cello und Helmut Keller alias Schwammerl als Toningenieur die Gruppe. Ihr Chef war von Anfang an Konstantin, eine Rolle, die nur Markus Sing dauerhaft anfocht.

Bald nach den ersten Auftritten Konstantins machten sich die ersten Manager, Agenten, Impresarios an ihn heran, die es mit ihm »mal probieren« wollten. Es waren schräge Typen, dem Phänotyp nach Versicherungsvertreter, Aktientelefonverkäufer, Werber für Golden Products. Sie sahen genauso aus wie wir, als wir Aktien oder Versicherungen verkauft hatten. Erstaunt sahen wir, wie diese wendigen, windigen Jungs mit dem Produkt, das uns heilig war, das schnelle Geld machen wollten. Sie unsympathisch zu finden, hätte freilich eine krasse Form von Selbstbetrug bedeutet. Die kurze Zeit mit ihnen war spannend und amüsant, wir beobachteten die Exkollegen, ihre Macken und Methoden.

Wie es zu den Kontakten kam, blieb mir schleierhaft, die Typen pflegten aus dem Nichts aufzutauchen. Konstantin erhielt einen Anruf von Unbekannt, er solle sich unbedingt an der Bar des Regina-Palasthotels einfinden – sofort, die Zeit dränge. Ich ging zur Verstärkung mit, ich war ein neugieriger Bodyguard. Wir saßen auf Kohlen, aus Geldnot tranken wir klitzekleine Biere. Endlich trat hüpfend ein pickliger Jüngling auf, begrüßte uns hektisch und verschwand gleich wieder, den Ruf auf den Lippen: »Telefonieren, telegrafieren!« Er kam zurück und erzählte wundersame Geschichten vom Fernsehen, mit dem er in ständigem Kontakt stehe, telefonisch und telegrafisch.

Wir sperrten die Münder auf, das Fernsehen besaß damals noch einen glänzenden Ruf, wer in der Glotze erschien, hatte die Karriere in der Tasche. Der Manager tat, als kenne er Konstantins zwei Platten – »Die sadopoetischen Gesänge« und »Ich lebe immer am Strand« – verglich ihn mit Reinhard Mey und verwechselte ihn mit Hannes Wader. Er versprach, Konstantin in die »Hitparade« zu bringen, auch in die »Schaubude« oder den »Komödienstadel«, die Sendung sei sekundär, wichtig allein das Fernsehen selbst. Ohne Manager sei ein Sänger auf verlorenem Posten, ein Rufer in der Wüste, ein König ohne Land. Er warf einen Vertrag auf die Theke und hetzte in die Lobby: »Telefonieren, telegrafieren!«

Laut Vertrag forderte er 20 Prozent von allen Gagen des Künstlers, für sämtliche Auftritte, auch für nicht von ihm vermittelte. Die Vertragsdauer betrug drei Jahre und verlängerte sich stillschweigend. Konstantin hätte gleich unterschreiben können, er musste nur noch seinen Namen einsetzen. Wir sollten uns den Spaß gemacht und »Reinhard Mey« oder »Hannes Wader« geschrieben haben, der Typ hätte es gar nicht gemerkt. Er wirkte, als spielte er die Rolle des perfekten Jungmanagers, aus Leidenschaft und gar nicht des Geldes wegen. Konstantin ließ den Vertrag ununterschrieben und wir vergaßen den Jüngling. Nur sein Doppelsignal »Telefonieren, telegrafieren«, charakteristisch wie der Ruf des Kuckucks, wird uns immer gegenwärtig bleiben.

Reginald Rudorf war Medienjournalist, aber als Späher und Trendscout gehört er doch in diese Abteilung. Wir kannten die Herren von der Presse noch nicht, wir lernten sie erst nach und nach kennen. Rudorf schrieb zuerst Schmeichelhaftes über Konstantin und schien unser Freund. Seine Zuneigung entsprang wohl einem gewissen Entdeckerstolz, denn Konstantin war ja noch fast unbekannt. Plötzlich aber fand der stramme Rechte Rudorf heraus, dass Konstantin doch eher links war, vielleicht hatte er sich jetzt erst intensiver mit den Wecker-Texten befasst. Jedenfalls begann er, Konstantin in seinen Rundbriefen heftig zu kritisieren. Wir waren dann auch nicht mehr als Abonnenten dieser »Rundy« genannten und wahrhaftig auf rundem Papier gedruckten Rundbriefe zu gewinnen. Dabei verbreitete Rudorf doch in seinen »Rundys« für schweres Geld News und Insider-Meldungen aus der Medienwelt, die an Klatsch nicht nur grenzten, sondern sich förmlich mit ihm deckten ...

1975 trat Gernot M. auf die Bildfläche. Er kam ebenfalls aus dem Nichts – für uns, er selbst sah es anders. Immerhin war er der Sohn des Rififi-Ruhmzehrers Carl M. und kannte in Prominentenkreisen Gott und die Welt. Er hatte Großes mit Konstantin vor, er wollte ihn auf die Bühnen ganz Deutschlands bringen. Er nahm auch uns unter seine Fittiche und zahlte uns für die Dauer der Proben ein Monatsgehalt. Es war nicht üppig und staffelte sich von Konstantin über Markus, Raymund und Mario bis hinab zu mir, dem Helfer und Chauffeur. Ich erhielt 300 DM, Konstantin 1000, dafür brauchten wir nicht mehr zu jobben und standen M.s Ambitionen rund um die Uhr zur Verfügung.

M. plante als erstes Etappenziel einen Auftritt Konstantins im Münchner Arri-Kino, dort wollte er ihn als eine Art Preview seinen Freunden aus Film, Wirtschaft und Hochfinanz vorführen. Wenn Konstantin bei diesen auserwählten Vorkostern Erfolg hätte, so M.s Kalkül, konnte auch bei der restlichen Bevölkerung Deutschlands nichts schiefgehen. M. war dem Wortspiel mit Konstantins Nachnamen verfallen und kam auf die Idee, einen riesigen Wecker auf die Bühne zu stellen: Er ließ einen gewaltigen Rahmen aus Styropor bauen, der das Gehäuse des Weckers darstellte, der Durchmesser betrug gute zwei Meter. In den Rahmen, als Zifferblatt des Riesenweckers, war eine Projektionsfläche aus semitransparentem Material gespannt. Während des Konzertes sollten auf dieser Fläche Dias erstrahlen, vor allem die Gemälde Markus Sings in effektvoller Vergrößerung.

M. schien nicht zu bemerken, dass er mit dieser Lightshow von Konstantins Person und Bühnenpräsenz ablenkte. Er war dafür unempfänglich, sonst hätte er die Wirkung seines Künstlers nicht mit optischen Mätzchen verwässert. Vielleicht suchte er das Gesamtkunstwerk, wollte Ton, Wort und Bild zur Einheit schmelzen. Für die Töne und Worte war durch Konstantin bestens gesorgt, somit oblag ihm, dem Erben seines Vaters, die Welt der Bilder. Der Riesenwecker war M.s Augapfel, die musikalischen Proben konnten seiner Aufsicht problemlos entraten. Das kostbare Requisit wurde mir, dem Roadie und Fahrer, anvertraut, und ich liebte es wie der Sträfling seine Eisenkugel.

Die Preview im Arri-Kino wurde Wirklichkeit, M. hatte zuletzt nur mehr Einladungen, Sitzordnungen und Adelsnamen im Kopf. Immerhin sollten 500 Leute kommen, für Konstantin, der bis dahin nur in Clubs und kleinen Theatern gespielt hatte, das größte Konzert. Doch jetzt sollte seine Kunst, seine Lieder, seine Texte, sein Bühnenauftreten, geglättet und feingemacht, einem erlesenen Publikum vorgeführt werden. Wie ein Rotzbub, der werktags wilde Streiche verübt, sollte er sich, für den sonntäglichen Kirchgang hergerichtet und frisch geschnäuzt, den ehrbaren Tanten präsentieren.

Gewiss spürte auch M. Konstantins Kraft, die schon damals in Liedern wie »Der alte Kaiser« oder »Ich möchte etwas bleibend Böses machen« brodelte, eine in jeder Hinsicht revolutionierende Kraft. Aber M. suchte Konstantins Talent zu kanalisieren, es in seine feinen Bahnen zu leiten. Was er erstrebte, krankte an einer zeitlichen Verkürzung, einem unzulässigen Überspringen notwendiger Entwicklungsstufen: Wie die Musik des Beat, Rock und Punk aus gesellschaftlich missliebiger Protestbewegung allmählich zum modischen, vom Zeitgeist akzeptierten Konsumartikel geworden war, sollte sich auch Konstantin vom rebellischen Liedermacher zum gesellschaftsfähigen Erfolgssänger wandeln, mit dem man Geld verdienen konnte. Nur sollte es bei Konstantin über Nacht geschehen, beschleunigt durch M.s Managerkunst. Der Mann vergaß, dass Konstantin als böser Protestsänger noch gar nicht bekannt war, er ließ ihm die Zeit nicht dazu. Übrigens investierte M. nicht nur zu wenig Zeit, sondern auch viel zu wenig Geld: Mit den paar Kröten, die er monatlich herausrückte, wollte er einen Konstantin an sich binden, der doch Lieder vom Revoluzzen, Aufbegehren, Amoklaufen sowohl sang als auch lebte. Der Plan konnte nicht aufgehen.

Das Konzert begann. Markus Sings Bilder fluteten über den Riesenwecker, beim »Alten Kaiser« zuckten psychodelische Lichter über die Bühne. M.s Freundin tanzte nackt hinter dem durchsichtigen Ziffernblatt, Konstantin spielte eine Art Begleitmusik. Artiger Beifall tropfte danach von den Händen der Geladenen, die dem Buffet entgegenstrebten. Es war das erste und einzige Konzert unter der Ägide M.s, wir brachen den Kontakt zu ihm ab. Als Konstantin später zu Geld kam, forderte M. die monatlichen Gelder zurück. Der Sänger hatte sich erdreistet, auf eigene Faust berühmt zu werden, und M. fühlte sich betrogen. Konstantin schlug mit geistiger Waffe zurück, mit dem sarkastischen Song »Party bei von Bonzens«.

Am Neujahrstag 1976 begann Konstantin eine Reihe von Auftritten im »Atelier Jean«, einem Kellerlokal in der Leopoldstraße. Das »Jean« war verräuchert, verkatert, unaufgeräumt, ebenso wie wir, der Grund bestand jeweils in den Ausschweifungen der Silvesternacht. Mitten im Chaos versuchten Konstantin, Markus, Raymund und Hildi zu proben. Ich kämpfte mich in der Küche durch Speisereste und fand den Lichtschalter. Es wurde hell, die Gitarren jaulten auf, von frischem Strom genährt, neues Leben blühte aus Ruinen. Lokaltermin und Soundcheck waren überfällig, denn das erste Konzert stieg schon heute Abend.

Jean, der Betreiber des »Atelier«, hatte Konstantin kurzfristig engagiert, wir sollten die Eintrittsgelder bekommen, Jean nur an der Gastronomie verdienen. Wir hatten uns ins Zeug gelegt, um den Laden vollzukriegen, intensiv plakatiert, mündlich bei Freunden und Bekannten geworben. Leider war München zwischen den Jahren ziemlich ausgestorben, und unsere Werbung fand wenig Widerhall. Doch die Aussicht auf ein halbleeres »Atelier« entmutigte uns nicht im Geringsten, Jean wollte uns sein Lokal für den ganzen Januar zur Verfügung stellen. Im Laufe dieser Zeit würden wir triumphieren, Qualität setzt sich durch, beteuerten wir einander und beglückwünschten uns, dass wir jetzt ein »eigenes« Lokal hatten, eine Basis, von der wir abheben konnten.

Hildi Hadlich war an diesem Abend zum ersten Mal dabei. Sie studierte Latein und Französisch und sprach »Jean« mit dem stimmhaftesten Sch der Welt aus. Sie hatte immer Stil und bewahrte sich ihre Noblesse, ihren Buonsenso auch während der kommenden wilden Jahre, als Konstantin mit dem »Team Musikon« einen sinnverwirrenden Aufstieg erlebte. Seinem Ruf, als er seine Band erweiterte und in ihr seine Cellistin erkannte, war sie ohne Zögern gefolgt. Sie verkörperte schon damals eine unvergleichliche Mischung aus Loyalität und Eigensinn. Ihre Treue zu Konstantin und zum »Team Musikon« war ebenso groß wie ihr Dickkopf, einen eigenen Weg zu gehen. Als Konstantin ihr vorschlug, im »Atelier Jean« mal vorbeizuschauen, verstand sie ihn aufs Wort und schaute nicht allein, sondern mit ihrem Freund, dem Cello, vorbei. Und Jahre später, als sich das »Team Musikon« auflöste, erkannte sie als erste die Zeichen der Zeit. Sie beendete leichten Herzens ihre Musikerkarriere, die sie wohl selbst als ausgeschöpft empfand, spielte höchstens wieder wie früher in Kirchen.

Gegen sieben Uhr bezog ich meinen Platz an der Treppe und verkaufte Karten. Mehr als das, ich begrüßte vor allem die Premierengäste, Freunde und Verwandte, die alle Freikarten hatten. Pünktlich zur Stelle war Mutter Dorle Wecker und ihr Clan, Raymunds und meine Verwandtschaft, Angehörige der Produktionsfirma »Universal«, mit der Konstantin damals im Bunde war. Dazwischen gab es auch zahlende Gäste, die ich zu ihrem Tisch geleitete.

Das »Atelier Jean« blieb mäßig besucht – wie wir es vorausgeahnt hatten. Ein Zuschauerschnitt pegelte sich ein, der dem ersten Abend entsprach: halbleer oder auch halbvoll. Ein Großteil der Zuschauer wurde zu alten Bekannten, von Konstantins Texten und Melodien, seiner kraftvollen Bühnenpräsenz in den Bann gezogen, kamen sie immer wieder. Das Lokal wurde wirklich »unser« Lokal, unser Wohnzimmer, in dem wir liebe Freunde empfingen und uns wie zu Hause fühlten.

Konstantin nutzte den Dauerauftritt, um die Dramaturgie, die äußere Form seiner Lieder zu perfektionieren. Wohl schrieb er die Texte im stillen Kämmerlein, auch die Melodien komponierte er daheim am Klavier, ein weiterer Schritt zur Abrundung der Lieder erfolgte bei den Proben mit den Musikern. Doch das hieß nicht, dass er dem Publikum ein Produkt vorlegte, an dem nicht mehr zu rütteln war. Alles, was die Interpretation im weitesten Sinne betraf: Die Betonung einzelner Wörter, Gestik, Mimik, musikalische Untermalung, gleichsam die Interpunktion des Textes am Klavier, Pausen am richtigen Platz, um Lachern Raum zu geben, Gänge auf der Bühne und deren exaktes Timing, souveräne Unabhängigkeit von einem starren Programmablauf, nötig, um Störer und Zwischenrufer ins Leere laufen zu lassen, köstliche Einzelheiten wie jenes herzerwärmende Wechselspiel mit Raymund oder Markus am Ende der »Zwischenräume« oder Konstantins spitzbübisches Lächeln bei manchen ironischen Effekten, das immer beides ist, ganz spontan und schlau hervorgezaubert – für all das legte Konstantin damals den Grundstein. Zur Vollendung brachte er seine dramaturgischen Künste im Laufe seiner langen Karriere, damals im »Atelier Jean« begann der Elementarunterricht.

Freilich betraf Konstantins Zusammenarbeit mit dem Publikum immer nur die Bühnenwirkung, die äußerlichste Form. Nie ließ er mit sich handeln, wenn es um den Inhalt seiner Lieder ging, ihre politische Stoßrichtung, ihre Poesie. Manchmal schrieb er in der Öffentlichkeit, in einer Gaststätte, von Freunden umgeben, doch exakt um Textbreite von ihnen entfernt. In solchen Momenten spürte er nichts von uns, von unseren Gesamtpersönlichkeiten voll Ablenkung, voll abschweifender Wünsche und Gedanken, er wollte einzig unsere Konzentration auf den entstehenden Text. Aus einem zweiten Ich, das wie er dachte, grübelte, probierte, verwarf und dichtete, formte er seine ureigenen Zeilen.

Prominente Freunde fanden den Weg in unseren Keller: Lisa Fitz, mit Konstantin lange befreundet, zeigte sich von seinem Auftritt tief beeindruckt. Sicher machte er ihr Mut, etwas Ähnliches zu versuchen, ebenso bayerisch wie er und mit der weiblichen Power, die seiner männlichen Ausstrahlung die Waage hielt. Er schrieb für sie den Titel »Bleib ma zamm«, den sie kongenial interpretierte.

Willy Michl, der krachlederne und doch so poetisch sensible Barde, kam immer erst während der Zugaben. Er trat selbst irgendwo auf, sein spätes Erscheinen ging mit großem Hallo, amerikanischen Beifallspfiffen, gebrüllten Komplimenten einher. Willy gerierte sich damals noch nicht als Indianer, seine Rede war noch frei von Ausdrücken wie »Squaw«, »Wigwam« und »Manitou«, aber an gewissen Anzeichen war abzulesen, dass es nicht mehr lange dauern konnte: Gekleidet wie ein bayerischer Bergbauer lebte er sechs Monate im Jahr auf einer Alm, hütete Kühe, molk, schlachtete und käste. Ohne die Kleidung zu wechseln, kam er wie eine Erscheinung nach München und stellte seine auf der Alm erschaffenen Lieder vor. Er sang das Hohe Lied des einfachen Lebens, am liebsten um vier Uhr früh in einer verräucherten Zuhälterkneipe. Im »Atelier Jean« drängte es ihn nach Konstantins Zugaben auf die Bühne, er badete im Blues, denn »Ois is Blues« und »Blues goes to Mountain«. Da war es an uns, Komplimente zu brüllen.

Einen eigenen Abend auf »unserer« Bühne beanspruchte ein wirklich prominenter Gast. Er hatte sich im Reich der deutschen Kleinkunstszene längst einen königlichen Namen gemacht, wir kannten ihn nur vom Hörensagen, jetzt erlebten wir ihn live. Er kam allein, seine Hammond-Orgel wurde ihm von seiner Tochter nachgetragen. Obwohl er leutselig war, zu jedermann sprach, jeden anhörte, umgab ihn eine Aura, in die wir uns nur flüsternd hineinwagten. Mucksmäuschenstill lauschten wir seinem Auftritt: Er sang kaum, die Begleitung auf der elektrischen Orgel war eher humoristisch, was zählte, waren seine geschliffenen Texte und deren perfekte Darbietung.

Wenn er von seinen Tanten am Niederrhein – bedeutenden Stofflieferanten und Stichwortgebern – skurrile Geschichten erzählte, wenn er sie, aufsteigend aus einer seiner üppigen Handbewegungen, lebendig werden ließ, dann war das kein Klamauk, kein billiger Spaß im Dialekt, dann wuchsen uns die Tanten ebenso ans Herz wie er selbst.

Atemlos hörten wir seinen »Hagenbuch«, diese wortmächtige Hommage an den Konjunktiv. Wir bestaunten seine Stimme, seine Sprachbeherrschung, die seine klippenreichen Sätze mühelos in Höchstgeschwindigkeit dahinfließen ließ. Wir waren fasziniert von seinem Gedicht vom »Runden Tisch«, das den Abend beschloss, von seiner tiefen Weisheit und reifen Menschlichkeit. Wenig später wurden Konstantin und Hanns Dieter Hüsch Freunde.

II. GESCHICHTEN DES ERFOLGS UND DES SCHEITERNS

»GESTERN HABNS AN WILLY DASCHLOGN«

Günter Bauch

Die gute alte Münchner Kleinkunstbühne »Song Parnass« sah am Silvesterabend 1976 ein denkwürdiges Wecker-Konzert. In den Tagen zuvor hatte Konstantin die Ballade vom »Willy« geschrieben, das Lied, das ihn berühmt machen sollte. Er hatte den Text allein einstudiert, so dass wir, die engsten Freunde, und sogar die Mitglieder des »Team Musikon« nicht wussten, was uns erwartete. Vor dem Auftritt ging Konstantin mit abwesender, gleichsam in sich hineinhorchender Miene herum, es war unmöglich, ihn anzusprechen ...

Er spielte den »Willy« als erste Zugabe. Es war weniger ein Lied als ein Sprechgesang, ein Dialog im Dialekt, der von unserer gesellschaftlichen Situation sprach, eine Thematik, nächstliegend und aufrüttelnd zugleich. Jeder der gebannten Zuhörer kannte sie und nickte vor Verständnis, während er atemlos lauschte. Der Song gipfelte in dem Refrain, einer ungeheuerlichen Feststellung der Tatsachen, der Refrain war gesungen und umfasste die kurze und unverwechselbare Melodie, die danach in den Konzertsälen, Stadthallen und Festivalzelten ganz Deutschlands an ihren ersten Takten erkannt und bejubelt werden sollte. In den Strophen, die Konstantin mit der Intensität des betroffenen Freundes, des schmerzlich mitfühlenden Erduldens gestaltete, vollzog sich die tragische Entwicklung. Freundschaft und Tod, spielende Heiterkeit und bittere Anklage, politische Analyse und prophetische Weitsicht: Zwischen diesen Polen steuerte der Text wieder in den Refrain, der am Ende die Summe zog und, machtvoll wiederholt, einer Apotheose gleichkam:

Gestern habns an Willy daschlogn
Und heit, und heit, und heit werd a begrobn.

Über die Aufnahme, die Schillers »Räuber« bei ihrer Uraufführung fanden, wird von Augenzeugen berichtet: »Das Theater glich einem Irrenhause, rollende Augen, geballte Fäuste, heisere Aufschreie im Zuschauerraum. Fremde Menschen fielen einander schluchzend in die Arme, Frauen wankten, einer Ohnmacht nahe. Es war eine allgemeine Auflösung wie im Chaos, aus dessen Nebeln eine neue Schöpfung hervorbricht.«

Wenn man der Ungleichheit der Epochen von 1782 und 1976, einer sentimentalen und einer doch recht hartgesottenen, Rechnung trägt, dann ist die Reaktion, die der »Willy« bei seiner Uraufführung hervorrief, mit derjenigen der »Räuber« durchaus vergleichbar. Das Publikum des »Willy« trat ebenso sehr aus seinem Normalzustand, es war hingerissen und aus dem Häuschen – und ist es bis heute. Immer wieder versinkt es fast lustvoll in der Auflösung, dem Chaos, das die Chance zur neuen Schöpfung, zur Veränderung bietet.

Als Konstantin endete, herrschte Totenstille. Nach einer Schweigeminute rauschte Applaus auf, brausend und beredt, der lange nicht verstummte. Bravo zu rufen war banal, alle Kehlen waren zugeschnürt. Konstantin stand vor seinem Flügel, ebenso verwundert, fast entgeistert wie wir, dann lachte und weinte er gleichzeitig. Viele im Publikum weinten mit ihm, keiner schämte sich seiner Tränen.

Der »Willy« wurde Konstantins größter Erfolg, sein Kultlied. Die Gründe dafür sind sicher vielfältig: Die dichte, lebensnahe, fast kunstferne Atmosphäre, die Konstantin in den gesprochenen, musikalisch nur karg untermalten Strophen beschwört; die Erregung von Furcht und Mitleid, wie in der klassischen griechischen Tragödie gefordert; die Wehklage, der ganze Jammer, den die weit geöffneten Herzen der Zuhörer wie Verdurstende aufnehmen, beispiellos in der spöttisch-kritischen Themenwelt der Liedermacherszene; der Dialekt in seiner Direktheit, ungleich fähiger als das Hochdeutsche, die tiefsten Emotionen zu transportieren ...

Mit ausschlaggebend ist die Doppelrolle, die Konstantin im »Willy« einnimmt: Er »ist« ja beide Personen, geheime Identität waltet zwischen dem Ich des Sprechers und dem Du des Angesprochenen. Konstantin hat gleichviel von dem Erschlagenen, den er als unerreichbar echt und ehrlich beschreibt, und von dem Überlebenden, der etwas im Zwielicht steht, ängstlicher als der »Willy«, nicht so gradlinig und stur, aber eben deshalb besonders wahrheitsgetreu. Die Zuhörer identifizieren sich mit dem »Willy«, sie wären gern Helden wir er, doch bald spüren sie, dass es reicht, wie Konstantin zu sein.

TOSKANA-TRILOGIE

Günter Bauch

1. Hauskauf

Im Sommer 1979 mietete Konstantin mit seiner Freundin Carline ein Ferienhaus in Ambra, Provinz Arezzo, Region Toskana, Italien. Der Aufenthalt hatte gravierende Folgen: Noch im gleichen Sommer erwarb Konstantin bei Ambra ein Bauernhaus, er kaufte sich ein, er siedelte sich an.

In den Jahren 1980 bis 1982 ließ er das Haus radikal renovieren, ein Tonstudio einbauen, einen Garten ums Haus anlegen. Für einige Jahre lebte Konstantin in seinem Podere (»Landhaus«), dem Podere Rimortini, er richtete sich häuslich ein, für viele Deutsche war er weggezogen, ja, abgetaucht. Er kam recht bald wieder, seit Mitte der 80er Jahre lauten seine Wohnadressen wieder deutsch, doch das Haus in der Toskana besitzt er bis heute.

Vorab hatte er von der Agentur, die ihm das Ferienhaus vermittelte, ein Dia mit der Ansicht des gewählten Objekts bekommen. Und bereits das Foto führte uns den diskreten Charme des gebuchten Hauses vor Augen: Natursteinmauern, offene Bögen, eine überdachte Eingangsterrasse, Efeugerank, Zypressen, Reben im Innenhof und das Schönste, eine Art Türmchen, ein ausgebauter Taubenschlag hoch auf dem Dach. Ein solcher Prachtbau, der auch noch Bellavista hieß, der Inbegriff einer toskanischen Villa, war Traum und Ziel aller Deutschlandflüchtlinge. Damals wie heute sehnen sie sich nach diesem gesegneten Landstrich, nicht nur als Paradies auf Zeit, sondern Dauerdomizil und Alterssitz.

Konstantin und Carline nahmen sich viel Zeit fürs Paradies: Sie buchten Bellavista für sechs Wochen im Hochsommer und organisierten einen regelrechten Umzug nach

Ambra. Eine Unmenge Bücher, Noten, Keyboards und Aufnahmegeräte sollte mit, Konstantin wollte intensiv arbeiten, schreiben, komponieren. Dennoch lud er mich ein, ihn für einige Tage zu besuchen.

Bellavista, wie es dem schlichten Dia entstieg, war viel mehr als ein profanes Reiseziel: Ein Ideal, dem leicht nachzueifern schien, das Urbild einer anderen, besseren Lebensführung, ein Utopia, das auf der Landkarte zu finden war.

Während meiner ersten Tage in Bellavista bekam ich Konstantin kaum zu Gesicht. Meist saß ich in einer Ecke der weiten Terrasse und las. Carline saß, entfernt von mir, in der Nähe des Eingangs und bastelte. Wahrscheinlich malte oder zeichnete sie, die Resultate ihres Tuns waren sehr schöne Bilder oder Zeichnungen, denn Carline war sehr begabt. Ich nannte ihre Beschäftigung Basteln, weil ich sie ärgern wollte. Wir beide eiferten um die Gunst Konstantins und pflegten ein humoristisch gespanntes Verhältnis. Auch horchte sie mit einem Ohr immer nach innen, wo Konstantin in den Tiefen der Villa mit Dämonen kämpfte.

Er arbeitete an seinem Gedichtband »Man muss den Flüssen trauen«, dem ersten Text seit langem, der nicht zur Vertonung gedacht war. Vielleicht war er, ohne die helfende Macht der Melodie, eine ungewohnt schwere Geburt, vielleicht machte er ihm durch seine Abstraktheit besonders zu schaffen. Gleichviel, Konstantin wütete durchs Haus, stampfte über die Fliesen, rezitierend, Satzfetzen ausstoßend. Zuweilen näherte er sich der Tür und schrak vor dem hellen Licht zurück. Manchmal schlüpfte Carline hinein und beruhigte ihn.

Nach Tagen stürmte Konstantin auf die Terrasse. Es war heller Mittag, die Sonne brannte. Er strahlte uns an, lachte wie ein Kind, tanzte von einem zum andern. Die Hitze machte ihm nichts aus, er war ja immer ein großer Sonnenanbeter gewesen. Ein herrliches, ein geiles Land sei die Toskana, wir sollten endlich Ausflüge machen, besichtigen,

Landschaft, Kultur, Kunst, Städte kennen lernen. Carline und ich verstanden, dass sein Gedichtband fertig war und dass die Toskana, die solch Opus ermöglicht hatte, eine Belohnung verdiente.

Wir fuhren nur ein paar hundert Meter, dann bogen wir in einen Feldweg, Zypressen geleiteten uns zu einem prächtigen Herrenhaus, das offenkundig leer stand. Konstantin lief wie elektrisiert an der Natursteinfassade entlang, tauchte in Torbögen und Hintereingänge, spähte durch verriegelte Fensterläden ins Innere, erstieg die Freitreppe und stellte sich oben in Positur:

»Was meint ihr, ist dieser Palast zu verkaufen?«

»Bestimmt«, antwortete Carline. »Du musst es dir nur fest wünschen.«

Carline war flexibel und leicht dahingehend zu trösten, dass die Belohnung für das fertige Buch statt in allgemeiner Besichtigung auch in der Anschaffung einer toskanischen Villa bestehen könnte.

Ich wägte meine Worte: »Man müsste jemanden in Ambra fragen, der sich auskennt. Warum nicht deinen Friseur?«

Konstantin ging gern zu Nello, dem Friseur an der Piazza, um sich rasieren oder, wie er es nannte, den Bart aus dem Gesicht streicheln zu lassen. Diesmal fragte er sofort nach dem Besitzer des Herrenhauses, und ich musste übersetzen. Ich konnte damals, aufgrund häufiger Italienurlaube, schon etwas Italienisch, aber bei weitem nicht genug. Jetzt trug ich eine Maske, die Maske des Dolmetschers. Ich tat so, als könnte ich dolmetschen für einen, der so tat, als könnte er sich diese gewaltige, D-Mark und Lire verschlingende Immobilie leisten. Aber das stimmte nicht: Zwar spielte ich, aber Konstantin spielte nicht. Er war wirklich der glühende, von jenem Herrenhaus verzauberte Käufer. Konstantins Maske war entweder perfekt oder gar nicht vorhanden. Der große Auftritt hatte ihm immer gelegen, Bühnen war er jetzt seit Jahren gewohnt, auch der karge Friseursalon war ihm eine Bühne.

Auch Nello war ein Bühnenmensch, als guter Italiener gestikulierte er beidhändig: Das prächtige Herrenhaus, die Villa Verreno kannte er natürlich. Ich übersetzte und starrte Konstantin an. Da waren wir ja gleich auf der richtigen Fährte. Da konnte es sich nur noch um Stunden handeln, bis das Haus unser war. Doch Nello sah schwarz: Er schüttelte den Kopf, machte Miene, als wolle er anfangen zu heulen, rieb sich in putzender Weise die Hände. All dies bedeutete, dass die Villa Verreno nicht zu haben sei, und Nello rief: »I cacciatori!«

Das heißt »Jäger«, ich wusste es nicht, Nello legte ein imaginäres Gewehr an und drückte so lange ab, bis wir kapierten. Eine Gruppe von Jägern, zahl- und einflussreich, verfügte über die *Villa Verreno*, versammelte sich dort im Herbst, wenn die Jagdsaison über das Land hereinbrach. Jetzt, im Hochsommer schien alles ausgestorben, die Verbotsschilder, die die Villa umstellten, waren unsichtbar.

Hartnäckig suchten wir weiter. Wir besichtigten die Toskana, aber keine einzige Stadt. Kunst und Kultur fanden wir auf Schotterwegen und Ziegenpfaden, an deren Ende die ideale Immobilie wartete. Wir erlebten viele ähnliche Fälle wie die Villa Verreno, landeten aber auch auf Bauernhöfen, bescheidener, doch pittoresk gepflanzt und geeignet, unsere Gelüste zu wecken. Wir sahen uns mit heißen Augen um, ein paar Pinselstriche der Fantasie genügten und die Häuser glichen dem heimischen Bellavista. Aus solchen Träumen weckte uns meist ein Bäuerlein mit Hund, der in der Hitze zu bellen vergessen hatte. Dann tauchten Frau und viele Kinder auf, die äußerst wachsam zusahen, wie wir den Rückzug antraten.

Wir brauchten einen Makler, Nello vermittelte uns Idamo Cenni, der uns schließlich das Podere Rimortini zeigte. »Von der Straße nach Cennina, hoch über Ambra, zweigt auf halber Höhe links ein Schotterweg ab. Man beachte die Steintafel mit der Inschrift Rimortini ...« Wie oft sollte ich künftig die Wegbeschreibung in beiden Sprachen abgeben, für ortsfremde Handwerker, Heizöllieferanten, für Monteure von Strom und Telefon, für Brunnen- und Schwimmbadbauer, Klavierstimmer, Liedermacherkollegen, Fernsehregisseure, Zeitungsreporter und vor allem Musiker, Heerscharen von Musikern ...

Cenni wies mit seinen Ärmchen kreisend in alle Richtungen und rief immer wieder »Rimortini«. 25 Hektar, krähte er, so viel Grund, Weinberg, Olivenhain und Wald gehörte zu dem Haus. Hinter dem Weinberg gabelte sich die Straße, Cenni zeigte entschlossen nach links. Am Ende der rechten Straße stand ein großes Haus aus Backstein, ein Neubau. Der kam nicht in Frage, wir fieberten »unserem« Haus entgegen. Die Straße führte durch den Olivenhain zu einem alten Bauernhaus.

Genau dieses Haus hatten wir uns erträumt, Rimortini Casa Vecchia, nicht sehr heruntergekommen, eine Fassade, gemischt aus Naturstein und Ziegel, eine Terrasse vor dem Eingang, Dach und Fenster intakt, mit allen Spuren der Bewohntheit. Hühner flatterten um unser Auto, ein Hund schlug an, gleich würde das verdrossene Bäuerlein erscheinen, hinter ihm zahlreicher Nachwuchs. Wir schämten uns, das Haus mit den Insassen allzu intensiv zu besichtigen, aber Cenni kannte kein Erbarmen. Wie ein Feldherr in die eroberte Stadt drang er ins Innerste ein, wir folgten ihm, die Familie stand Spalier.

Mit dem Makler waren wir nicht mehr lästige Touristen, die zum Zeitvertreib um toskanische Häuser herumschnüffeln, mit ihm stiegen wir auf zu geldschweren Interessenten, zu jungen, aber sehr erwachsenen Erfolgstypen, denen alles zuzutrauen war. Nur Witz, Traum, Romantik, Spiellust und ewige Kindlichkeit, Ironie und Doppelsinn, all die Dinge, in denen wir tatsächlich stark waren, traute uns jetzt keiner mehr zu. Cenni machte uns zu signori und padroni, zu Herren und Besitzern, die im ländlichen Italien auch 1979 noch eine besondere Stellung innehatten.

Das Haus lag reizvoll am Hang, im Obergeschoss gab es fünf größere und kleinere Zimmer, Wohnküche und ein winziges Bad. Konstantin streifte dieses Bad mit einem Blick, in dem erste Umbaufantasien flackerten. Unten waren Ställe und Nebenräume mit niedrigen Durchgängen, Konstantin und ich krochen in alle Winkel, wir waren Kinder, die Verstecken spielen, Cenni überwachte uns lächelnd. Das riesige Grundstück könne man später mit den Besitzern abschreiten. Die Bauern hatten das Haus nämlich nur gepachtet. Cenni war es zu heiß zum Herumlaufen, er drängte auf den Vorvertrag. Die Besitzer wohnten oben in der Casa Nuova, dem Backsteingebäude, ab fünf Uhr nachmittags erlaube es die Etikette, sie aufzusuchen.

Um fünf suchten wir auf, um sieben kauften wir. Konstantin legte ein Tempo an den Tag, dass uns vier, dem Advokaten Casilli, seiner Frau Claretta, einer Schriftstellerin mit deutscher Herkunft, dem Makler und vor allem mir schwindelte. Der Advokat versuchte, uns in seinem Amtsitalienisch die verschiedenen Schritte, Vorvertrag, Überweisung der Anzahlung, endgültiger Kaufvertrag beim Notar, Eintrag ins Grundbuch zu erläutern, seine Gemahlin übersetzte mit preußisch schnarrendem R, ich war arbeits- und atemlos, Cenni rieb sich die feuchten Hände. All dies dauerte Konstantin zu lang, er verlangte den Vorvertrag, der doch sicher bereitliege, und unterschrieb.

Der Preis war mäßig für ein wohnliches Bauernhaus mit 25 Hektar Wiesen, Wald, Wein und Oliven, durch den Umrechnungskurs wurde er noch attraktiver. Die Casillis trennten sich gern von all dem Land nebst Pächterfamilie, sie behielten nur den Garten um ihr Haus. Die Schriftstellerin freute sich besonders, dass sie einen deutschen Künstler als Nachbarn bekommen würde.

Alle waren wir glücklich: Cenni über seine Provision, die Signora über Konstantin, der Avvocato über die Schnelligkeit der Verhandlungen, die das laut Etikette um acht Uhr beginnende Abendessen ermöglichte, ich darüber, dass ich nicht dolmetschen musste, und nicht zuletzt Konstantin über sein Haus, dieses greifbar gewordene Stück Utopie in der Toskana.

2. Umbau

Rimortini war von Anfang an bewohnbar, aber Konstantin beschloss, es umzubauen. Die alten Ställe wollte er in ein formidables Tonstudio verwandeln, so schnell wie möglich, schon die nächste Schallplatte sollte dort entstehen. Schon dies erforderte das Höchste an Arbeitskraft, die die vier Maurer, die wir bekommen konnten, aufbrachten. Gleichzeitig aber sollte die Wohnetage verändert, verschönert werden – von denselben vier Maurern unter der Führung des unvergleichlichen Beppe Migliorini, der uns bald auch unentbehrlich und ein echter Freund wurde.

Ostern 1980 begann der Umbau, er hatte schon begonnen, als wir, Winnie Herz, ein junger deutscher Architekt, Helmut »Schwammerl« Keller, Toningenieur im »Team Musikon« und jetzt Fachmann für den Studiobau, und ich als Dolmetscher und Konstantins Palatin aus Deutschland zurückkamen. Wir waren in unserer zweiten Heimat angelangt, aber das wussten wir noch nicht so genau. Was wir sahen, nahm uns den Atem: Rimortini Casa Vecchia war von einem traulichen Bauernhaus in einen riesigen Rohbau verwandelt, man balancierte auf schmalen Brettern, stapfte durch Kies und Sand, Maschinen heulten, die Maurer brüllten sich an. Vor Ostern hatte Winnie einige leise Andeutungen gemacht, die Beppe und die Seinen nun sehr lautstark umsetzten.

Wir drei – *l'architetto, l'ingegnere ed il comendatore*, Winnie, Schwammerl und ich – wurden »die Drei von der Baustelle«. Früh am Morgen, dennoch erst nach den Maurern, fanden wir uns ein. Winnie kontrollierte stumm, Schwammerl kommentierte beredt und skeptisch, Beppe führte uns herum, zeigte, erklärte. Mir, den er für den Finanzmann hielt, stopfte er Massen von Lieferscheinen in die Brusttasche. Die zugehörigen Rechnungen kämen demnächst per Post. Irgendwann müsste ich sie bezahlen, wobei »irgendwann« sehr beruhigend klang. Mein Titel *comendatore* bezeichnete keine Funktion wie die Titel der anderen, er ist frei und wird gerne undurchsichtigen Respektspersonen verliehen.

Später am Vormittag fuhren wir weite Wege durch die Toskana, immer auf der Suche nach Handwerkern. Schwammerl, eigentlich unbeteiligt, fuhr aus Freundschaft mit. Meistens suchten wir Schreiner: Die Fenster im Studio waren rechteckig und schufen keine Probleme, doch die Fenster im Wohngeschoss hatten sämtlich Rundbögen und die runden Rahmenprofile, die sich Winnie in einer bestimmten vertrackten Form vorstellte, machten den Schreinern so große Schwierigkeiten, dass die meisten den Auftrag rundheraus ablehnten. Eine besondere Fräse wäre für diese Rundbogenprofile nötig gewesen, die sie nicht hatten und die anzuschaffen sie sich weigerten. Winnie bestand auf seiner Profilform, wir fuhren weiterhin von Dorf zu Dorf.

Einen der Schreiner – wir suchten Küchenschreiner, Fensterschreiner und Deckenschreiner – fanden wir ausgerechnet in San Pancrazio. In dem kleinen Bergdorf hatten sich Partisanenüberfälle und als Repressalie Geiselerschießungen durch die SS zugetragen. Mitten im Ort stand eine Gedenktafel, die Grabtafeln auf dem Friedhof kündeten in altertümlichem Italienisch von den grausigen Vorfällen, aber wir sahen davon nichts. Wir fanden unseren Schreiner und wunderten uns nur über die steinernen Mienen älterer Bewohner, wenn sie uns als Deutsche erkannten. Erst nach und nach erfuhren wir von den Zusammenhängen.

3. Einzug

Im Frühling 1980 begannen die Bauarbeiten in Rimortini, im Winter 1980 war das Tonstudio fertig und aufnahmebereit. Bis zum Einzug in die überm Studio gelegene Wohnung dauerte es noch bis zum Frühjahr 1982. Wenn Konstantin in dieser Zeit nach Ambra kam, wohnte er in gemieteten Wohnungen und Häusern rund ums Dorf. Den mächtigen

Palazzo von Palazzuolo, zehn Kilometer entfernt auf einem Berg liegend und durch hundert Serpentinen eher getrennt als verbunden, ließ er, obwohl auch nur gemietet, als Wohnsitz seiner Musiker renovieren. Solange der Palast zu halten war – er war es nicht lange – hospitierte er auch dort. Gegen Ende dieses Interregnums bezog er einen riesigen Wohnwagen, der unterhalb des Hauses, in der Nähe des bereits geschaffenen Pools abgestellt wurde. So lebte er wenigstens auf eigenem Grund und Boden.

Ende 1980 musste, kostete es, was es wolle, die neue Langspielplatte aufgenommen werde, die Platte, die dann »Liebesflug« hieß. Konstantins Plattenfirma, die Polydor aus Hamburg, hatte schon viel Geld nach Italien geschickt, die Produktionskosten, die für die Plattenaufnahme zweckgebunden waren, die von uns aber für Hausbau, Studioeinrichtung und Rotwein verwendet wurde. Böse Zungen hätten von Zweckentfremdung gesprochen, doch uns plagte kein schlechtes Gewissen. Immerhin drängte die Polydor, sie wollte »Liebesflug« Anfang 1981 herausbringen, und wir wollten es auch.

Kurz vor Weihnachten 1980 reisten zwei Manager der Plattenfirma aus dem fernen Hamburg an, um der Aufnahme beizuwohnen. Ihnen, die glaubten, das Studio sei längst fertig, mussten wir nun eine lange eingespielte Aufnahmeroutine vorgaukeln. Keiner durfte den Schweiß bemerken, der von Schwammerls fiebriger Stirn auf die frisch verlegten Drähte und Kabel des Regiepults tropfte. Keiner durfte aufs Klo, da dort noch ein Chaos aus Putzeimern, Wischlumpen und verräterischen Mörtelresten herrschte. Und beide Herren mussten mit allen Sinnen von Konstantins Liedern erfüllt sein, keiner durfte aufschauen, keiner aufhorchen, wenn einer der vielen rupfenbespannten Rahmen aus der Wand des Regieraums platzte. Aus Zeitgründen waren die Rahmen nicht fest verankert, sondern nur in die Wand gesteckt worden ...

Doch wir machten uns unnötig Sorgen: Die Abgesandten der Polydor zeigten Bewunderung für das entstehende

Werk ebenso wie für das Ambiente, in dem es entstand. Und nicht zuletzt war Jochen Albrecht mit an Bord, der legendäre Polydor-PR-Profi, zuständig für Stimmung, gute Laune, lockere Sprüche. Mit ihm war alles halb so wild.

In »Liebesflug« gab Konstantin seiner lyrischen Neigung viel größeren Raum als bei den Platten zuvor. Dichterisch, poetisch, wortversponnen waren seine Verse immer gewesen, von seinen Anfängen an wurde seine Affinität zu den großen deutschen Dichtern spürbar: zu Goethe, Trakl, Rilke, Benn, zu den Meistern, von denen er als 12-Jähriger gelernt hatte. Seine Sprachkunst bewies Konstantin in all seinen Liedtexten, abgesehen von seinen musikalischen Vorzügen.

Trotzdem war auf der »Liebesflug« etwas anders geworden, eine Wende war eingetreten, die manche von Konstantins frühen Fans gar als Bruch empfanden. Wahrscheinlich ging die Neuerung von der Musik aus, die nun viel getragener, pathetischer, opernhafter war als auf den Platten vorher. Namentlich das Titellied ist in seiner opulenten Melodienfülle eine kleine Oper für sich. Seine Verse können mit ihrem steilen Anspruch, ihren interpretationswürdigen Satzkaskaden manch bescheidenen Hörer wohl verstören. Und auch wer alles verstand, der verstand vor allem auch Konstantins Wendung vom politischen Engagement weg zur Innerlichkeit, vom Öffentlichen ins Private, von den großen Themen, die von allen geteilt wurden, zur Behandlung ureigener Probleme, kurz, zum damals missliebigen Individualismus.

Jetzt seh ich Deutschland untergehen.
Werd einfach meinen Rücken drehen.
Blick oben hin.

Ob Dichter bei den Engeln stehen?
Und kann ich von da oben sehen,
ob ich noch bin?

So sang der nach Italien Ausgewanderte, und auch die Fragezeichen waren für unwillige Fans keine Entschuldigungen. Zu eindeutig, zu griffig klang es in ihren Ohren, dass sich der politische Sänger, der Barde, wie es damals hieß, zum Dichter, ja, zum Engel verstiegen hatte, abgehoben war in Sphären, in die ihm keiner mehr folgen konnte:

> *Die Fenster offen. Um zu fliegen,*
> *Braucht's einen schönen Rausch*
> *und Hexerei.*
>
> *Wer, bitte, soll mich jetzt noch kriegen?*
> *Ich reit auf einem Wattebausch*
> *die Zeit entzwei.*

In den Konzerten erhoben sich Störer, mitten in den leisesten Passagen, und forderten Konstantin auf, politische Diskussionen mit ihnen zu führen. Sie legten Widersprüche zwischen seiner luxuriösen Lebensführung und der vermeintlichen Aussage seiner Lieder bloß. Mancherorts in Deutschland herrschte die Neigung, während des Konzertes über die Höhe der Eintrittspreise zu debattieren. Aus dem »Liebesflug« wurde ein Sturz, die Platte verkaufte sich schlecht.

Die gleichnamige Tournee jedoch, die gewaltige Deutschlandrundfahrt im Zeichen des Liebesfluges, Frühjahr und Sommer 1981, wurde doch noch zum Triumphzug. Die Störungen bei den Konzerten ließen nach und verstummten ganz. Schon damals bewährte sich Konstantins Live-Stärke, die Überzeugungskraft seiner Person, sein Charisma. Mit Expressivität, Hingabe und stimmlichem Einsatz, seiner ganzen schweißüberströmten Körperlichkeit warb er im Konzert für die steilen Texte, die verstiegenen Melodien, wie er es auf der Platte so nicht konnte. Aug in Auge mit dem Publikum war er packend, er packte die Zuhörer und ließ sie für lange Stunden nicht mehr aus der Pranke seiner Bühnenkunst.

Ausverkaufte Häuser brachten Rekordeinnahmen, die, wie Konstantin klagte, samt und sonders nach Italien geschickt wurden. Nach der Fertigstellung des Studios ging ja der Wohnungsbau weiter und sollte erst im Mai 1982 sein Ende finden. Ich klagte gleichfalls, denn die Soldi kamen immer viel zu spät, und nicht zuletzt klagten die italienischen Gläubiger, die wir uns in stattlicher Zahl eingehandelt hatten.

Konstantin als musicista und artista wurde von den Quälgeistern in Ruhe gelassen. Die Bürger Ambras liebten ihn, die interessierten Handwerker, Wirte, Geschäftsleute, weil er viel Geld ausgab, alle anderen, weil er *Costantino*, der berühmte *cantautore* aus Deutschland war. Gern fragten sie mich aus, welcher Art seine Musik sei, wovon seine Texte handelten, welche Stellung er in Deutschland einnehme. Ich holte weit aus, nannte Dalla und Celentano, merkte aber, dass ich nichts damit erklärte. Über Musik reden ist ja wie Bilder beschreiben. Es wurde Zeit, dass wir Taten sehen ließen, dass wir den Italienern zeigten, was wir konnten.

Bereits im Frühjahr 1980 hatten wir in Bucine ein Konzert gegeben. Als Publikum fanden sich zwei Dutzend Jugendliche aus Ambra ein, unsere Freunde aus weinfeuchten Nächten. Wir schienen sie zu faszinieren, wir gaben den Bürgerkindern und Bauersöhnen den Geruch von Ferne und Exotik, unser Deutschland, dieses langweilige, vielen unsympathische Land fesselte sie, sie wurden nicht müde, davon zu hören. Bestimmt verkörperten wir auch unbekannte, reizvoll fremdartige Spielarten des Deutschen: Konstantin, der Großkünstler ohnehin, aber auch Winnie in seiner Hippie-Verkleidung mit Bart und Langhaar, vor allem auch Carline als ständige erotische Verheißung ...

Konstantin und sein »Team Musikon«, also Hildi Hadlich, Markus Sing und Raymund Huber spielten die Lieder von den letzten LPs, Lieder, die sich bereits anschickten, Klassiker zu werden: »Genug ist nicht genug«, »Wenn der Sommer nicht mehr weit ist«, »Wer nicht genießt, ist ungenießbar«, »Zwischenräume«, »Der alte Kaiser«, »Frieden im Land« ...

Selbstredend sang Konstantin auf Deutsch, wobei er hoffte, seine Musik, die sowohl Brecht-Weillsche Klänge als auch italienische Opernmelodien assoziierte, würde genügen, das fremdsprachige Publikum in Bann zu halten. Die anrührende Musik sollte zudem der Ausstrahlung des Deutschen, die für italienische Ohren in Härte und Unzugänglichkeit besteht, die Waage halten. Das Englische dagegen, wenn es gesungen daherkommt, lieben die Italiener, sie singen es mit und schmelzen es ein, bis es weich und italienisch klingt. *Non è orecchiabile, la vostra lingua* (»Eure Sprache ist nicht sangbar«), behaupteten sie gnadenlos.

Wir beschlossen, zwischen den Liedern Erläuterungen auf Italienisch einzuschieben. Der richtige Mann, diese Konferenzen vorzutragen, war nach allgemeinem Urteil ich. Also trat ich nach dem Applaus, der Konstantins Liedern folgte und von zwanzig Händepaaren ungewohnt dünn klang, ans Mikrophon und sprach meine vorbereiteten Texte auf Italienisch. Sie betrafen die Inhalte der Lieder, ich hatte sie mit Konstantin zusammen formuliert und selbst übersetzt. Grammatik, Aussprache, Wortschatz – auch meine Texte waren nicht sonderlich *orecchiabile*. Trotzdem bekam auch ich Beifall, da die neuen Freunde wussten, was sich gehörte.

Beim nächsten Konzert in Italien, ein Jahr später im Chalet von Ambra, waren wir schlauer. Ich brach mit der Tradition des Conferenciers und übersetzte Konstantins Liedtexte ins Italienische. Freilich als Rohübersetzungen, die Maestro Sergio, der geistig ungemein rührige Dorflehrer, erst noch in gutes Italienisch gießen musste. »Manchmal weine ich sehr« (*A volte piango, sai*) war eines der Lieder, die Konstantin auf Italienisch sang, und es rührte viele der Dorfbewohner, die zahlreich ins Chalet geströmt waren, zu Tränen. Auch »Genug ist nicht genug« gab es in der Landessprache: *Il più non basta mai*. Sergio saß glühend vor Stolz in der ersten Reihe, sein Mund formte die Worte mit.

Im Sommer 1981 nahm Konstantin mit dem »Team Musikon« die zweite LP im neuen Studio auf: »Das macht mir Mut«. Jetzt waren die idealen Rahmenbedingungen gegeben, die bei der Aufnahme der »Liebesflug«, als die Dezemberkälte vor der Studiotür lauerte, gefehlt hatten: »In der Pause gehst du auf die Wiese vors Studio und schaust in die toskanische Landschaft. Was meinst du, was dir da für Ideen kommen ...«

So hatte Konstantin vor zwei Jahren geschwärmt, als er das Studio Rimortini erstmals erträumte, und so war es geworden. Fast so, denn statt der Wiese lag noch Bauschutt und oben im Wohngeschoss regierten immer noch die Handwerker. Folglich wurden die Tonaufnahmen, um keinen Baulärm aufs Band zu kriegen, auf die Nachtstunden und das Wochenende gelegt. Später, als die Wohnung fertig war, vernahm man dafür leise, aber deutlich Carlines Stöckelschuhe im Hintergrund manchen Liedes.

Und keinem ist der Arm so lang,
auch nicht der Obrigkeit,
Dass mir ein ehrlicher Gesang
im Halse stecken bleibt.

Wolln mich ein paar auch stumm zur Stund
und mir die Luft verpesten,
ich furz mir meine eigne, und
die ist bestimmt vom Besten.

Härter, extrovertierter als »Liebesflug« war die von ihren Machern kurz »Mut-LP« genannte, trotz der milden Aufnahmebedingungen. Die Texte des Titelsongs, der bösen Ballade »D'Zigeina san kumma« oder der Klage »Ach, du mein schauriges Vaterland« waren wieder so unverblümt wie in Konstantins Anfangszeit, zugleich aber differenzierter, abstrakter, komplizierter. Wenn es noch Opernhaftes in den Melodien gab, schien es umweglos aus dem Theater Brechts,

Weills oder Orffs zu stammen. Die jungen Italiener, die bei den Aufnahmen in Rimortini herumlungerten, nannten das Gehörte ausgesprochen deutsch – vom Sprachlichen ganz abgesehen.

Di che parla la canzone? (»Wovon handelt das Lied?«), fragten sie mich oft. Obwohl sie nichts verstanden, war ihnen klar, dass Konstantin Mächtiges zu sagen hatte. *Della nostra patria orrenda,* antwortete ich mit Hinweis auf »unser schauriges Vaterland«. Während ich von Deutschland sprach, von alten Nazis, von neuen Waffen, von den Notstandsgesetzen, von den hysterischen Maßnahmen gegen Terroristen und solche, die als Terroristen verteufelt wurden, redete ich in ungläubige Mienen. Auch Italien hatte seinen Faschismus gehabt, seine *Brigate Rosse*, in Aldo Moro seinen entführten Spitzenpolitiker. Aber das Land konnte mit einer *Resistenza* aufwarten, die fast flächendeckend gewesen war. Und auch nach Moros Tod hatte hier nie die Linkenhatz, der Kontrollfanatismus, der staatlich verordnete Gegenterror geherrscht wie in Deutschland nach 1977!

Die jungen Italiener wollten nicht behaupten, dass Konstantin übertrieb, wieder verbot es ihnen die Höflichkeit. Doch um Deutschland, das keiner von ihnen kannte, zu rehabilitieren, schwärzten sie, bestimmt über Gebühr, ihr eigenes Vaterland an: Die Mafia und ihre festländischen Spielarten, das Verschwinden der Gelder für die Erdbebenopfer, die tägliche Korruption auf den Ämtern ...

Ich lachte hell hinaus: Solche Missstände hätte ich gern in meinem Land. Korruption auf den Ämtern, zum Schreien komisch. Fast ging ich so weit, mich nach ein bisschen Mafia in Deutschland zu sehnen. Wir überschlugen uns in Komplimenten für das Vaterland des anderen, die wir in die Kritik am eigenen kleideten.

Aber wenn das Band zum Abhören bereit war, hörten wir schweigend zu, die Italiener und auch ich. Ein erhabener, erhebender Moment wollte gefeiert werden: Konstantin hatte ein Stück deutsche Kultur mitten in die italienische Landschaft verpflanzt, und wir, Schwammerl, Winnie, die Musiker des »Team Musikon« und ich, hatten geholfen, dies zu verwirklichen.

Anfang Mai 1982 war ein weiteres Ziel erreicht und wurde festlich begangen: Endlich war das Wohnhaus fertig, Konstantin und Carline konnten einziehen. Alle Handwerker, die jemals einen Nagel in eine Mauer Rimortinis geschlagen oder, häufiger, mit tragender Stimme ein Expertenwort durch die leeren Räume hatten erschallen lassen, alle Geschäftsleute, alle Ladenbesitzer Ambras, unabhängig von ihrer politischen Couleur, waren eingeladen. Wir trauten uns zu, erdenkliche Differenzen auszugleichen und baten, *horribile dictu*, Kommunisten und Christdemokraten zur Einweihungsfeier. Es trat ein, was ich geahnt hatte: Die Kommunisten waren die besseren Menschen, oder wenigstens die netteren.

Das Einweihungsessen misslang uns und unseren sardischen Köchen – ein Faktum, das Ambras Tratsch noch reichlich Nahrung gab. Dafür war das Haus wohlgelungen, Konstantin führte den ganzen Abend lang die Handwerker durch Wohnung und Studio und zeigte ihnen, was sie gebaut hatten. Jeder bewunderte verbal das Werk des anderen und verhielt stumm, doch besonders lange vor dem eigenen. Beppe Migliorini stand und sinnierte. Er sah wohl voraus, dass seine Arbeit noch lange nicht vollendet war.

Konstantin wohnte von da an intensiv in seinem neuen Haus. Tourneen wurden aufgeschoben, die Fans kamen nach Ambra, sehr deutsch aussehende Gestalten saßen, von der Reise gezeichnet, in Rimortini am Wegesrand. Wenn die Zeitungen meldeten, Konstantin Wecker sei nun definitiv nach Italien ausgewandert, so galt das sicher für den Frühling und Sommer 1982. Der Einzugsmonat Mai war, auch klimatisch, besonders geglückt, und Konstantin hat ihn und sein Leben in Italien besungen:

Dass dieser Mai nie ende!
Ach Sonne, wärm uns gründlich!
Wir haben kaum noch Zeit,
die Welt verbittert stündlich.

Dass dieser Mai nie ende
und nie mehr dieses Blühn –
wir sollten uns mal wieder
um uns bemühn

Uns hat die liebe Erde
doch so viel mitgegeben.
Dass diese Welt nie ende,
dass diese Welt nie ende –
nur dafür lasst uns leben!

»WIEDER DAHOAM«

Günter Bauch

1985 war für Konstantin ein Jahr der Trennungen. Er trennte sich gütlich von seiner Frau Carline, die er 1980 geheiratet hatte. Die nominelle Scheidung war erst 1988. Die beiden verstehen sich auch heute noch blendend. Carline stellte keine finanziellen Forderungen und verfolgte Konstantins Werdegang aus sicherer Entfernung. Sie beweist weiterhin ihr künstlerisches Talent, malt und restauriert Bilder, etwa die Gemälde von Konstantins Vater Alexander Wecker.

1985 trennte sich Konstantin auch von seiner Musikgruppe »Team Musikon«. So wie seine musikalischen Ambitionen weiter reichten, wurden auch die Ansprüche an seine Begleitmusiker höher. Für ein, zwei Jahre ging er wieder solo auf Tournee, ohne die vielen Instrumente, die in der letzten Zeit unvermeidlich geworden zu sein schienen. Aber Konstantins Entschlüsse waren immer unverhofft und oft unumkehrbar.

Die Musiker fielen aus allen Wolken. Namentlich nach der Fertigstellung des Studios in Rimortini hatte man allgemein an eine bombenfeste Zementierung des Status Quo gedacht: Man ging zusammen auf Deutschland-Tournee, in der übrigen Zeit traf man sich in der Toskana und nahm Platten auf. Und zwar immer dieselben Leute, Konstantin, der sein Talent, seine Ideen, seine Lieder und Melodien spendete, und seine Musiker, immer dieselben, die ihr Instrument beitrugen. So sollte es bis ins Rentenalter weitergehen. Manche »Team-Musikon«-Streiter der ersten Stunde, Hildi Hadlich, Raymund Huber und Schwammerl, der Toningenieur, hatten sich wie Konstantin Häuser in Ambra zugelegt. Die fünf, sechs Bläser unter der Führung von Toni Matheis, dem Posaunisten, die das erweiterte »Team Musikon« bildeten, hatten ebenfalls fest auf ihn gebaut. Sie wohnten, wenn sie in der Toskana waren, im Palazzo von Palazzuolo und ließen nachts in der düsteren Küche die Sau raus. Darauf wollten sie ungern verzichten.

Konstantin suchte sich eine neue Wohnung in München, verließ die Ainmillerstraße und wohnte mit seiner neuen Freundin Daniela Böhm in der Thierschstraße im Lehel. Meistens traf man ihn aber in seinem Kaffee Giesing an, wo er sich häufig die Nächte um die Ohren schlug. Die Boulevardpresse titelte 1985: »Konstantin Wecker: Frau weg, Haus weg, Stimme weg, Tournee geplatzt.« Das bezog sich auf Carline und das Haus in Italien. Noch am richtigsten, wenngleich vergänglichsten war die Meldung über Konstantins Stimme. Kaum hatte er sie wieder im Griff, titelte er zurück: »Wieder dahoam«.

Zurück in München, bestanden wir, die Freunde und er, auch wieder typische Münchner Abenteuer miteinander. In den Sommermonaten waren Biergärten, Tennisplätze und die geliebte Isar unsere Schauplätze. An einem heißen Sonntag im Juni 1986 trafen wir uns, Konstantin, Christoph Danco und ich, zum Schlauchbootfahren auf der Isar südlich von München. Es war der Tag des WM-Endspiels Deutschland-Argentinien, am Abend wollten wir es uns im Flaucher-Biergarten anschauen, wo, damals neu, eine Riesenleinwand im Freien aufgespannt war. Wir ließen uns von unseren Frauen in Höhe Pupplinger Au fahren und bestiegen das Gummiboot.

Wir hatten vorher noch im letzten erreichbaren Biergarten eine Mass getrunken und waren kurz vorm seligen Entschlummern. Ein anderes Boot, größer und schöner als unseres, legte sich längsseits. Eigentlich störten die drei Männer, aber Konstantin ließ sich nichts anmerken. Als brave Person des öffentlichen Lebens gab er artig Auskunft auf Fragen nach Woher und Wohin, Fragen, deren Informationsgehalt nur gering sein konnte, die aber herausplatzen mussten, so von Boot zu Boot. Während sich die Seemänner entfernten, mühelos, denn ihr Schiff war viel schneller als unseres, hörte ich einen, wahrscheinlich den Kapitän, ehrfürchtig sagen: »So verbringt der Konstantin Wecker seinen Sonntag!« Die Ehrfurcht war nicht ganz frei von Enttäuschung, er hatte sich Konstantins Sonntag wohl doch ein bisschen glamouröser vorgestellt: Hätte es nicht eine Yacht sein sollen anstelle des Schlauchboots, der Starnberger See statt der Isar?

Wir sahen das Endspiel, verloren 2:3 und ärgerten uns. Ein Fernsehteam war im Flaucher und interviewte Konstantin nach dem Schlusspfiff. Er trauerte kurz der entgangenen Siegesfeier nach, war aber gleich wieder der Alte: Fußball sei nicht das Wichtigste im Leben ... Jedenfalls verbrachte er ein paar Minuten seines Sonntags dann doch im Fernsehen, gleichsam standesgemäß, und entschädigte so den enttäuschten Freizeitkapitän.

Die von Konstantin so gepriesene Isar, die von Jugend an sein Lieblingsort war und Modell für seinen Satz stand: »Man muss den Flüssen trauen« – die Isar war logischerweise häufiger Schauplatz unserer Abenteuer. In den 70ern fuhren der noch nicht berühmte Konstantin und wir Freunde, alle wie immer abgebrannt, oft zum Baden an die Floßlände und warteten auf die ankommenden Flöße. Als Konkurrenz gab es dort eine Menge Trinker und Penner, die wie wir den auf den Flößen schwimmenden Bierfässern entgegenhofften. Wir waren jung und brauchten das Bier, also blieben wir nicht an der Floßlände, dem Endpunkt der Fahrt, wo die Flöße zerlegt wurden. Durstig schwammen wir – flussaufwärts – den Flößen entgegen. Wir liefen auch am Ufer entlang, sprangen von den Brücken in die Isar und enterten die Flöße. Die Floßfahrer waren in bester Feierstimmung und luden uns herzlich ein. Für die Alkoholiker an der Endstation blieben nur noch Schlückchen.

Viele Jahre später, 1987, erlebten wir einen steilen Aufstieg und wurden selbst Teilnehmer einer Floßfahrt: Konstantin feierte seinen 40. Geburtstag auf dem Fluss seines Vertrauens. Eine Kapelle und ein riesiges Bierfass waren mit an Bord, die Mädels von der Plattenfirma kreischten vom ersten Flussmeter an. Zwar verschwendete sich die Isar jeden Zentimeter neu, aber es war kühl und regnete: Baden und Hineinhechten waren nun wie einst nicht möglich. Es war meine erste Floßfahrt, zwischendurch fühlte ich mich unwohl und wünschte mich in die Rolle der Bierbettler von früher zurück. Auf halber Strecke, in Schäftlarn, machten wir Halt und kehrten beim Brucknfischer ein. Jetzt tranken wir nicht mehr auf dem Floß, sondern an Land, das war der Unterschied. Abends trafen wir uns zum Aufwärmen im Kaffee Giesing und tranken dort weiter.

Konstantin befreite sich schnell aus dem Korsett namens »Team Musikon«, das ihn anfangs gestützt, später gehemmt hatte. Er widmete sich neuen Leuten und neuen Ländern, neuen Betätigungen und neuen Bestätigungen. Er schrieb die Filmmusik zur »Weißen Rose« von Michael Verhoeven – identisch mit seinem gleichnamigen Lied, mit dem er bis heute den ersten Teil seines Konzerts beendet und das mit den ersten Takten applausfördernd ins Publikum weht. Ein Jahr später, 1983, trug er zu Marianne Rosenbaums »Peppermint Frieden« die Filmmusik bei, zudem spielte er in dem Film mit.

Er sammelte um sich neue Musiker, die echte Profis waren. Wolfgang Dauner, Johannes Faber, Charlie Mariano spielten selbstbewusst in einer eigenen Liga, hatten sich als Jazzmusiker Meriten erworben. Die »Jazzpolizei«, wie Konstantin sie nur halb im Scherz nannte, sah ihm beim Arrangieren auf die Finger – zumindest glaubte er es. Jedenfalls lernte er mit ihnen ganz neue Ausdrucks- und Gestaltungsmöglichkeiten kennen, und es entstand die programmatische LP, zugleich die CD »Wieder dahoam«.

Vielfältig waren seine Soloauftritte: 1985 gab er sein erstes Konzert in der DDR. Die Liedermacherin Barbara Thalheim hatte ihn eingeladen, an den offiziellen Stellen vorbei, er spielte auf der Insel Usedom in der Kirche von Benz. Ehemalige DDR-Bürger, die als Zeitzeugen dabei waren, erinnern sich mit leuchtenden Augen an das singuläre Ereignis. Oft halten sie die altehrwürdige LP »Genug ist nicht genug« der DDR-Firma Amiga in Händen.

Bereits 1983 freundete sich Konstantin mit Mitgliedern der neu gegründeten Partei der Grünen an – durchaus nicht mit allen. Konstantin hatte niemals Ambitionen, einer politischen Partei beizutreten. Er schloss sich damals der Friedensbewegung der Grünen Raupe an, die Herbst 1983 durch die Bundesrepublik tourte. Mit deutschen und internationalen Künstlern wie Udo Lindenberg, André Heller, Gianna Nannini, Harry Belafonte, Hanns Dieter Hüsch, Hannes Wader und Bettina Wegner protestierte er gegen den NATO-Doppelbeschluss und die atomare Aufrüstung überhaupt. Und auch nach der kometenhaften Morgenröte der Grünen hielt er Kontakt mit Petra Kelly und Gert Bastian. Von Petra Kelly stammt ja der Titel – und der ganze Appell – »Mit dem Herzen denken«, den Konstantin kürzlich zum Prosagedicht umgearbeitet hat.

1988 trat er zusammen mit Joan Baez und Mercedes Sosa in der Münchner Olympiahalle vor 10 000 Besuchern auf. Konstantin »zog«, obwohl die Massen selbstredend auch wegen der beiden Sängerinnen kamen, die Konstantin noch heute als »Göttinnen« bezeichnet. Die maximale Zuschauerzahl war aber damit noch nicht erreicht. Im Sommer 1989 gab er zur 200-Jahr-Feier des Englischen Gartens in München ein Konzert vor etwa 150 000 Leuten. Zweimal wurde es wegen gewaltiger Wolkenbrüche abgesagt. Die Leute bewiesen Konstantin ihre Treue und kamen auch beim dritten Mal.

KAFFEE GIESING, MÄNNERWOCHEN

Günter Bauch

1984, gegen Mitte des Jahres, begann Konstantin, der in Rimortini, seinem jüngst erst fertiggestellten Landhaus in der Toskana, noch mit letzten Putzresten zu kämpfen hatte, ein neues Bauprojekt in München. Wie so oft lagen seine ersten vagen Ideen und der Beginn der Verwirklichung zeitlich nah beieinander. Er wollte eine eigene Kneipe, das war das Grundmassiv eines hochfliegenden Plans. »Günter« sagte er in seiner gewohnten, aber immer wieder wirksamen verschwörerischen Art: »Dann haben wir endlich eine Wirtschaft, wo wir immer hingehen können ...« Denn Konstantin war unser Fixstern nicht nur auf beruflichem Gebiet, mit seinen Konzerten und Tourneen, mit seinen Texten und Melodien, mit Arbeitsmöglichkeiten, die er uns Nichtmusikern als Fahrern, Roadies, Tourneebegleitern und Bauhelfern in der Toskana schuf. Auch in seiner Freizeit wollte er immer von Freunden umgeben sein und stellte ein reichhaltiges Unterhaltungsangebot zur Verfügung. Er war Programmdirektor, *magister ludi*, *maître de plaisir*, *impresario* und Zeremonienmeister.

Deutlich wurde dies im Kaffee Giesing ab 1984 und bei den Männerwochen 1989-1993. Eine Bühne sollte beim Kaffee Giesing dazugehören, das Bühnentier in ihm plante mit. Wir besichtigten eine große verwinkelte Lokalität in der Dachauer Straße, die später zum Theater für Kinder wurde, nahmen aber Abstand davon, dort unser Lokal hineinzubauen. Sie erschien doch allzu ramponiert und renovierungsbedürftig. Konstantin entschied sich schließlich für ein jugoslawisches Tanzlokal in Giesing, direkt am Isarhochufer, das gerade frei wurde. Es war keines Umbaus bedürftig, nur vielleicht etwas bieder, er hätte es übernehmen und neu eröffnen können, so wie es war. Doch nun begann ein halbes Jahr Umbau, ganz ähnlich wie 1980 in Rimortini.

Der leitende Baumeister war Theaterarchitekt, und folgerichtig glich das Kaffee Giesing, als es fertig war, einer unfertigen, provisorischen, äußerst reizvollen Theaterkulisse. Wolfgang Dallmanns Prinzip war es, das Innenleben des Bauwerks nicht zu kaschieren, sondern verwandelt sichtbar zu lassen: Augenfällig waren die gipsummantelten Wasserrohre, die Urwaldlianen glichen. Kupfer deckte die lange halbkreisförmige Theke. Kunst und Trick sprangen an allen Ecken hervor: Etwa die mächtige Kaffeemaschine, von einem Adler gekrönt, eine Attrappe, hinter dem sich ein 100-Mark-Maschinchen verbarg. Die ersten Gäste sperrten die Münder auf: So etwas hatten sie noch nie gesehen, es war 1984 in München einzigartig.

Die Bühne, der Hauptgrund für den Kolossalumbau, schien gerade groß genug für normale Musikgruppen. Hinter der Bühne befand sich ein Aufnahmestudio. Es war, nach Eching und Rimortini, inzwischen das dritte. Konstantin, tatkräftig mit ihm sein Freund und Toningenieur Schwammerl, hatten nun langjährige Erfahrung als Tonstudiobauer. Schwammerls Regieplatz war eine Art Mastkorb über dem Eingang, den er, theaterhaft, ja, theatralisch, über eine Strickleiter erklomm. So sah er über die Köpfe der immer zahlreichen »Giesing«-Besucher hinweg zur Bühne.

Und wer alles auftrat: allen voran Konstantins alte Freunde Gerhard Polt, Dieter Hildebrandt und Hanns Dieter Hüsch. Bei der Einweihungsfeier im Herbst 1984 hielt Polt vor ausverkauftem Haus eine Begrüßungsrede in Fantasie-Russisch, aus der immer wieder der slawisch gefärbte Name »Konstantin Wecker« hervorbrach. Obwohl wir natürlich kein Wort verstanden, waren wir total einig mit Polt. Weniger arrivierte Künstler erwarben sich im »Giesing« die ersten Sporen: Sissi Perlinger, Dirk Bach, Blechschaden, die Missfits, Thomas Freitag. Letzterer wurde zum Stammgast und von seinem Platz in der Südkurve nicht mehr wegzudenken.

Obwohl das »Giesing« in den ersten Jahren ständig voll war, verdiente Konstantin viel zu wenig an seinem

Lokal. Häufig war er ja auf Tournee und schon aus diesem Grund keineswegs selbst sein bester Kunde, doch er hätte noch viel mehr Konzerte geben müssen, um das »Giesing« durchzuschleppen. Und auch wenn er da war, hätte er dem Geschäftsführer mitsamt den Kellnern noch viel genauer auf die Finger schauen müssen, um ihre Tricks und Betrügereien zu erkennen. Genaue detailversessene Analyse, detektivische Beobachtung war aber nie Konstantins Sache, viel eher Intuition und Ahnungsvermögen. Zu spät erst erfuhr er von den Machenschaften seiner Angestellten, etwa, dass sie Spirituosen im Großmarkt erstanden und im »Giesing« zu gesalzenen Preisen »ausschenkten«.

Viele Frauen kamen ins »Giesing«, immer kurz vor der Tür überlief mich ein Prickeln der erotischen Erwartung. Denn ich nahm unseren Vorsatz durchaus ernst: Endlich ein Lokal, wo wir immer hingehen konnten. Die Frauen kamen freilich, um den Sänger zu treffen oder wenigstens aus der Nähe zu sehen. Manche klopften schon am Vormittag an die geschlossene Tür. Geduldig richteten sie sich dann in ihren Autos ein, die gleich ums Eck parkten, mit Blick auf den Eingang und warteten ...

Zwischen 1989 und 1993 lud Konstantin seine Freunde zu sogenannten Männerwochen in sein Haus in Italien ein. Zweimal im Jahr, im Frühjahr und im Herbst, trafen wir uns in Rimortini, immer für eine Woche, ausschließlich Männer, daher der Name. Unter den Außenstehenden, Nichteingeladenen und natürlich unter den Partnerinnen der Teilnehmer geisterten von Anfang an die abenteuerlichsten Vorstellungen, was bei diesen Männerwochen getrieben würde. Alle dachten an Sex, Orgien, Ausschweifungen altrömischen Ausmaßes – warum sonst waren Frauen so strikt ausgeschlossen? Gleich beim ersten Mal, an Ostern 1989, waren wir noch gar nicht alle eingetroffen, da prasselten schon die Telefonanrufe auf uns ein. Konstantin saß festgenagelt am Hörer und beruhigte, tröstete, sprach mit Engelszungen, redete mit kranken Pferden, die sich als eifersüchtige

Teilnehmerfreundinnen erwiesen, hielt mit seiner begabten Suada Frauen davon ab, sich umzubringen oder, fast ebenso schlimm, nach Rimortini zu eilen.

Erst in diesen Gesprächen schälte sich heraus, was wir eine Woche lang zu tun planten und was uns selbst noch nicht ganz klar gewesen war: unter uns Männern zu sein, ohne männliche Gockelei, ohne die jedem Mann angeborene Angeberei im Beisein von Frauen, in heilsamer, mönchischer Isolation zu essen, zu trinken, zu spielen, sonst nichts. Mehrfach musste Konstantin schwören, dass wir uns keine Huren ins Haus holen wollten. Endlich schaffte er es, dass die Anruferinnen aufgaben. Das Spiel konnte beginnen.

Zehn Mann hoch bezogen wir einen knapp ausreichenden Tisch im Ristorante Ambra, das wir hartnäckig Hotel Ambra nannten. »Gehen wir ins Hotel essen«, sagten wir stets und trafen uns dann doch im Restaurant. Wir brüllten mächtig durcheinander, jeder musste etwas loswerden, was italienisches Essen betraf, und dämpften uns minimal, als die Kellnerin kam. Konstantin und ich bestellten auf autoritative Art, was geschriene Proteste hervorrief. Aber alle hatten Hunger, und keiner wollte selbst bestellen, riskierend, dass er vielleicht zu leise schrie und gar nichts bekam. Bis zum Servieren der Speisen durfte wieder weidlich geschrien werden. Wir kannten uns alle gut, derbe Frotzeleien flogen über den Tisch. Eine ausgiebige Lockerung der Sitten, eine ins Männlich-Niedere strebende Erweiterung der Gesprächsthemen waren Vorzüge, die wir in den Männerwochen genießen durften.

Ständige Teilnehmer waren außer Konstantin und mir natürlich die Zwillinge Christoph und Michi Danco, die sich kaum wie Brüder ähnelten, doch mit dem gleichen blauen Blick, der zwischen Schalk und Naivität die Mitte hielt, in die Welt schauten. Bei allen Männerwochen dabei waren auch Manfred Berkard und Andreas Zeier, genannt Enzo. Die beiden bildeten ein Gegensatzpaar, Manfred, Konstantins Manager, ganz rechnendes Hirn und gnadenloses Mundwerk, dabei körperlos in dem Sinne, dass von seinem Körper nicht das Geringste verlangt werden durfte, Enzo aber ganz Körper und physische Einsatzbereitschaft.

Enzo stieg in Rimortini aufs Hüttendach, ließ die Muskeln spielen und hechtete in den Pool, der dafür knapp ausreichte. Er tat's, wenn einer nur leise anzweifelte, dass er es schaffte, und tat's noch lieber, wenn Konstantin es ihm *an*schaffte. Bei Konstantins Konzerten fuhr Enzo den Truck und besorgte das Merchandising. Er besaß Aktien, spekulierte sogar damit. In seinen freien Stunden vergrub er sich in die Börsenzeitung, und wir sahen, dass es ihm mit dem Aktienhandel ernst war. Dafür verachteten wir ihn ein bisschen, liebten ihn aber immer dann wieder vollauf, wenn er beim Lied »Vom Herzen« ein großes rotes Herz über die Bühne und dabei selbst nur eine Badehose trug.

Über Manfred, der in späteren Jahren mit Konstantin und mir mit auf Tour fuhr, über seine Streiche, Sprüche, seine immer auch politisch gefärbten Hanswurstiaden gäbe es ein Buch zu schreiben. Bei den Männerwochen kümmerte er sich ums Finanzielle, trieb die Beiträge zur gemeinsamen Kasse ein, verfolgte faule Zahler, hatte den Umrechnungskurs D-Mark-Lire immer im Kopf. An einem kühlen Frühlingstag stand er zehn Minuten im eiskalten Pool von Rimortini, 10 000 Lire in der Hand, zum Zeichen, dass er eine Wette gewinnen wollte. Wir bestaunten ihn erst ehrerbietig, bis einer bemerkte, dass Manfred ja angezogen im Pool stand. Dann sei es ja keine Kunst, grölten wir, Verlachen, Verarschen, Verspotten war ein Muss unter uns Männerwöchnern.

Häufige Gäste waren auch Mario Lehner, Mike Huber und Roly Scheeser von der Münchner Rock-Soul-Gruppe »Zauberberg«. Mario hatte Germanistik studiert und sogar kurze Zeit als Deutschlehrer fungiert. Nicht lange, denn die amerikanische Musik ließ ihn nicht aus ihren Fängen. Er galt als die schwärzeste Stimme Münchens und sang, bis zu seinem verfrühten Tod, dreißig Jahre lang bei »Zauberberg«. Er versuchte sich auch in einer Solo-Karriere und nahm unter Konstantin als Produzenten 1975 die LP »Mario Lehner« auf, eine Platte mit Liedern aus den 20er Jahren, etwa »Mein Papagei frisst keine harten Eier«. Später reüssierte er mit dem Werbesong »Ein schöner Tag«.

Mike Huber spielte Gitarre, wobei böse Zungen behaupteten, vor allen Dingen stimme er sie stundenlang. Mike verwandelte sich auf der Bühne am entschiedensten von allen Zauberberglern. Er war im privaten Umgang ein freundlicher, fast einschmeichelnder Geselle, der mit leiser Stimme Dinge sagte, die man gerne hörte. Sobald er die Gitarre hielt und ein Gläschen intus hatte, stand das Chaos ante portas. Er hopste quer über die Bühne, kein Kronleuchter, kein Mädchen bis zur fünften Reihe war vor ihm sicher. Und um seine zuckenden Lippen hing das gelbe Grinsen der Karamasow ...

Roly Scheeser spielte bei »Zauberberg« die Bongotrommeln, bei der Männerwoche war er Arzt und kommandierender Obertrinker. Mit seiner lauten Stimme und seinen treffenden Kommentaren bekam er, gleich nach Konstantin, die meisten Zuhörer. Und alle waren wir froh, dass wir – nur zur Sicherheit – einen Arzt unter uns hatten.

Von weit her, aus Berlin stieß regelmäßig unser Freund Lupo dazu, Fan seit den 70er Jahren, verlässlicher Stützpunkt, wenn wir in der geteilten Stadt auftraten. Lupo war sehr sportlich, begeisterter Tennisspieler und frühpensionierter Kriminalkommissar. In unserer geheiligten Anarchie vertrat er ein paar Ordnungsprinzipien. Ohne es direkt zu wollen, vielleicht nur aufgrund seiner Gene. Öfters stoppte er unten an der Hauptstraße den Verkehr, wenn wir einbiegen wollten. Wir fanden es gut, dass wir auch einen Kriminaler dabeihatten.

Abends, nach dem Hotel Ambra zurück in Konstantins Haus, kam die Stunde der Gesellschaftsspiele. Natürlich wurden es immer Stunden, und aus gesitteten Kinderspielen, aus Mensch-ärgere-dich-nicht, Monopoly, Tabu, Pantomime ... wilde Wettkämpfe. Vor dem Spiel wurden in endlosen Diskussionen die Regeln neu definiert. Keiner wollte das Spiel so spielen wie allgemein bekannt, jeder schlug Sonderregeln vor, die ihm in den Kram passten. Ich musste immer aus den winzigen Regelheften vorlesen, nicht als großer Vortragskünstler, sondern weil ich das Kleingedruckte noch lesen konnte. Aber keine fünf Worte, schon hörte keiner mehr zu, jeder schrie den anderen nieder, geniale Vorschläge wurden gebrüllt, die Ausnahme von der Regel zur Regel erhoben, die Gesichter glühten, Beleidigungen flogen hin und her. Und dabei liebten wir uns doch alle ... Der Disput wurde wichtiger und zeitraubender als die Spiele selbst. Einmal filmte Mike Huber, einer der gelasseneren Männerwöchner, die ganze Gaudi, und wir schämten uns, als wir uns im Film sahen, unsere Erbitterung, Anspannung, unseren Ehrgeiz, unsere aufgerissenen Augen und Münder.

Bei einigen Männerwochen dabei war auch der einzigartige Peter Kaulen. Seine Bewunderung Konstantins war grenzenlos, sein Talent, ihn nachzuahmen, selbst unnachahmlich. Logisch, dass er genau dasselbe trug wie sein Idol, hellblaue Jeans, hellblaues Jeanshemd. In der Bühnenkulisse saß er rechts, face to face zum Stanzl und fixierte es während des ganzen Konzertes mit verliebtem Blick. Im Hotel Dolder in Zürich setzte er sich an den Flügel im Foyer und sang Weckerlieder. Es traf sich gut, dass etliche Fans vom Konzert im Volkshaus mitgekommen waren und Konstantin sich zurückgezogen hatte. Peter konnte so gut singen und Klavier spielen, dass es unter den Zuhörern zu nachahmerischer Bewunderung reichte.

Peter ließ bei solchen Gelegenheiten sanft lächelnd einfließen, dass er Konstantins Manager sei. Dass ich mithörte und den Fans die Wahrheit erzählen könnte, kümmerte ihn keine Sekunde lang. Auch nachmittags in der Halle, beim Soundcheck, wenn Konstantin noch nicht da war, gab er sich diskret raunend als Manager aus. Er informierte das Personal über Details hinsichtlich der Garderobenanordnung und Cateringbestückung, aber lang nicht so herrisch wie später der echte Manager Manfred Berkard, sondern sanft und leise. Am Abend erfuhren wir stets von seinem Rollenspiel, doch Peter lächelte jeden Vorwurf hinweg. Er verflüchtigte ihn durch bloße kriecherische Freundlichkeit. Spätestens, wenn er in nachgemachtem Bayerisch »Ach, mein Stanzl« seufzte, schmolzen Stanzl und alle anderen dahin. Unvergesslich seine Ansage beim Tennisdoppel zu Konstantin, seinem natürlichen Partner: »Stanzl, wenn du einen Ball nicht kriegst, sag es mir eine Zehntelsekunde vorher: Ich renne für dich.«

Seine Imitatio kannte keine Grenzen: Er bekam zur gleichen Zeit ein Kind – zu den vielen, die er schon hatte – wie Konstantin sein erstes. Er wurde gleichzeitig wie Konstantin wegen Kokainbesitzes verhaftet und saß ähnlich lange ein. Das war keine aktive Nachahmung mehr, das passierte Peter tatsächlich. So offen war er für alles, was mit seinem Liebling geschah. Übrigens hatte er eine dicke, freundliche Frau, auf die er sanft lächelnd eifersüchtig war. Vielleicht war die Eifersucht nur gespielt. Kürzlich ist Peter Kaulen gestorben, es trifft so viele Männerwöchner. Konstantin seinerseits wird sich hüten, irgendetwas von Peter Kaulen nachzuahmen ...

Die Neugier der Frauen, aber auch der nicht zugelassenen Männer begleitete uns während all der Männerwochen, die wir zwischen 1989 und 1993 abhielten. Sie quetschten uns aus, was wir denn da so trieben, und bohrten nach, wenn wir ehrlich antworteten. Unsere Harmlosigkeit wurde uns einfach nicht geglaubt. Wenn wir lautstark von unseren Männerwochen schwärmten, wenn wir uns Gags und Höhepunkte schallend in Erinnerung riefen, standen sie neidvoll beiseite. Sie witterten spannende, verbotene, mit gutem Grund verschwiegene Abenteuer statt unserer Banalitäten. Und tatsächlich waren unsere Genüsse erzählerisch auch gar nicht zu vermitteln. Wer nicht dabei war, kann's nicht nachvollziehen, sagten wir und dankten für das Gespräch.

Die Männerwochen waren tagelange Erweiterungen der stundenlangen Festabende im Kaffee Giesing. Die Themen hier wie dort: Spiel, Sport, Genuss, Essen, Trinken ... Die Männerwöchner rekrutierten sich zum Teil aus den Stammgästen von Konstantins Lokal, vor der Abreise trafen wir uns im »Giesing«, ein festes Ritual.

Meist, aber nicht immer, fanden die Männerwochen in Konstantins Haus in Italien statt. Im Frühjahr 1991 flogen wir nach Gomera und säten, so gut wir konnten, Wahnsinn über die Insel. Im Sommer 1993 wagten wir die Männer-Radlwoche. Zusammen mit einem Begleitfahrzeug, in das alle Fahrräder, aber nicht alle Männer passten, fuhren wir durchs Salzachtal in Tirol. Radlexperten hatten die dortige Route als brettleben bzw. so eben ausgegeben, wie es sich mit der Alpenlandschaft vertrug. Manfred befehligte den Bus, weil er nicht Rad fahren konnte (Auto fahren allerdings auch kaum). Meist zelteten wir, eine Heldentat nach einem Tag im Sattel. Natürlich tranken wir weidlich, verkrümmt und verkatert stiegen wir morgens aufs Rad. Manfred und ein Platz im Begleitbus wurden immer begehrter. Als das Wetter nicht mehr mitspielte, brachen wir die Radlwoche jäh ab.

Es war die letzte, von da an feierten wir wieder stundenweise im Kaffee Giesing.

LAUTES GLÜCK UND FEINE GESELLSCHAFT

Roland Rottenfußer

Es war Sommer '91. Die ersten frühabendlichen Schatten machten einen hitzegesättigten Tag erträglicher und kühlten den Schweiß auf unserem Rücken. Die Büsche und Teiche des Münchner Westparks waren in ein warmes Licht getaucht, und der buddhistische Tempel glänzte gold und orange in der späten Sonne. Grillen sirrten, und auf der spiegelnden Fläche hinter der Seebühne zogen ein paar Schwäne ihre Kreise. Eine eigenartig aufgewühlte Stimmung machte sich breit in der wartenden Menschenmenge, in die mein Freund Uli und ich uns gemischt hatten. Es herrschte Wecker-Feeling, Wecker-Wetter, und Konstantin Wecker hatte sein Kommen für diesen Abend angesagt. Nur: Wir hatten noch keine Konzertkarten, und die Abendkasse war mit Blick auf die lange Menschenschlange am Absperrgitter eine schwache Hoffnung. Plötzlich kam – wir hatten fast schon aufgegeben – von einem Ordner die Parole: Konstantin Wecker habe erlaubt, dass sich Besucher, die noch keine Karte hatten, auf dem Boden vor den Stufen der amphitheatralisch angeordneten Zuschauerränge niederlassen durften – unmittelbar vor der Bühne. Die Fans strömten wie entfesselt herein, wir ergatterten einen Platz in der ersten Reihe. Viele Wecker-Konzerte – zum Beispiel im Münchner Circus-Krone-Bau – verschwimmen in meinem Gedächtnis zu einem. Dieses werde ich nie vergessen.

Konstantin war mit Wolfgang Dauner gekommen, dem Weltklasse-Pianisten. Ein Duell zweier Klaviere, Vorspiel dessen, was sich in späteren Jahren zwischen Wecker und Jo Barnikel ereignen sollte. »Ich habe lange mit mir gerungen, ob ich mit jemandem auftreten soll, der besser Klavier spielt als ich«, kokettierte der Liedermacher in der Anmoderation. »Mein künstlerisches Gewissen hat über meine Eitelkeit gesiegt.« Ein begeisterter Rezensent schrieb später: »Wolfgang Dauner hat Wecker gewissermaßen musikalisch geadelt, ihn in den Olymp des zeitgenössischen Jazz aufgenommen.« Dauners meisterhaftes Spiel erlaubte es seinem Partner, manchmal mit dem Mikrofon allein vor das Publikum zu treten. Man konnte, während man seinen Hals gefährlich überdehnte, Wecker quasi von unten dabei zuschauen, wie sein Mund Worte und Töne formte, während Schweißtropfen des verehrten Künstlers gefährlich nah neben einem auf das aufgeheizte Pflaster tropften.

Es war ein begeisterndes, nahezu unwirkliches und ganz und gar euphorisches Konzert. Das Programm »handelte« von Sommerlust und Lebensgier, nur wenig beschattet durch milde Neckereien gegen Establishment und Schickeria. Der biophile Hedonismus, der Weckers Texte schon immer beseelte, schien aufs Schönste bestätigt durch die schwellenden Formen der Parklandschaft im Licht der untergehenden Sonne. »Uns hat die liebe Erde doch so viel mitgegeben. Dass diese Welt nie ende: Nur dafür lasst uns leben«, sang er. Ein paar magische Stunden waren das, in denen Zeit, Ort, Künstler und Publikum zu einer großen Lebensfeier verschmolzen. Ein nimmermüder Wecker, dem der Schweiß in Bächen über den Körper lief, sang, schrie, schwärmte, agitierte, liebkoste und schlug sein geduldiges Klavier. Sein Blick funkelte glutäugig und herausfordernd in die Runde ... der Wecker halt, wie man ihn kannte und liebte.

Nur wer genau hinschaute – oder das Geschehen mit dem Wissen späterer Jahre neu durchdachte –, konnte ahnen, dass sich längst ein Schatten über das Sonnenidyll gelegt hatte. Wecker stand schon seit einiger Zeit unter Drogen – Kokain. Sein Gesicht war leicht aufgeschwemmt, unter den Augen dunkle Ränder, die Göttergestalt leicht aus der Form geraten, der Enthusiasmus – wenn man sensibel war – vielleicht ein Stück zu dick aufgetragen, zu »forciert«. Noch hatte er »es« im Griff und entgleiste nicht wie später in manchen Konzerten der Jahre 1994 und 1995. »Da hätt' ma no geh kenna« – an diesen Satz aus dem »Willy« muss ich unwillkürlich denken. Da hätte er noch aufhören können mit dem Koksen, entziehen, rechtzeitig anhalten vor der Wand, auf die sein Leben scheinbar unaufhaltsam zuraste. Wecker war noch Wecker, aber es kostete ihn mehr Mühe als früher und brauchte höhere Dosierungen der Droge, es zu sein: das Kraftpaket, das Energiebündel, das sein Publikum eher überwältige, als zart zu umwerben.

Der Süchtige machte keinen Hehl aus einer Sucht. »Ein paar Kilo Kokain – und der schnöden Welt entfliehen«, bekannte er frech in seinem Lied »Irgendwann«. Wir im Publikum lachten und klatschten. Er ist halt kein Kind von Traurigkeit, der Wecker. Er liebt es prall und ungebändigt und konsumiert von allem ein bisschen mehr. So kannten und liebten wir ihn. Und das mit den »paar Kilo« hielten wir sowieso für eine ironische Zuspitzung. Wir, das Publikum, selbst meist im »Ungefähren« eines weitaus moderateren Lebensstils beheimatet. Wir Voyeure, die mit wohligem Gruseln in Abgründe hinabschauten, die wir uns selbst nicht zu leben trauten. Wir anfeuernden, feixenden Komplizen einer unaufhaltsamen Selbstzerstörung.

Fast unmerklich, zugedeckt vom Wärmeschwall der großen Liederfeier, hatte sich eine Abkühlung in Konstantin Weckers Werk eingeschlichen. Die innigen, die pathosgetränkten, die aufwiegelnden und die poetisch-verrätselten Lieder – das waren alles die älteren. Das neue Songmaterial, entnommen der 1989er-LP »Stilles Glück, trautes Heim« war gut im Sinne gelungenen kabarettistischen Spotts; aber es wehte ein kühler Wind postmoderner Distanz und Selbstdistanz durch das Werk. »Die Platte beschäftigt sich sehr mit der bundesdeutschen Realität«, gab Konstantin in einem Interview jener Zeit zu Protokoll. Speziell war damit »eine wachsende Verspießerung«, »ein neues Biedermeiergefühl« gemeint – die bleierne Kohl-Ära vor der Wiedervereinigung, die die kreativen und rebellischen Impulse der 68er mit Sattheitsversprechen eingeschläfert hatte. Eine Ära, in der brave Bürger sonntags »beim Kaffee voller Hass am Kanapee« saßen, während draußen in der großen Politik Franz Schönhuber formulierte, was viele verstohlen dachten.

»Ironie ist immer irgendwie realitätsbezogen. Nur die Poesie kann völlig aus dem Bauch heraus irgendwohin entfliehen«, erklärte Konstantin. »Stilles Glück«, diese erstaunlich homogene Platte, hätte eigentlich eine poetische und innerliche werden sollen, Arbeitstitel: »Tropenträume«. (Das gleichnamige Lied wurde später auf die »Uferlos-CD« verschoben.) Die Zeitstimmung jedoch wiegelte den Künstler auf, etwas komplett anderes zu wagen. Statt der gewohnten affirmativen Innigkeit gab es auf der neuen Platte Ironie, statt poetischer Mehrdeutigkeit politisch eindeutige Botschaften, statt des Pathos eine Pathos-Parodie – Gestalt geworden im »finalen« Liebeslied »Vom Herzen«. In dem heißt es: »Wer weiß, wenn du mir deines gibst, wie sehr du mich dann mit meinem liebst!« Wie schon auf der »Wieder dahoam-Platte«, wo das Lied »San koane Geign da?« in eine üppig-opernhafte Passage mündete, verleugnet der Künstler in »Vom Herzen«, was ihn früher ausgemacht hatte: das von Verstandeskontrolle ungehemmte, seelenvolle Sich-Verströmen des Puccini-Jüngers.

»Jazz lässt keine Chance zur Larmoyanz«, sagte Konstantin 1990 anlässlich eines Gesprächs über die »Stilles-Glück«-Tournee. Es ist kein Fehler, wenn bei einem sehr vielseitigen Künstler der Tucholsky- über den Trakl-Aspekt vorübergehend obsiegt. Es ist jedoch bemerkenswert im Zusammenhang mit einer die Stimmung künstlich anheizenden, die Seele aber eher erkaltenden Drogensucht. Und es ist auffällig im Kontext einer Zeitstimmung der 80er und frühen 90er, in der sich viele dem Kühl-Abschätzigen und Locker-Spöttelnden verschrieben hatten – mutmaßlich auch, um die eigene Trauer über das Scheitern der großen, mit Herzblut verfolgten politischen Projekte nicht zu schmerzhaft spüren zu müssen. »Die schönen Leute«, »Die feine Gesellschaft am Rande des Abgrunds« oder die Story vom

»Weekend-Runner von München Ost«, der sich am Gardasee breitmacht – das sind hinreißende, milde sozialkritische Spottlieder, die einem Rainhard Fendrich Ehre gemacht hätten; sie verabschieden sich aber auch vom radikalen Subjektivismus, vom Anspruch, die Tiefen des Menschlichen sprachschöpferisch auszuloten.

In vielen seiner Neuschöpfungen war Konstantin eher zu einem Helmut Dietl des Chanson geworden – jenem genialen Filmemacher, zu dessen »Kir Royal« Konstantin eine hinreißend aufdringliche Titelmelodie geschrieben hatte. So waren eben die 80er (deren Nachklang die »Stilles-Glück«-LP noch war): Auf der Premierenfeier zur grandios ironischen Serie wurde Kir Royal getrunken. Die Schickeria gab sich schickeriakritisch und zerlegte ihre eigenen Macken lustvoll und selbstreflexiv. Konstantin Wecker sagte noch 1993 in einem Interview: »Wenn man in München lebt, hat man einfach den Wunsch, auch mal zu der Schickeria zu gehören, über die man in den Zeitungen ständig liest.« Er fügte dann einschränkend hinzu: »Die Faszination lässt aber schnell nach. Irgendwann hat mich alles zu langweilen begonnen.« B- und C-Prominente verloren sich in Liebeleien, deren vorhersehbares Ende nur sehr kurzfristig lebenserschütternd war, und ewige Stenze ließen ihrem »zweiten« eben einen »dritten Frühling« folgen. Leicht weinerlich suhlte man sich alkohol- und drogenumdämmert am Tresen in seinen schwankenden Befindlichkeiten und teilte sie – erwünscht oder unaufgefordert – seinen nächtlichen Zufallsfreunden mit, Suchenden, Verirrten und Versehrten, wie man selbst es war. Ein wenig von dieser Stimmung gibt das melancholische Chanson »Wieder Sperrstund im Kaffee« wieder, mit dem die »Stilles Glück«-LP ausklingt.

Ma hoit si fest am letzten Bier,
da Wecker jammert am Klavier,
der kann hoit a scho nimmer steh,
wieder Sperrstund im Kaffee.

Das Lied gab die Atmosphäre im Etablissement des gescheiterten Kneipenwirts Konstantin Wecker, dem »Kaffee Giesing«, getreulich wieder und krönte die vorübergehende »Dietlisierung« in seinem Schaffen. Konstantin tauchte in diese Milieus ein, aber er verlor sich nie ganz daran. Er hielt Distanz zu deren zynischer Distanziertheit und politisch standpunktloser Nabelschau. Das alte Brennen blitzte gelegentlich unter einem Mantel aus Kälte durch. Es mochte dem Künstler damals schwerfallen, der Menschheit ein neues »Genug ist nicht genug« zu schenken. Wohl aber trug er den Träumen seiner Jugend Rechnung – in der Liedauswahl bei seinen Konzerten vor allem. Ja, Konstantin ließ als Kontrastprogramm sogar das Pathos wieder aufleben – in Filmmusiken aus jener Zeit und in einer ganz besonderen CD-Produktion. In seinem Konzert »Classics« im Münchner Gasteig ließ er unter anderem das kammermusikalische Vorspiel zu »Ich liebe diese Hure« mit großem Orchester wieder aufleben. Daraus entstand im Jahr der Dauner-Konzerte eine sehr hörenswerte Aufnahme.

Wecker war nie absoluter Mainstream, aber er stand diesem nie näher als in der Phase vor und während der Wiedervereinigung. Die Filmmusiken zu »Die Weiße Rose« und »Kir Royal« und einige Auftritte als Schauspieler hatten ihn mit illustren Kreisen in Verbindung gebracht. Berühmte Nasen gingen in seinem Kaffee Giesing ein und aus, benutzten dieses als ihr zweites Wohnzimmer. Auch international wurde das Talent Weckers anerkannt. Die »Three Voices-Tournee« 1988 mit Joan Baez und Mercedes Sosa verschaffte dem Künstler Anschluss an die alternative Welt-Kulturelite. Nie war der Autor von »Endlich wieder unten« so weit oben gewesen, was die öffentliche Beachtung betraf. Dabei ging er nie unter sein Niveau und bespielte geschickt die schmale Schnittmenge aus »links«, »anspruchsvoll« und »prominent«.

Politische Standpunktlosigkeit verbot sich für ihn, doch ließ es Konstantin geschehen, dass sich die sogenannte Toskana-Fraktion der damals noch nicht gänzlich neoliberalisierten SPD nur allzu gern mit ihm zeigte. Das Handtuch zwischen der SPD-Führung und dem linken Liedermacher war noch nicht zerschnitten. Politikentwürfe links von Engholm und Lafontaine waren durch den SED-Terror bis auf weiteres diskreditiert, und die junge SPD-Riege – im Verein mit einer damals noch leidlich echten Grünen Partei – ließ Rebellenhoffnungen auf einen Machtwechsel sprießen. Konstantin Wecker trat im Regionalwahlkampf für Otto Schily auf und pflegte öffentlichkeitswirksam seine Freundschaft zu Rudolf Scharping. Noch 1995, anlässlich von dessen Wahl zum Parteivorsitzenden, sollte er den Freund loben, dem er erstmals 1991 in der Toskana begegnet war: als guten Zuhörer, von dem ihn lediglich einige politische Ansichten – zum Beispiel in der Asylfrage – unterschieden. »Ich werde nicht zum Parteisänger mutieren und er nicht zum Anarchisten. Aber wir werden uns sicher noch oft die eine oder andere Flasche Wein schmecken lassen«, sagte Wecker wägend. Der Kuschelkurs endete später mit der Ära Schröder, in der Rudolf Scharping zum ersten wirklichen Kriegsminister der Nachkriegszeit avancierte.

Konstantin Weckers Mainstream-Abstecher gipfelte in der Filmmusik zu Dietls »Schtonk« – der meistbeachteten Filmkomödie des Jahrs 1992. Die geniale Posse um den wahren Fall der im »Stern« veröffentlichten gefälschten Hitlertagebücher begründete Veronica Ferres Starruhm. Götz George ernuschelte sich etwas Abstand vom rabaukenhaften »Schimanski«-Image. Und auch Harald Juhnke war dabei, Konstantins Bruder in der Sucht, der sich ganz legal frühzeitig ins Grab soff, während der robustere Wecker illegale Drogen genommen hatte – und überlebte. Konstantin Wecker schrieb dazu eine hinreißende Komödienmusik. Wie schon auf »Stilles Glück, trautes Heim« war es eigentlich uneigentliche Musik, gleichsam in Anführungszeichen komponiert. Wecker, angestachelt durch Dietls Wunsch, »lustige Musik« im Film zu haben, parodierte verschiedene

Stilregister, die sich durch gelinde Verfremdung als komödiantisch verwertbar erwiesen. Die Musettewalzer-Parodie, die Tango-Parodie, die Parodie auf Wagners Walkürenritt – bestens geeignet, um aufgeblasenes nationales Pathos der verspäteten Hitler-Jünger zu karikieren.

Wecker, das musikalische Chamäleon, der sich selbst bis zur Nicht-Wiedererkennbarkeit hinter Stil-Parodien verbirgt – dieses Verfahren sollte dem späteren Musicalkomponisten zum Beispiel in »Ludwig^2« noch nützlich sein. Während andere Liedermacher bis zur künstlerischen Stagnation immer »sie selbst« waren, wilderte Wecker in fremdem musikalischem Terrain und scheute vor dem Beinahe-Plagiat – freundlicher: dem »musikalischen Zitat« – nicht zurück. Eigentlich war es musikalische Mimikry – eine Fähigkeit, die umso erstaunlicher anmutet, als sie zum Talent Weckers, Eigenes zu schaffen, dazuaddiert werden muss. Das funktionierte bei »Schtonk« prächtig und hievte den zuvor auf vermeintliche »Kleinkunst« abonnierten Szene-Künstler auf die große Bühne nationalen Filmschaffens. In der Filmmusik zu Peter Timms »Ein Mann für jede Tonart« setzte der Komponist noch eins drauf, schuf für Filmszenen mit Katja Riemann täuschend echte Parodien einer klassischen (Mozart) und einer »modernen« Oper. Und quasi im selben Atemzug das Kitsch-Weihnachtslied »Halleluja« – interpretiert von keinem Geringeren (oder keinem Schlimmeren) als Heino. Das war postmoderne Beliebigkeit, in der mancher Purist wohl ästhetischen Klassenverrat gesehen haben mochte.

Die Tournee zu »Stilles Gück und trautes Heim« gehörte zum Aufwändigsten und Professionellsten, das der Künstler je auf die Beine gestellt hatte. Wecker trennte sich anlässlich der Mammut-Konzertreise sogar von seinem langjährigen Veranstalter Fritz Rau, dem er die allzu kommerzielle »Elefantenhochzeit« mit Mama Concerts vorwarf. Eine der tiefsten Ängste Konstantins bestand darin, er könne mit Michael Jackson auf ein- und demselben Plakat erscheinen. Der Erfolg gab Weckers riskanter Entscheidung, die Tournee in Eigenregie zu organisieren, Recht. »Die Band« – das war eine bagatellisierende Bezeichnung für eine Ansammlung ausgereifter Künstlerpersönlichkeiten wie Wolfgang Dauner, Charlie Mariano, Johannes Faber, Stephan Diez, Wolfgang Haffner, Norbert Meyer und Mario Lehner. »Jazzer der europäischen Spitzenklasse«, lobte der Bandleader. Die ließen sich natürlich nicht so leicht zähmen und ordneten sich dem Weckerschen Œuvre nicht bedingungslos unter. Die Folge waren mehr instrumentale Intermezzi und Improvisation, weniger konzentriertes Kunstlied. Ein Kritiker monierte aber, dass »schöne Jazz- und Bluesansätze« den Text, der Weckers Konzerte bisher geprägt hatte, »bisweilen in die Ecke gestellt« habe. Das Publikum in über 50 Städten war jedoch begeistert, unter anderem in Ostberlin, wo Konstantin und die Seinen im Februar des aufgeheizten Wendejahrs 1990 aufspielten.

Nicht wenige meinten damals, Konstantin Wecker sei noch nie so gut gewesen. Andere fanden in dieser fruchtbaren Schaffensperiode ein Haar in der Suppe und bemängelten, dass der Künstler seine große, weit ausgreifende mystische Seele in jener Epoche zu sehr hinter der Attitüde des Spötters versteckte. Wie Nietzsche nach Beendigung seines »Zarathustra« schien Konstantin die bejahende, die affirmative Phase seines Schaffens hinter sich gelassen zu haben. Es blieb die Dekonstruktion des Kritisierens- und Verspottenswerten. Tolle Lieder noch immer, gemessen am sie umgebenden Mittelmaß. Zusammen mit anderen Wecker-Fans fragte ich mich allerdings damals, ob – wie bei Franz Xaver Kroetz – das Weckersche Frühwerk sein Spätwerk wohl für immer überragen würde, ob es eine wirklich große Wecker-CD noch einmal geben würde. Das war zwei Jahre vor »Uferlos«.

»KEIN RECHTES HERZ FÜR'S VATERLAND«

Roland Rottenfußer

Ein wenig unernst wirkte die ganze LP »Stilles und Glück, rautes Heim« schon. Mit Ausnahme eines Liedes: »Sturmbannführer Meier«. Das enthielt zwar auch ironische Untertöne, jedoch war das Thema bitter ernst. Ein Morgenluft witternder Altnazi visionierte das Kommen einer neuen Zeit, in der der völkische Geist wieder Oberwasser haben würde. Mit Blick auf das, was wenige Jahre nach Veröffentlichung des Liedes geschehen sollte, erscheint das Werk geradezu prophetisch:

> »[...] da hat man sich vierzig Jahre lang
> verstecken müssen und schweigen,
> doch jetzt geht's wieder los.
> Jetzt werden wir's denen
> mal wieder so richtig zeigen!«

Im Hintergrund stand noch der Schock, dass ein Rechtspopulismus oberhalb der 5-Prozent-Hürde in Deutschland nach 1945 wieder möglich sein konnte. Franz Schönhuber, ein ehemaliger Fernsehmoderator und Autor der fragwürdigen Autobiographie »Ich war dabei«, war ein früher Vorläufer der heute populären Rechtsausleger Thilo Sarrazin und Frauke Petry. Damals noch bekamen der bundesdeutsche Politikbetrieb und der Zeitgeist die Kurve. Nach dem Ausscheiden Schönhubers im Jahr 1990 verschwanden die Republikaner in der Bedeutungslosigkeit. Wecker allerdings zeigte sich schockiert, »wie sehr Menschen auf hohle Sprüche reinfallen. Das hätte ich wirklich nicht mehr gedacht«. Sehr hellsichtig analysierte der Liedermacher, dass das Biedermeier »durch seine Verlogenheit ein Nährboden für gefährliche politische Verhältnisse sein« könne.

So weit dachte damals noch kaum einer. Es war eigentlich eine heitere, eine hoffnungsfrohe, ja, begeisternde Zeit, in die die »Stilles Glück«-Konzerte Konstantin Weckers fielen. Fast jeden Tag konnten sich Fernsehzuschauer 1989, 1990 und 1991 über jene guten Nachrichten freuen, die sonst in den Medien gänzlich im Schatten der gängigen Katastrophenberichterstattung stehen. Das marode System der DDR brach zusammen, die Mauer öffnete sich im November '89, und eine kreative Protestbewegung fand sich plötzlich im Zentrum des Weltgeschehens wieder. Etablierte Politiker schienen in jener Epoche des rasanten Wandels den Ereignissen eher zu folgen, als dass sie diese gestalten konnten. Jedoch absorbierte das System der alten Bundesrepublik alles, was in Wendezeiten neu und aufregend gewesen war, binnen weniger Jahre bis zur Unkenntlichkeit. Statt eines dritten Weges erfolgte de facto ein Anschluss, und Zweifel – so es sie gab – verstummten im Taumel ergriffener »Helmut«-Rufe.

Nur noch Günter Grass mahnte ungnädig an Auschwitz, und Wolfgang Niedecken stänkerte in »Mir sin widder wer« gegen die neue deutsche Nationaltümelei: »Deutsch-besoffen vor Glück, und es gibt kein Zurück«. Oskar Lafontaine, dem der paneuropäische Weingenuss im deutsch-französischen Grenzgebiet näher stand als die Einverleibung der Gebiete an Oder und Neiße, verlor die Kanzlerwahl 1990 haushoch gegen den Platzhirsch Helmut Kohl, der so behäbig wie listig auf der Klaviatur deutsch-deutscher Befindlichkeiten spielte. »Stilles Glück, trautes Heim«, nach Angabe des Künstlers ein »Psychogramm dieser momentanen Bundesrepublik«, wirkte da schon fast wie aus einer anderen Zeit, einer präheroischen Epoche der Stagnation, in der die Macken einiger Schickis und der Rückzug in Heim und Herd das Aufregendste waren, über das sich ein kritischer Liedermacher entrüsten konnte.

Zum überschaubaren Chor der Skeptiker gesellte sich auch Konstantin Wecker. Er fremdelte beträchtlich damit, dass man plötzlich wieder von Deutschland begeistert sein musste. »Vor ein paar Jahren wäre das Wort Wiedervereinigung für jeden Linken oder Intellektuellen ein Horror gewesen, und plötzlich ist das Wort in aller Munde«, beklagte er sich. Allem Nationalen abhold und unverbesserlicher Sozialromantiker, fühlte sich Konstantin Wecker plötzlich vom Zeitgeist abgehängt, ein Oskar Lafontaine des gesungenen Wortes. »Ich bin kein begeisterter Wiedervereiniger«, bekannte er in einem Interview. Und bei anderer Gelegenheit, im Februar 1990, sogar: »Ich war immer ein Gegner der Wiedervereinigung.« Diese werde, so Wecker damals, »hoffentlich sowieso nicht kommen, das wäre eine Katastrophe«.

Dabei konnte Wecker glaubwürdig versichern, sich bei den Machthabern »drüben« nie angebiedert zu haben, mochte es auch ein paar ideologische Schnittmengen gegeben haben. Fünf Jahre vor der Wiedervereinigung, 1985, war Konstantin schon einmal in der DDR aufgetreten – damals auf Einladung eines Pfarrers. »Die SED wollte nicht so gern, dass ich drüben spiele«, erzählt er. Nicht jedoch wegen seiner Kritik an der bundesrepublikanischen Wirklichkeit – die lag ja ganz auf Parteilinie – vielmehr störten »meine anarchistischen Lieder«. Konstantins lebenspralles Italien-Gedicht »Eine ganze Menge Leben« habe bei den im spröden Nordostdeutschland Eingemauerten einen Nerv getroffen, ein verschüttetes Lustverlangen in ihnen geweckt. Nein, der Autor des Satzes »Keine Parolen, schenk lieber noch mal ein« war zu bunt und vital, um den Phrasen der grauen Herren aus dem Politbüro der SED zu erliegen; er war aber auch zu freiheitsliebend, um neoliberal mit den Wölfen zu heulen.

Konstantin Wecker beklagt in vielen Statements der Wende-Zeit, dass der Kapitalismus ausschließlich mit Freiheit gleichgesetzt werde, man seine »Auswüchse und Schandtaten« jedoch totschwig. Man habe versuchen müssen, die Werte, die dem Sozialismus zugrunde lagen, in die neue Zeit hinüberzuretten. Wecker räumt gern ein, anlässlich der Maueröffnung »nur Freude« empfunden zu haben. Er bleibt sich jedoch in einer Hinsicht ganz treu: »Was mir überhaupt nicht gefällt, ist diese Deutschtümelei. Ich bin nun mal kein Nationalist, und ich halte Nationalismus für einen ganz gefährlichen Unfug.« Der Liedermacher beklagte, die Wiedervereinigung sei für seinen Geschmack viel zu schnell vonstattengegangen, ohne dass ernstlich um einen gemeinsamen Weg abseits der bloßen Osterweiterung Kohlscher Behäbigkeit gerungen wurde. Als Künstler räumte Konstantin ein, könne er den Lauf der Geschichte nicht aufhalten, aber »da wenigstens noch einen Stachel reinsetzen.«

Tatsächlich gelang Konstantin Wecker 1990 ein Lied-Schnellschuss, der seine Zerrissenheit und sein Schwanken gut zum Ausdruck brachte. In »Prost Deutschland« bekennt Wecker anfangs unverhohlen seine Ratlosigkeit: »Als könnte man stets überall / eindeutig Position beziehn, / ich bin verwirrt in diesem Fall.« Er gibt an, ihm fehle »das rechte Herz fürs Vaterland« (ein durchaus zweideutiger Ausdruck) und kokettiert mit einem Image, das ihm Zeitgeist-Konforme in den Wende-Jahren tatsächlich verpasst hatten:

> *Vielleicht bin ich ein alter Sack,*
> *der noch von achtundsechzig träumt,*
> *von Bier und Beifall aufgeschwemmt,*
> *schon lang den letzten Zug versäumt.*

Noch nicht in all seinen Auswirkungen übersehbar war damals der Siegeszug der Wende-Profiteure, mit dem das groß angelegte neoliberale Projekt in seine heiße Phase trat:

> *Jetzt rasen sie zum Ausverkauf,*
> *die Wucherer und Makler und*
> *das ganze Leichenschänderpack,*
> *und tun sich groß und geben kund*

> *und grölen von der alten Mär,*
> *vom Wunder, das zu guter Letzt*
> *nur ihnen hilft, und übrig bleibt*
> *ein Volk: verraten, aufgehetzt.*

Konstantin Wecker würdigt die Prostestkultur der Vor-Wende-Zeit, beklagt jedoch deren Vereinnahmung durch das System.

> *Wer hat das alles eingeheimst?*
> *In welchen Schlund fiel diese Zeit,*
> *fiel dieser viel zu kurze Herbst*
> *der Wärme und der Einigkeit?*
>
> *Was war das doch für ein Triumph,*
> *als Mauern bröckelten zu Sand,*
> *da hatte ich für kurze Zeit*
> *ein Herz für dieses Vaterland.*

Als Schnell-Diagnose der Geschehnisse um 1989 war das Lied beachtlich. Es wäre sicher auch mehr beachtet worden, wären derartige Positionen nicht seinerzeit mega-out gewesen. »Liebenswert unzeitgemäß« war noch eine der freundlicheren Bezeichnungen, die Journalisten für den Alt-Bedenkenträger fanden. Vorgetragen wurde das Lied erstmals im »Scheibenwischer« im Oktober 1990, zwölf Tage nach der Wiedervereinigung. Ebenfalls in Dieter Hildebrandts Kabarettsendung erklang zwei Jahre später die »Ballade von Antonio Amadeu Kiowa, auch bekannt als »Willy 2«. Darin präzisierte Wecker seine Kritik an der ökonomischen Abzocke, die sich in den Wendejahren im Windschatten des nationalen Taumels vollzogen hatte:

> *Aber man hat halt wieder alles falsch gemacht,*
> *was falsch zu machen war. Unsere Flottmänner*
> *haben in Windeseile die DDR aufgekauft,*

wildgewordene Versicherungsvertreter sind wie die biblische Heuschreckenplage über das Land hergefallen, und unsere Politiker, diese mutierten Gebrauchtwagenhändler, haben es wieder fallenlassen. Und drüben will sich jetzt keiner mehr daran erinnern, wie begeistert sie dem Kohl zugejubelt haben, weil er ihnen wunderschöne Videorecorder versprochen hat.

Und jetzt: Arbeitslosigkeit und eine große Leere im Herzen. […]

Das Lied und der Auftritt beendeten eine Phase relativer politischer Abstinenz Weckers, innerhalb derer »Sturmbannführer Meier« und »Prost Deutschland« eher Ausnahmen darstellten. In der »Amadeu«-Ballade blickte der Künstler freimütig auf die Jahre davor zurück: »Ehrlich gsagt, i hab koa rechte Lust mehr ghabt, mich um die Politik zu kümmern. Ma braucht a immer wieder seine Auszeiten, wo ma sich um sich selber kümmern muss, wo ma einfach uferlos vor sich hin leben will.« Was genau meinte Wecker mit »sich um sich selber kümmern«? Und was musste man sich unter dem damals wenig gebräuchlichen Wort »uferlos« vorstellen?

»UFERLOS« UND DER SOG DES ABGRUNDS

Roland Rottenfußer

»Uferlos« ist für Konstantin Wecker eigentlich das Wort seines Lebens. Es sollte einem Buch, einem Lied, einer CD und einer Tournee den Titel geben. »Uferlos« meint einerseits ungefähr dasselbe wie Konstantins populärer Slogan »Genug ist nicht genug«, den er einem Gedicht von Conrad Ferdinand Meyer entlehnt hatte. Nicht genug Wein, nicht genug Drogen, nicht genug Frauen, nicht genug Erfahrungen aller Art. Oder – wie der Künstler im Interview mit der »Kleinen Zeitung« 1992 sagte: »Ich will einfach so viel reinpacken in mein Leben wie nur irgend möglich.« In einem »höheren« Sinn steckt dahinter auch die romantische, ja, rauschhaft-spirituelle Sehnsucht nach dem Grenzenlosen. Novalis, der große Frühromantiker, schrieb: »Indem ich (...) dem Endlichen einen unendlichen Schein gebe, so romantisiere ich.« Man kann dem vielsagenden Wort »Uferlos« sogar noch einen politischen Sinn geben, indem man Weckers Wunsch anführt, der reißende Strom des Selbstausdrucks möge endlich über die einengenden Ufer der Sozialisation treten. Von Bertolt Brecht stammt der Aphorismus: »Der reißende Fluss wird gewalttätig genannt. Aber das Flussbett, das ihn einengt, nennt keiner gewalttätig.«

Sogar »moralisch« trat der Fluss des Weckerschen Lebens beträchtlich über die Ufer – zumindest, wenn man die herkömmlichen Regeln der Wohlanständigkeit zum Maßstab nimmt: »redlich, reif und situiert«. Wecker sollte sich im Eröffnungslied seiner »Uferlos«-CD einmal mehr schonungslos selbst entblößen. Der schmissige Deutschrock-Titel bescheinigte seinem Sänger, er habe »... sicherlich kein allzu edles Leben« gelebt. »Hab mir sicher oft zu viel gegeben, aber immerhin... immerhin: uferlos!« An anderer Stelle, im Interview, bekannte Wecker mit nicht zu überbietender Freimütigkeit: »Es gibt Momente, da ist mir die Moral scheißegal.« Der beeindruckendste Satz aus dem Uferlos-Lied jedoch jagt maßvolleren Naturen geradezu einen Schauer über den Rücken, weil die ganze Tragik und Größe der Weckerschen Existenz darin enthalten ist: »Um alles zu erfahren, beschloss ich, vor der Hölle nicht zu fliehen.«

»Um alles zu erfahren« – die Langfassung dieses Lebensmottos hatte Konstantin ein paar Monate vor Veröffentlichung seiner CD im gleichnamigen Buch ausgebreitet: »Uferlos – ein Roman«. Das Werk entstand während eines drogenfreien Intermezzos auf La Palma, scheinbar im Rückblick auf eine überwundene Drogensucht. Wie in »Christiane F. – Wir Kinder vom Bahnhof Zoo« spricht da ein Geläuterter über sein vergangenes Ich, über dessen Absturz und Wiederauferstehung. »Uferlos«, so betonte der frisch gebackene Romanschriftsteller, handelt nicht von der Zeit unmittelbar bevor das Buch entstanden war. Es zeichnet vielmehr in verdichteter, nur unzureichend getarnter Form die Lebensgeschichte ihres Autors während der Zeit unmittelbar nach seinem Durchbruch mit »Willy« auf. Damals hatten die Schwierigkeiten, mit dem Ruhm und plötzlichen Geldzufluss zurechtzukommen, den jungen Künstler in Versuchung geführt. Ungefähr geht es also um die Zeit von 1979 bis 1981, als der Umzug in die Toskana erfolgte. Wir erfahren von der ersten Begegnung des Protagonisten mit Kokain über Sucht, Verfall, gescheiterten Entzug und erneutes Abrutschen in die Sucht bis zur vorläufigen Heilung. Nebenher lesen wir einiges über verschiedene Affären des Protagonisten, über Freundschaften, Berührungen mit Milieus, die eher im Randbereich der Gesellschaft angesiedelt sind, über Typen und Originale aus der »Szene«, schließlich auch über eine große Liebe und deren Scheitern, konkret über Weckers erste Ehefrau Carline Seiser.

Diese innere Bewegung – Wecker hat sie »Sterben und Wiederauferstehen« oder auch »Kranken und Genesen« genannt – hatte sich in seinem Leben jedoch nicht nur einmal, sondern mehrfach in Varianten vollzogen. Wer sie einmal in all ihren Schattierungen studiert hat (zum Beispiel anhand des Buches »Uferlos«), kann sich auch von den anderen Abstürzen des Künstlers ein Bild machen. So war speziell die Zeit Konstantin Weckers als Kneipenwirt im Kaffee Giesing, die mannigfache Berührungen mit der »Schickeria« mit sich brachten, keine Phase strenger Abstinenz gewesen. Zu groß und vielfältig waren damals die Versuchungen. Periodisch berichteten Lieder wie »Der Schutzengel« (1980) oder »Fangt mi wirklich koaner auf?« (1986) von solchen Abstürzen – wenn man sie zu lesen versteht. Fans, die sich über die Enthüllungen des Romans »plötzlich« entrüsteten, so der Künstler verschmitzt, »haben in Interviews und bei den Liedern in den letzten zehn Jahren einfach nicht richtig hingehört«.

Wecker verwehrte sich in Gesprächen anlässlich der Buchveröffentlichung gegen jeglichen moralischen Zeigefinger. Er wolle die Droge »entdämonisieren«, Abhängigen müsse man helfen. »Und das geht nicht, wenn sie kriminalisiert werden.« Das stieß auf Ablehnung bei »so manchem braven Mann«. Weckers Buch – und vorerst auch sein Leben – mündeten nicht, wie es sich gehört hätte, »im gesunden Familienverband«. Von mindestens der Hälfte der Rezensentinnen und Rezensenten wurde der Roman verrissen, unter anderem – was Wecker schmerzte – von seiner alten Freundin Elke Heidenreich. Überwiegend betraf die Kritik nicht so sehr den Schreibstil als die Person des Schreibers, dem Eitelkeit vorgeworfen wurde – speziell in Bezug auf einige äußerst freimütig geschilderte sexuelle Erfahrungen. Dem Publikumserfolg taten die Kritiken jedoch keinen Abbruch. Rund 45 000 Kopien von »Uferlos« gingen allein in den ersten Wochen über den Ladentisch. Wecker organisierte eine Lesereise, die wie seine Konzertreisen gut besucht war.

Ein für alle Mal hatte Konstantin Wecker mit seiner leuchtenden, prallen und schonungslosen Sprache auch bewiesen, dass er literarische Prosa »kann« – keine Selbstverständlichkeit für Lyriker und Liedermacher. Seine Sätze erscheinen wie im Rausch geschrieben – einem drogenfreien Rausch während sechs Wochen in der Toskana, wie er selbst beteuert. Wie bei seinen Liedern »überkommt« die Inspiration den Künstler und entringt ihm das zu Schreibende gleichsam in einem einzigen schöpferischen Atemzug, der wenig Raum für ein Leben außerhalb des Schreibens lässt. »Ich schreibe genauso hingerissen und emotional auf der Maschine, wie ich Klavier spiele«, erzählte er. Und über das Thema des Buches: »Ich wollte schon immer ein größeres Prosawerk schreiben, und hatte kein Thema, außer mir selbst.« Bei diesem einen Thema allerdings kennt er sich gut aus.

Am Anfang seines Experimentierens mit Kokain stand, so erfahren wir aus »Uferlos«, wohl die Neugier. Der Wunsch, sich in die Literaturgeschichte einzureihen, indem er sich mit den verehrten Meistern mittels einer gemeinsamen Droge verband: »Das also war Kokain, die Droge Georg Trakls und Gottfried Benns, Jean Cocteaus und Sigmund Freuds, meine Wunschdroge, an die ich nur noch nie rangekommen war! Kokain! Endlich lag es vor mir, kristallin und geheimnisvoll! Plötzlich stank es nicht mehr nach Pisse, plötzlich roch es nach Südamerika, nach Anden und Abenteuer, die heißersehnten Zwanziger lagen da pulverisiert vor mir, rauschende Feste in edlen Bordells – die Gräfin legte mir eine gewaltige Bahn auf den Spiegel, und ich zog und zog, blies mir die Nasenlöcher frei, bis mir die Schädeldecke aufplatzte (...) mir wurde heiß, meine Blutgefäße kochten und dehnten sich ins Wunderbare.«

Selten hat Wecker sich selbst so drastisch beschrieben, sein eigenes Wesen so prahlerisch denunziert. »Mir konnte genug eben nie genügen. Ich bin ein Herdplattenanfasser, Warnungen fruchten nicht, ich musste immer alles mit dem Körper erlernen. Man hat mich ja auch mit einem wuchtigen Leib ausgestattet und einem Überangebot an Energie, das verpflichtet, das teilt einem einen Platz zu in der Welt, und den muss man unter immerwährendem Einsatz seines Lebens einnehmen, verteidigen und überstehen.« Der Romanheld reist nach Bali, um in tropenschwüler Atmosphäre einen geheimnisvollen Schamanen zu treffen. Die Begegnung wird zu einer Art Teufelspakt, besiegelt durch einen Rubin, den er seither an seinem Hals trägt. »Was ich mir eigentlich beim Zauberer gewünscht hatte, weiß ich nicht mehr so recht. Es wird im Großen und Ganzen mit dieser urdeutschen Sehnsucht zu tun gehabt haben, immer wissen zu wollen, was ›die Welt im Innersten zusammenhält‹. Dieser faustische Trieb, der meinem *dolce far niente* stets einen Strich durch die Rechnung machte, gepaart mit einem Schuss Katholizismus, der einem selbst beim Vögeln metaphysische Schauer durchs Gebein jagt, eine Sehnsucht auch nach Unsterblichkeit, wahrscheinlich aber, allem Hohn zum Trotz, das, was den Menschen treibt, sich zu entwickeln, die Tragödie anzunehmen, nichts mehr zu verdrängen, zu überspielen, sich dem zu stellen, der in den Tiefen seines Selbst lauert, unbequem, schamlos, verdorben – eben ganz anders, als man sich gerne hätte.«

Don Gino, der aufrechte Priester, bei dem der Held gegen Ende des Buchs Halt und guten Rat findet, hätte eine solche Selbstdarstellung vielleicht als Koketterie gebrandmarkt: »Ich sei eitel, meinte er, dies sei meine eigentliche Sünde.« Ob als Kokainkonsument, als Sünder, Büßer oder schlicht im Er- und Vertragen von Exzessen – überall scheint dieser Kraftnatur nur der Superlativ gerecht zu werden. »Um alles zu erfahren, beschloss ich, vor der Hölle nicht zu fliehen.« Dieser kühne Satz – deutet er nicht Haltlosigkeit und Schwäche in Mut um? Oder ist es umgekehrt: Weigert sich die Mehrheit der Wohlanständigen schlicht anzuerkennen, dass diese Art von Schwäche auch Stärke ist – aus Neid und dem Gefühl eigenen Unvermögens heraus? Wer so weit von den gesicherten Pfaden des »Normalen« und »Gesunden« abweicht, dessen Rückweg ist weit und mühsam, ja, es erscheint nicht einmal sicher, dass es überhaupt einen Rückweg geben wird. Umgekehrt: Vielleicht bleiben viele nur deshalb Heilige, weil ihnen zum Sündigen der Mut fehlt. Solche Überlegungen werden in »Uferlos« freilich noch mythisch überhöht: »Mir fiel Meister Eckhart ein, den sie seinerzeit noch vor das Inquisitionsgericht zerrten, weil er behauptete, Gott liebe die Sünder mehr als die Frommen, denn sie hätten zu kämpfen, um zu Gott zu gelangen.«

Der verlorene Koks-Sohn im Roman gelangt an eine große Menge der Droge, eine »Wagenladung«, wie es heißt, für die er das Geld überall zusammenschnorren muss. Seither verwahrlost er mit seinen engsten Vertrauten in der Drogenhöhle, bei verdunkelten Fenstern, in hygienisch desolatem Zustand, aber zunehmend beliebt bei Schnorrern, die alle nur das eine von ihm wollen. »Wir waren Könige und hielten uns einen Staat gieriger Höflinge, die natürlich nur darauf warteten, uns bei der erstbesten Gelegenheit ein Messer in den Rücken zu stoßen.« Die Koksparty bewirkt eine zunehmende Enthemmung unter den Anwesenden: »Das waren wirklich erregende Augenblicke, jeden der Anwesenden ergriff ein Fieber, und Menschen, die sich eine solche Eloquenz selbst nicht zugetraut hätten, wurden zu gewandten Rednern und großen Denkern. Man sprach das aus, was einem durch Ängste verschlossen geblieben war, denn das Kokain wirkt in den Momenten der Euphorie wie eine Wahrheitsdroge.«

Enthemmt und von Angst befreit sein ist also einer der Anreize. Jene Ängste vollkommen loslassen können, die einen auf eine domestizierte Schrumpfform der eigenen, potenziell unendlich weiten Persönlichkeit reduzieren. Schon hier wird hinter der Drogensucht eine spirituelle Sehnsucht erahnbar: »Wir sind an die Erde gebunden, Mondscheingewächse, die in der Sonne verbrennen. Manchmal blitzt dieses andere durch, dieses Unfassbare, aber was hat das schon mit Glück zu tun? Jeder wäre gern außergewöhnlich, doch das Außergewöhnliche hat nun mal das Erschreckende gepachtet, denn wie könnte man sich dem Gewöhnlichen entwöhnen, als durch Erschrecken?« Rilke hat hier wohl Pate gestanden, die Duineser Elegien: »Denn das Schöne ist nichts / als des Schrecklichen Anfang, den wir noch grade ertragen, / und wir bewundern es so, weil es gelassen verschmäht, / uns zu zerstören.« Vor das Paradies der Selbsttranszendenz haben die Götter als Türwächter die Angst und die reale Gefahr gesetzt, wie Ikarus in Sonnennähe zu verglühen. »Man brennt si leicht, wenn ma an Himmi streift«, sang Wecker schon 1980 auf seiner »Liebesflug«-Platte.

Die Drogensucht hatte aber eine banale und schäbige Schattenseite, die das Buch nicht verschweigt. »Das Hoch wurde immer kürzer, und das tiefe Loch danach musste mit immer größeren Mengen zugeschaufelt werden.« Das mündete in der Überdosis: »Mein Herz pumpte wie verrückt, meine Adern schwollen an, etwas riss mich hoch, ich raste hin und her, schwitzte, schnaubte, bekam keine Luft mehr, die anderen sahen mich entgeistert an, versuchten, mich zu halten, zu beruhigen und hatten viel mehr Angst als ich. Ich machte wohl einen furchterregenden Eindruck, aber eigentlich ging es mir prächtig. Mir schoss ein Pfropfen aus dem Hirn, und für einen Augenblick war ich im Weltall geborgen, ganz nahe den letzten Weisheiten, körperlos über allem schwebend …« Eine derartig enthusiastische Prosa über die Wirkung von Drogen ist selten, schon weil fachkundige Autoren in der Regel pädagogisch denken, es vermeiden wollen, unbedarfte Leser zur Droge zu verlocken. »Uferlos« ist nicht pädagogisch, es ist radikal wahrhaftig. Gegen Vorwürfe, er sei ein Verführer der Jugend, sicherte sich Wecker in Dutzenden von Interviews mit Varianten folgender Aussage ab: »Ich kann nur davor warnen, mein Leben nachleben zu wollen.«

Wahrhaftig auch Weckers Berichte über seine Kontakte mit Huren, seine Freundschaft mit deren Zuhältern, seine Affinität zum Milieu der Ausgegrenzten und Verachteten, ja, selbst zur »Gosse« und zum Verbrechen – wobei er letzteres eher als Zaungast streifte. »Je versauter je versiffter, umso satter g'spür i mi«, heißt es auf der »Wieder dahoam«-Platte. In den Sphären des Reinen, Anständigen und Ätherischen findet sich das wahre Leben nicht. Vielleicht eher auf dem Grund einer Toilette, wo es nach Urin riecht, obszöne Graffiti auf die Wände gesprüht sind und man im drogeninduzierten Niedersinken wie von ungefähr »ein Stückchen Licht« zu erkennen meint. »Ich habe einen bestimmten Trieb in mir, dem Abgrund nahe sein zu können, wahrscheinlich gerade, weil ich ihn so fürchte«, erzählte er einer Hamburger Zeitung. Wie kann man einen Menschen vor dem Abgrund warnen, der ganz offenbar in den Abgrund verliebt ist – jemanden, der die Aufforderung, solide zu werden, als Zumutung und perfiden Versuch der Verführung zum Selbstverrat zurückweisen würde? »… Auch kotzt mich diese Bravheit meistens« an, singt Konstantin in »Uferlos« – dem Lied.

In New York, in einer schmuddeligen Seitenstraße, versucht der Protagonist im »Unterwelt«-Milieu Drogen zu kaufen – unter akuter Lebensgefahr, wie er zugibt. »Aber welcher Trottel ich in diesen Zeiten auch immer gewesen sein mag – arrogant war ich nicht, im Gegenteil, ich identifizierte mich manchmal zu sehr mit der Gosse und deren Protagonisten. Ich erhoffte mir in diesem direkten und sofortigen Leben eine Antwort, eine Lösung vielleicht, auf jeden Fall etwas, was mir mein zwar chaotisches, aber letztendlich doch bürgerliches Dasein bis dahin noch nicht geboten hatte.« Die Verachtung des Bürgerlichen – »Stilles Glück, trautes Heim« –, sie war in jenem Lebensabschnitt besonders stark ausgeprägt. Und sie war der Ausdruck einer uneingestandenen Sehnsucht nach eben dieser bürgerlichen Beheimatung. Später, als er Familienvater geworden war, sollte sich Konstantin Wecker dieses immer präsenten hellen Schattens bewusst werden. Vorerst aber musste er noch durch einiges hindurch, um »alles zu erfahren«.

»Mein Blick streifte den Spiegel hinter der Bar. Ich sah einen alten, schwitzenden, hässlichen Mann, den ich, trotz intensiver Suche, weder links noch rechts neben mir entdecken konnte.« Drastisch beschreibt der Autor dann einen Horrortrip: »Das Herz rast, der Kopf zerplatzt in Myriaden kleiner widerlicher, schleimiger Schrumpfköpfe, sie krallen sich an meiner Brust fest, sie beißen sich in meine Haut, wie das juckt, ich rase in die Küche, um ein Messer zu holen, ich kratze mir die Arme blutig, den Rücken, das sind keine Schrumpfköpfe, das sind Insekten, Kakerlaken, die sich in meinem Fleisch eingenistet haben ...« Parallel dazu packt den »Helden« auch noch die Sexsucht und er erkennt in sich die Anlage zu einem Sexualverbrecher. Diese zumindest kommt nicht zum Ausbruch. »Armeen von Schutzengeln hatten mich davor bewahrt, so zu werden, und es wurde mir erschreckend klar, dass auch ich zu allem fähig bin, dass es keine Untat gibt, die nicht schon längst ein luxuriöses Appartement in meiner Seele bezogen hätte.« Auf diesem Tiefpunkt droht gar der Persönlichkeitsverlust. Ein Freund, Punkte genannt, redet mit dem Heruntergekommenen Tacheles: »Aus dir spricht die Droge, glaube mir. Du hast sie so gut gefüttert, dass sie deinen Platz eingenommen hat.«

Verlassen von Adina, seiner großen Liebe, und selbst von seinem besten Freund sucht der Held nun Zuflucht in der Toskana. (Ob der Figur dieses Freundes, Günter genannt, eine reale Person zugrunde liegt, wird wohl eines der letzten großen Geheimnisse der Weckerforschung bleiben.) Dort findet er in einem katholischen Dorfpfarrer, Don Gino, einen Mentor und eine Stütze. Don Gino wäscht dem Junkie auf Entzug gehörig den Kopf und fordert ihn auf, den Rubin des Zauberers, Symbol seiner Verworfenheit, endlich wegzuwerfen und sich zu befreien. Das klappt dann auch. Unser Herdplattenanfasser wird clean. Zunächst. Ein Hintertürchen lässt der Protagonist offen, durch das sein Schöpfer, der Autor Wecker, bald nach Vollendung des Romans denn auch schlüpfen wird. München heißt der Pfuhl, der ihn abermals versuchen wird: »Ich weiß genau, was mich hier erwartet. Nächte und Kneipen, Kokser und Dealer, und ich hoffe, nicht allzu schnell umzufallen.«

Die Freimütigkeit, mit der der damals 45-Jährige seine Drogensucht in »Uferlos« eingestand, ging einher mit weitgehender Sorglosigkeit im Umgang mit dem Gesetz – das Kokainbesitz noch immer unter Strafe stellte. Dieses subjektive Gefühl der Unangreifbarkeit stand in einem grotesken Kontrast zur tatsächlichen Wachsamkeit der Staatsmacht. Der »Feind« nämlich las schon damals eifrig mit, speziell in Gestalt des rührigen Staatsanwalts Fuchs, von dem Wecker später, im Zusammenhang mit seinem Drogenprozess, sagen sollte: »Er kannte das Buch auswendig.« Allzu freimütig hatte sich Wecker auch in Interviews gebrüstet, dem Verbotsstaat einen Streich gespielt zu haben. »Es geht in dem Buch um Tatsachen, die mir im Zweifelsfall einigen juristischen Ärger bereiten könnten. Deshalb musste ich mich inhaltlich auf eine Art Verjährungsfrist festlegen.« Im Klartext: Ich, Wecker, habe Straftaten begangen, die keineswegs verjährt sind, aber das verrate ich keinem (außer Hunderten von Zeitungslesern).

Was jetzt? Nur noch Vollkornkost und Kamillentee, deren Genuss er imagewidrig im November 1992 der »Wirtschaftswoche« gebeichtet hatte? Eine selbsttherapeutische Funktion wollte Konstantin seinem Buch durchaus zugestehen. Das Kokain habe ihn hart und lieblos Menschen gegenüber gemacht, räumte er ein. »Irgendwann waren die Leute um mich herum nur noch Marionetten meiner Egomanie. Ich habe, auch mit diesem Buch, versucht, mich aus dieser Arroganz zu befreien.« Optimistisch gab er zu Protokoll: »Es ist sicherlich nicht Vergangenheit, dass ich weiterhin ein gefährdeter Mensch bin, dass ich weiterhin gern einmal trinke und mir meine Räusche gönnen möchte. Aber ich möchte nie mehr in die im Buch geschilderte Situation geraten.« Ein gebranntes Kind, das das Feuer nicht scheut – unter Menschen, die einmal süchtig waren, ist dies wohl kein seltenes Phänomen.

HERBERT ROSENDORFER

Günter Bauch

1992 feierten wir den Nikolaustag bei Konstantin und seiner Freundin Kerstin in ihrem Haus in Grünwald. Der Keller des Hauses war ein einziger Partyraum, wie geschaffen für ständige, nicht enden wollende Festivitäten. Man war dort abgeschirmt und abgeschnitten von allem, was draußen das Leben bestimmte, von Arbeit, Regelmaß und Bürgerlichkeit. Wir blieben dort Tage und Nächte ununterbrochen, bald wussten wir nicht mehr, was draußen für ein Wetter, für ein Datum war, der Partykeller mit der Bar »Zum Uferlosen« wurde zum Luftschutzkeller, der uns feite gegen die Einschläge der Welt außerhalb.

In diesem Jahr gab es in der Münchner Innenstadt zum ersten Mal eine Lichterkette, die sich gegen die grassierende Fremdenfeindlichkeit richtete. Zum Wiederaufwärmen und zur Nikolausfeier fuhren wir danach in den Grünwalder Keller. Ich hatte für jeden Anwesenden ein Sprüchlein gereimt, das ich dem Nikolaus, gespielt vom Nachbarn, in seinen breiten bayerischen Mund legen wollte. Kurz vor Beginn der Feierlichkeiten erfuhr ich, dass sich ein neuer Freund Konstantins, ein wahrer Stargast, angekündigt hatte. Dringend musste ich noch ein Verslein dichten. Unmöglich, dass dieser auch von mir hochgeschätzte Gast spruchlos blieb. Ich zog mich in die gottlob kalte Sauna zurück und kaute am Bleistift. Ich schwitzte etwas aus, was ungefähr so begann: »Ein großer Mann ist heute angekommen ...« Der bayerische Nikolaus brabbelte schwer verständlich, der Ehrengast lächelte verlegen. Der große Mann war Herbert Rosendorfer.

Rosendorfer, bis zu seinem Tod mit Konstantin gut befreundet, schrieb 2012 das wunderbar einfühlsame und – unter Kollegen – bemerkenswert neidlose Vorwort zu dem Gedichtband »Jeder Augenblick ist ewig«. Oft auf dem Weg nach Italien besuchten Konstantin und Annik ihn und seine Frau Julia an ihrem Wohnsitz unweit von Bozen. Herbert kam zu Konzerten, veranstaltete sogar selbst eins in einer Weinkellerei in Südtirol. Sagenhaft war sein Wissen, seine Bildung nicht nur in Musik – er komponierte sogar selbst – Kunst, Literatur, Architektur, Geschichte, sondern auch auf entlegenen Gebieten wie der Ekklesiastik – vor allem die profunde Kenntnis aller Kirchen Roms –, der Genealogie – niemand kannte die infinitesimalen Verästelungen von Adelsgeschlechtern bis ins Mittelalter so gut wie er –, der Jurisprudenz, denn schließlich war er zu allem anderen auch Richter. Er brachte es fertig, erfundene Dichter und Geisteswissenschaftler in seine Romane hineinzukomponieren, die so echt wirkten, dass man unweigerlich zum Lexikon griff, um Näheres über sie zu erfahren. Seine Fantasie war unerschöpflich. Ich hatte mich so sehr auf seine pünktlich im Jahresrhythmus erscheinenden Werke gewöhnt, dass ich bei seinem Tod schockiert aus einem Leserausch erwachte. Zum Glück besaß Julia Rosendorfer noch einen wohlgefüllten Nachlass.

EIN HAUPTWERK UND EINE MAMMUT-TOURNEE

Roland Rottenfußer

Anstatt aber eine Zeit Ruhe zu geben, vielleicht in der Hoffnung, die Öffentlichkeit werde seine Drogenbeichte schon bald vergessen haben, legte Konstantin Wecker noch eins drauf und veröffentlichte ein Album, das (auch) von Kokain handelte. »Uferlos«, das Titellied, bildete mit »Tropenträume« und einem Lied mit dem nicht sehr dezent gewählten Titel »Kokain« einen Zyklus, der Aussagen des Bucherfolgs in die Chansonform übersetzte. Auch das surrealistische Element, das die ersten dichterischen Versuche Weckers noch sehr stark prägte – man denke etwa an »Dorthin mit dir« oder »In diesen Nächten« – kam wieder zu seinem Recht. Entsprangen die realitätserweiternden Bilder im Frühwerk jedoch offenbar tatsächlich der Fantasie ihres Autors, so waren sie jetzt sprachliche Umsetzungen von Drogenerfahrungen:

> *Schwäne singen in den Tuillerien.*
> *Kokain, Kokain.*
> *Abgehangen in den Galaxien.*
> *Kokain, Kokain.*
> *Eingesperrt in meinen Phantasien.*
> *Kokain, Kokain.*
> *Weiß nicht mehr, woher, wohin.*
> *Kokain, Kokain.*

Eindeutig wird die Droge in diesem Lied negativ bewertet. Wecker deutet an, dass sich unter ihrem Einfluss eine falsche Identität an die Stelle seiner echten gesetzt habe – tödlich für einen Künstler, dessen vordringliche Werte Authentizität und Freiheit gewesen sind. Beides schmolz unter der künstlichen Sonne der Droge dahin. Und auch die Freude, früher für Konstantin Wecker natürlicherweise verfügbar, kam abhanden oder geriet in die Gefangenschaft künstlicher Stimulanz.

Bin nicht wirklich, bin nur ausgeliehn.
Kokain, Kokain.
Nur noch Nacht, wo früher Sonne schien.
Kokain, Kokain.
Baust mich auf und bist doch mein Ruin.
Kokain, Kokain.

Das Lied war auch für die solideren unter den Wecker-Hörern akzeptabel, weil es vor dem Absturz zu warnen schien. Dagegen spricht »Tropenträume« von mystischer Entrückung, drogeninduzierten Ekstasen und Übermenschentum und entwickelt so einen verführerischen Sog. Selbst der Tod scheint für den Entschwebenden überwindbar.

Das ist die hohe Zeit der Tropenträume,
ein Flügelschlag nur bis zum Meer,
und alles, was ich jetzt versäume,
erreicht mich bis ins Grab nicht mehr. [...]

Der Tod hat viel zu schwere Flügel,
ihn hält es nicht in meinen Höhn.
Er ist das Pferd. Ich halt die Zügel.
Er überdauert. Ich werd überstehn. [...]

Das brandet an. Das ist das Fieber,
das aller Völker Mutter war.
Aus diesem Stoff ist das Gefieder
der Engel. Weiß und wunderbar.

Das Lied »Uferlos« indes bekräftigt den durch Lieder wie »Genug ist nicht genug« begründeten Wecker-Mythos auf sprachlich griffige Weise. Ein Lebensrückblick, der zu besagen scheint: So viele Brüche und Abstürze es auch in meinem Leben gegeben hat – im Grunde habe ich alles richtig gemacht. Ich brauchte diesen Brennstoff verschiedenster Erfahrungen, um mein Feuer am Lodern zu halten. Wer mich deswegen kritisiert, ist ein Spießer. Der Autor dieses auch musikalisch sehr wirkungsvollen Liedes war noch nicht reif für Einkehr und Umkehr. Er arbeitete noch nicht an der Überwindung seiner Sucht, sondern an rhetorischen Strategien, um sie zu rechtfertigen.

Von solchen problematischen Aspekten abgesehen, die einem erst im Rückblick auf das weitere Schicksal Weckers völlig klar werden, war »Uferlos« eine große und begeisternde CD, vielleicht das erste wirkliche Hauptwerk seit den seligen Zeiten des »Team Musikon«, die 1985 endeten. Bei der Produktion ging Konstantin neue Wege, indem er die Kontrolle über die Arrangements seiner Stücke aufgab: »Diesmal habe ich etwas getan, was ich noch nie zuvor gemacht hatte: Ich ging nicht mit fertigen Arrangements ins Studio, sondern ließ meine jungen Musiker, Burschen um die dreißig, ihre Ideen einbringen. Sie kannten ja Sounds, die mir eher fremd waren.« Im Ergebnis ergab sich eine sehr glückliche Mischung zwischen der kühlen, instrumentalen Perfektion der letzten Alben und dem mitreißenden Pathos der frühen. Das Album enthielt unter anderem zwei wunderschöne Liebeslieder mit Ohrwurm-Melodien: »Was ich an dir mag« und »Liebeslied im alten Stil«. Vielleicht waren es die ersten wirklich »normalen« Liebeslieder Weckers, der somit von seiner Gewohnheit Abstand nahm, derartige Herzensergüsse eher zu ironisieren. Auch hier bleibt er natürlich ganz er selbst und deutet strukturelle Monogamieunfähigkeit an: »Ganz egal, wie wir hernach zusammenbleiben – Hauptsache, wir haben uns gespürt.«

Wirkliche Größe erlangte die »Uferlos«-CD jedoch durch einen anderen Aspekt: Konstantins Rückkehr zum politischen Lied. Hierzu muss man rekapitulieren, was seit seinem letzten derartigen Versuch, dem Wiedervereinigungs-Song »Prost Deutschland« (Herbst 1991) geschehen war. Im Osten brannten Asylbewerberheime: Hoyerswerda, Rostock-Lichtenhagen, Solingen und Mölln. Brandsätze flogen, vietnamesische Gemüsehändler rannten um ihr Leben. Der Wiedervereinigungsrausch hatte einen fürchterlichen Kater nach sich gezogen. Gemeint ist hier nicht die Invasion der »Gebrauchtwarenhändler«, die den Osten nunmehr penetrierten und alles Ausschlachtbare auf seinen Warenwert reduzierten. Es war der nackte Hass auf Fremde, der sich damals, wie seit 1945 nicht mehr, breitmachte. Eine Ausländerfeindlichkeit (fast) ohne Ausländer übrigens – auch dies ein Faktum, das an das Mecklenburg-Vorpommern und Sachsen des Jahres 2016 erinnert.

»Es ist zur Zeit einfach nicht möglich, politisch Abstand zu nehmen, so sehr man das manchmal auch möchte«, resümierte Wecker im Januar 1993 mit Blick auf die »Uferlos«-Schaffensperiode. So trat er im März 1993 auch mit Peter Maffay, BAP und Heinz-Rudolf Kunze bei einem Rock-gegen-Rechts-Festival mit dem an den damaligen Sprachgebrauch angepassten Titel »Gewalt ätzt« auf. Politisches Engagement war für Konstantin Wecker immer (auch) privat, eine Art von Notwehr gegen Missstände, die ihn beim Lustvollzug störten. »Zuerst mal pendle ich immer zum uferlosen Vor-sich-hin-Leben. Und wenn ich da drin gestört werde, dann packt mich auch das Engagement.« Gemeinsamer Nenner des privat wie politisch Erstrebenswerten war und ist für ihn vor allem die Toleranz: »Ich möchte ein Leben führen, in dem ich Menschen tolerieren kann und in dem ich selber toleriert werde.« Schon insofern ist er in puncto Ausländerfeindlichkeit nie gefährdet gewesen.

Für Konstantin Wecker bedeuteten die Bilder brennender Asylbewerberheime vor allem eines: So etwas wie einen ungefährlichen Nationalismus kann es nicht geben. Die »Wir sind wieder wer«-Euphorie artet rasch aus in »Alle, die nicht zu uns gehören, sind minderwertig«. Die etablierte Politik zeigte sich schon damals entrüstet über die Geschehnisse, lieferte den Tätern aber zugleich ein ideales Zeitgeist-Umfeld, indem sie über Jahre das rechte (!) Herz für's Vaterland beschworen hatte. Die Wiedervereinigung hatte Wecker als Anti-Nationalisten scheinbar ins Unrecht gesetzt und ließ ihn »alt aussehen«; die rechte Gewalt ab 1991 schien seiner bedenkentragenden Distanz vom allgemeinen nationalen Taumel auf einmal im Nachhinein Recht zu geben. Die Gewalttaten selbst, so zeigte sich, waren nur die Spitze eines Eisbergs aus latentem Fremdenhass. Letzterer war aus der deutschen Volksseele niemals ganz verschwunden, sondern nur lange im Standby-Modus gewesen. Konstantin Wecker dokumentierte diese schockierenden Ereignisse in der »Ballade von Antonio Amadeu Kiowa« so künstlerisch schmucklos wie aufwühlend.

> *Hast as schreien ghört, in Rostock, Willy, du muaßts doch ghört habn, Ausländer, Asylanten, die Ärmsten und Schwächsten habn sich diese Feiglinge natürlich ausgesucht. Aber die dummen Buben waren gar nicht das Schlimmste, sondern diese ganze feixende und Beifall klatschende Meute, die drum rum gestanden ist. Ja, Willy, Beifall hams geklatscht, während über hundert Vietnamesen verzweifelt um Hilfe geschrien haben.*

Besonders empörten den Sänger die Untätigkeit der Polizei und die Kumpanei der deutschen Voyeure, Claqueure und Mitläufer:

> *[...] jetzt macht die Polizei einen Schichtwechsel, wenn Vietnamesen abgefackelt werden und Neger aufgeklatscht. Abfackeln, aufklatschen, ja wo samma denn, Willy – und glaubst du, einer unserer Politiker hätte sich persönlich entschuldigt, nix da, als Antwort auf diese Schweinereien haben sie versprochen, das*

Asylproblem in den Griff zu bekommen – dem Mob recht geben, nur um an der Macht zu bleiben und die nächsten Wahlen zu gewinnen, pfui Deife, Willy, pfui Deife!

Dann schildert das Lied das Martyrium des Angolaners Kiowa, erstes verbürgtes Opfer rechtsradikaler Gewalt im Deutschland nach der Wende. Totgetreten von einer Horde Skinheads. Verbürgt ist auch, dass ein Polizeioberer seine Kollegen davon abgehalten hatte, sich einzumischen, da er »mit dieser Gruppe nicht in Konflikt geraten wollte«. Weckers zweiter »Willy« ist ein präzise recherchiertes und aufwühlendes Stück Zeitgeschichte, das seine Wirkung auf sein Publikum nicht verfehlte. Statt des »Heulens und Zähneklapperns«, das der Chronist über die Premiere des ursprünglichen »Willy« zu berichten weiß, erinnere ich mich eher an langes betretenes Schweigen, als das Lied vor der Konzertpause der Uferlos-Tournee verklungen war. Darauf folgte heftig aufbrandender, kathartischer Applaus.

Noch dichter und wirkungsvoller war »Sage nein!«, der ultimative Aufschrei gegen Fremdenfeindlichkeit, bis heute unentbehrlich bei jedem Wecker-Konzert. Konstantin erklärte dazu, die Ereignisse in Ostdeutschland hätten ihn derart erschüttert, dass er erstmals in seinem Leben ganz bewusst ein politisches Kampflied habe schreiben wollen – also genau das, was Linke in den 70ern immer von ihm verlangt und nie bekommen hatten: ein Lied, das nicht mehr poetischer Selbstzweck ist, sondern sich ganz in den Dienst der Agitation stellt. Es knüpfte einerseits an ein gleichnamiges Gedicht des Nachkriegsschriftstellers Wolfgang Borchert an, andererseits war »Sage nein« auch eines der Mottos der Münchner Lichterkette gegen Fremdenfeindlichkeit (6. Dezember 1992), bei der 400 000 Kerzen brannten. Musikalisch ist »Sage nein« äußerst wirkungsvoller »Art-Pop«, gehalten in bedrohlich anschwellendem Mollton; textlich verzichtet das Lied völlig auf Schnörkel.

> *Wenn sie jetzt ganz unverhohlen*
> *wieder Nazi-Lieder johlen,*
> *über Juden Witze machen,*
> *über Menschenrechte lachen,*
> *wenn sie dann in lauten Tönen*
> *saufend ihrer Dummheit frönen,*
> *denn am Deutschen hinterm Tresen*
> *muss nun mal die Welt genesen,*
> *dann steh auf und misch dich ein:*
> *Sage nein!*

Die aufwiegelnde Kraft dieses Liedes, das alle Hörer (»Penner oder Sänger, Banker oder Müßiggänger«) ganz zu einer Entrüstungsgemeinschaft zusammenschweißt, muss man im Konzert erlebt haben. Wecker, den die Drogensucht niedergestreckt hatte, richtete sich an der Politik gleichsam wieder auf, erlangte Würde und entfesselte Kraft zurück. Er schien seinem Publikum zuzurufen: »So am Ende kann ich gar nicht sein, dass ich nicht mehr gegen Nazis aufstehen würde.« In seinen gnädigeren Momenten allerdings versuchte Wecker, Neonazis zu analysieren und kam zu überraschenden Schlussfolgerungen: Der Ausbruch rechter Gewalt »kommt aus der blinden Wut gegenüber den nicht eingehaltenen Versprechungen und aus der Tatsache, dass für uns wie für die im Osten eine Utopie, an die wir uns noch klammern konnten, geplatzt ist. Wir haben im Moment keine Utopien mehr, und eine Menschheit ohne Utopien ist etwas Trauriges.« Trauriger fast noch, dass sich in mehr als 20 Jahren am damals diagnostizierten Zustand nichts geändert hat.

Das Abschlusslied auf »Uferlos« war »Questa nuova realtà«, Konstantins große positive Utopie und eines der wenigen Wecker-Lieder der 90er, deren Klassikerstatus heute unumstritten ist. Der Künstler intoniert es bis heute bei jedem Konzert und inszeniert es auf besondere Weise, indem er beim Singen mit Mikrofon durch die Zuschauerreihen geht und auserwählten Personen dabei tief in die Augen blickt. Eine erstaunliche Karriere für ein Lied, das als Duett konzipiert war und dessen Text zur Hälfte italienisch ist.

Konstantin Wecker begegnete dem jungen sizilianischen Liedermacher Pippo Pollina bei einem gemeinsamen Spaziergang in den Bergen, den der Schweizer Konzertagent Franz Bachmann vermittelt hatte. Pollina besuchte danach ein Wecker-Konzert, das ihn mit den Worten seines Biographen Franco Vassia »hypnotisierte«. Der junge Italiener besuchte Konstantin in dessen Garderobe und überreichte ihm ein Exemplar seiner damals aktuellen CD »Nuovi giorni di Settembre«. Wenig später erhielt Pippo einen Anruf von Konstantin – und den Vorschlag, mit ihm zusammen ein Lied zu schreiben. Das Thema: »die deutsch-italienische Brüderlichkeit«. Pollina reiste nach München an, und Wecker zeigte ihm einen Liedentwurf. Dann arbeiteten sie in getrennten Zimmern am Text, jeder in seiner Sprache. Nach 20 Minuten war das Werk fertig und erhielt den Namen »Questa nuova realtà« (diese neue Wirklichkeit). Das Lied wurde bald darauf für die »Uferlos«-CD im Studio eingespielt. Wecker setzte deutschsprachig mit einem schönen Stimmungsbild ein:

Was für eine Nacht –
so warm und geduldig,
Setzt euch näher zu uns her,
schenkt noch mal ein.

Heute spricht mal keiner
den anderen schuldig,
heute lässt mal jeder
den anderen anders sein.

Pippos Reibeisenstimme erklang dann – für viele Hörer überraschend – mit dem italienischen Part: Die Welt sei aus den Fugen, der Faschismus kehre zurück von Berlin bis Rom. Der Refrain beschwört dann auf Italienisch eine Gemeinschaft der widerständig Lebenslustigen gegen das drohende Unheil: »Lasst uns alles mit dem Herzen tun, lasst sie eintreten, diese neue Wirklichkeit.« Schließlich zündet Konstantins deutscher Refrain:

> *Freunde, rücken wir zusammen,*
> *denn es züngeln schon die Flammen,*
> *und die Dummheit macht sich wieder einmal breit.*
>
> *Lasst uns miteinander reden,*
> *und umarmen wir jetzt jeden,*
> *der uns braucht in dieser bitterkalten Zeit.*

Die Brücke zwischen notwendigem politischen Widerstand in Zeiten brennender Asylbewerberunterkünfte und echter Weckerscher Lebensfeier war hier auf begeisternde Weise geschlagen – getragen von einer Melodie, die zuerst balladesk schwärmte und klagte, um dann im Up-tempo-Refrain alle von den Stühlen zu reißen. »Questa nuova realtà« blendete die Schatten der Zeit nicht aus, wie schon der Satz »Die Dummheit macht sich wieder einmal breit« dokumentiert. Dennoch wurde es zu einem der beliebtesten neueren Wohlfühllieder des Künstlers, thematisierte die konkrete Utopie eines herzlichen, solidarischen Beisammenseins in Anbetracht einer in den Wahn abgleitenden Menschheit.

Pippo Pollina ist bis heute vielleicht Konstantins wichtigste Entdeckung unter den jüngeren Liedermachern, ein Mann, der selbst auf dem Weg zum Cantautore-Klassiker ist. Nicht immer stimmte jedoch die Chemie zwischen den beiden Künstlern. Paradoxerweise benahm sich der rund 15 Jahre Ältere für Pippos Geschmack wohl »zu jung«, sprich: zu unsolide. Pippo war, als die große »Uferlos«-Tournee startete, gerade Vater geworden und riss sich nur äußerst ungern von seiner jungen Familie los. Er tat es nur, um eine wirklich einzigartige Karrierechance nicht ungenutzt verstreichen zu lassen. Der in der Schweiz wohnhafte Italiener lebte vollkommen abstinent, rauchte und trank nicht – für Wecker und dessen Tourneebegleiter undenkbar. Währenddessen kultivierte Konstantin sein Image als ewiger Stenz und sackte weiter in die Drogensucht ab. Das Tourneeleben schien diese Tendenz eher zu steigern, vielleicht auch weil die Lebensweise während solcher Phasen etwas Überspanntes, vom Leben gewöhnlicher Menschen Abgehobenes an sich hat.

Die Leere nach dem Konzert, jenes gähnende Loch, in das der Künstler nach dem »Publikumsbad« regelmäßig fiel – hatte sie danach verlangt, abermals durch die Droge ausgefüllt zu werden? Der Liebesakt zwischen Künstler und Publikum, wie Wecker Konzerte mehr als einmal beschrieben hat, er ist vielleicht nicht so gefährlich wie Kokain. »Abhängig macht's aber auch – ich kann nicht aufhören, wenn ich einmal in Fahrt bin. Die Leute gehen dann heim und nehmen ein gutes Gefühl mit – ich hingegen fühl' mich nach einem Konzert oft einsam und leer.« Dies ruft nach ausufernden »After Show-Feiern«, die den Schlafrhythmus durcheinander bringen, was im zweiten Schritt – um am nächsten Tag wieder konzerttauglich zu sein – nach höheren Dosierungen der Droge verlangt ... Nach der Sucht war vor der Sucht. Was im »Uferlos«-Roman gleichsam im Rückblick auf etwas Überwundenes geschildert wurde, war während der »Uferlos«-Tournee wieder ganz aktuell und real geworden.

Künstlerisch und hinsichtlich des betriebenen Aufwands übertraf die »Uferlos«-Tour fast alles, was Konstantin Wecker zuvor unternommen hatte. 25 Musiker, Tourbegleiter und Techniker waren über ein Dreivierteljahr in einem Bus in ganz Deutschland, Österreich und der Schweiz unterwegs, spielten über 100 Konzerte, logierten in erstklassigen Hotels und speisten fürstlich. Schon damals dabei: Jo »Er ist der Beste« Barnikel, der Wecker über 25 Jahre die Treue halten sollte, buchstäblich »in guten wie in schlechten Zeiten«. Als Primus inter pares fungierte weiter die damals schon 70-jährige, charismatische Saxophon-Legende Charlie Mariano, bekannt für den von Wecker so genannten unvergleichlichen »Zauberton«. Wecker war vom Kleinkunstbarden, der am Klavier verstiegene Balladen für ein Insiderpublikum intonierte, zu einem veritablen Rockstar avanciert – ein Ausdruck, den nicht nur der aufgepeppte Sound von Liedern wie »Uferlos« und »Sage nein« rechtfertigt, sondern auch die hochprofessionelle und aufwändige Organisation der Tournee. Beim literarischen Niveau der Texte machte er keine Abstriche, der Lifestyle jedoch war ganz »Sex, Drugs and Rock 'n' Roll«.

Der Bericht Pippo Pollinas über die Tourneeerfahrungen, aufgezeichnet durch Franco Vassia, ist ein wertvolles Dokument, wenngleich notgedrungen subjektiv: »Auf der Höhe seines Ruhms, aber auch wegen seiner ausgeprägten Großzügigkeit versprühte Konstantin immer gute Laune, Euphorie und Skrupellosigkeit. Er ließ zu, dass das Kokain immer mehr Raum in seinen Gedanken und in der Zeit außerhalb der Bühne einnahm. Die Droge war wie ein Gott, der die bösen Gedanken tilgte und das Wohlbefinden steigerte. Je mehr Konstantin die Dosis erhöhte, desto schwieriger wurde es, ihn zu treffen. Am Ende der Konzerte war da immer eine Hotelbar, in der man bis in die frühen Morgenstunden feiern und koksen konnte.« Besonders amüsant auch, wie die Entourage Konstantins beschrieben wird: »Für sie musste ein Künstler notwendig lasterhaft sein.«

»Dass immer erst ein Schrecken uns besinnt …« Dieser markante Satz stammt aus Konstantins schon eineinhalb Jahre nach »Uferlos« veröffentlichter CD »Wenn du fort bist«. Ja, die Inspiration sprudelte noch einmal reichlich in diesen aufgeheizten Jahren vor dem Zusammenbruch. Wecker wurde nach seinen rockigen und jazzigen Eskapaden wieder kammermusikalischer, innerlicher. Man hätte angesichts dieses musikalischen und sprachlichen Bildersturms nicht meinen mögen, dass es dem Künstler so schlecht ging – abgesehen davon, dass offenbar selbst bei gutem Willen kein Cover-Foto zu finden war, auf dem man dem Künstler seinen Zustand nicht ansah. »Dass nicht einmal ein Schrecken uns besinnt«, könnte man den Text mit Blick auf jene Lebensperiode abwandeln. »Lieder von der Liebe und vom Tod« hieß der Untertitel der CD von 1994. Und von der Liebe und vom Tod handelt auch der nächste noch dramatischere Abschnitt in Konstantins Leben.

DIE JUSTIZ MACHT LANGEN PROZESS

Roland Rottenfußer

Der 25. Mai 1998 war wohl einer der glamourösesten Tage, die die 21. Strafkammer München I jemals erlebt hatte. Vor dem reizlosen, bunkerartigen Gebäude in der Nymphenburger Straße hatten sich Journalisten und Schaulustige eingefunden. Unter den Wissenden war eine eigenartige Erregung spürbar. Die Endlosserie um Konstantin Weckers Drogenprozess – spezieller: deren zweite Staffel, der Berufungsprozess – näherte sich ihrem Showdown. Und sogar die Besetzungsliste schien dem Abspann von Helmut Dietls »Kir Royal« entnommen: Neben dem Delinquenten selbst waren unter anderem Senta Berger und Dieter Hildebrandt als Zeugen geladen.

Auch ich hatte mich unter das Publikum gemischt, angestachelt von meinem Freund Uli, stets mein Begleiter, wenn es um Veranstaltungen mit Konstantin Wecker ging. »Komm doch mit, morgen ist Wecker-Prozess. Publikum ist zugelassen.« Ich selbst war zuvor nie außerhalb der Konzert-Situation in Berührung mit Konstantin gekommen. Die vergleichsweise wenigen Zuschauerplätze waren rasch gefüllt. Richter Klaus-Peter Lante, Beisitzer und Staatsanwalt betraten den Saal. »Sie selbst wären ja gar nicht so fürchterlich …« – dieser Satz aus Konstantins Lied »Verehrter Herr Richter« schoss mir beim Anblick des eher unspektakulär wirkenden Mannes durch den Kopf.

Konstantin kam mit seinem Verteidiger Steffen Ufer. Er sah erstaunlich gut aus, schlank, fast knochig und mit Stoppelfrisur. Gefasst stellte er sich einem Ablauf, der für ihn schon zur quälenden Routine geworden war. Nur als ein Ordner seine Macht allzu offensichtlich gegen ein paar nicht regelkonforme Zuschauer ausspielte, blitzten seine Augen für einen Moment auf, als wolle er eine zornige Bemerkung unterdrücken, die in Anbetracht seiner prekären Lage nicht hilfreich gewesen wäre. Die entsetzlich formalen Abläufe bei Gericht, die ihre faktische Grausamkeit hinter der vermeintlichen Harmlosigkeit bürokratischer Korrektheit verbargen – sie waren mir so fremd, wie sie es wohl auch für Konstantin gewesen sind. Gerichtsverhandlungen verkörpern eigentlich alles, was ich mit meinen Liedern immer bekämpft habe«, sagte Wecker einmal später aus sicherem Abstand. »Dieses krampfhafte Bedürfnis, Normen zu erfüllen.«

Beim Berufungsprozess während mehrerer Termine im April 1998 ging es Anwalt Steffen Ufer vor allem um eines: am Beispiel Konstantin Weckers im Jahr 1995 die Aspekte der Verwahrlosung und geistigen Verwirrung möglichst drastisch hervorzuheben. Dies war für den Künstler, der Horrorgeschichten über sich wahrlich schon zur Genüge hatte erzählen müssen, keine geringe Belastung. Vor allem widersprach es dem natürlichen Bedürfnis jedes Menschen, sich – speziell vor Gericht – in einem möglichst unbefleckten Licht zu zeigen. Nun musste »schmutzige Wäsche« ganz gegen die übliche Rollenverteilung in Strafprozessen von der Verteidigung gewaschen werden, während die Staatsanwaltschaft bagatellisierte und die durch nichts zu trübende geistige Klarheit des Angeklagten hervorhob. In der Presse machten begleitend einige besonders auffällige Details aus dem Prozess die Runde. Etwa »Zwerge« und ein »Teufel im Aufzug«, die der Angeklagte nach eigenen Angaben im Zustand geistiger Eintrübung gesehen hatte.

»Schuldfähigkeit« war jene erwünschte Eigenschaft, die der Staatsanwalt aus jeder Befragung des Angeklagten unbedingt herausdestillieren wollte. Gerade Weckers Selbstdisziplin und Professionalität, die es ihm ermöglichte, selbst noch in der Eskalationsphase seiner Sucht auf der Bühne eine ordentliche Leistung zu zeigen und in der Fernsehserie »Dr. Schwarz und Dr. Martin« mitzuwirken, wurde ihm beinahe zum Verhängnis. Hier wäre es eher hilfreich gewesen, wie später Rex Gildo, betrunken auf der Bühne zu torkeln.

Zwischen Tod (der unweigerlich gedroht hätte, hätte Wecker seinen Drogenkonsum fortgesetzt) und »Schuldfähigkeit« lag nur ein schmaler Grat, auf dem er mit Hilfe seines Anwalts in Richtung Freiheit zu wandeln versuchte.

»Manchmal schien es, dass ich klar denken könnte. Aber ich war immer auf einer anderen Ebene«, erklärte der Angeklagte, um seinen merkwürdigen Zwischenzustand zu beschreiben. Dass er »arbeitsfähig, aber nicht zurechnungsfähig« gewesen sein sollte, war nicht nur für professionelle Für-schuldig-Halter schwer zu glauben. Ebenso unglaublich erschien die schiere Menge der von Wecker konsumierten Drogenmenge. Diese hatte früh den Verdacht keimen lassen, der Konsument sei zugleich Händler gewesen. Jemand, der immer Familienpackungen kaufte, diese jedoch angeblich allein verzehrte – war der nicht höchst verdächtig? Einer der gerichtlich bestellten Sachverständigen, Thomas Moesler aus Erlangen, gab beim Prozess zu Protokoll, er behandle pro Jahr 200 Süchtige. Dabei habe er in 15 Jahren nur dreimal einen so schweren Fall von Drogensucht gesehen wie den Herrn Wecker. Wecker aber war niemals ein Drogenhändler gewesen, er war nur sehr leicht anschnorrbar, was einerseits seiner jovialen Persönlichkeit, andererseits seinem damals galoppierenden Realitätsverlust zuzuschreiben war.

Konstantin trat in der Berufung von Anfang an offensiver auf, weniger eingeschüchtert als noch beim erstinstanzlichen Prozess. »Bei meinem ersten Prozess ging es um ein Politikum, mehr als um die Tat«, sagte er im Interview mit der Zeitschrift »Leute«. »Man wollte klarstellen, dass es keinen Bonus geben darf für Prominente, der sich, wie ich feststellen konnte, sehr schnell zu einem Malus auswirken kann. Man wollte auch abschrecken, und es kam dazu, dass ich seit zwanzig Jahren manche Kreise geärgert habe, mit dem, was ich geschrieben habe. Da war sicher auch eine klammheimliche Freude dabei, mich endlich erwischt zu haben.« Anwalt Ufer schoss speziell gegen die schwarze Pädagogik der bayerischen Justiz: »Das Wecker-Urteil gibt es nur in Bayern.« Mutter Dorle Wecker, die bei Prozesstagen gegen ihren Sohn stets anwesend war, verteidigte ihren Spross wacker: »Er hat schon jetzt die Bewährung gelebt.« Aber was hilft es, sich bewährt zu haben, wenn man behandelt wird, als hätte man es nicht?

Die These des Staatsanwalts, Wecker habe ein »letztlich erfolgreiches Berufsleben« geführt, sei somit zurechnungsfähig gewesen, ließ sich mit jeder Zeugenaussage immer schwerer aufrechterhalten. So sagte Plattenproduzent Holger D., der für die CD-Aufnahme »Gamsig« verantwortlich gewesen war, aus, Wecker sei während der Aufnahmen meist unpünktlich erschienen und sei, wenn es drauf ankam, häufig eingeschlafen. Die Aufnahmen, die unter solchen Umständen zustande gekommen seien, »taugten nichts«. Auch äußerlich glich Wecker damals nicht Oscar Wildes ewig jugendfrischem Helden Dorian Gray, eher dessen Bildnis, das immer weiter verfiel. »Das Fotos für's Cover habe ich hinterher weggeschmissen. Jeder Stadtstreicher sah besser aus«, erinnerte sich Holger D. So gelangte später statt eines Künstler-Bildnisses eine Ethno-Graphik in den leuchtenden Farben Blau und Orange auf die CD.

Der geladene Zeuge Dieter Hildebrandt blieb seinem Image als gehobener Humorist auch vor Gericht treu und sorgte für manchen Lacher. So antwortete er auf die Frage des Richters, warum er Weckers Auftritt im »Scheibenwischer« nicht abgesagt habe: »Einem Wecker sagt man nicht ab. Außerdem würde ich Wecker auch in volltrunkenem Zustand engagieren. Da ist er immer noch besser als die meisten anderen nüchtern.« Der persönlich nicht zu mystischen Höhenflügen neigende Skeptiker monierte außerdem, Konstantin habe »ununterbrochen so wirres religiöses Zeug« geredet. Er habe seinen Freund damit aufgezogen, persönlich ein Verehrer des Gottes Poseidon zu sein. Wieder einmal zeigte sich, wie verschieden die Auffassungen von »normal« und »verwirrt« sind. Im Rückblick scheint es, als habe Spiritualität Wecker sogar dabei geholfen, sich seelisch zu stabilisieren.

Die Zeugin Senta Berger war bei ihrem Auftritt vor Gericht ganz Grande Dame und gab ihr Alter nur äußerst ungern preis. Um ihren geschätzten Kollegen von Anfang an ins rechte Licht zu rücken, begann sie: »Ich habe Konstantin Wecker zuerst bei den Dreharbeiten von ›Die Weiße Rose‹ kennen gelernt, eines Films meines Mannes.« Es folgte Dietls Serie »Kir Royal«, in der Senta die Mona gespielt und Konstantin eine hinreißende Filmmusik komponiert hatte. Schließlich kam es zu den inzwischen legendären desaströsen Dreharbeiten zu »Dr. Schwarz und Dr. Martin«. Senta Berger beschwor diesbezüglich vor Gericht ein Schreckensbild: »Einmal hatte er einen Zusammenbruch, da lag er vor mir, kalkweiß, und ich dachte mir: O Gott, jetzt stirbt er.« Während der Dreharbeiten sei Wecker manchmal allein auf seinem Stuhl gesessen, »oft sehr, sehr traurig wie ein großes, melancholisches Kind. Wir mussten ihm Texttafeln aufstellen. Große Passagen waren nicht machbar.« Man habe ganze Szenen der Serie streichen müssen, weil das Team wusste: »Das kann er nicht.« Berger erinnerte sich auch an ein junges Mädchen, das Konstantin am Set besucht hatte und offensichtlich in ihn verliebt gewesen war: Annik. Dies habe in ihr die Hoffnung geweckt, dass ihr Kollege wieder auf die Beine kommen würde.

Ein ähnlich desaströses Porträt Weckers zeichnete vor Gericht seine Exfreundin Daniela Böhm, eine Tochter des berühmten Schauspielers Karlheinz Böhm. Daniela Böhm hatte Konstantin Wecker 1985 bei einer Benefiz-Veranstaltung für die Organisation ihres Vaters »Menschen für Menschen« kennen gelernt. »Konstantin war meine erste große Liebe; leicht war die Zeit mit ihm jedoch nicht«, sagt sie im Rückblick. »Ich würde sie als sehr intensiv beschreiben – es gab Tiefen und viele unvergessliche Höhenflüge.« Nachdem ein Beziehungsversuch schon Jahre zuvor gescheitert war, hatte Daniela freundschaftlich versucht, Konstantin Weckers selbstzerstörerischen Trip zu stoppen. Vergebens. »Ich habe mich von ihm getrennt, weil ich es nicht ertragen konnte, mitanzusehen, wie sich dieser Mensch kaputtmachte.« Sehr bitter auch ihre Bilanz: »Er war nicht mehr er.« Auch Böhm wurde von Staatsanwalt Fuchs hart ins Kreuzverhör genommen. »Er hat vor allem die Menschen eingeschüchtert, von denen er wusste, dass sie mich einmal geliebt hatten«, sagte Wecker später im Rückblick auf den Prozess.

Nach diesem Prominenten-Aufmarsch holte der Staatsanwalt zum großen Gegenschlag aus und brachte Belege für die vermeintliche Zurechnungsfähigkeit des Angeklagten bei. Er verlas unter anderem einen Brief Weckers an den damaligen SPD-Vorsitzenden Rudolf Scharping, der in durchaus klarem Deutsch abgefasst war. Darin bezeichnete Konstantin seinen Freund unter anderem als den »idealen Bundeskanzler«. Interessanterweise wurde diese Bemerkung von der Staatsanwaltschaft als Zeichen besonderer geistiger Klarheit gewertet, obwohl man auch die umgekehrte Schlussfolgerung hätte ziehen können. Anwalt Ufer, der seinen Klienten mit Vorliebe im Lichte menschheitsgeschichtlicher Größe erstrahlen ließ, machte seinerseits darauf aufmerksam, es sei doch bemerkenswert, dass dieser nicht nur mit Dealern, sondern auch mit achtbaren Spitzenpolitikern verkehre.

Dieser Schlagabtausch war typisch für die gesamte Prozessführung. Steffen Ufer schien seinen Mandanten mit dem Wasser großer Namen gleichsam reinwaschen zu wollen. Manfred Fuchs indes zeigte sich demonstrativ unbeeindruckt, unterstellte Berger, Hildebrandt & Co. schlicht, Wecker mit ihrer Aussage einen »Freundschaftsdienst« erwiesen zu haben. Mit dieser Unterstellung, die ja suggeriert, die Zeugen hätten vor Gericht die Unwahrheit gesagt, wurden noch so eindrucksvolle Belege für Weckers Delirium vom Tisch gewischt. Es könne doch nicht sein, »dass sich jemand nur genug volldröhnen muss, damit er Bewährung bekommt«, hatte Fuchs am Rande der Verhandlung verlauten lassen.

Der psychiatrische Gutachter Wolfgang Poser, der Wecker als schuldunfähig bezeichnet hatte, musste sich von

Staatsanwalt Fuchs sogar fragen lassen, wie viel Geld er von der Verteidigung für sein Gutachten bekommen hätte. Anwalt Ufer reagierte erbost »Wir sind hier nicht in einem Zuhälterverhältnis« und warf dem Staatsanwalt vor, Zeugen »unsachgemäß und diffamierend« behandelt zu haben. Er schätze die TV-Stars wegen ihrer schauspielerischen und kabarettistischen Leistungen, erwidere Fuchs schnoddrig, sie seien aber bisher nicht durch psychiatrische Fachkenntnisse hervorgetreten. Konstantin Wecker selbst, der mit der Dauer dieses Gezerres zunehmend gereizt reagierte, unterstellte Fuchs seinerseits einen »privaten Rachefeldzug« und sprach von »Psychoterror«. Sogar der sehr sachlichen Süddeutschen Zeitung wurde die Penetranz des Staatsanwalts irgendwann zu viel. »Mit einer Inbrunst, als hänge seine Karriere, wenn nicht sein Seelenheil davon ab, kämpft er darum, den Angeklagten (...) in den Knast zu bringen.«

Schon neun Prozesstage waren ins Land gegangen, obwohl ursprünglich nur vier angesetzt worden waren. Bei einem Interview am Rande hielt Wecker mit seinem Zorn nicht mehr hinter dem Berg: »Ich sitze hier nur wegen der ideologischen bayerischen Drogenpolitik, die Drogensüchtige lieber bestraft als therapiert.« Das Ausbreiten intimer Details in der Öffentlichkeit und die Ungewissheit über seine Zukunft seien für ihn so quälend gewesen, dass er schon gedacht habe: »Brich das Ganze ab und geh einfach in den Knast. Vielleicht war genau dieser Zermürbungseffekt beabsichtigt gewesen.« Abgebrochen hat Konstantin am Ende nicht – auch mit Blick auf die Signalwirkung des Prozesses für andere Drogensüchtige. Anstatt aufzugeben, konzertierte er auch im Monat des Berufungsprozesses fleißig weiter und intonierte unter großem Jubel sein Statement: »Doch wie immer sie dich auch schuldig schreien, nur du hast das Recht, dein Richter zu sein.« Vorerst mussten wir Zuschauer aber wieder mitten im »schwebenden« Verfahren nach Hause gehen – ohne ein Urteil.

ENDLICH WIEDER UNTEN

Roland Rottenfußer

»Heute nehm ich mir das Leben, um es nie mehr zu verlieren« – dieser Satz, in der Eskalationsphase von Weckers Drogensucht ausgesprochen, mutet gerade wie ein angekündigter, allmählicher Selbstmord an. Wir müssen an dieser Stelle knapp drei Jahre in der Zeit zurückgehen, kurz bevor es zu jenem großen Knall und Umschlagpunkt von Konstantin Weckers Lebensschicksal kam, seiner Verhaftung wegen Drogenbesitzes am 19. November 1995. Konstantins Rede anlässlich der Verleihung des Kurt-Tucholsky-Preises am 22. Oktober 1995, in der dieser »gefährliche« Satz fiel, ist sein letzter großer Prosatext, bevor er ins Gefängnis wanderte. Die Rede sagt viel über seinen damaligen Gemütszustand aus und war weitaus mehr innere Autobiographie als Porträt des großen satirischen Schriftstellers Tucholsky. »Gehört wird auch der Spötter nur, wenn er ein Liebender ist, vielleicht oft ein verzweifelt Liebender, aber einer der eintritt ins Leben und damit für das Leben. Und manchmal auch, wie Kurt Tucholsky, austritt aus dem Leben.« (Tucholsky wählte 1935 den Freitod). Die Rede war voll stilistisch brillanter Wendungen. Sie diente aber offenkundig auch der Selbstrechtfertigung, der Abwehr von Kritik, die nicht in allen Fällen falsch gewesen sein mag. Vom »deutschen Wahn«, spricht Konstantin da, »nichts preiszugeben, was eine Seele und deren Risse vermuten lassen könnte.« Und dann – in Grandiositätsfantasien schwelgend: »Und ja nicht zu rühren an dem Göttlichen, was einem das eigene Gottsein im Endeffekt verleiden könnte.«

Am Ende erklärt Wecker das eigene Künstlertum zum Gottesbeweis: »Ich kann mir beim besten Willen nicht vorstellen, wie ein Künstler, um das Geschenk seiner Talente wissend, nicht eine tiefe Religiosität empfinden muss.« Die Bescheidenheit des reich Beschenkten weitet sich da zum

Selbstkult des Götterlieblings. Die Tucholsky-Rede ist stürmender und drängender Geniekult, verbunden mit einer starken Animosität gegen nicht präzise benannte Gegner seines damaligen »Lebenswandels«. So berauschend derartige Prosa auch auf Wecker-Enthusiasten wirken mag, es war klar, dass bei einem derart im Spiegelkabinett seiner Seele verirrten Menschen der Anstoß zur Umkehr nicht von ihm, sondern von außen kommen musste. Im Nachklang, in seinem 2007 erschienenen Buch »Die Kunst des Scheiterns«, war des Künstlers Urteil über jene Prä-Verhaftungs-Ära jedenfalls viel kritischer: »Ich war sechsundvierzig Jahre alt, erfolgreich und berühmt und nicht mehr in der Lage, mit mir auszukommen. Meine Leidenschaft war mir abhandengekommen, und ich begann, den zu spielen, von dem ich glaubte, dass er von den Leuten erwartet wird.«

Dieses »Spiel« fand am 29.11.1995 ein brüskes Ende. An jenem Tag, um 23 Uhr, wurde Konstantin Wecker von Fahndern des Zoll- und Landeskriminalamts in seiner 600-Quadratmeter-Wohnung in Grünwald verhaftet. In seinem »Eispalast«, wie der Künstler sein übertuertes, von der Außenwelt abgeschottetes Domizil später selbstkritisch nennen sollte. Der zuständige Oberstaatsanwalt Dieter Emrich gab zu Protokoll, es seien 25 bis 30 Gramm Kokain sichergestellt worden. Die Frau eines inhaftierten Dealers von Wecker hatte die Behörden auf seine Spur geführt. Er war Mitglied einer deutsch-jugoslawischen Bande, die die Münchner Szene über Jahre mit Stoff versorgt hatte. An dem Abend lief in SAT.1 ausgerechnet eine Folge der Serie »Kriminal Tango«, in dem Wecker den Drogenhändler Mischa König verkörperte. Im Rahmen einer ersten Beweisaufnahme stellte die Staatsanwaltschaft fest, dass Konstantin Wecker in den vergangenen Monaten etwa 700 Gramm Kokain gekauft habe. Der Haftrichter ordnete wegen Fluchtgefahr Untersuchungshaft an.

Über den Vorfall berichteten die deutschen Tageszeitungen, zwar jeweils nur kurz, jedoch flächendeckend. Im

Konstantin-Wecker-Archiv gibt es allein zwei Ordner – Breite zusammen etwa zehn Zentimeter –, die ausschließlich darüber berichten, dass Konstantin verhaftet wurde. In vielen davon wurde ein offenbar als besonders schlüpfrig empfundenes Zitat aus dem Buch »Uferlos« abgedruckt, in dem die Worte »Vögeln«, »Schnupfen«, »Schleimhäute« und »Orgasmus« vorkamen. Vorübergehend wurde auch, statt der korrekten Bezeichnung »Base«, das Wort »Crack« verwendet, wenn über die Art und Weise gesprochen wurde, wie Wecker Kokain einnahm. Crack, die »Teufelsdroge«. Steffen Ufer, von der Presse stets »Prominentenanwalt« genannt (was ein wenig an den »Prominentenzahnarzt« aus der Serie Kir Royal erinnerte), weckte Hoffnung auf eine Freilassung auf Kaution. Er sagte wahrheitsgemäß über seinen Mandanten: »Er nimmt die Sache als willkommenen Anlass, eine Entziehung zu machen.« Konstantin hatte ein umfassendes Geständnis abgelegt und saß im Münchner Gefängnis Stadelheim ein. Nobelvorort Grünwald, Prominentenanwalt, Teufelsdroge Crack, Exzesse, Ekstase, Verwahrlosung, Vögeln, Schleimhäute – diese Eckdaten, ergänzt allenfalls noch durch die unvermeidliche Erwähnung des Lieds »Willy«, prägten fortan über Jahre das Image Konstantin Weckers. Teilweise hängen sie ihm bis heute an. »Vorher war ich bekannt«, fasste der Künstler im Rückblick zusammen, »seit meiner Verhaftung war ich prominent.«

Jedoch überwiegend aus den falschen Gründen. Er wurde durch den Boulevard-Kakao gezogen, als sei er ein Sternchen in der Art von Paris Hilton und Lindsay Lohan, von denen eigentlich niemand mehr so richtig weiß, wofür sie überhaupt bekannt sind – außer dass sie ein wildes Leben geführt hatten und medienwirksam abgestürzt waren. Kein Wort über Meisterwerke wie »Der alte Kaiser« oder »Die Weiße Rose«. »Pop-Barden droht Haftstrafe« titelte der Österreichische »Kurier«, als läge eine Verwechslung mit David Hasselhoff vor. Es war wenig Konkretes bekannt, aber das wussten in Deutschland und Österreich bis Weihnachten 1995 absolut alle, die von der Medienwelt nicht völlig abgeschnitten waren. Wenn Konstantin Wecker in diesen Tagen durch München schlich, musste er bei jedem Blick, der ihn traf, davon ausgehen, dass der Blickende »es« über ihn wusste. »Ich ging in dieser Zeit nur noch mit eingezogenem Kopf an den Zeitungsständern vorbei, den Jackenkragen hochgeschlagen, in der Hoffnung, nicht erkannt zu werden«, erzählte er.

Am 2. Dezember gipfelte die »Berichterstattung« dann in der Wochenendausgabe der Münchner »tz« in der Überschrift »Das verpfuschte Leben des Konstantin Wecker«. Diese Headline negierte nicht nur Weckers künstlerisch sehr ertragreiches Vorleben, sondern auch jede Chance auf weitere fruchtbare, drogenfreie Lebensjahre. Journalisten, von denen man vor und nach ihren Wecker gewidmeten Stilblüten nur wenig gehört hat, fühlten sich auf einmal ungeheuer überlegen. Da der Informationsfluss vorerst spärlich blieb, wetteiferten die Zeitungen derweil um das schlechteste Wecker-Foto, also um Bilder, auf denen der Gestrauchelte möglichst verquollen und verwahrlost aussah. Den Wettbewerb gewann vorerst die BILD-Zeitung, die dem kritischen Liedermacher nie sonderlich gewogen gewesen war. Viel Spott gab es auch über die Nachricht, der Drogenabhängige hätte seinen Stoff beim Dealer per Scheck bezahlt. Aus dem »Verbrecher« wurde so auch noch ein Tölpel, der ungeschickt genug gewesen war, sich erwischen zu lassen.

Nach etwa einer Woche Haft brachte schließlich die veröffentlichte Meinung einen Begriff ins Spiel, um den der Wecker-Diskurs noch sage und schreibe vier weitere Jahre kreisen sollte: »verminderte Schuldfähigkeit«. Mit besagter »Fähigkeit« ist vor allem eines gemeint: der Freifahrtschein für den Staat, eine Strafe zu verhängen. Vom Normalfall »Strafen« kann allenfalls in Ausnahmefällen abgewichen werden, wenn das Bewusstsein des Straffälligen zum Tatzeitpunkt stark eingetrübt war. Eine klare Sache bei einem schwer Drogensüchtigen, sollte man meinen. Einen Junkie, der klar bei Verstand ist, gibt es nicht. Dennoch forderte der scharfsinnige und -züngige Staatsanwalt Manfred Fuchs 3,5 Jahre Gefängnis ohne Bewährung. Eine solche Strafe hätte den Künstler jedoch ruiniert – nicht weil er außerstande gewesen wäre, die Gefängnisstrafe durchzustehen, sondern weil er während seiner Haftzeit nicht hätte arbeiten können. Seine Schulden in Höhe von vier Millionen DM wären in Abwesenheit noch weiter angeschwollen. Vielleicht hätte es den Konstantin Wecker, den wir heute kennen, den Schöpfer von »Vaterland« und »Wut und Zärtlichkeit«, dann nicht mehr gegeben.

Vielleicht war aber auch genau dies seitens der Staatsanwaltschaft beabsichtigt gewesen. Wollte man – nach vielen kriminellen Bagatellfällen – endlich auch mal ein Großwild publikumswirksam erlegen? »Sie dachten, sie hätten Che Guevara verhaftet«, spöttelte Konstantin in einem Interview. Nicht weil er sich mit dem Revolutionsführer vergleichen wollte, sondern weil er mutmaßte, interessierte Kreise könnten in ihm nicht ohne Grund einen notorischen Gegner von Wachstum, Profit und Ordnung sehen. Derselbe Konstantin Wecker war Autor des bitterbösen Couplets vom »Herrn Richter«, der im Park Kinder »sein Schwänzlein sehen« lässt. Personen, die »hauptberuflich im Recht sind«, regten den Anarchisten schon immer auf, und vielleicht beruhte diese Abneigung auf Gegenseitigkeit. Genutzt hat ihm die aktenkundige Richterschelte gewiss nicht.

Ursprünglich wollte Stadelheims prominentester Insasse nicht auf Kaution freikommen. Ihm lag daran, den harten Entzug, den er gerade durchlebte, zu vollenden. Im zweiten Schritt, zwölf Tage nach Haftantritt, bot Anwalt Ufer dann 200 000 DM Kaution. Am Ende wurden daraus 300 000 DM, und Wecker wurde am 15. Dezember nach 16 Tagen aus der Untersuchungshaft entlassen. Auflage: eine Drogentherapie, was sowieso im Interesse des Entziehenden lag. Konstantin Wecker war auf freiem Fuß, aber es war bedrohte Freiheit wie jene des Josef K. in Kafkas »Prozess«.

»MITTEN HINEINGESTOSSEN INS GEISTIGE«

Konstantin Wecker

*Ach, wer auf Häuser baut, den schreckt jedes Beben,
wer sich den Banken verschreibt, den versklavt ihre Macht.
Wer seinem Staat vertraut, der muss damit leben,
dass, was heute noch Recht ist, oft Unrecht wird über Nacht.*

Diese Zeilen habe ich geschrieben, bevor sie von unserer jüngsten deutschen Geschichte so eindrucksvoll bestätigt wurden. Je älter ich wurde, je weniger ich in politische Heilssysteme auch nur einen Funken Hoffnung setzen konnte, umso heftiger beseelte mich das Verlangen, die Widrigkeiten, die sich mir auf der Suche nach Sinn von außen in den Weg stellten, als unentdeckte und unerfüllte Sehnsüchte und Aggressionen in mir selbst aufzustöbern.

Dabei hilft einem natürlich die Inspiration, dieser wunderbare, dem Denken entwachsene Dämmerzustand, in dem Töne und Sprachbilder einen überfluten, wie einem anderen Daseinskreis entsprungen, Sätze, die aus dem Innersten der Seele steigen, als gehörten sie einem gar nicht selbst. Und doch geben sie die einzig wahrhaftige Auskunft über das eigene Selbst. Und, wehe, dieses Geschenk der intuitiven Schau ist plötzlich nicht mehr da. Wie quält man sich, Sätze zu erdenken und Melodien, Klänge, die sich einem doch immer nur nach ihrem eigenen Gutdünken aus der Matrix der Stille offenbaren wollen.

In solchen Schweigezeiten ist man nur allzu versucht, sich künstlicher Paradiese zu bedienen, und wie sollte man da noch achten auf so belanglose Risiken wie finanziellen oder körperlichen Verfall? Das mag ein Grund gewesen sein, mich immer tiefer in die Verlockungen der Drogen zu stürzen. Aber sicher spielten auch ganz profane Gründe wie Genuss- und Großmannssucht, oberflächlicher Zeitvertreib und Ablenkung eine nicht unerhebliche Rolle.

Von dem Moment an, da man mich auf mein intensives Drängen hin in die Herstellung von Kokainbase eingewiesen hatte, veränderte sich mein Leben. Die durchaus erträgliche Leichtigkeit des Seins verwandelte sich in die Bürde des Daseins. Aus Geistern, die man rief, wurden Dämonen.

Als im November 1995 zehn Beamte des BKA meine Villa im Münchner Nobelvorort Grünwald stürmten, hatte etwas in mir mit dem Leben bereits abgeschlossen. Die Miete des kalten Luxusanwesens war schon seit Monaten nicht mehr bezahlt, und selbst meinen Dealer versuchte ich mit ungedeckten Schecks zu vertrösten.

Wie konnte ein Mensch, der immer die Nähe zu den einfachen Menschen gesucht hatte, sich so hinter den Mauern eines Eispalastes verstecken, in einer Gegend, in der man gerade mal kurz vor Weihnachten den Chauffeur der Nachbarn zu Gesicht bekommt? Wie konnte es passieren, dass ein Sommer-, Sonnen- und Lebenshungriger seine letzte Hoffnung in den Ausbruch eines Krieges, ein Erdbeben oder in einen Herzinfarkt legte? Oder, um die unausweichliche Frage aller Kranken zu stellen: wie konnte das ausgerechnet mir passieren?

Frühling werds
und ois wui wieder himmelwärts.
Was is des für a schöner Schmerz
in Bauch und Brust und Herz.

Dieses Lied schrieb ich, als ich mich fast das ganze Frühjahr und den darauffolgenden glühend heißen Sommer in einem Keller verbarrikadiert hatte, in dem sich mein Tonstudio befand, ängstlich darauf bedacht, jedem Funken Sonnenlicht, jedem Anhauch von Wärme zu untersagen, meine Augen oder gar mein Herz zu berühren.

Außer dem Schreiben einiger Zeilen wie diesen, geboren aus einer Sehnsucht, die sich in einer abgelegenen Kammer meiner Seele noch gegen die Versteinerung wehrte, außer einigen flüchtig hinskizzierten Melodien war ich fast ausschließlich mit »Backen« beschäftigt, so sehr ich mir auch einzureden versuchte, mich an bedeutenden künstlerischen Werken aufzureiben. »Backen« ist die euphemistische Beschreibung der zeit-, kosten- und nervenzerrüttenden Verarbeitung von Kokainpulver zu rauchfertiger Base. Nachdem ich einige Jahre mehr oder weniger heftig Kokain geschnupft hatte, immer der Meinung – wie so viele Schnupfer – die Droge eigentlich im Griff zu haben, weihten mich einige Herren aus dem Milieu in die hohe Kunst des Basens ein.

Ich habe es bis heute stets vermieden, eine genaue Anleitung zur Herstellung von Kokainbase zu geben, halte es aber für notwendig, klarzustellen, dass es sich um eine eigentlich neue Droge handelt, die in ihrer Wirkung mit dem bloßen Schnupfen von Kokain nicht zu vergleichen ist. Selbst dem bayerischen Gericht scheint dieser Unterschied noch weitgehend unbekannt zu sein. Der Kick des ersten voll durchgezogenen Zuges ist so gigantisch, dass man ihn nie mehr vergisst und sich der sofortige Wunsch, nein, die unbedingte Notwendigkeit, ihn auf der Stelle zu wiederholen, für immer ins Hirn programmiert. Die größte Gemeinheit aller Drogen ist wohl, dass sich das erste gelungene Mal nie mehr wiederholen lässt und man sich anschließend eigentlich nur noch auf der Suche nach diesem verlorenen Glück befindet.

Die Gier nach einem geglückten Zug aus der Pfeife auf den nächsten ist mit nichts vergleichbar. Diese Droge ist wirklich eine moderne Droge – sie lässt einem nicht mal Zeit, den ersehnten Kick zu genießen, da es einen schon währenddessen dazu treibt, den nächsten Zug aufzubereiten. Und weil man sich das Produkt ja selbst äußerst laienhaft herstellt, fällt das Ergebnis immer anders aus. Mal macht es ruhiger, mal speediger, mal lähmt es einen kurz, mal reißt es einem die Schädeldecke auf – als wären die Wirkungen aller

Drogen dieser Welt in dieser einen enthalten. Was anfangs noch spielerischer Austausch ist von Erfahrungen, die verschiedenen Zubereitungsmethoden betreffend, wird schon bald zur Obsession. Tag und Nacht wird experimentiert und geraucht, geraucht und experimentiert. Bei all dem Verschleiß des Grundstoffes wird es bald zur Selbstverständlichkeit, wenigstens hundert Gramm Koks im Haus zu haben, um den nächsten zwei, drei Tagen einigermaßen beruhigt entgegensehen zu können.

Bald traut man dem besten Freund nicht mehr, man versteckt seine Droge nicht mehr vor der Polizei, sondern nur noch vor Mitbewohnern und Eindringlingen. Jeder ist ein Feind, der einem an das Leben will: an den nächsten Kick nämlich, den einen ultimativen Zug, der einen mit allem Stress versöhnt und für ein paar Sekunden ins Nirwana katapultiert. Bei einem guten LSD-Trip bist du zwölf Stunden, manchmal länger auf der Reise. Ein Heroinschuss lässt dich ein paar Stunden die Entzugsangst vergessen. Nach einem Näschen kann man manchmal sogar prächtig einschlafen. Die Gier nach einem Zug aus der Basepfeife aber lässt dich alle paar Minuten erneut zum Monster werden.

Nichts führt einem die Unmöglichkeit, sich Glück erkaufen zu können, deutlicher vor Augen. Und keiner Erkenntnis steht man blinder gegenüber als genau dieser. Ich war immer ein Verfechter der rituellen Einnahme bewusstseinserweiternder Mittel, da diese Einblicke in die Wirklichkeit, über die Beschränktheit unserer Realität hinaus, allerdings unter strenger Anleitung eines geistigen Führers, unser Leben genau da bereichern könnten, wo wir derzeit so verarmt sind: im geistigen Reich. Und die so schrecklich kommerzialisierte ungeheure Sehnsucht der heutigen Jugend nach Trance und Vergessen rührt aus dem Verlangen nach Spiritualität, nach dem Göttlichen, das wir uns aberzogen haben. Sicher ist dieses Göttliche in uns letztendlich nur durch stille Einkehr und beständiges Üben zu ertasten, aber als Anstoß dorthin kann uns ein Trip in die tieferen Bereiche der Seele und des Seins durchaus hilfreich sein.

Wie schnell wurde etwa Aldous Huxley vergessen, um nur einen der vielen Intellektuellen zu nennen, die in den 60er Jahren für das Recht erwachsener Menschen eintraten, ihren Horizont mit Hilfe von Drogen zu erweitern; die sich teilweise einsperren ließen, weil sie den Menschen Einblicke in andere Sichtweisen gewähren wollten. Wie leicht werden solche Diskussionen verdrängt in einer Gesellschaft, deren Ziel eher mediale Verblödung im Sinne einer »brave new world« zu sein scheint.

Allerdings zeigt mir meine eigene Geschichte allzu deutlich, wie wenig der Drogenkonsum gerade in unserer jetzigen Gesellschaft mit einer heiligen Handlung zu tun hat, und ich habe zu lange Zauberlehrling gespielt, als dass es mir noch einmal möglich sein wird, mit Alkaloiden zu experimentieren, in welcher sakralen oder trivialen Form auch immer. Ich habe mich dafür entschieden, meine weiteren geistigen Abenteuer endogen, in der stillen Abgeschiedenheit des inneren Erlebens, zu erzeugen.

Base ist Junk, das hat nichts mehr zu tun mit einer Partydroge, das hat nichts Schickes mehr an sich, da kann man sich nicht mehr kurz auf dem Klo im Nachtcafé verabreden, da wagt man sich nicht mehr unter die Leute. Was für ein Stress war das, wenn ich noch ab und zu aus beruflichen Gründen außer Haus musste, zu Dreharbeiten zum Beispiel. Ich hatte Bröckchen vorzubacken, Bunsenbrenner einzustecken, Pfeifchen zu präparieren, aber während all dieser Präparationen durfte natürlich mein Konsum nicht zu kurz kommen, was bedeutete, dass die Vorbereitungen, für ein paar Stunden außer Haus zu gehen, oft eine ganze Nacht beanspruchten. Da ich alle zehn Minuten meinen Zug brauchte, um nicht völlig durchzudrehen, musste ich alle möglichen Ausreden ersinnen, um immer wieder vom Set in eine dunkle Ecke verschwinden zu können. Blasenschwäche, Kreislaufprobleme, Telefonate mit notleidenden

Verwandten – was für ein Netz aus Lug und Trug, das natürlich jeder umso mehr durchschaute, als ich mich früher solcher gesellschaftsfähiger Lügen äußerst selten bedient hatte. Jeder, der diesen aufgedunsenen, stark vorgealterten Mann genau ansah, wusste, dass er irgendeiner Sucht anheimgefallen war. Nur welchem Laster ich wirklich frönte, wusste niemand genau.

Und welches Entsetzen, wenn nur noch ein paar Gramm im Haus waren! Wände wurden aufgeschlagen, hinter denen ich Depots vermutete, verschüttete alte Brocken vom Teppichboden gekratzt, Möbel zerfetzt in der Hoffnung, Reste zu finden – wie unwürdig, wie ekelte ich mich vor mir selbst! Ich liebte meinen Dealer, der mich sehr fair belieferte, und als ich ihm vor Gericht Anstand bescheinigte, kam das von Herzen. Wenn seine Frau uns nicht verpfiffen hätte, ich hätte ihn nicht verraten. Irgendwann wird die Sucht so lebensbestimmend, dass die Illegalität nichts Reales mehr an sich hat.

Als ich vor vielen Jahren in meinem Roman »Uferlos« allzu tief eintauchte in die Erlebnisse meiner Sucht – wohlgemerkt, ich habe das ganze Werk in einer absolut cleanen Phase geschrieben, kein Alkohol, kein Koks –, habe ich mich so sehr erneut in die Abgründe dieser Zeit verliebt, dass ich mir nach getaner Arbeit erst mal wieder ein Näschen gönnte. Und der *Circulus vitiosus* nahm seinen Anfang bis zum besagten Inferno.

Überhaupt glaube ich, das Schicksal stößt einen mit erbarmungsloser Gewalt immer wieder auf die gleichen Fehler, auf immer gewaltigeren Wogen, bis man bereit ist, sein Leben zu ändern, oder es eben beenden muss. Was ich damals, vor vielen Jahren, nicht einsehen wollte, wurde mir nun, eine Stufe härter, als leidvolle Schulung aufgezwungen.

Natürlich gab es Schönes und Spannendes, Faszinierendes und Wunderbares in diesen Zeiten. Ausstiege in andere Leben, Einstiege in Höllenebenen, Blicke in die Welt der Mythen, manchmal begleitet von Dämonen und Naturgeistern, und immer eingenebelt in dieses Gefühl der Unantastbarkeit, das einem jede Droge so bereitwillig vermittelt; und würde ich das abstreiten um des guten juristischen Friedens willen, so wäre wohl jedem denkenden Menschen unverständlich, weshalb so viele Suchende freiwillig die allseits bekannten Gefahren der Sucht auf sich nehmen.

Aber ich habe an eigener Seele zu spüren bekommen, wie bitter es sich rächt, durchlebte Erfahrungen wieder aufzuwärmen, zum Stillstand zu kommen, indem man sich nicht mehr bemüht, zu »werden, was man ist«, indem man sich zufrieden gibt mit bereits Erlebtem und in dieser Zufriedenheit erstarrt. Deshalb will ich versuchen, mich jeder Rückschau zu enthalten, der auch nur irgendetwas Schwärmerisches anhaften könnte.

Wie oft hatte ich doch dagegen angesungen, gegen diese Vereisung des Herzens – »Ich möchte wieder widerstehen und weiterhin verwundbar sein«, »Es gibt kein Leben ohne Tod« – und nun war ich dem allen verfallen, wovor ich mich und andere so inbrünstig gewarnt hatte. Nicht dass ich gegen Regeln verstoßen hatte, nehme ich mir im Nachhinein übel, nein, dass ich mich wiederholt hatte, dass ich mir Zeit geraubt habe, neu zu lernen, neu zu erfahren und dadurch an meiner Seele gestaltend zu arbeiten.

Selbst wenn es nichts mehr gäbe,
was mich hält,
dann hielte mich noch,
dass mich nichts mehr hält.

In diesem unseligen Jahr 1995 ließ sich mein Prinzip, nie vor einem Konzert andere Drogen zu nehmen als ein Glas italienischen Weißweins, aufgrund meiner extremen Abhängigkeit beim besten Willen nicht mehr durchhalten. Ich vermochte sogar die Stunde bis zur Pause nicht mehr ohne einen Zug aus der Basepfeife durchzustehen und ließ deshalb meine Musiker immer häufiger Instrumentals spielen, um mir schnell mal hinter der Bühne das bestens vorbereitete »Bröckchen« zu geben. Welch neckischer Diminutiva man sich doch bediente, um die Monstrosität der Situation zu verniedlichen.

Die letzten Monate vor meiner Verhaftung wagte ich mich kaum mehr aus meinen Hotelzimmern. Ständig schweißüberströmt, aufgeschwemmt aufgrund eines Nierenversagens, weit aufgerissene Augen, wirrer Blick, kaum mehr in der Lage, meine Bewegungen in einem gesellschaftlich akzeptierten Maß zu koordinieren, hatte ich Angst, allein schon aufgrund meines Aussehens verhaftet zu werden.

Die Bühne bot mir noch einen gewissen Schutz, da ich mich nirgends so zu Hause fühle wie dort und mich nirgends so selbstverständlich bewege wie am Klavier. Außerdem hoffte ich, mit Hilfe der Zauberkraft der Töne und dem inbrünstigen Flehen meines Gesanges mein katastrophales Äußeres etwas vergessen zu machen. Auch wenn ich mir immer wieder, sobald ich genügend bedröhnt war, mein Elend schönzureden versuchte, mir sogar einredete, ungeheure Bewusstseinssprünge zu machen, der Wahrheit ganz nahe zu sein – meine Stimme konnte den großen Schmerz über mein Versagen nicht verhehlen.

Viele Fans schrieben mir damals erschüttert. Sie fühlten, dass ich sehr krank war, und wollten mir beistehen. Ein Beistand, dem ich mich damals verschloss und dem ich heute gerührt und dankbar gegenüberstehe. Nichts ließ ich an mich heran, was mich aus der Welt derer zu erreichen versuchte, die keine Drogen nahmen. Meine Mutter nicht, Warnungen guter Freunde, Hilfestellungen besorgter Menschen. Es scheint fast, als hätte es damals keinen Zwischenraum gegeben, in dem sich diese verschiedenen Wirklichkeiten hätten berühren können.

Meistens befand ich mich beim Konzert auf zwei verschiedenen Bewusstseinsebenen gleichzeitig. Ich spielte makellose Soli, manchmal von ungeahnter improvisatorischer Kraft, wie mir meine Musiker bestätigten. Ein anderer Teil meines Ichs befand sich in einer Art Traumzustand, in dem mich die heftigsten Fantasien bestürmten. Es gibt eine Plattenaufnahme, da spielte ich ein Solo im wahren Sinne des Ausdrucks »im Schlaf«. Meine Musiker mussten mich nach der Aufnahme aufwecken, die Einspielung allerdings war so gut, dass wir uns entschieden, sie auf der CD zu belassen.

Meine größte Sorge auf der Bühne war es, was zum Glück nur sehr selten passierte, dass sich Wortfetzen dieser Bilderfluten in meine Texte mit einmengen könnten. So forderte ich beispielsweise mein Publikum einmal mitten in einem Text auf, »sie möchten doch schon mal Asche sammeln«. Einmal sprang ich mitten im Lied vom Flügel auf, da ich dachte, ich hätte zu Hause verschlafen und müsse sofort zum Konzert. Mit dieser Droge löst sich jedes Zeitgefühl ins Nichts auf, eigentlich ein wundervoller, erstrebenswerter Zustand im Sinne dieses faustischen »... werd ich zum Augenblicke sagen: verweile doch, du bist so schön.«

Es war mir bald unmöglich, ein Konzert auch nur annähernd pünktlich zu beginnen, oft war ich um 20 Uhr noch im Hotel am »Backen«; und ich kann mich für die Geduld meines Publikums und den nervenaufreibenden Kampf meiner Mitarbeiter, mich auf die Bühne zu schleifen, im Nachhinein nur bedanken. Nicht, dass ich nicht auf die Bühne wollte – ich war einfach nicht mehr in der Lage zu unterscheiden, wann und wo die intime Beschäftigung mit der Droge dem Singen und Klavierspielen zu weichen habe und warum man nicht beides einfach vermengen dürfe.

Es ist wahrscheinlich der Unwissenheit meines Staatsanwaltes zuzuschreiben, wenn er behauptet, man könne keine Konzerte geben im Zustand der Unzurechnungsfähigkeit. Vielleicht hat er noch nie die richtigen Konzerte besucht, ob Rock oder Klassik, Oper oder Mönchsgesänge: Man muss geradezu unzurechnungsfähig sein, um ein gutes, beseeltes Konzert zu gehen. Auch heute, clean, und wie ich glaube, behaupten zu dürfen, an Körper und Geist gesundet, sind die schönsten, fast heiligen Momente die der

Ekstase, wo es mir gelingt, aus mir auszusteigen und von den Tönen kurz hinausgeschleudert zu werden in den Urzustand des Seins.

Egon Friedell, genialer Verfasser der »Kulturgeschichte der Neuzeit«, den Karl Kraus einen »ganz unerträglich intelligenten Auseinanderleger von Problemen« nennt, schreibt über das Verhältnis des Künstlers zum Alkohol (und ich glaube, es ist legitim, den Alkohol in diesem Fall mit anderen Drogen gleichzustellen): »Viele Künstler waren Alkoholiker. Aber man muss sich hier vor einer Verwechslung von Ursache und Wirkung hüten. Sie waren nicht Künstler, weil sie Alkoholiker waren. Sie waren Alkoholiker, weil sie Künstler waren. Weil sie Künstler waren, empfanden sie die Hässlichkeit und Unzulänglichkeit gewisser Realitäten tiefer und schärfer, und dies machte sie zu Alkoholikern.«

Unabhängig von meinem Drogenfall allerdings glaube ich, das Schicksal hätte mich in jedem Fall zu diesem oder einem späteren Zeitpunkt in ein tiefes Loch gestoßen, denn fallen musste ich wieder mal, tiefer als je zuvor. Zu vieles war verhärtet in diesen Jahren des Erfolgs, der mir zu selbstverständlich geworden war. Denn statt mir meiner selbst bewusst zu werden, wurde ich selbstherrlich, und das alles wurde mir bitter deutlich ab der ersten Sekunde meines Alleinseins in der Zelle des Polizeireviers. Nun hatte mich auch noch der zwar teuflische, aber gleichwohl am Ende treueste Gefährte im Stich gelassen: das Kokain.

Die ersten Tage nach meiner Verhaftung habe ich wie im Halbschlaf erlebt. Ich ahnte instinktiv, dass ich nur noch einige Wochen zu leben gehabt hätte, und trotz der Qualen dieses wahrlich unvorbereiteten Entzuges war etwas in mir dankbar und froh. Wie weit hatte ich es doch kommen lassen: Ich hatte mich aufgegeben, bestritt das noch großmäulig vor mir selbst und anderen, steuerte jedoch mit zynischem Gleichmut dem Ende zu. Ein Leben ohne diese Droge war in meinen mir erdenkbaren Wirklichkeiten nicht mehr möglich, und so feuerte ich mich mit dem letzten Rest Energie, den ich mir für Sekunden mit ungeheuren Mengen Base noch herstellen konnte, zu immer abstruseren Vorstellungen an:

Die noch verbleibenden Jahre in Bolivien verbringen, den Konsum auf genau fünf Gramm pro Tag beschränken (eine fast schon »mönchisch« zu nennende Form der Abstinenz), wobei die reale Umsetzung solcher Ideen – zum Beispiel die Frage, aus welchem Zaubertopf ich 1 000 DM pro Tag schöpfen sollte – nie ein Thema war. Ich hatte jeden Bezug zur Realität meines Ich in der mich umgebenden Welt verloren. Das will nicht sagen, dass meine Ideen, Gedanken und Bilder, die ich in mir erzeugte, nicht real gewesen wären, sie waren jedenfalls bedrohlicher als jede Wirklichkeit zuvor. Aber eben nur noch mein Innen war existent und völlig abgeschnitten von der Außenwelt. Bei Heiligen ein bewunderter Zustand, aber meist auch auf ehrenvolleren Wegen erarbeitet.

Schon zu Beginn dieses Alleinseins mit mir, mit meinem suchtkranken Ich und meinem eigentlichen Selbst, das ich wieder herauszuschälen hoffte, war mir schmerzlich klar, dass ich nicht nur auf die Droge verzichten musste, sondern auf die gesamte Lebensweise der letzten Jahrzehnte. Und dass der Gott der alten Herrlichkeit, dieses mittlerweile verlorenen Lebens, ein eifersüchtiger Gott sein würde. Anfangs wirkte er auch noch gewaltig in meine Fantasien hinein. Bilderfetzen vergangener Exzesse durchfluteten mein Hirn, und meine einzige Waffe gegen diese Invasion war die Erinnerung.

Der kaukasische Weisheitslehrer Gurdjieff pflegte Anfang dieses Jahrhunderts seinen Schülern als oberstes Gebot aufzutragen: »Erinnere dich deiner selbst.« Dieses Erinnern, das wusste ich aus vielen ähnlichen, wenn auch nicht so dramatischen Niederlagen meines Lebens, war die einzige Chance, des dämonischen Komplotts Herr zu werden, sich Kraft zu holen aus der Tiefe des Gemüts.

Zum Erinnern gehört eben auch die Erinnerung, und hier hatte ich die große Chance, die so manchem nicht gegeben ist, dessen erste und einzige Glückserfahrung die Droge ist: mich an eine Kindheit zurückerinnern zu dürfen, die voller Freude war, ohne Betäubung und Gewalt oder aggressive sexuelle Erlebnisse. Eine – von einer liebenden, wenn auch klammernden Mutter und einem weisen, allerdings der Mutter alle Erziehungsaufgaben überlassenden Vater behütete – Kindheit, die mir das Urvertrauen mit auf den Weg gab, im Universum aufgehoben zu sein. Welche Tragödie, wenn diese Liebe dem Kinde nicht gewährt wird und Drogen, Brutalität oder Männlichkeitsrituale an Liebesstatt das Herz verformen.

> *Immer ist Ort und Stunde. Immer bist du gemeint.*
> *Und es ist jede Wunde einmal zu Ende geweint.*
> *So viele Schritte gegangen, egal wohin sie geführt.*
> *Hauptsache angefangen, ab und zu Leben gespürt.*
> *Immer ist wieder und weiter, immer – das bist du.*
> *Die Tore öffnen, und heiter schreitet der Tag auf dich zu.*

Nun also hatte ich die mir fernste von allen nicht erworbenen Tugenden zu erwerben: die Geduld. Denn die alle Fasern des Seins durchdringende Freude konnte ich nicht mehr empfinden. Ich hatte dieses Gottesgeschenk einmal im Lied beschrieben: »Was macht sich heut' die Sonne breit, sie stellt mich richtig bloß – mich lässt schon seit geraumer Zeit die Freude nicht mehr los ...« Und es blieb mir nur noch die Hoffnung, dieses Gefühl wiederentdecken zu lernen. Erst zwei Jahre später sollte ich bei Paulus (Römer 5,3 f.) lesen, wie Drangsal Geduld bewirkt, die Geduld Bewährung, die Bewährung Hoffnung.

Der Benediktinermönch und Zen-Buddhist David Steindl-Rast resümiert: »Wird diese Kettenreaktion funktionieren können, wenn wir nicht von Anfang an zumindest etwas Hoffnung haben? Ich für meinen Teil benötige in der Drangsal ein bisschen Hoffnung, wenn ich nicht ganz und gar die Geduld verlieren soll. Richtig, aber diese anfäng-

Abb. 1: »*Meine Kindheit: Behütet*« *(ca. 1953)*

Abb. 2: »*Auf der Suche nach dem Wunderbaren*« *(ca. 1972)*

Abb. 3: »*Wieder Sperrstund' im Kaffee*« *(ca. 1986)*

Abb. 4: *Mit Joan Baez: »Eine Ikone der Friedensbewegung« (1983)*

Abb. 5: *Kaffee Giesing: »Nun begann ein halbes Jahr Umbau« (1984)*

Abb. 6: *Zitat Dorle Wecker: »Meinen Hund würde ich nicht für eine Million verkaufen.« (Baden-Baden 1990)*

Abb. 7: »*Das Schöne an meiner Mutter war ihre ganz und gar unbürgerliche Einfühlsamkeit.*« *(Dorothea und Konstantin Wecker, Baden-Baden 1996)*

Abb. 8: »*Mir flog das zu, was dir verwehrt geblieben, du hattest Größe und ich hatte Glück.*« (*Alexander und Konstantin Wecker, ca. 1999*)

Abb. 9: »*Einen Kabarettisten wie Dieter Hildebrandt wird es nie mehr wieder geben.*« (Scheibenwischer, ARD 25.10.1990)

Abb. 10: »*Alles, wogegen ich angekämpft habe, trage ich als Schatten auch in mir, als Keim oder als Gefährdung.*« (SS-Standartenführer Schwartow im Film »Wunderkinder«, 2011)

Abb. 11: *Mit Hannes Wader: »Meine Bewunderung für ihn und seine Lieder ist geblieben.« (2010)*

Abb. 12: *Wieder dahoam: Mit Frank Diez, Colin Hodgkinson, Pete York und Wolfgang Dauner (1986)*

Abb. 13: »*Vater antwortete auf meine Fragen meistens mit klaren Sätzen, die, je älter ich werde, umso lebendiger vor mir auferstehen.*« (ca. 1992)

Abb. 14: *Mit Petra Kelly: »Denkt mit dem Herzen!« (ca. 1987)*

Abb. 15: *Mit Hans-Peter Dürr: »Empathie hast du gelebt, lieber Hans-Peter.« (IPPNW Kongress Berlin 2003)*

Abb. 16: *Mit Eugen Drewermann: »Ich liebe es, wenn er spricht, als spräche nicht er, sondern als würde etwas durch ihn sprechen.« (ca. 2003)*

Abb. 17: *Mit Herbert Rosendorfer: Er schrieb das einfühlsame Vorwort zu dem Gedichtband »Jeder Augenblick ist ewig«. (2012)*

Abb. 18: *Mit den Söhnen Valentin und Tamino: »Ich habe gelernt – und ich dank' euch dafür – ohne zu wollen zu geben.« (Spanische Treppe, Rom 2000)*

Abb. 19: *Valentin, Annik, Konstantin und Tamino Wecker (Barcelona 2015)*

Abb. 20: »Was für eine großartige Zeit waren die Wochen, die ich mit Mercedes Sosa und Joan Baez zusammen sein durfte, während unserer Tournee ›Three Voices‹.« (1988)

Abb. 21: Stuttgart 21: »Ich bin heute hier, weil ich mich mit Eurem zutiefst demokratischen, bewundernswert gewaltfreien Widerstand solidarisch erkläre und Euch vielleicht mit meinen Liedern etwas Mut machen kann.« (16.10.2010)

Abb. 22: *Ohne Warum live (Berlin 2016)*

Abb. 23: *»Du magst es greifen, du begreifst es nicht. Was du auch siehst, ist nur gefror'nes Licht.«*

liche Hoffnung könnte immer noch eine großzügige Dosis Optimismus enthalten.« Steindl-Rast schreibt weiter: »Bewährung vor unserem Schicksal muss jeden Rest von Pose und Heuchelei in einem langsam brennenden Feuer läutern. Erst dann wird Hoffnung sich wirklich zeigen und über jeden Zweifel erhaben sein. Dieser Läuterungsprozess findet sich an wichtiger Stelle in jeder spirituellen Tradition.«

War dieses Spirituelle, eine tief im Herzen schlummernde Religiosität, mir früher immer ein selbstverständlicher Wegbegleiter gewesen, so wurde ich jetzt, nachdem ich dieses Urverstehen offensichtlich verloren hatte, durch eine zu hemmungslose Lebensweise verschüttet, wieder mitten hineingestoßen ins Geistige.

Denn was tut man, wenn man sich verlassen fühlt, von allem getrennt, mit dem man sich identifiziert hatte, körperlich und psychisch aus jedem Gleichgewicht? Man schreit nach innen um Hilfe, tief in sich hinein, und wer inbrünstig und innig genug fleht, wird dort auch seinen Gott entdecken.

STERBEN UND WIEDERAUFERSTEHEN

Roland Rottenfußer

»Es kann sein, dass sein künstlerisches Œuvre leidet und dass er danach nicht mehr so zündend ist. Ob er noch derselbe Wecker sein wird – das ist die Frage.« Der österreichische Drogenexperte Günter Pernhaupt, der Wecker für das Magazin »News« ferndiagnostizierte, malte vorzeitig das künstlerische Aus für den gestrauchelten Groß-Liedermacher an die Wand: Immer »derselbe Wecker« zu bleiben, das hatte er ja auch nie beabsichtigt. Aber als Krisensymptom konnte man Weckers neue CD »Gamsig« schon interpretieren, die bald nach seiner Entlassung aus Stadelheim erschien. Die Aufnahme unterscheidet sich schon durch die Geschichte ihrer Produktion stark von anderen Wecker-Werken: konzipiert vor und vollendet erst nach dem Gefängnisaufenthalt ihres Schöpfers. Der erste Versuch, die CD im Herbst einzuspielen, war gescheitert, weil der Star indisponiert war. Weckers Gesangspart musste daher nach seiner Entlassung neu eingesungen werden. Das klang noch immer etwas gepresst und auf manieriert wirkende Art raustimmig, als hätte man Tom Waits am Morgen nach einer Kneipentour ans Mikrofon gelassen. Aber brauchbar.

Die Geschichte von »Gamsig« hatte im Sommer vor Konstantin Weckers Verhaftung begonnen: mit einer Reise des Künstlers und seiner Entourage nach Kamerun. Sie verlief chaotisch und hätte den Süchtigen noch früher und unter weit schlimmeren Umständen ins Gefängnis bringen können, da er – unfassbar leichtsinnig – Drogen im Gepäck hatte. Wecker hatte den Mitgliedern des afrikanischen Chors »Les Voies d'Espérance de Douala« damals versprochen, sie nach Deutschland zu holen. Unter dem Aspekt der Völkerverbrüderung hatte Wecker auch mit »Gamsig« instinktsicher gehandelt und ein Zeichen gesetzt. Für Wecker war es ein Trip »zurück zu den Wurzeln seiner Jugend, als ich in Kneipen für ein paar Bier Blues und Soul am Klavier spielte«. Wollte Konstantin etwa »no amoi da Joe wieder sei«? »Seit meinem Auftritt 1982 in Wien mit Harry Belafonte und der südafrikanischen Sängerin Letta Mbulu, die ich am Klavier begleitet hatte, hatte ich davon geräumt, einmal mit afrikanischen Musikern zu spielen. Ich halte diese Musik für spannender, lebendiger und authentischer als die meisten Produkte heutiger amerikanischer und englischer Popmusik«, sagte er.

Politisch war der so oft Schwankende immer geradlinig und trittsicher gewesen. Mindestens enthielt »Gamsig« eine antirassistische Botschaft, den Aufruf an das selbstgerechte Europa, die »Kinder von Afrika« nicht zu vergessen, sich von ihrer Herzlichkeit, ihrem Rhythmus inspirieren zu lassen. Nicht eine als Gnadenbrot gewährte »Entwicklungshilfe« war intendiert, vielmehr umgekehrt eine Bitte an die Afrikaner, Europa bei der Entwicklung einer gesunden Emotionalität zu helfen. Musikalisch war »Gamsig« der Versuch, ein bayerisches »Graceland« zu schaffen, mit Choreinlagen in afrikanischer Sprache und Reggae-Rhythmen aufgepeppt. Ein wenig mutet der Versuch an wie Ravels Bolero: Der spätromantische Décadence-Künstler nimmt Abstand von der für ihn üblichen zart-verschwimmenden Klangsprache und versucht, rhythmustrunken am Archaischen zu gesunden. Es war ein Experiment, den Versuch wert. Aber wie viel emotionale Offenheit und Ursprünglichkeit sind einem Menschen möglich, der drogenbedingt von sich selbst tief entfremdet ist?

Wie Senta Berger in Konstantin Weckers Berufungsprozess anmerkte, geriet »Gamsig« weniger innig, waren die Texte weniger gelungen als bei früheren Aufnahmen des Künstlers. Obwohl auch diese CD wunderschöne Passagen enthält – man denke etwa an den ausgefeilten Klavierpart in »Geh no kaputt an dir« – waren einige der Texteinfälle der Aufnahme doch irritierend einfach. Selten zuvor wurde

Konstantins anspruchsvolles Publikum zum Beispiel mit Wendungen wie dieser verstört:

Ois is Soul!
Soulman, Coolman,
er is a Soulman, cool!

Im Titellied »Gamsig« demontierte Wecker genüsslich seinen eigenen Mythos – der bekennend triebgesteuerte, zur Maßlosigkeit neigende Prachtkerl. Die »Genug ist nicht genug«-Botschaft, in »Uferlos« noch würdig aufgewärmt, geriet hier beim x-ten Aufguss doch etwas dünn.

Wo ist es, das befreite Weib,
das sich vergeht an meinem Leib,
das mich missbraucht gleich vor der Bar,
dann raucht und fragt wie gut sie war.
Bin nicht der Traum für jede Frau,
doch war der Himmel heit so blau –
und gamsig war i heit wia'd Sau.

Der auch menschlich große Dieter Hildebrandt hatte bei seiner Scheibenwischersendung Anfang Dezember 1995 gesagt: »Durch den Knast verliert man keinen Freund.« Viele seiner Fans hielten ihm ähnlich unerschütterlich die Treue. Schließlich war nicht – wie in Ludwig Thomas Theaterstück »Moral« – der Vorsitzende des Sittlichkeitsvereins auf frischer Tat in einem Bordell erwischt worden; es war lediglich enthüllt worden, was ein Unsittlicher schon längst freiwillig preisgegeben hatte. Konstantin bekam viele Briefe ins Gefängnis mit ermutigenden Botschaften. Einen der schönsten erhielt er von dem Bayern-Blueser Willy Michl, dem Stadtindianer, mit dem ihn über Jahre eine Freundschaft und musikalische Schnittmengen verbunden hatten. »Männer wie du haben die Aufgabe, das Leben in all seinen Höhen und Tiefen zu erforschen, um dann dem Menschen sagen zu können: ›So is es!‹« Das verweist durchaus auf die tieferen Beweggründe der Weckerschen Inkarnation. Es war aber nicht ganz ungefährlich in einer Phase, in der nur eine Abkehr vom Lebensextremismus den Stadelheim-Insassen retten konnte.

Als Texter hüllte sich Wecker in dieser Phase in Schweigen. Mit einer Ausnahme: Noch in Haft verfasste er ein Lied, »Zueignung« genannt. Er soll es seinem Richter beim Haftprüfungstermin vorgesungen haben – ein Kuriosum für sich, stellt man sich diese Performance vor einem vermutlich staubtrockenen Juristen vor. »Zueignung« ist eine echte Rarität, die zum ersten Mal bei Konstantins Comeback-Konzert im Flughafen Riem (München) am 23.12. aufgeführt wurde. Damals war ich mit sehr hochgesteckten Erwartungen gekommen. Die ganze Geschichte von Drogenverhaftung, Gefängnis und Entlassung, die ich mitfiebernd in der Presse verfolgt hatte, lud das Konzerterlebnis auf einzigartige Weise mit Spannung auf. Die entscheidende Frage war für Wecker-Fans: Würden wir »unseren Konstantin« überhaupt halbwegs unbeschadet wiederbekommen? Würde es eine künstlerische Zukunft für ihn und somit auch weitere berauschende Konzerterlebnisse für uns geben? Wir waren froh, dass er so früh wieder den Auftritt wagte – dem Anschein nach unverwüstlich, auch wenn stimmlich und äußerlich durchaus Anzeichen von Verwüstlichkeit zu erkennen waren.

Mit noch sichtlich ramponierter Stimme, das Klavier arg malträtierend, setzte Wecker »Zueignung« an den Anfang seines Konzerts, wo es einen ungeheuren Eindruck machte. Zunächst ist es eine Liebeserklärung an seine treuen Fans:

Nun Freunde, ihr hab es euch ja gedacht,
es waren schreckliche Stunden.
Getrennt von den Tönen, von Feinden verlacht
und dennoch von eurer Liebe bewacht,
hab ich mich im Kerker geschunden.

Unter einigem Gekicher, das jede seiner Anspielungen auf seine Drogensucht begleitete, fuhr Wecker selbstkritisch fort:

> *Im Sinne des Wortes: ich hab' es verraucht,*
> *nicht nur das eigene Lieben.*
> *Euer Sehnen und Hoffen und dass ihr mich braucht,*
> *bin vor euren Warnungen weggetaucht*
> *und nicht mehr bei mir geblieben.*

Wecker versichert, dass von diesem Prozess des Selbstverlustes nicht seine Lieder betroffen waren. Da war er echt geblieben, »da brüllte mein Kern«. Der frisch auf Entzug Befindliche verweist noch einmal auf seinen politischen Nonkonformismus als Beleg für Integrität. Er schließt – fast überflüssig – mit dem Versprechen: »Doch Freunde, da ist eine Seele, die brennt, und die will sich liebend noch weiten.«

Nach diesem bewegenden Auftakt zeigte sich, dass das Konzert in zwei in ihrer Stimmung völlig verschiedene Teile zerfiel: Vor der Pause war das Programm sehr nachdenklich und schien der Aufarbeitung der jüngeren Vergangenheit Weckers gewidmet. Neben dem sehr direkt auf das Thema bezogenen »Kokain« berührte vor allem auch die deutsche Version des Janis-Joplin-Titels »Hey Joe«: »Hey Joe, oane wia du muaß verbrenna oder erfrieren«. Es braucht nicht viel Fantasie, um darin ein Selbstporträt des Künstlers, ein Psychogramm des nur Wochen zurückliegenden Absturzes zu erkennen. Dabei schien Konstantin Wecker die Töne zusammengekniffenen Gesichts mit fast verzweifelter Inbrunst hervorzustoßen, ein Klagegesang »de profundis«, der seine Wirkung bei den Zuhörern nicht verfehlte.

Nach der Pause holte Wecker den Chor »Voies d'Espérance« auf die Bühne – auch dies für fast alle eine Überraschung, da die CD »Gamsig« damals noch nicht veröffentlicht war. Ein Stilbruch der Art »O Freunde, nicht diese Töne!« kündigte sich an. Die Afrikaner stimmten lächelnd und wippend ihre rhythmischen Gesänge an und verbreiteten so einen Tag vor Weihnachten eher sommerliche Beach-Stimmung. Die Texte entfernten sich weit von der aktuellen Erlebniswelt Weckers – sieht man von dem prophetischen Satz »Staatsanwälte küsst man nicht« ab. Nach den tiefgreifenden und deprimierenden Erfahrungen, die Wecker – wie alle im Saal wussten – gerade durchlaufen hatte, erschienen die heiteren Töne für manche überraschend. Wollte sich Konstantin dem Dunklen in ihm nicht stellen und auf »heile Welt« machen? Das Geheimnis lag natürlich darin begründet, dass die Lieder »vorher« konzipiert worden waren, in einer Phase der Euphorie, an deren Entstehung die Droge ihren Anteil hatte.

In diesen Wochen des Übergangs bereute Wecker zwar, aber er kokettierte auch mit dem zu Bereuenden. Fast musste man nach seinem glutvollen Auftritt befürchten, der Künstler würde abermals ausbrechen, würde an weiteren Selbsttranszendenzversuchen kranken oder gar sterben, anstatt in der Begrenzung zu genesen. Tatsächlich entwickelte sich Weckers Leben – ungeachtet dieses Nachglühens im Gedicht – jedoch durchaus in eine solide Richtung. Am 3. Februar 1996, nur gut zwei Monate nach der Verhaftung also, heiratete Konstantin seine um 26 Jahre jüngere Freundin Annik Berlin in der Lukaskirche in München. Auch Noch-nicht-Verteidigungsminister Rudolf Scharping kam zur Hochzeit.

Schwiegervater Reinhard Berlin, drei Jahre jünger als der Bräutigam, gab nicht nur seinen Segen, er unterstützte den spät zur Ehe berufenen nach Kräften, half ihm, seinen beträchtlichen Schuldenberg von damals vier Millionen DM auf knapp eine Million zu reduzieren. Er handelte Vergleiche mit 77 Gläubigern aus und besorgte im eigenen Familien- und Freundeskreis 400 000 DM, mit denen die dringlichsten Schulden beglichen werden konnten. Nur in einem Fall war eine Gerichtsverhandlung unausweichlich. Viele Gläubiger waren mit einem Teilbetrag zufrieden, weil sie aufgrund der desaströsen Presse-Berichterstattung über Konstantin Wecker gar nicht mehr damit gerechnet hätten, auch nur einen Pfennig wiederzusehen. Weitere Kosten wurden durch die überhöhte Miete (10 000 DM monatlich) für Konstantins Domizil in Grünwald verursacht – und durch Schnorrer, für deren großzügigen Geldverbrauch Konstantin haftbar gemacht werden konnte. Auch für Berlin, Druckereiunternehmer aus Achim in Niedersachsen, war es eine hektische und intensive Zeit. Er tröstete sich aber mit Humor: »Annik hätte mit jedem daherkommen können, nur nicht mit dem Hintze« (damals Generalsekretär der CDU), gab er gegenüber der Presse zu Protokoll.

Drei Jahre später, als ich Wecker im Berufungsprozess aus der Entfernung sah, war er kaum wiederzuerkennen. Er hatte 15 Kilo abgenommen, wirkte topfit, meditierte regelmäßig, gab an, keinen Alkohol zu trinken und Vegetarier zu sein. Von Mutter Dorle ist über den damaligen Zustand Konstantins sogar folgender Ausspruch überliefert: »Über meinen Sohn kann ich mich jetzt nicht mehr beschweren, denn er ist gesund, aber er ist etwas langweilig geworden.« Bislang wäre eine solche Aussage über Konstantin Wecker völlig undenkbar gewesen. Ein solches Ausmaß an Makellosigkeit hatte er wohl nie zuvor erreicht – und auch hinterher nicht. Was viele nicht für möglich gehalten hatten: Der ewige Junggeselle (»Niemand kann die Liebe binden, sie gefällt sich selbst zu gut«) war dauerhaft clean und hatte eine emotionale Heimat gefunden, die ihm Halt gab. Zudem war Wecker am 6.1.1997 zum ersten Mal Vater geworden. Valentin Wecker wurde der Bub getauft. Als Gipfel der Ausnüchterung zog der »barocke« Bayer mit seiner jungen Familie sogar vorübergehend nach Niedersachsen – allerdings eher, um notfalls in einem der milderen norddeutschen Knäste zu landen. Alles gut?

III. NEUE ERKENNTNISSE UND ALTE KONSTANTEN

NACH DER ENTLASSUNG

Günter Bauch

Die Entlassung aus der Untersuchungshaft Ende 1995 bedeutete für Konstantin eine starke Zäsur. Was er in den letzten Jahren getrieben hatte, hielt er für böse – nicht so sehr, weil es ihn hinter Gitter gebracht hatte, sondern vor allem, weil es ein Irrweg für ihn war, ein verkehrtes Leben, eines, das nur um Genuss, um grenzenlosen Hedonismus kreiste und seiner nicht angemessen war. Frisch entlassen, im Büro seines Anwalts, schwor er in einer improvisierten Rede an uns Freunde den Drogen ab. Ich wusste, dass ihn der Gefängnisaufenthalt tief deprimiert und in seinen Grundfesten erschüttert hatte, trotzdem beschlich mich das Gefühl, er sei schon wieder der Alte. Das Kokain hatte ihn fast umgebracht, aber – gewagter Gegensatz – eher physisch denn psychisch und spirituell.

Keine Drogen mehr nehmen zu wollen erschien mir evident, aber wie definierte man Droge ab jetzt? Konstantin verdammte plötzlich auch jeglichen Alkohol. Der sei das gleiche Gift wie das Kokain. Die Koksnächte waren auch stets in Strömen von Bier und Spirituosen ersoffen. Wie so oft schüttete er das Kind mit dem Bade aus, da er, wie er selbst immer wieder betont, kein Mann für halbe Sachen ist. Wohl spürte er unseren Widerstand, den wir nicht äußerten. Wir könnten ruhig weitertrinken, rief er und griff zum Mineralwasser. Möglichst ungesehen trank ich weiter mein Bier. Ich hatte ihn an der Gefängnispforte mit einer großen Flasche Champagner empfangen, was mir jetzt leidtat. Den Sekt hatten zum größten Teil die Journalisten gepichelt und sich in ihren Schlagzeilen darüber den Mund zerrissen.

Für Konstantin begann Anfang 1996 eine Schlammschlacht mit der Presse, die Jahre andauerte. Er hatte Schulden in Millionenhöhe, mit Artikeln und Fotos in illustrierten Blättern versuchte er, Geld einzunehmen. Für die Öffentlichkeit waren die rasche Entlassung aus der Untersuchungshaft und kurz darauf die prachtvolle Hochzeit mit der viel jüngeren, zauberhaften Annik Berlin eine schwer fassliche Anhäufung unverdienten Glücks. Die Leser rissen sich darum, dieses Glück zu bestaunen, zu beneiden und zu hassen.

Anniks Vater, Reinhard Berlin, unternahm es, die misslichen Finanzen seines Schwiegersohnes zu sanieren. Er warf zwar Konstantins Haus oberhalb des Tegernsees den Gläubigern vor, doch es gelang ihm, Rimortini zu retten. Das Gut in der Toskana, Schauplatz meiner dilettantischen Bauleiterbemühungen und Bühne unserer Männerwochen, ist bis heute der Ferienort der Familie Wecker geblieben. Vor allem aber ist Rimortini der Ort, an den sich Konstantin regelmäßig zum Schreiben und Komponieren zurückzieht. Dort fühlt er die Inspiration, dort küsst ihn die Muse. Nach dieser Immobilie hatten schon Münchner Banken die Fühler ausgestreckt, einer der Vorfühler war groteskerweise ein früherer Anwalt Konstantins.

Finanziell schädlich war auch die schlecht verkaufte »Gamsig«-Tournee mit dem 15-köpfigen Chor aus Kamerun, »Les Voies d'Espérance de Douala«. Geplant war eine aufwendige und farbenprächtige Bühnenshow, eine Idee, geboren noch in Zeiten des drogenabhängigen Überschwangs und eigentlich mit ihm zum Scheitern verurteilt. Angesagt, auch im Angesicht des bevorstehenden Prozesses, waren jetzt Bescheidenheit und Zurückhaltung. »Gamsig« fallierte krachend. Mit dem Chor, den zehn Musikern, den zahllosen, für Bühne und Kulisse notwendigen Technikern waren es um die 50 Mitreisende. Und an manchen Abenden kamen nicht mehr als 200 Zuschauer. Man wollte Konstantin nicht mehr als Superstar und formidablen Zirkusdirektor. Man hatte ein Recht, fand man, ihn in Sack und Asche zu sehen. Also begann er, nach dem Ende von »Gamsig« im Herbst 1996 eine längere Solotournee.

Zur gleichen Zeit zogen er und Annik in Grünwald aus, verließen den überteuerten Bungalow, in dem er verhaftet worden war. Sie standen auf der Straße, wohnten in diversen Münchner Hotels. Einige Wohnungen, die sie besichtigten, wurden ihnen von konservativen Vermietern versagt. Sie glichen Maria und Josef, Annik war hochschwanger, die Vermieter vermutlich christlich. Ihr erster Sohn Valentin wurde noch in München geboren, dann übersiedelten sie aufs Land, nach Flintsbach ins Gebirge. Sie fanden ein großes, urwüchsiges Haus, waren aber weitab vom Schuss. Konstantin, durch Alkoholfreiheit ernüchtert, aber gleich wieder begeisterungsfähig, erwärmte sich fürs Wandern und Kraxeln, oft besuchten wir ihn da draußen. Nur Annik fühlte sich nicht gerade pudelwohl, verstand auch die Sprache nicht. Immerhin blieben sie über zwei Jahre in Flintsbach, erst im Juni 1999 zogen sie wieder nach München.

Die Droge, die Konstantin bis Ende 1995 so ausschließlich besetzt gehalten und gerade noch die schiere Zeit des allabendlichen Konzertes ausgespart hatte, hinterließ eine Leere in ihm, die er bald zu füllen wusste. Intensiv wie dem Kokain widmete er sich der Beschäftigung mit Rudolf Steiner. Er sprach von niemand anders mehr, beschenkte uns, Christoph, Manfred und mich, mit Werken des Anthroposophen, spielte mehrfach in Waldorfschulen. Wir besuchten das Goetheanum in Dornach, dort, in erhabener Abgeschiedenheit ereilten uns die neuesten Nachrichten vom Prozess in München. Bis hierher spritzten die Schmutzkübel des Staatsanwalts und seiner Belastungszeugen. Und hier war es, wo mich Konstantin mit ungewohnt kleiner Stimme um Asyl in Casa Bistino, meinem Häuschen in der Toskana, bat. Er wollte weg aus Deutschland, und zu dem Zeitpunkt war Rimortini noch in der Schwebe von Erhalt und Verkauf.

Zugleich aber half ihm sein neues Idol zum geistigen Überleben. Ihm imponierte das Universalgelehrtentum, die Allwissenheit Rudolf Steiners, die nicht bei der Theorie stehenblieb, sondern sich auf alle erdenklichen Gebiete der

Lebenspraxis ausdehnte. Steiners Verbindung von sozialem Engagement und künstlerischem Wirken musste ihn besonders ansprechen. Ebenso seine Hinwendung zur anthroposophischen Medizin. Für neue Methoden nicht des Heils, aber des Heilens war Konstantin immer aufgeschlossen.

Seinerseits blieb Konstantin nicht bei Steiner stehen. Er machte Ernst mit der Änderung seiner Lebensführung, verbrachte ganze Wochen in bayerischen Klöstern, in Andechs und Ettal, stand mit den Mönchen auf und nahm an Gebeten und Exerzitien teil. Sein rigoroser Antialkoholismus muss die rundlichen Gottesdiener befremdet haben. Konstantin schilderte sie mir als nette Sympathisanten von Bier und Braten, wenn die Liturgie erst mal ruhte.

»Und schauen Sie ihn an. Heute spielt er Golf!« Dies waren die emphatischen Worte von Steffen Ufer, Konstantins Verteidiger beim Drogenprozess, gerichtet an den Richter, der erst allmählich begann, ungläubig den Kopf zu schütteln. Man sah ihm an, dass er noch nie so ein Argument gehört hatte. Es sollte die rasche körperliche Genesung des Angeklagten beweisen. In welche prozesswichtige Argumentationskette Ufer diesen Appell eingliederte, ist mir entfallen, vielleicht habe ich es nie verstanden. Meine Aussage bezog sich auf die Unzurechnungsfähigkeit Konstantins vor der Verhaftung, als an Golf nicht zu denken war. Und auf meine kurz bevorstehenden, aus trockenem Mund gestammelten Worte zum Richter hatte ich mich voll zu konzentrieren.

Der Richter in Konstantins Prozess vor dem Münchner Landgericht ab 1996 hatte es überhaupt nicht leicht. Wir ahnten, dass er, was Konstantins Verurteilung zu mehr als Bewährung betraf, Anweisungen von höherer Stelle bekam und nicht zur Gänze seinem eigenen Urteilsvermögen folgen durfte. Dieses schien aber ohnehin beeinträchtigt durch Konstantins schon viele Jahre altes und gar nicht auf einen Richter im engeren Sinn gemünztes Lied »Der Herr Richter«. Konstantin stellt dem Lied in seinem heutigen Programm den neckischen Satz voran: »Wenn Sie vorhaben, verhaftet zu werden – das geht manchmal schneller als Sie denken – dann vermeiden Sie es, das folgende Lied zu schreiben.«

Denn am Sonntag, am Spielplatz, um dreiviertel zehn,
da lässt der Herr Richter sein Schwänzlein sehn.
Er braucht halt nun mal das Klein-Mädchen-Geschrei
als Ausgleich für seine Rechthaberei.

Überdies hatte er Konstantins Mutter Dorle zu ertragen, die sich im Schneidersitz mitten ins feierliche Regularium der Prozessordnung setzte, direkt vor den Richterstuhl, denn sie war schwerhörig und wollte dennoch alles genau verstehen. Ihr Hörgerät pfiff dem Richter um die Ohren und sie mahnte ihn wie einen schüchternen Schüler: »Lauter! Ich hör nix!« Zur Ordnung gerufen, erklärte sie lapidar: »Ich bin die Mutter.«

Aber wir hatten angefangen, Golf zu spielen, leidenschaftlich wie Ufer und sogar mit ihm. 1997 begann diese Sucht, ein Golflehrer, der das Konzert besuchte, machte sich an Konstantin heran und lud ihn ein. Auf der Driving Range steckte er den leicht Entflammbaren an – und er schließlich uns. Wir fuhren durch die Lande, es war die Zeit der Solotournee »Leben in Liedern«, und wir spielten nachmittags Golf, neun Löcher, hetzten in die nächste Stadt, zum nächsten Konzert. Ohne Navigationssystem fanden wir die Golfplätze, die kleinen braunen Hinweisschilder elektrisieren mich heute noch.

Konstantin – und ich mit – wurde sogar zu Turnieren eingeladen, äußerst gewagt bei unseren damaligen Fertigkeiten. Aber die Clubpräsidenten liebten Prominente, auch einen, der den Rest seiner Freizeit vor Gericht verbrachte. Besonders leutselig und vorurteilslos waren immer die Österreicher. Die Golfsucht hielt uns fest am Wickel, auch im Winter. Die lange Zeit von Herbst bis Frühling war golflos schwer zu ertragen. Wir trafen uns bei Minusgraden auf schneebedeckten Plätzen und ließen rote Bälle flitzen.

Doch Golf ging vorüber und eine ganz neue, sympathische, ein wenig resignative Gelassenheit blieb in Konstantin. Mit der Droge waren die letzten egozentrischen Hochgefühle der 70er und 80er Jahre weggeblasen. Er schrieb das Lied »I werd oid« und trug es Manfred und mir im Auto vor.

Jeden Morgen is wieder so weit:
wie bscheiß i mein Spiegel heit?
Zieh den Bauch ein und kämme mein Haar
dorthin wo es früher mal war.

Auch die Falten sind kaum mehr da
ich setz einfach die Brille nicht auf.
Und mit jugendlichem Elan
nimmt mein Tag dann seinen Lauf.

I werd oid – i glaub i werd oid
manchmal werds ganz schee koid
wer woaß wohin ma dann foid
schaugts mi o – i werd oid.

Er tat dies wie so oft, um bei frischgebackenen Texten Korrekturvorschläge, Zustimmung und vor allem Aufbauendes, Zweifelverscheuchendes zu hören. Laut ließ ich solches hören, leise aber erschrak ich: So oid samma do no gor net. Konstantin war gerade 50 geworden. Ein mutiges, nur etwas zu prophetisches Lied … Auf all den lächelnden Verzicht, der sich in dem Lied feiert, war ich nicht vorbereitet.

»DIE VERGANGENHEIT UMWANDELN«

Konstantin Wecker

Viel ist über mich und meinen Drogenkonsum geschrieben worden. Vieles hab ich selbst darüber geschrieben. Anfangs, um mich zu rechtfertigen, zu verteidigen, aber auch, um mich zu entschuldigen.

Dann, um mich selbst zu verstehen. Dann hieß es, ich sei geläutert. Ich habe das Wort immer vermieden. Ich wollte und will kein Geläuterter sein.

Im Herbst 2015 war ich bei meinem Freund Alois Metz, einem Diakon in der Schweiz, einem begnadeten Seelsorger. Wenn je das Wort im eigentlichen Sinn auf jemanden zutrifft, den ich kenne, dann ist es Alois. Er begleitete hunderte Sterbende, er hielt ihnen die Hand und versprach keinen gnädigen Himmel. Er war da, mit seiner warmen Stimme und seinem Gottvertrauen, das nie fordernd war, sondern aus der Tiefe seines Herzens strahlte und immer mehr strahlt.

Unvergesslich ein Abend in seiner Kirche, der ohne ihn nicht zustande gekommen wäre. Eugen Drewermann, Arno Gruen und ich durften dabei sein. Es war Arnos letzter öffentlicher Auftritt, und seine Rede schien mir damals schon wie aus einer anderen Welt. Als hätte er schon geahnt, dass es seine letzte sein würde.

Eugen Drewermann hielt wieder ein flammendes Plädoyer für den Pazifismus. Ich liebe es, wenn er spricht, als spräche nicht er, sondern als würde etwas durch ihn sprechen. Ich saß in der ersten Reihe, zwei Meter vor ihm, und er sah mich nicht – so wie er, glaube ich, keinen sieht im Saal. Er ist ganz bei sich. Wie ein begnadeter Musiker in der Improvisation ausschließlich bei sich ist und nicht für das Publikum spielt.

Mir sagte Drewermann einmal, er habe gar kein so gutes Gedächtnis, es gehe ihm so wie mir, wenn ich Klavier spiele, er improvisiere.

So, wie er spricht, würde ich allerdings gerne Klavier spielen können ...

Nun, ich war also in der Klinik, in der Alois Seelsorger ist und sollte am Abend ein kleines Konzert dort geben. Am Nachmittag stieß ich zu einer Zusammenkunft, einer Gruppe Suchtkranker. Ich kam in Begleitung des Therapeuten und wurde vorgestellt als jemand, der das alles hinter sich hätte.

Ich sagte als Erstes, dass ich am falschen Platz säße. Mein Platz wäre nicht neben dem Therapeuten, sondern zwischen den zu Therapierenden. Man ist nie clean. Man ist nie geläutert. Man ist immer gefährdet, kann sich nie als geheilt empfinden.

Ich fühlte mich wohl in der Runde. Der Philosoph Emil Cioran sagte einmal: »Geschwätz ist Konversation mit Menschen, die nie gelitten haben.« Dieser Satz fiel mir wieder ein, als ich dort saß, zwischen leidenden, hoffenden, sehnsüchtigen, verzweifelten, durchwegs offenen und aufrichtigen Menschen. Lieber Wochen mit ihnen, als eine halbe Stunde Smalltalk auf einer Charity-Party.

Nie mehr Geschwätz, sagte ich mir. Schade um die Zeit, die man mit Menschen verbringen könnte, die einen dadurch bereichern, dass sie sich mit sich selbst auseinandersetzen. Ihr Selbst zu erkennen versuchen. Dem Wesentlichen in sich auf der Spur.

Keine Marionetten mehr. Auch keine Strippenzieher. Menschen, die der uns allen zu Grunde liegenden Verzweiflung am Menschsein auf die Spur zu kommen versuchen.

Süchtige, Schwermütige, Verrückte, seitlich Umgeknickte – allesamt aufrichtiger als die Übertüncher und Verdränger, die sich so betont normal geben, in der Hoffnung, ihre Abgründe damit verbergen zu können.

Noch vor nicht allzu langer Zeit hätte ich auf die Frage, ob ich denn meine Drogenexzesse bereuen würde, geantwortet: Es war gut, so wie es war, denn sonst wäre ich nicht zu dem geworden, der ich bin und nicht zu den Erkenntnissen gelangt, die ich heute habe.

Doch mittlerweile frage ich mich, zu welchen Erkenntnissen ich vielleicht gekommen wäre, ohne diese teilweise schrecklich vergeudete Zeit – Erkenntnisse, von denen ich noch gar keine Ahnung habe.

Klar, nach wie vor halte ich es für spannend, einmal im Leben eine Erfahrung zu machen, die alles bis dahin Erlebte in den Schatten stellt, das Hirn ausschaltet und die Seele in fremde Welten fliegen lässt.

Aber alle weiteren Abenteuer waren meist nur ein Aufguss des einmal Erlebten. Ich versuche, das so moralfrei wie möglich zu betrachten.

Nach wie vor, nein, heute noch mehr als früher, bin ich der Meinung, dass die einzige Möglichkeit, das schreckliche und lebensgefährliche Drogengepansche zu unterwandern und der weltweiten Kriminalität wenigstens auf diesem Betätigungsfeld Einhalt zu gebieten, eine Legalisierung aller Drogen sein kann.

Die Menschheit ist nie ohne Drogen ausgekommen und wird dies auch nie. Und allemal wäre biologisch angebautes Gras gesünder und bereichernder als jede noch so fantasievoll zusammengebastelte Happy-Pille der Pharmaindustrie.

Auch würde den gewissenlosen Dealern die Grundlage entzogen, die ihr Zeug mit gemeingefährlichen Mitteln strecken, manchmal sogar mit Glas oder Plastik, und damit eine große Zahl Jugendlicher in höchste Gefahr bringen.

Die Prohibition bringt ausschließlich konservativen Politikern ein paar Stimmen mehr ein – von Leuten, die sich mit einer Flasche Schnaps moralisch wertvoller fühlen wollen als jemand, der einen Joint raucht oder mal einen Trip einwirft.

Einmal sagte ein junger Mann zu mir, offensichtlich voll unter Strom, dass er sich bei seinem Drogenkonsum gar nichts denken würde, denn ich sei sein Vorbild und ich hätte es ja auch alles überlebt.

Und das gab mir nicht nur zu denken, das machte mich ziemlich fertig. Wie, wenn mein Überleben Schuld wäre, dass andere es als Vorwand nehmen, noch hemmungsloser zu sein?

Nun, natürlich habe ich nicht aus purer Gemeinheit überlebt, um andere dadurch in den Abgrund zu reißen. Aber ich denke, ich bin es mir selbst und vielleicht auch anderen schuldig, darauf einzugehen. Es ist immer dieselbe Zwickmühle: Hätte man vorher die Erkenntnis von nachher, dann hätte man vielleicht einiges anders gemacht – aber dann auch die Erkenntnis nicht gewonnen. Es ist ein philosophisches Paradoxon.

Ich habe einfach sehr viel Glück gehabt und das definitiv ohne irgendeinen eigenen Verdienst. Und so großartig fühle ich mich nun wirklich nicht, dass ich denke, meine Weisheit sei der Gipfelpunkt der menschlichen Erkenntnisfähigkeit. Deshalb muss ich mir wohl eingestehen, dass ich geistig und menschlich vielleicht schon ganz woanders wäre, wenn ich mir die vielen Jahre Leerlauf erspart hätte.

Was wissen wir denn schon wirklich? Gibt es vielleicht doch eine Reinkarnation, und hätte ich mit einem maßvolleren Leben ein paar weitere leidvolle Lebenslinien abkürzen können?

Es ist wie es ist, und nun geht es darum, die Vergangenheit nicht zu bedauern, sondern in der Gegenwart klar zu betrachten.

»Als der Buddha sagte, lauft nicht der Vergangenheit nach, meinte er damit, lasst euch nicht von der Vergangenheit überwältigen«, schreibt der vietnamesische Mönch Thich Nhat Hanh.

Buddha meinte damit nicht, dass wir aufhören sollten, die Vergangenheit eingehend zu betrachten:

»Wenn wir die Vergangenheit eingehend betrachten und sie vor unserem inneren Auge vorbeiziehen lassen, sind wir fest in der Gegenwart verankert und werden nicht von der Vergangenheit überwältigt.

Das Material der Vergangenheit, das die Gegenwart geformt hat, tritt klar zutage, wenn es sich in der Gegenwart ausdrückt. Wir können von diesem Material lernen. Wenn wir es genau anschauen, können wir zu einem neuen Verständnis dieses Materials gelangen.

Wenn wir wissen, dass die Vergangenheit auch in der Gegenwart liegt, verstehen wir, dass wir die Vergangenheit ändern können, indem wir die Gegenwart verwandeln.

Die Geister der Vergangenheit, die uns bis in die Gegenwart verfolgen, gehören auch in den gegenwärtigen Augenblick. Sie eingehend betrachten, ihre Natur erkennen und sie umwandeln, heißt, die Vergangenheit umwandeln.«

Das liebe ich so am Buddhismus. Er spendet Trost und schwurbelt nicht moralisierend herum. Die Vergangenheit umwandeln – vielleicht habe ich deshalb so viel Autobiographisches geschrieben?

Und was einige nicht wirklich rühmliche Handlungen in meinem Leben betrifft, so hätte ich bestimmt nichts dagegen, die Vergangenheit umzuwandeln ...

»ICH BIN IM LIEBEN GAR NICHT SO VERSIERT«

Konstantin Wecker

Arno Gruen hat geschrieben: »Realitätssinn ist nicht die Wahrnehmung der Wirklichkeit, wie sie ist, sondern die Anpassung an die Verhaltensnormen einer Gesellschaft, die sich über das Wesen der Liebe selbst belügt und diese Lüge zur Wahrheit erhoben hat.« Ich habe lange gebraucht, bis ich mich in diesem Sinne wieder vorbehaltlos dem Wort Liebe zu stellen vermochte. Es war mir wohl verloren gegangen, weil ich vor lauter Lust am Geliebtwerden das Lieben verlernt und dabei mich selbst verloren hatte.

Und mittlerweile frage ich mich, ob ich es nach meiner Kindheit, die voll der Liebe war, jemals gelernt hatte. Oh ja, ich hatte wundervolle liebende Menschen an meiner Seite, aber wollte und konnte ich selbst lieben? Lange hatte ich Angst, das Wort Liebe in Gedichten oder Liedern zu verwenden, denn es kam mir banal vor, missbraucht, unverstanden. In jedem dummen Schlager wird das Wort bis zum Überdruss zerkaut. Speziell als Poet, der ja den Anspruch an sich hat, abgedroschener Worthülsen zu entsagen, vermied ich es lange, diesen schönen Begriff in einem ironiefreien Sinn zu gebrauchen. Damit kann man dann lange und von echten Gefühlen nicht allzu sehr irritiert vor sich hin leben und sich als Sänger sensibler, gar erotisch aufgeladener Lieder feiern lassen – so lange, bis man reif genug ist, die Liebe unter einem neuen Blickwinkel zu entdecken.

Bis heute muss ich manchmal staunen, wenn ich daran zurückdenke, wie ich meine Frau kennen gelernt habe. Ursprünglich war es ja eine Geschichte zwischen einem »Bühnenstar« und seinem weiblichen Fan, ein typisches Klischee. Annik saß im für mich wenig ruhmreichen Jahr 1995 bei einem meiner Konzerte in der ersten Reihe. Ich bat sie durch einen Boten – ich kann es jetzt ja zugeben, Günter war's –, nach dem Konzert zu mir in die Garderobe zu kommen. Das war's, mit uns ist eine große Liebe passiert. Und schon bald zeigte sich, dass es mit der vermeintlichen Überlegenheit des Älteren und Prominenteren nicht weit her war, dass ich vielmehr ganz dringend der Unterstützung meiner jungen Freundin bedurfte.

Es war für mich – und ist es teilweise noch heute – unbegreiflich, dass mich Annik damals lieben konnte: dieses Monster, das ich war, als ich noch unter Drogen stand. Da muss geradezu eine Zauberkraft im Spiel gewesen sein. In keiner Weise stimmte ja das Klischeebild vom reichen, alten Mann und der jungen Frau. Kurz nach unserem Kennenlernen wurde ich verhaftet, sah schrecklich aus, und dann war ich auch noch pleite – verschuldet mit einer schon astronomisch zu nennenden Summe. Und meine Frau blieb trotzdem bei mir. Da muss also etwas mitgespielt haben, was über das normale menschliche Fassungsvermögen hinausgeht.

Natürlich hat mir das damals unglaublich geholfen. Meine Frau sagte erst vor kurzem bei einem Interview für die Sendung »Lebenslinien«, einem Filmporträt über mich, sie habe eigentlich gar nichts Besonderes geleistet. Wenn Fans sich bei ihr dafür bedanken, dass sie mich in meiner schlimmsten Lebenskrise gerettet hätte, winkt sie ab. Sie habe mich eben einfach geliebt, und wenn sie es nicht getan hätte, wäre eine andere Frau gekommen. So ehrlich und schlicht ist sie nun mal – aber es war eben Annik, die in dieser, gelinde gesagt, sehr labilen Situation für mich da war und mit einer Hartnäckigkeit sondergleichen an mich geglaubt hat.

Erst viel später verstand ich, wie wichtig es damals für mich gewesen ist, dass sie meine Genesung, das Gelingen meines Drogenentzugs, immer wie eine Selbstverständlichkeit betrachtet hat – als hätte es die Bedrohung eines erneuten Absturzes gar nicht gegeben. Wer jemals schwer süchtig gewesen ist, weiß, wie wenig man vor Rückfällen gefeit ist.

Wie wichtig es da ist, sozial aufgehoben zu sein in einem liebevollen Umfeld, das vom »Drogenmilieu« möglichst weit entfernt sein sollte.

Annik konnte mich, da an meinem damaligen Zustand wenig Betörendes war, eigentlich nur im Vorgriff auf das lieben, was aus mir werden konnte. Sie musste mein besseres Ich, das sie ahnte, gleichsam aus der abschreckenden Maske des heillos Suchtkranken »herauslieben«. Es dauerte Jahre, bis meine Frau tatsächlich den Mann bekam, an den sie wohl immer geglaubt hatte. Sie war so ein junger Mensch, und es war mir im Grunde etwas unangenehm, mir von ihr helfen zu lassen. Ich sagte mir: Ich muss mir jetzt vor allem selbst helfen, genauso wie ich mich selbst in die Misere hineinmanövriert habe. Aber ohne die Unterstützung, die mir Annik dabei gegeben hat, weiß ich nicht, ob ich es geschafft hätte.

Dazu kam ja auch noch die schier unglaubliche Unterstützung, die ich von ihren Eltern erfahren habe. Mein Schwiegervater kümmerte sich um meine äußerst maroden Finanzen, und seine Frau und er umarmten mich auf eine so atemberaubend nicht moralisierende Weise, dass ich es bis heute kaum glauben kann. Ich hatte einfach nur ein Riesenglück.

Auch meine Eltern standen ja wie ein Fels in der Brandung gegen eine Medien-Öffentlichkeit, die es darauf abgesehen hatte – bis auf wenige Ausnahmen – mich anzuprangern und fertigzumachen.

Übrigens werde ich dem großartigen Roger Willemsen nie vergessen, wie höflich und geradezu vornehm mitfühlend er mich in seiner Talkshow aufgenommen hatte.

Es gibt ein Gedicht aus jener Anfangszeit, das ich erst vor kurzer Zeit vertont habe. Meist habe ich Liebeserfahrungen in meinen Texten ja nicht so direkt beschrieben und über Beziehungen eher in unkonkreter Weise geschrieben, sodass meine Hörer mit ihrem eigenen Erfahrungshintergrund daran andocken konnten. Dieses Gedicht aber gehört

Annik, es ist gleichsam die Innenansicht unserer frühen Glückserfahrung.

> *Du liegst so voller Sehnsucht und Vertrauen*
> *in deinen Arm geschmiegt. Ich atme kaum.*
> *Es tut schon gut dich einfach anzuschauen*
> *um kurz nur eins zu sein mit deinem Traum.*
>
> *Du schläfst. Man muss dich nicht bewachen.*
> *Wer so sich schenkt ist immer gut bewacht.*
> *Du schaffst es selbst im Schlaf mich anzulachen*
> *als gäb's nur uns und keine Niedertracht.*
>
> *Jetzt weiß ich erst, dass ich mir all die Jahre*
> *verboten hatte, was so glücklich macht,*
> *und es entdeckte sich das Wunderbare*
> *nur kurz als Sternenflimmern in der Nacht.*
>
> *Das Possenspiel um Abschied, Zwist und Paarung*
> *raubt manchem oft die Lust am Neubeginn.*
> *Was für ein Glück nur, dass ich aus Erfahrung*
> *vielleicht erfahren doch nie klug geworden bin.*
>
> *Du schläfst, jetzt kann ich dir's ja sagen:*
> *ich bin im Lieben gar nicht so versiert.*
> *Geliebt zu werden hab ich gern ertragen.*
> *Statt mich zu führen aber hab ich meist verführt.*
>
> *Bist du bereit? Wolln wir uns fallen lassen?*
> *Befrein von jeglicher Verlegenheit?*
> *Anstatt uns dem Berechenbaren anzupassen*
> *erlieben wir uns jetzt die Ewigkeit.*

Es erscheint vielleicht aus meinem Mund merkwürdig, wenn ich schreibe: »Ich bin im Lieben gar nicht so versiert.« Ja, ich habe auch in dieser Hinsicht oft ein pralles Leben geführt.

Vielleicht sollte ich an dieser Stelle ausdrücklich erwähnen, dass ich, auch wenn es manche vielleicht erwarten würden, nicht daran denke, Geheimnisse meines Liebeslebens öffentlich zu machen. Ich bin den Frauen, denen ich in meinem Leben näher begegnen durfte, unendlich dankbar, denn sie haben mich alle bereichert. Wenn ich ihnen wehgetan habe, habe ich mich – so weit es mir möglich war – entschuldigt. Alles andere bleibt unser Geheimnis, und ich würde mich schäbig fühlen, irgendetwas auszuplaudern.

Es gibt keinen Grund, mich zu rühmen, dass ich, durch meinen Beruf bedingt, vielleicht ein paar Begegnungen mehr hatte als andere Männer. Ich betrachte das im Rückblick eher als Zeichen für eine emotionale Hilflosigkeit. Und ich verbeuge mich vor all jenen, die es etwas länger mit mir ausgehalten haben, mit diesem unsteten, immer auf Achse befindlichen Besessenen, der stets versucht hat, alles auszukosten und dadurch doch immer schwermütiger wurde, wenn er nicht gerade schrieb oder auf der Bühne stand.

Da gab (und gibt!) es die Liebe zu meinem Publikum, zur Musik und zum Leben als Ganzes; aber vor der Liebe zu einzelnen Menschen bin ich davongelaufen, weil ich genau gespürt habe, dass damit für mich eine Verantwortung verbunden gewesen wäre, die ich scheute. Dem Publikum gegenüber hatte ich nur die Verpflichtung, aufzutreten und für zwei, drei Stunden zu singen. Das habe ich, so gut es mir möglich war, immer erfüllt. Aber anschließend konnte ich mich zurückziehen und in der gewohnt unverbindlichen Weise in mich eintauchen oder um mich kreisen.

Das private Glück, das ich erlebte, konnte nur funktionieren, nachdem ich zuerst in mir selbst etwas gefunden hatte, was dieses möglich machte. Zuerst einmal sind wir ja gesellschaftlich so geprägt, dass wir geliebt werden wollen, weniger, dass wir Wert darauf legen, selbst zu lieben. Wir wollen beachtet werden, wollen Zuwendung einheimsen, wo es nur geht. Auf diesem Gebiet stecken auch Erwachsene immer noch gewissermaßen in einem frühkindlichen Stadium fest.

So mancher verändert seine Persönlichkeit, kleidet, kämmt und föhnt sich so, dass das Geliebtwerden wahrscheinlicher wird. Das geht so lange gut, bis man feststellt, dass dabei eigentlich immer nur die Pose geliebt wird und nicht das eigentliche Wesen. Wie C.G. Jung es nennt: die Persona, an der man natürlich selbst kräftig mitgestaltet, da man sich seines eigentlichen Seins nicht einmal annähernd gewahr ist. Bei einem Bühnenkünstler ist diese Gefahr sogar noch größer als bei Menschen, die weniger in der Öffentlichkeit stehen.

Der aktive Akt des Liebens erfordert dagegen auch innere Stärke. Man muss sich selbst zuerst so weit entwickelt haben, dass man anderen auch etwas geben kann. Dazu musste ich erst ein relativ alter Knabe werden und so gründlich abstürzen, dass die Einsicht, dass sich etwas ändern müsse, bei besten Willen nicht mehr zu verdrängen war. Und es ist noch ein langer Weg dorthin!

Erst seit ich Kinder habe, weiß ich um die vielen Dimensionen der Liebe. Es mag verrückt klingen, aber manchmal denke ich, dass unsere Gestirne nicht nur durch Schwerkraft zusammengehalten werden, sondern tatsächlich durch Liebe. Ist es nur die Wärme der Sonne, die jedes Frühjahr die Wiesen blühen und die Bäume ergrünen lässt, oder ist es Liebe? Ist es einfach ein triebhafter Akt, der uns Kinder in die Welt setzen lässt, um deren Fortbestand man wirklich Angst haben muss, oder steht dahinter nicht groß und manchmal unerkannt – Liebe? Ein Wort, ein Symbol, aber nun habe ich den Mut, es zu schreiben, wissend, dass man noch so wenig weiß über die eigentliche Dimension dieses Zauberworts. Ich glaube natürlich nicht, dass man sich dessen immer bewusst ist, schon gar nicht, wenn einen die Lust treibt, aber ich bin mir sicher: Wäre nicht die Liebe die alles erhaltende Kraft im Universum, so würde alles sofort zusammenstürzen und in Abermilliarden kleinste Teile zerfallen.

Annik musste in den ersten Jahren meine Söhne oft wie eine Alleinerziehende großziehen. Dafür werde ich ihr ewig dankbar sein. Sie hat das einfach großartig und mit fast schon stoischer Geduld getan. Ich habe sehr viele Konzerte gespielt in diesen Jahren, und sie war oft allein mit den Kindern. Zwar versuchten wir in den bayerischen Schulferien immer nach Italien zu fahren, und dort konnte ich auch intensiv mit den Buben zusammen sein, aber jetzt, wo sie so groß sind, tut es mir schon leid, ihre Kindheit nicht noch viel intensiver begleitet zu haben.

Aber es ging definitiv nicht anders. Wir hatten erhebliche Schulden, und ich musste sehr viel arbeiten, um diese abzubezahlen.

Es gab dann auch, wie bei den meisten Paaren, eine schwere Zeit der Selbstfindung für uns beide. Unsere Ehe bröckelte, und wir beschlossen, uns zu trennen. Allerdings blieben wir, nicht nur der Kinder wegen, zusammen in der derselben Wohnung.

Nach einiger Zeit näherten wir uns wieder an und entschieden uns, das nicht wieder öffentlich zu machen. Wir haben zu Beginn unserer Liebe zu viel Medienwirbel erdulden müssen und sind auch beide der Meinung, dass die Art unseres Zusammenseins nur uns etwas angeht. Das wurde von den meisten Journalisten in den letzten Jahren auch durchaus respektiert.

Jede Beziehung ist einzigartig und hat ihre Geheimnisse, und wir denken nicht daran, unser Zusammensein in irgendwelchen Homestorys sezieren zu lassen.

Diese ganze Promi-Überbewertung ist doch eh nichts anderes als Ablenkung von wirklich wichtigen politischen und kulturellen Themen. Vor 30 Jahren gab es in den Tageszeitungen eine kleine Spalte über prominente Mitbürger, wie die Klatschspalte des scharfzüngig witzigen und meist fairen Michael Graeter in der AZ – das Vorbild für Baby Schimmerlos in »Kir Royal«. Heute widmen die meisten Tageszeitungen diesem völlig unnötigen Klatsch und Tratsch oft mehrere Seiten.

Nichts als Camouflage, alles nur Lügen, um den nicht so Betuchten vorzugaukeln, wer reich, schön und berühmt ist, sei ein glücklicherer Mensch. Also streng dich mal schön an, Prekärer oder Wenigverdiener, und sei weiter ein unkritisches, schweigendes und niemals rebellisches Rädchen in der Geldvermehrungsmaschine der Superreichen.

Nur gut 15 Jahre nach unserer Hochzeit schrieb ich in meinem Lied »Buona notte fiorellino« über meine Frau: »Wir sind ja nun schon ein altes, nur selten idyllisches Paar.« Und: »Unsere Kinder sind jetzt schon ganz schön groß.« So schnell kann's gehen. Und natürlich wäre der Zusammenhalt in einer solchen Ehe über viele Jahre nicht möglich ohne einen Vorrat gemeinsamer Werte, auf den wir zurückgreifen können. Annik hat mit mir zusammen die Webseite »Hinter den Schlagzeilen« mit politischen Statements, die oft quer zum Mainstream liegen, begründet und lange betreut. Noch im vorletzten Jahr (2015) fuhr sie mit unserem damals 15-jährigen Sohn Tamino nach Lesbos, um den dort ankommenden Flüchtlingen tätig zu helfen. Ich respektiere das sehr, und jeder in unserer Familie kämpft wohl an seinem Platz für ganz ähnliche Ziele.

Im selben Jahr haben sich Annik und Tamino spontan entschlossen, nach Wien zu fahren, um sich dort Menschen anzuschließen, die den Asylsuchenden in Ungarn halfen. Für beide war es schön, mit anzusehen, dass sich so viele sehr junge Menschen, denen man ja eigentlich nicht unbedingt Begeisterung für politisches Engagement nachsagt, an diesen Hilfsaktionen beteiligt haben. Annik und Tamino konnten zwei junge Männer (17 und 20), die auf der mehrmonatigen Flucht all ihre Verwandten verloren hatten, trotz der Grenzkontrollen nach Deutschland bringen. »Wenn das verboten ist, dann muss man eben auch was Verbotenes machen«, meinten sie lapidar. Wie wahr und wie mutig!

»OH, DIE UNERHÖRTEN MÖGLICHKEITEN!«

Roland Rottenfußer

»Und ich hoffe auf fruchtbare Zeiten«, hatte Konstantin Wecker in seinem Gefängnissong »Zueignung« geschrieben. Diese Hoffnung hat sich in größerem Umfang realisiert, als die meisten wohl vermutet hätten. Frucht brachte allerdings zunächst nur eine seiner Künste: die Musik. Konstantin trat Ende 1996 und 1997 mit seinem Soloprogramm »Ein Leben in Liedern« auf. Die Beschränkung auf Stimme und Klavier hatte einen durchaus prosaischen Grund: Nach der finanziell desaströsen »Gamsig-Tournee« mit dem 17-stimmigen Chor »Les Voies d'Espérance de Douala« aus Kamerun musste Konstantin Geld hereinspielen. Das ging am besten, indem er die Mitmusiker einsparte, während sein Name – auch allein – weiterhin das Publikum anzog. Die Beschränkung fiel dem Teamplayer Wecker schwer, der einmal gesagt hatte: »Wäre ich immer allein aufgetreten, wäre ich heute Millionär.« Er liebte – außer im Moment größter finanzieller Beklemmung – stets das menschliche und künstlerische Miteinander in einem oftmals großen Pulk, ganz anders als etwa seine Kollegen Wader und Mey.

Konstantins erste CD nach »Gamsig«, also die erste, die wirklich auch konzeptionell seinem »neuen Leben« entsprungen war, überraschte alle: »Brecht« war eine Aufnahme ausschließlich mit Neuvertonungen von Gedichten Bertolt Brechts. Wecker stellte sich damit immerhin in die Nachfolge Kurt Weills, der unter anderem für die »Dreigroschenoper« und »Aufstieg und Fall der Stadt Mahagonny« zugkräftige Melodien gefunden hatte. Unmittelbarer Anlass war der hundertste Geburtstag des Theaterdichters und Lyrikers am 10. Februar 1998. Die Organisatoren einer Augsburger Veranstaltungsreihe über den großen Sohn der Stadt hatten bei Wecker angefragt, ob er ein Brecht-Konzert geben könne. Daraus wurde etwas viel größeres, eine CD mit zehn Vertonungen und eine Tournee »Wecker singt Brecht und eigene Lieder«.

Gerd Baumann, später bei mehreren Produktionen Konstantins Arrangeur und Gitarrist, produzierte hier erstmals äußerst wirkungsvoll und feinfühlig. Baumann wurde später vor allem als Filmkomponist für Marcus H. Rosenmüller und Helmut Dietl bekannt.

Der psychologische Vorteil dieser Themenwahl war offensichtlich: Ein Künstler, der auch noch drei Jahre nach seinem Drogenabsturz vom Gericht in den Niederungen seiner dunkelsten Jahre festgehalten wurde, konnte sich durch die Nähe zur Hochkultur wieder erheben. Durch den Achtungserfolg mit einem niveauvollen Projekt zeigte er sich in einem neuen Licht – zumindest in den Augen derer, die dazu bereit waren, sich auf ein solch schwieriges Werk einzulassen. Im Spiegel des »Anderen« aber blieb sich der Künstler selbst treu, auch dem Lust- und Rausch-Wecker, der in jener Epoche in der öffentlichen Wahrnehmung dominierte: »Oh, die unerhörten Möglichkeiten, wenn man Frauen um die Hüften nimmt, zwischen Schenkeln sanft im Abwärtsgleiten durch das grüne Meer der Wollust schwimmt.« Solche Verse Brechts verweisen wieder auf die dichterischen Anfänge seines Vertoners.

Politisch enthält »Brecht« relativ wenig Stoff, sieht man von dem Exil-Gedicht »In den Zeiten äußerster Verfolgung« ab. Wecker misstraute dem späten Brecht: dem etwas blutleeren, metaphysisch unterbelichteten, mitunter sogar politisch grausamen Brecht der »Lehrstücke«, der in seiner »Maßnahme« geschrieben hatte: »Welche Niedrigkeit begingst du nicht, um die Niedrigkeit auszutilgen?« Stattdessen entpresste Wecker dem jungen, prallen und lebenstrunkenen Brecht seinen von der Literaturgeschichte oft zu Unrecht verschmähten purpurroten Saft. Wunderbar lyrisch vertonte Konstantin die »Erinnerungen an Marie A.«, gehalten im Heineschen Tonfall scheinbarer Naivität

– ein Gedicht, das mit den Bildern eines Pflaumenbaums und einer »ungeheuer obenen Wolke« die Süße eines sich rasch verflüchtigenden Liebesmoments beschwört. Sehr gelungen auch die rhythmischen, für Weckers Verhältnisse in auffälligen Dissonanzen komponierten Stücke, allen voran der Tango »Choral vom Baal«. Der wirkt in manchen Momenten weckerischer als Wecker selbst, hier die dritte und vierte Strophe:

> *In der Sünder schamvollem Gewimmel*
> *Lag Baal nackt und wälzte sich voll Ruh:*
> *Nur der Himmel, aber immer Himmel*
> *Deckte mächtig seine Blöße zu.*
>
> *Und das große Weib Welt, das sich lachend gibt*
> *Dem, der sich zermalmen lässt von ihren Knien*
> *Gab ihm einige Ekstase, die er liebt*
> *Aber Baal starb nicht: er sah nur hin.*

Spätestens wenn es dann bei Brecht heißt: »Denn genießen ist bei Gott nicht leicht!«, ahnt man, dass der große Augsburger für Wecker keine Neuentdeckung des Jahres 1997 war, dass er vielmehr schon sehr lange in ihm auf der Lauer gelegen hatte. Baal, der archaisch-dionysische Gott-Mensch, war ein Urbild nicht nur für das Werk, sondern auch für das Leben Weckers. Mit »Brecht« machte das Multitalent Wecker nicht Pause von sich selbst, vielmehr brachte er das Ureigene in gesteigerter Form nach außen, entzog sich aber zugleich geschickt allzu plumpen biographischen Deutungen.

Auch äußerlich näherte sich Konstantin Wecker seinem großen Vorbild an, trug auf seinem markanten, durch asketische Anstrengungen fast fleischlos gewordenen Schädel Haut statt Haare spazieren. Im Brecht-Kontext wies dieser Look nebst dunkelgrauem Hemd jedoch natürlich nicht in die rechte Richtung; vielmehr schien der uneitle, proletarische Krieger-Mönch als Vorbild anvisiert. Wecker war sich im Prozess der Verwandlung wieder einmal selbst treu geblieben. Bertolt Brecht, so sagte Wecker in einem ausführlichen Interview zur CD, war wie er ein Flussmensch, dauernd in Bewegung. Was für Konstantin die Isar mit ihren Steinstränden, überhängenden Weiden und Stromschnellen war, war für Brecht der Lech gewesen.

Nach einer gelungenen »Brecht«-Tournee, die es den Zuhörern keineswegs leicht machte, war auch des Künstlers nächster Streich ein rein musikalischer. Wieder vertonte Konstantin Wecker fremde Texte, und der Kontrast könnte größer kaum sein: Es handelte sich um Verse für Kinder. Die Kinderbuchautorin Jutta Richter hatte zusammen mit der Illustratorin Katrin Engelking ein Multimediaprojekt konzipiert: »Es lebte ein Kind auf den Bäumen«. Es war weniger ein Märchen mit zusammenhängender Geschichte als eine lockere Folge skurriler und fantasievoller Szenen um ein Kind, das sich weigerte, länger auf dem Boden zu leben. Begleitet wird es von seinen Teddybären Klaus, einem Trampeltier, einem »Traumel«, einem Rübenschwein, der Königin von Uelzen, die unglücklich in einen Riesen verliebt ist, und anderen kindgerechten Fabelwesen. Lyrik und Erzählprosa, Malerei und Musik verschmolzen zu einem Gesamtkunstwerk.

Oberflächlich betrachtet waren die Verse Richters kein Stoff, der einen Konstantin Wecker faszinieren konnte: wirksam, aber nicht subtil oder gar »literarisch«. Aber es war ein Gedichtzyklus über die Kraft der Träume, den Traum vom Schweben und die Würde des Kindseins, das nicht als unausgereifte Vorstufe zum Erwachsensein, sondern als eigener Seinszustand verstanden werden muss. Das reizte den Künstler wohl – neben der potenziellen Musikalität der schlichten Verse. »In vielen Kinderliedern werden Kinder nicht ernst genommen«, äußerte sich Konstantin zu seinem Projekt. »Man traut ihnen nichts zu und speist sie mit zwei, drei Akkorden ab.« Das ist auf »Es lebte ein Kind auf den Bäumen« freilich anders. Ein All-Age-Musical vom feinsten, klangfarbenfroh, melodienreich und glänzend von Gerd Baumann instrumentiert. Ein romantischer Kunstliedzyklus, der Naivität (im guten Sinn des Wortes) mit Raffinesse der Mittel paarte und musikalisch mit den besten Wecker-Alben Schritt halten konnte.

Wecker war zum ersten Mal Vater geworden, und sein zweiter Sohn Tamino, benannt nach einer Figur in Mozarts »Zauberflöte«, musste sich zum Zeitpunkt der CD-Aufnahme zumindest angekündigt haben. Mozartsche Wendungen in der Musik zum Kinderbuchprojekt spiegeln ein verstärktes Interesse des Künstlers an diesen Komponisten und an klassischer Musik im Allgemeinen. Sogar einen eigenen Text – eine Rarität in diesen Jahren – steuerte Konstantin Wecker zu dem Projekt bei: »Schlaflied« genannt. Das Glück und die Verantwortung der Vaterschaft waren dem lange Kinderlosen schon vertraut geworden. Das hat seine jetzt folgende Schaffensperiode mit Sicherheit geprägt. Noch war Weckers künstlerische Verarbeitung der Vatererfahrung poetisch überhöht und mit spiritueller Bedeutung aufgeladen. »Und deine Seele schwingt sich jetzt zurück ins Paradies, das sie, nur um bei uns zu sein, verließ«, heißt es zum Schluss des Textes, der mit einer wunderschönen Mitsing-Melodie versehen ist.

Für den Kindermusik-Komponisten Wecker war damit der Weg geebnet. Noch im gleichen Jahr (1999) begann die Zusammenarbeit mit Christian Berg, gleichsam Konstantins Schikaneder, einem bühnenwirksamen Texter und Vollblutschauspieler, der bei Aufführung gern selbst als Erzähler auftrat. Mit ihm zusammen realisierte Konstantin Wecker bis 2015 zehn Kinder-Bühnenwerke, darunter die beiden »Jim-Knopf«-Musicals, »Das Dschungelbuch«, »Pettersson und Findus«, »Pinocchio«, »Der kleine Lord«, »Peter Pan« und zuletzt »Oliver Twist«. Die Auswahl der Stoffe zeigt, dass Texter und Komponist neben Fantasie und Verspieltheit immer auch eine Botschaft transportieren wollten. Ob es sich um Michael Endes von den Normalgroßen diskriminierten Scheinriesen »Herr Turtur« handelte oder um die Bekehrung eines hartherzigen Kapitalisten im »Kleinen Lord« – Konstantin Wecker achtete darauf, sich und seine Hörer nicht zu unterfordern.

Natürlich erwachte angesichts dieser Erfolge mit kleinen und liebenswerten Musicals im Komponisten auch der Drang, mit einem größeren Tonwerk an die Öffentlichkeit zu treten. Der »Erwachsenenmarkt« wurde anvisiert, und einige Versuche schafften es auch auf die Bühne. So »Minna« nach Lessings Komödie »Minna von Barnhelm«, aufgeführt 2000 im Stadttheater Heilbronn, und »Schwejk it easy«, eine modernisierte Version der Geschichte vom braven Soldaten im Theater des Westens, Berlin 2001. Für dieses Werk wurden sogar die Titel »Weil ich dich mag« und »Liebeslied im alten Stil« aus Weckers »Uferlos«-CD verbraten, »Kokain« gar mit neuem Text auf die Bühne gebracht. Das Stück hieß nunmehr »Überwacht« – im prophetischen Vorgriff auf den noch im selben Jahr sich anbahnenden »War on Terror«. Diese Werke überlebten jedoch trotz schöner Melodien nicht lange auf der Bühne.

Dem »großen Wurf« am nächsten kam »Hundertwasser« (2004), ein völlig zu Unrecht heute unbekanntes Meisterwerk, das den bewegten Lebenslauf des berühmten Malers jüdischer Herkunft zum Thema hat. Rolf Rettberg schrieb das Libretto. Hundertwasser, der große Maler-Philosoph, Stadt-Verschönerer und erklärte Feind der geraden Linie, ist ein würdiges Sujet. Die Parallelen zwischen den beiden sinnen- und farbenfrohen Querdenkern liegen auf der Hand. Einer der zahlreichen treffenden Aussprüche des Malers lautet: »Des Künstlers Aufgabe jedoch ist es, gerade jetzt diese Welt zu erhalten, zu vergessen, was falsch gemacht wurde, zu verschönern, was hässlich gemacht wurde, zu warnen mit all seiner musischen und seherischen Macht.« So betrachten beide Künstler nicht nur spezielle kritische Inhalte als politisch, sondern den Schöpfungsvorgang selbst als einen Akt der Rebellion: dann nämlich, wenn er dem sich selbst kreativ ergründenden, Grenzen sprengenden Individuum entspringt. Dafür komponierte Konstantin Wecker 16 hinreißende, höchst unterschiedliche Nummern. Opernhaft die Arie von Hundertwassers Mutter (»O sag mir, liebe Erde«), beinahe Popmusik der Chor »Fahr über's Meer«, komödiantisch die Wiener-Lied-Parodie »Mozartkugeln«, gespenstisch und auch politisch aufwühlend das Lied »Heilig der Krieg«, das an den Orff-Stil des frühen Wecker erinnert. »Hundertwasser« gehört mit Sicherheit zu den »Geheimtipps«, deren Erkundung sich für Fans und Wecker-Neulinge sehr lohnt. Leider verschwand auch dieses ambitionierte Werk rasch wieder von der Bühne der Stadt Uelzen und harrt bis heute vergeblich seiner Wiederentdeckung.

Eine besondere, lang andauernde Liebesgeschichte verbindet Konstantin Wecker mit dem unglücklichen Bayernkönig Ludwig II. Dessen eminent musicaltaugliches Leben, schillernd zwischen Psychopathologie und hoher Politik, Kitsch und Hochkultur, sollte schon in den frühen 90er-Jahren von Wecker vertont werden. Pläne hierzu gab es, und noch kurz vor Konstantins Verhaftung wegen Drogenbesitzes geisterten diesbezügliche Nachrichten durch die Presse. Sogar ein eigenes Theater sollte für Weckers Opus magnum gebaut werden, am Ufer des Forggensee bei Füssen in Sichtweite von Schloss Neuschwanstein. Nach Protesten von Naturschützern gegen die Zerstörung eines Naturschutzgebiets für das Theatergebäude stieg Wecker aus dem Projekt aus. So würdig es auch gewesen wäre, dem Ludwig-Freund Richard Wagner mit einem nur seinen eigenen Werken gewidmeten Festspielhaus nachzufolgen. Vielleicht aber fehlte dem Komponisten in jener labilen Lebensphase auch ein bisschen der lange Atem für ein großes Werk zu einem großen Thema.

2005 kam die zweite Chance für das lange geplante Ludwig-Musical. Ein bombastisches Festspielhaus stand seit 1998 tatsächlich am Ufer des Forggensees, an einer ökologisch weniger empfindlichen Stelle. Zunächst wurde dort ein anderes Ludwig-Opus aufgeführt: »Ludwig II. – Sehnsucht nach dem Paradies« von Stephan Barbarino, Franz Hummel und Heinz Hauser. Das Stück erfüllte nicht ganz die Erwartungen seiner Macher an einen »für immer« zugkräftigen künstlerischen Selbstläufer, ähnlich der »Cats«-Inszenierung in Wien. Was aber sollte man an einem solchen Ort anderes aufführen als ein Musical über Ludwig? Als Ausweg entschloss man sich zu einem Kompromiss: gleiches Thema, andere Autoren und Komponisten.

Und da kam Konstantin Wecker ins Spiel. Der Puccini-Jünger, dessen Werken Folk-Puristen schon immer ein opernhaftes Pathos zur Last gelegt hatten, schien bei »Ludwig^2« am rechten Fleck zu sein. Endlich konnte sich der Klassik-Liebhaber, dessen nach dem Unendlichen ausgreifendes Melos durch Rock-, Jazz- und Chanson-Ästhetik oft ausgebremst worden war, zur Gänze aussingen. Da hörte man aus der Tenorarie »Das Auge nass« den Schubert heraus und aus dem schwelgerischen Ludwig-Sisi-Duett »In Palästen geboren« den Puccini. Auch Wagner, den Texter Rolf Rettberg merkwürdigerweise aus dem Libretto verbannt hatte, wurde mit einem eingeschmuggelten Tristan-Akkord gewürdigt. Auf Ludwig II. schien eine Textzeile Konstantin Weckers zugeschnitten: »Wir brauchen Spinner und Verrückte, es muss etwas passieren. Man sieht ja, wohin es führt, wenn die Normalen regieren.« Der Kriegsgegner und Weltflüchtling, der sich angeschwollenen Herzens nach dem Wunderbaren ausstreckte und an der nüchternen Realität zerbrach – das war ein Traumstoff für den mystisch veranlagten Künstler Wecker.

Eine Kröte allerdings musste Konstantin schlucken: Er durfte das Musical nicht allein schreiben, musste diese Ehre mit Christopher Franke und dem Film-Arrangeur Nic Raine teilen. Wieder blieb der potenziell große Wurf Stückwerk, wenn auch ein gewichtiges. Dieser Vorgang war typisch für das ambitionierte, jedoch etwas »zerfahrene« Musical-Schaffen Weckers. Mal hier ein halbes Musical, mal dort drei Songs zu einem Bühnenprojekt oder sieben für ein Kinderspektakel, aber nie das ganz große Werk aus einem Guss. Einerseits schien die durch Konzerttourneen und vielerlei Aktivitäten etwas zerrissene Lebensweise Konstantins dem Wunsch entgegenzustehen, ein Opus magnum über Jahre in der Stille reifen zu lassen; andererseits waren die Anforderungen der Produzenten einer Vertiefung eher abträglich: rasch produziert, schmissig, bühnenwirksam und billig musste es meistens sein. Der Komponist hatte nicht genug Einfluss, um im schnelllebigen Musiktheater-Business eine »West Side Story« zu gebären. Nach eigener Aussage will Konstantin Wecker seine Musical-Produktion nun zurückfahren und sich ganz seiner »Kernkompetenz«, den Auftritten als Liedermacher, widmen. Trotzdem kann man seine Fantasie ja schweifen lassen und weitere musikalische Traumschlösser imaginieren. Von Ludwig II. stammt der Satz: »Es ist notwendig, sich Paradiese zu schaffen, poetische Zufluchtsorte, wo man auf einige Zeit die schauderhafte Zeit, in der wir leben, vergessen kann.«

»PAPA, ES SCHNEIT«

Konstantin Wecker

In meinem Lied »Für meine Kinder« habe ich ja angedeutet, wo meine eigentlich sehr weit gefasste Toleranz bezüglich der Entwicklung meiner Söhne enden würde: »Egal was sie dir versprechen, mein Kind, trag nie eine Uniform.« Na, ich glaube, da muss ich mir keine Sorgen machen. Jede Generation möchte sich ja ein bisschen von der vorherigen abgrenzen, und es ist nicht ganz leicht, gegen einen notorischen Rebellen wie mich zu rebellieren. Ein Ausweg, den leider viele Kinder von »Alt-68er« wählen, ist, in eine Art von Neo-Spießigkeit zu verfallen: Sie ecken an durch übermäßiges Bravsein. Zum Glück blieb mir auch das erspart, und meine beiden haben – jeder für sich – einen ganz eigenwilligen Weg gefunden. Gerade dadurch blieben sie unserer nonkonformistischen Familientradition, die ja keineswegs mit meiner Person begann, treu.

Für meine Kinder

*Jetzt seid ihr schon groß und bald aus dem Haus,
die Kindheit ist so schnell vergangen.
Für die Eltern ist deshalb nicht alles aus,
die haben noch andre Verlangen.*

*Obwohl, ich hätte so manchen Moment
liebend gerne fester gehalten.
Doch man kann sich die Flüchtigkeit der Zeit
nicht nach eigenem Willen gestalten.*

*Was kann ich euch mitgeben auf diesen Weg
den ihr nun ganz alleine bestreitet?*

Die Hoffnung, dass euch mit jedem Schritt
stets meine Liebe begleitet.

Ich hab's nun mal nicht so mit der Moral
wann sind Kinder gut, wann böse?
Kinder sind schuldlos, haltet sie frei
vom Moralismusgetöse.

Ihr seid ein Wunder. Wie jeder Mensch
geboren aus dem absolut Schönen.
Und die Welt sähe so viel friedlicher aus,
könnt' man sich daran gewöhnen.

Ich war nie perfekt. Wie könnte ich auch.
Ihr kennt meine Kunst zu scheitern.
Und perfekte Eltern konnten uns doch
im besten Fall nur erheitern.

Was hab ich falsch, was richtig gemacht?
Ihr wart mir doch nur geliehen.
Ich rede nicht gern um den heißen Brei:
ich wollte euch nie erziehen.

Erziehen zu was? Zum Ehrgeiz, zur Gier?
Zum Chef im richtigen Lager?
Ihr wisst es, ich habe ein großes Herz
für Träumer und Versager.

Einen einzigen, großen Wunsch hätte ich noch,
da seid mit mir bitte konform:
egal was sie dir versprechen, mein Kind,
trag nie eine Uniform.

Es wird nicht leicht. Die Zeiten sind hart.
Es knarzt mächtig im Getriebe.
Ich hoffe euch trägt auch durch Not und Pein
bedingungslos meine Liebe.

Das ist alles was ich verschenken kann,
keine prall gefüllten Konten.
Und Augenblicke der Schönheit, da wir
zusammen uns glücklich sonnten.

Sorgt euch nur nicht um den Vater, nun kommt
euer ganz eigenes Leben.
Ihr habt mich gelehrt – und ich dank' euch dafür –
ohne zu wollen zu geben.

Ich glaube, das ist etwas ganz Entscheidendes, was ich mit der Geburt meiner beiden Söhne Valentin und Tamino zu lernen begonnen habe: »ohne zu wollen zu geben«. Man bekommt ja als Vater nicht sofort etwas zurück, wenn man sich entschließt, seine Kinder bedingungslos zu lieben. Vor allem lieben die erst mal ihre Mama, und der Papa muss da etwas zurückstecken, muss erst mal einen Liebesvorschuss geben. So wie er ja auch von seinen eigenen Eltern bedingungslos und ohne Erwartung geliebt wurde.

Und diese bedingungslose Liebe ist ja eigentlich kein Entschluss. Sie fällt einem zu, kommt als etwas ganz Neues ins Leben. Man kann nicht anders, und man müsste sich schon hinter ganz viel moralischem und ideologischem Überbau verschanzen, wenn man seine Kinder nicht ohne Bedingung zu lieben bereit wäre.

Als mein erstes Kind unterwegs war, war das für mich auch der endgültige Entschluss, mich dem Erwachsenwerden zu stellen. Ich weiß noch, dass ich früher immer gesagt habe: »Ich will nicht erwachsen werden, und ich möchte pubertär bleiben!« Ich fand mich ganz toll dabei, doch in Wirklichkeit habe ich nichts anderes getan, als gesellschaftskonform zu sein. Unsere Gesellschaft will ja überhaupt pubertär bleiben. Es laufen überall 50-jährige Männer herum, die sich wie 20-Jährige benehmen. Das äußert sich zum Beispiel an ihrer unerträglichen Eitelkeit. Die Marktwirtschaft braucht offenbar pubertäre Menschen. Jemand, der in sich ruht, ist nicht ständig auf der Suche nach neuen Markenprodukten, Äußerlichkeiten, die ihm bei der Bereinigung seiner seelischen Probleme helfen sollen.

Seit ich selbst Vater geworden bin, werde ich das Gefühl nicht los, dass es den meisten Erwachsenen, um in die Erfahrungswelt von Kindern einzudringen – ja an diesem wunderbaren Kennenlernen der Welt teilzuhaben und sich von den Kindern dadurch beschenken zu lassen – an Weisheit und Reife mangelt. Wir sind so sehr in unsere Welt der Vernunft, der Zahlen und Fakten eingesponnen, dass wir wie mit Scheuklappen durch eine Welt voller Wunder laufen. Manchmal ertappe ich mich selbst schon dabei, mich vom Weltbild der zahlreichen Ernüchterer und Grauen Herren infizieren zu lassen. Zum Glück gibt es Valentin und Tamino. All die Engel und Zauberwesen, die ich durch jahrelange konsequente Nichtbeachtung auf Distanz gehalten hatte, kamen jetzt manchmal wieder zu mir, wenn ich meinen kleinen Söhnen nahe war.

Es war Winter, und ich war sauer, dass ich raus musste. Es schneite und die Flocken fielen sanft zu Boden, dick und flauschig. Ich sah den magischen Zauber nicht, weil ich zu beschäftigt war mit irgendwelchen sinnlosen Gedanken.

Da stellte sich mein Bub neben mich, und er blickte zum Fenster raus und hatte diesen Glanz in den Augen, den Kinder so oft haben, gerade wenn wir es gar nicht verstehen warum.

Und dann sagte er nur: »Papa, es schneit.«

Ich habe jetzt noch Tränen in den Augen, da ich das schreibe.

Er zeigte mir mit einem Blick und ein paar Worten, wie sehr wir Erwachsenen uns vom Wunderbaren entfernt haben. Und, ja, seitdem betrachte ich Schneeflocken ganz anders als früher.

Und wie schreibt doch Dorothee Sölle so wunderbar: »So wie eine Welt ohne Poesie das Geheimnis der Schneeflocke aufgegeben hat, so erstickt eine Welt ohne Religion an ihrem gnadenlosen Funktionalismus.«

Papa, es schneit.

Speziell Märchen sind ja für Kinder und für das Kind in uns allen geschaffen, denn sie sind wie die Poesie: ver-rückt. Im Märchen erlebt man immer mindestens zwei Wirklichkeiten. Die sogenannte Realität und die Wirklichkeit der Träume und der Fantasie. Das, was wir an Kindern so bewundern, wofür wir sie sogar manchmal beneiden, ist auch im Märchen immanent: in mehreren Welten gleichzeitig zu Hause zu sein! Mein größerer Sohn ahnte schon ziemlich früh, dass die Geschenke des Christkinds vielleicht doch von den Eltern sein könnten, und er forschte streckenweise detektivisch danach. Aber am Heiligen Abend war das Christkind dann eben doch da, und es spiegelte sich in seinen wunderschönen Augen. Valentin lebte so in diesen beiden Wirklichkeiten, wie die Dichter seit Anbeginn in verschiedenen Wirklichkeiten leben und schreiben. Kinder wissen ganz genau, dass die Realität der Erwachsenen genauso unwirklich und gleichzeitig wirklich ist wie die ihre.

Umso wichtiger ist es, dass wir ihnen diese ursprüngliche, tiefe Weisheit nicht aberziehen. Wenn ich vor diesem Hintergrund an unser G-8-Schulsystem denke, ergreift mich heiliger Zorn. Offenbar geht es nur noch darum, Kinder auf ihre Verwendbarkeit für die Interessen der Wirtschaft hin zurechtzustutzen. Die Anforderungen auf mathematisch-naturwissenschaftlich-logischem Gebiet werden immer weiter nach oben geschraubt, während Fantasie, musisches und soziales Lernen ein Schattendasein fristen. Wie man so durch und durch ökonomisiert sein kann, von Konzernen gekauft und dem Leistungszwang hündisch ergeben, dass man dafür Kindern das wichtigste raubt, was sie besitzen, nämlich ihre Kindheit, bleibt mir ewig ein Rätsel.

Auf der kritischen Webseite »Sagichdoch« las ich in diesem Zusammenhang den Spruch: »Nicht für die Schule, sondern für den Shareholder Value lernen wir.« Jetzt haben wir also jede Menge 12-jährige kleine Erwachsene, auf Elite getrimmt, die keine Zeit mehr haben sollen für soziale

Kontakte und Musizieren, keine Zeit mehr fürs Träumen und Herumspinnen, für Irrtum und Unsinn. Ja, gerade der Unsinn ist es, der Märchen so wichtig macht.

Es gibt eine schöne Geschichte aus der Zeit, als Valentin und Tamino noch ziemlich klein waren. Ich füge sie gern an dieser Stelle ein, weil sie mir nach wie vor gefällt. Die Geschichte heißt »Mit Kindern über Gott reden«.

Einmal habe ich meinem Sechsjährigen, eher aus Versehen, gesagt: »Der liebe Gott sieht alles.« Ich habe es gleich darauf bereut, denn er hatte für einige Tage Angst vor ihm und blickte sich verschüchtert im Zimmer um vorm Zubettgehen.

»Sieht er wirklich alles, Papa? Auch wenn ich noch nach dem Zähneputzen Schokolade esse?«

»Ich glaube, der liebe Gott weiß genau, dass kleine Jungs ihre Geheimnisse brauchen und ihre Ecken, wo sie sich verstecken können und ihre Stunden, in denen sie endlich mal ihre Ruhe haben vor den Eltern. Da schaut er dann einfach weg. Bis du ihn rufst.«

»Wie ruft man den lieben Gott?«

»Du kannst zu ihm sprechen, wie zu mir oder zu deinen Freunden. Du kannst ihm alles erzählen.«

»Aber warum ist der unsichtbar?«

»Er ist ja gar nicht unsichtbar. Er ist in allem vorhanden, aus jeder Blume lacht er dir zu, und wenn unser Maxi sich aufs Gassigehen freut, dann freut sich der liebe Gott in ihm, und wenn die Mama dich in den Arm nimmt, dann nimmt dich auch der liebe Gott in den Arm. Er versteht alles, was du tust, und wenn du mal etwas gemacht hast, wofür du dich furchtbar schämst, und wenn du glaubst, keiner mehr hat dich lieb, dann ist er für dich da. Er war schon da, bevor die Welt durch seine überschäumende Liebe erschaffen wurde. Du brauchst ihn nicht erst im Himmel zu suchen, denn er ist ja in dir zu Hause.«

Ich habe kein Konzept, wenn ich mit meinen Kindern über Gott rede. Denn ich will ja auch von ihnen etwas über

Gott erfahren. Und natürlich könnte man es auch einfach bleiben lassen, mit Kindern über Gott zu reden. Atheisten haben ebenso meinen Respekt.

Aber meistens fragen die Kinder von selbst nach Engeln und dem lieben Gott, und dann versuche ich ihnen etwas von dem zu vermitteln, was ich manchmal – selten genug – beim Meditieren oder Beten erfahre: dass da ein Geistiges, Göttliches ist, das schon war, bevor unser Bewusstsein in die Welt kam, und bevor unser Denken uns einreden konnte, wir hätten den Geist geschaffen. Und dass alles voll von Liebe sein könnte, wenn wir uns nur darauf einließen, oder wenigstens auf unsere Kinder hören würden, statt sie uns nach unseren verkorksten Vorstellungen zurechtzubiegen.

Und wenn sie älter werden, werden sie sich vermutlich auch von diesem liebenden Gott befreien – denn es kommt die Zeit, da muss man sich erst mal von allem befreien, was einem die Eltern erzählt haben – um ihn dann irgendwann tief in sich, ganz für sich selbst wieder zu entdecken.

Wie schnell doch diese im Rückblick so schöne, zärtliche Zeit vergangen ist. Wenn man mitten drin steckt, im Kinder-Chaos – wir brauchen uns da ja nichts vormachen –, nerven sie manchmal schon ein bisschen. Wenn dann die Jahre vergehen, bleiben eigentlich fast nur noch die schönen Erinnerungen übrig, und man merkt mit Schrecken, dass die Jahre, während derer man seine Söhne noch relativ nah bei sich hat, gezählt sind. Bald sind sie dann endgültig aus dem Haus, und dem spät berufenen Vater bleibt nur noch die Bühne als Jungbrunnen, um nicht unwiderruflich zum Alteisen zu gehören und sich entsetzlich uncool vorzukommen. Etwas neugierig allerdings bin ich auch auf diese neue Lebensphase.

Für die Eltern ist deshalb nicht alles aus, die haben noch andre Verlangen.

MANFRED

Günter Bauch

Manfred Berkard, gleichaltrig mit Konstantin, geboren einen Tag vor ihm, war sein Manager und einer seiner treuesten Freunde. Als Buchhalter und Tourbegleiter bei Mama Concerts hatte er das Metier von der Pike auf gelernt. Er kannte alle Schliche der Veranstalter, und da sich diese Schliche immer ums Finanzielle drehen, war ihnen Manfred, ein leidenschaftlicher Liebhaber der Zahlen, eindeutig über. Mit einem Blick schätzte er die Kapazität einer Halle ein, blitzschnell kopfrechnend wusste er den Bruttoumsatz. Er hielt ihn dem Veranstalter vor, der neben Manfred herlief, Erwartungen dämpfte, Abstriche machte. Manfred glaubte dem Veranstalter grundsätzlich kein Wort, Misstrauen war sein Grundprinzip. Er drohte, dass man beim nächsten Mal eben »klickern« müsse, also am Einlass stehend jeden Besucher mit einer Art Rechenmaschine zählen werde. Der kleine Drücker machte leise »klick«, daher der Name. Manchmal teilte Manfred auch mich zu der mir öden Tätigkeit ein. Doch er selbst »klickerte« gerne, schließlich ging es um Zahlen, ja, um solche, die beständig wuchsen.

Nach dieser Drohung, nach der Peitsche, ging Manfred zum Zuckerbrot über, von der Wut zur Zärtlichkeit: Freundlich fragte er nach dem Weißwein, der fester Bestandteil der Cateringbestückung war, den Konstantin für sich bestellt hatte und den vor allem Manfred trank. Er ließ ihn sich zeigen, betrachtete ihn von allen Seiten, zählte die Flaschen und probierte jetzt, nachmittags, schon mal ein Gläschen. Er war bester Dinge, wenn wir zurück ins Hotel fuhren, um Konstantin zu holen.

Ständig murmelte er Zahlen vor sich hin, keineswegs Worte. Endlos konnte er Lotto- und Totosysteme erklären, besser gesagt, er thematisierte sie im Selbstgespräch, egal ob der andere zuhörte oder nicht. Zusammen sahen wir Fußballspiele an, wobei mir, dem Fußballfan, erst langsam ein Licht darüber aufging, dass Manfred an Spiel und Stil und Fußballkunst herzlich wenig interessiert war, immer nur am Ergebnis. Bei der EM 1992 saßen wir in großer Runde in Jürgens Stüberl und schauten das Halbfinale Deutschland – Schweden. Natürlich wetteten wir, jeder auf ein bestimmtes Ergebnis. Der Spielstand wechselte in den letzten Minuten dreimal, und dreimal grabschte der momentane Gewinner voreilig nach dem Pott. Erst ganz am Ende hatte Manfred, der Zahlenkenner, das endgültige Ergebnis. Routiniert strich er das Geld ein und spendierte eine Runde Schnaps.

Jahrelang fuhr Manfred mit auf Tour, saß, wie er es nannte, »unterprivilegiert« hinter mir und instruierte Konstantin über seine Erfolge als Manager. Gegen elf Uhr war meistens Abfahrt, spätestens um zwölf bekam Manfred Hunger und bettelte so lange, bis wir eine Raststätte ansteuerten. Er frühstückte nie am Hotelbüfett, überhaupt lehnte er Büfetts ab, weil da, wie er sagte, fremde Leute von seinem Essen aßen. Manfred war ein genialer Egozentriker, er sah alles nur aus seiner Sicht und erwartete von jedem und allem dasselbe. Wegen seiner Originalität, vor allem wegen seiner Sprüche konnte man ihm trotzdem nicht böse sein.

Während der Autofahrten hingen seine Augen, die an den vielfältigen Reizen der Landschaft kein Interesse zeigten, immer an den Silhouetten nationaler Denkmäler, oft schon Weltkulturerbe, jedenfalls weithin bekannt, mit historischer Tragweite und in den Geschichtsbüchern fest verankert: Also Wartburg, Walhalla, Niederwalddenkmal, Deutsches Eck, Herkulesstandbild in Kassel, Völkerschlachtdenkmal in Leipzig, Arminiusstatue am Teutoburger Wald und viele weitere Monumente, die meisten aus wilhelminischer Zeit. Manfred verband die richtigen Geschichtsdaten mit den einzelnen Bauwerken, mit seltener Emphase nannte er historische Namen und Jahreszahlen, seine Stimme vibrierte ...

Der linke Manfred glühte für solche konservative, staatstragende, also rechte Mahnmäler. Zur Not konnte ich es mir im Ansatz erklären: Gerade auch der Linke, sofern er nur gründlich ist – und das war Manfred, der auf »seinem« Gebiet keine Unklarheiten duldete –, braucht den historischen Kontext, er kennt die Kämpfe des 19. Jahrhunderts, aus denen sich die sozialistischen Parteien formierten, er kennt auch die Altäre, auf denen das Blut der Arbeiterklasse floss. Dennoch war mir Manfreds Eifer, mit dem er zu Wartburg und Walhalla strebte, sein Engagement, seine Gerührtheit angesichts des Stein gewordenen Geschichtsunterrichts nicht ganz geheuer.

Aber dann waren wir in Berlin, genauer gesagt in Berlin-Treptow. Nun ist Berlin ja fast überfüllt von weltlichen Monumenten, Manfred hätte tagelang besichtigen und gerührt sein können: Reichstag, Siegessäule alias Goldelse, Palast der Republik alias Erichs Lampenladen ... Nicht, dass Manfred diesen Beweisen Berliner Mutterwitzes etwas abgewinnen konnte. Wortschöpfungen mussten, um seinen Geschmack zu treffen, von ihm selbst sein, allerdings fand er sie dann auch besonders gelungen. »Isch bin ein Sprachschöpfer«, behauptete er, wenn er statt Arme lieber »Ärme« sagte oder beim Kartenspielen den Siebener »Siebter« nannte. Doch Manfred verschmähte den Reichstag, ließ Goldelse ungeschoren und den Lampenladen links liegen. Er wollte nur nach Treptow, einen sehr östlichen Stadtteil Berlins, und überredete mich mitzukommen. In einem weitläufigen Park liegt dort das sowjetische Ehrenmal, ein majestätischer Bau, von hohen Treppen flankiert. Wir fuhren mit der S-Bahn so nahe heran, wie es ging, noch ziemlich weit mussten wir laufen. Manfred war zeit seines Lebens kein Freund des Wanderns, er war immer nur gut zu Mund, nie zu Fuß. Seine Fähigkeiten im Parlieren überstiegen die im Marschieren haushoch.

Wir näherten uns langsam dem Ehrenmal, die Sonne brannte. Es begann die Prachtallee, gesäumt von riesigen

Steintafeln, auf denen die Taten der Roten Armee verherrlicht werden. Zwar in kyrillischen Buchstaben, trotzdem ging Manfred schneller. Er näherte sich seinem Ziel, das am Ende der steilen Treppe auf ihn wartete. Er federte die Stufen hinauf, ich kam kaum hinterher. Atemlos, aber stolz stand er oben. Er hatte es geschafft. Er keuchte schweißnass und hatte Wasser in den Augen. In diesen Momenten, in seinen monumentalen Momenten, war er immer zu Tränen gerührt.

Die große, ruhmreiche, heilige Sowjetunion. Der Name Petersburg ist Manfred nie über die Lippen gekommen, für ihn hieß und blieb es Leningrad. Väterchen Stalin stand für ihn für immer auf seinem Sockel. Unzeitgemäß? Ich würde Manfred vor allem unangepasst nennen. »Sagen Sie ihm, dass er für die Träume seiner Jugend soll Achtung tragen«, sagt der Marquis Posa zur Königin in Schillers »Don Carlos«. Schiller – auch so ein unangepasster, treuer Pathetiker. Wenn Manfred Tränen in den Augen hatte, weil er vom eigenen Pathos ergriffen war, dann musste man ihn gern haben. Nur wegen dieser Tränen.

2010 ist er den Herztod gestorben, mitten in den Vorbereitungen zu einer Tournee, auf die er gern noch einmal mitgefahren wäre.

»VATERLAND«

Roland Rottenfußer

Wenn man die CD »Vaterland« von 2001 beschreiben will, so tut man das am besten, indem man zunächst erklärt, was sie *nicht* ist: zum Beispiel eine späte Aufarbeitung seiner Drogenaffäre und Gefängniserfahrung. Es fehlen Seitenhiebe gegen die Staatsanwaltschaft und die verfehlte Drogenpolitik im Land. Auch das neu gewonnene Familienleben mit Annik, Valentin und Tamino nimmt nur geringen Raum ein. Freilich wurde das schöne »Schlaflied« aus der Kinderbuchvertonung »Es lebte ein Kind auf den Bäumen« übernommen. Dies war kaum mit dem Ansturm konkreter Details über das Zusammenleben mit Kindern zu vergleichen, die Reinhard Mey seit Geburt seines ersten Sohnes Frederik in Dutzende von Liedern ergossen hatte. Das Schlaflied blieb noch poetisch überhöht und etwas abstrakt. Ebenso enthielt »Vaterland« als einziges Liebeslied »Liebesdank«, das Wecker auf seiner CD »Liebeslieder« zwei Jahre zuvor veröffentlicht hatte – eine Sammlung von Neuaufnahmen überwiegend älterer Lieder. »Du warst es, die das Ungereimte in mir zu einem Vers verband« – das war eine klingende Würdigung für seine Frau gewesen, die es, wie der Dichter durchaus zugab, mit ihm nicht immer leicht gehabt hatte.

Insgesamt schien Konstantin Wecker seine Hörer aber eher vom allzu Offensichtlichen wegführen zu wollen, indem er sie – und sich selbst – wieder einmal mit Unerhörtem überraschte. »Ich habe so lange mit neuen eigenen Texten gewartet, bis ich mir sicher sein konnte, dass nichts von meinen persönlichen Problemen der letzten Jahre in meine Lieder einfließen würde«, schrieb er später in sein Web-Tagebuch. Die CD entstand nicht in einem einzigen Inspirationsschub. Sie war nach und nach gewachsen, als wäre die Decke, unter der Konstantin seine Textkreativität gehalten hatte, um sich in der verwundbaren Phase seines Drogenentzugs nicht angreifbar zu machen, immer wieder an einigen Stellen löchrig geworden. Da brachen dann eben doch vereinzelt ausgezeichnete Songideen durch wie das live sehr wirksame selbstironische Bekenntnis »I werd oid«. Keine zu intimen Seeleneinblicke gewährte Wecker in seinen beiden spirituell-philosophischen Liedern auf dieser CD: »Entzündet vom Weltenbrand« sowie »Allein«. Diese verweisen eher wie mystische Lehrprosa auf Allgemeingültiges:

Das meiste war unverständlich,
trotz Stunden des Lichts.
Wie alles zerfällst du letztendlich
in Nichts.

Warum sich ans Leben krallen,
lass aus und lass dich ein.
Du findest nur im Zerfallen
dein Sein.

Einen solchen Abstraktionsgrad hatte man bei dem extrem ich-starken Künstler zuvor kaum gekannt. Das »heilige Ego« hat hier seinen Führungsanspruch preisgegeben, und selbst die ausgreifende Lebensgier, Weckers Alleinstellungsmerkmal, scheint einer resignativen Haltung des Loslassens gewichen zu sein.

Am meisten Furore machte auf »Vaterland« aber das aufstachelnd-kabarettistische Trio der politischen Lieder: »Wenn die Börsianer tanzen«, »Amerika« sowie das Titellied. Diese scheinen – anders als auf »Uferlos« und später auf »Ohne Warum« – nicht die Antwort auf unmittelbare politische Bedrängnis gewesen zu sein. Weder spukten damals Abendlandpatrioten durch die Straßen und Schlagzeilen, noch waren die Verbrechen des Finanzmarkts in aller Munde (dies geschah schwerpunktmäßig erst 2008 bis 2011). Nein, der Wert dieser Lieder besteht gerade darin, dass sie Themen selbst setzten, anstatt den in der Presse gängigen hinterherzulaufen. Wie ein Frühwarnsystem spürte die künstlerische Inspiration Strömungen auf, die noch teilweise unterschwellig wirksam waren und erst später evident werden sollten.

Freilich hatte damals der Börsenboom gerade erst begonnen, und die Deutschen strömten wie Lemminge auf das dünne Eis der Finanzspekulation. Viele brachen ein, weil sie – was von diesen wohl kalkuliert worden war – den Schlichen der Zockerprofis nicht gewachsen waren. NTV und Radiosender etablierten »Börse« quasi als das fünfte klassische Nachrichtenressort neben Politik, Wirtschaft, Kultur und Sport und bewirkten so eine »Demokratisierung« der zuvor eher Eingeweihten vorbehaltenen Gier nach leistungslosem Einkommen. Diese Zeitstimmung merkt man Weckers garstigem Börsianer-Lied deutlich an, das sich musikalisch quasi archaisierend an die Klangsprache Georg Kreislers anlehnt:

Ja sie spielen Gott und wir
kaufen wie die Lämmer fromm
zwar bankrott, doch voller Gier
Aktien der Telekom.

Manchmal springen sie aus Fenstern
Wenn der Dow Jones kräftig fällt.
Dann gehörn sie den Gespenstern
Der Betrognen dieser Welt.

Ebenso ausgeprägt war und ist Weckers Abneigung gegen jeglichen Patriotismus. Er teilte die durch den Schock der Nazi-Diktatur verursachte Angewohnheit vieler seiner Altersgenossen, das Wort »deutsch« selten ohne abwertende ironische Brechung zu verwenden. »Mein schauriges Vaterland« nannte er Deutschland 1982 – und stellte 1989 in »Stilles Glück, trautes Heim« fest: »Der deutsche Schäferhund beißt auch manchmal ohne Grund.« »Das deutsche Phänomen« (1994) konnte natürlich nur etwas Negatives bedeuten: »voller Leid dem Leben meist nur zuzusehn«. Schließlich hatte es schon einmal ein Lied gegeben, das »Vaterland« hieß. Das Lied stammt aus dem Jahr 1979 und handelte von einem 68er-Vater, der versucht, seinen Sohn aus der Neonaziszene herauszulösen. Er erzählt dem Buben von der Unmenschlichkeit, der aber will nicht hören: »Des is doch ganz anders gewesen.« Das Lied spiegelte einen negativen Epochen- und Generationswechsel wider, der sich erst mehr als 20 Jahre später in aller Deutlichkeit zeigen sollte. Der geschichtsbewusste Moralismus der »Alten« greift nicht mehr, verführte Jugendliche wischen derart gutmenschlichen Alarmismus mit schnöseliger Gebärde vom Tisch – bis es zur Katastrophe kommt und wirklich wieder Stiefel marschieren und Ausländer getötet werden. Die NSU-Morde lassen grüßen.

Das Lied »Vaterland« von 2001 nun konzentriert sich nicht auf die Nazi-Szene; vielmehr ist es eine allgemeine Reflexion zu einem Stichwort, das Wecker schon immer zutiefst unsympathisch gewesen ist. »Ein ganzes Land als Vater war schon immer eine Lüge.« Konstantin Wecker hatte der von ergriffenen »Helmut«-Rufen widerhallenden Wende-Euphorie widerstanden; er sollte auch die neue Fahnenseligkeit der 2006er Fußball-WM mit ihren Meer schwarz-rot-goldener Autowimpel, Rückspiegelüberzüge und Wangentatoos verweigern – jenen hysterischen Frohsinnsausbruch, den die Presse gern als deutsche »Normalisierung« pries. Wecker ist überhaupt ziemlich zeitgeistresistent, was ihm viele als verbohrtes »Alt-68ertum« auslegen, in Wahrheit aber auf eine überzeitliche Überzeugungstreue hinweist, die sich in Anbetracht der jüngsten Entwicklungen als nur allzu richtig und notwendig erwiesen hat.

11. SEPTEMBER 2001

Roland Rottenfußer

Die erste öffentliche Präsentation von »Vaterland« war auf den 10. September 2001 angesetzt. Konstantins Archivar Alexander Kinsky berichtet, das Wecker-Team habe sich große Hoffnungen gemacht, mit diesem Event zumindest die lokalen Schlagzeilen des Folgetags dominieren zu können. An jenem Tag, dem 11. September, stand jedoch etwas ganz Anderes im Vordergrund: Bilder der einstürzenden Zwillingstürme des Word Trade Center liefen nonstop auf allen Kanälen, und auch die Zeitungsmacher hatten »Besseres« zu tun als auf die grüblerische CD-Veröffentlichung eines Nischen-Liedermachers hinzuwesen – zumal ein Werk mit solch unpatriotischem Inhalt. Das Ereignis lief – ähnlich der Wiedervereinigung vor zwölf Jahren – eigentlich der Weckerschen Mentalität zuwider. Es begünstige rechts-autoritäre »Tugenden« wie Kriegsbereitschaft, Fremdenhass und Heimattümelei, die Gleichschaltung der öffentlichen Meinung und sozialvergessenes »In-Zeiten-der-Not-gibt-es-nur-noch-Amerikaner«-Pathos. Wie würde der Liedermacher darauf reagieren? Hatte er überhaupt eine Antwort auf das Grauen und seine absehbar noch verheerenderen geopolitischen Folgen?

Wenige Tage zuvor hatte Konstantin Wecker sein neues Internet-Tagebuch eröffnet, ein Fenster auf seiner Webseite mit dem naheliegenden Namen *www.wecker.de*. Konstantin hatte sich für einen offensiven Umgang mit den neuen Medien entschlossen, zu ihrer extensiven Nutzung zum Zweck der Verbreitung seiner Ideen und Veröffentlichungen. So begründete er damals, kurz nach der Jahrtausendwende, eine der bis heute eindrucksvollsten Internetpräsenzen eines deutschen Künstlers. Man muss nur versuchsweise seine Kollegen googeln, um zu merken, welchen Instinkt das »Liedermacher-Urgestein« bei der Selbstpräsentation mittels modernster Medien bewiesen hat. Nicht wenige Alt-Fans machten ihm dies gar zum Vorwurf, als verpflichte ein relativ frühes Geburtsdatum dazu, für alle Zeit nur mit handbeschriebenen Flugblättern für sich zu werben.

Am 11. September 2001 hatte das Online-Tagebuch sein erstes großes Thema gefunden, und das neue Genre des Weckerschen Web-Essays war geboren. Konstantin reagierte schnell und inhaltlich vollkommen klar. Mit deutlichem Instinkt stellte er sich gegen Sicherheitshysterie, Islamophobie und Kriegshetze. Nachdem er die Toten und das Leid ihrer Angehörigen gewürdigt hatte, stellt der Neu-Blogger sogleich einen größeren Zusammenhang her: »Aber ich denke, gerade in solchen tragischen Momenten, sollten wir auch der 80 000 Menschen gedenken, die täglich verhungern. In Gegenden, die weit weg sind. Am Rande sich rasant ausbreitender Wüsten. Denen keine Sondersendungen gewidmet werden.« Und er ruft den Westen dazu auf, sich seiner Mitverantwortung für das Grauen zu stellen. »Anstatt jetzt nach Rache zu schreien und mit Hass zu reagieren, sollte uns diese Schreckenstat daran gemahnen, endlich etwas abzugeben von dem Zuviel, das wir besitzen. (...) Ich hoffe, dass man jetzt nicht wieder einzig die ›Harter-Mann‹-Reaktion als Antwort hat. Das würde die Spirale der Gewalt nur weiter drehen. Solch eine Zeit der Trauer sollte auch eine Zeit der Besinnung sein.«

Damit hatte Konstantin Wecker die Blaupause für viele seine späteren Reaktionen auf Weltereignisse geliefert – etwa jene zu den Pariser Attentaten 2015. Im Mittelpunkt seiner Überlegungen steht der Entschluss, »die Prinzipien der Menschlichkeit auch dann nicht aufzugeben, wenn sie mit Füßen getreten werden«. Es war eine mutige Ansage zum damaligen Zeitpunkt, denn nach den Attentaten braute sich eine Kriegsstimmung ähnlich jener zu Beginn des Ersten Weltkriegs zusammen. 1914 wie 2001 wurden abweichende Statements vom großen Strom der Massenmeinung fortgespült, Stimmen, die zur Vorsicht und zum Frieden mahnten, wurden überhört oder öffentlich diskreditiert. Die Beschimpfung von Pazifisten feierte eine Wiederauferstehung, die man in unserer aufgeklärten Nachkriegswelt lange für unmöglich gehalten hatte. »Pazifisten werden als blauäugige Spinner bezeichnet, Weicheier, die sich der männlichen, tatkräftigen Verantwortlichkeit der Realpolitik nicht stellen wollen«, schrieb Wecker in den Notizen. »Wieso ist immer nur der Tötungsbereite verantwortlich – nie der Friedfertige?« Die schlimmen Anschläge von New York hatten einen vergröbernden Effekt auf die kollektive Psyche, selbst plumpstes Schwarz-Weiß-Denken und klingonisches Imponiergehabe wurden wieder salonfähig.

Zweifellos gab Konstantin Wecker damals ein Beispiel dafür, was kritische Intellektuelle für eine Gesellschaft zu leisten vermögen – zusammen mit seinem Freund Eugen Drewermann, der dazu aufrief, den Tätern des 11. September zu vergeben. Später, anlässlich des umstrittenen Israel-Gedichts von Günter Grass (2012) sollten Zeitungsschreiber gar einen pauschalen Abgesang auf die Figur des politisch wirksamen Intellektuellen anstimmen. Der Grund, warum man den gern begraben wollte, liegt auf der Hand. »Wer aufrecht geht, ist in jedem System nur historisch gut angesehen.« Es ist eben nicht bequem, in einen Spiegel zu schauen, wie ihn Wecker den Kriegs- und »Sicherheits«-Akteuren 2001 hinhielt: »Denn wir alle sind aufgefordert umzudenken, nicht nur die Amerikaner. Unsere westliche Lebensweise des Überflusses, der Verschwendung, der Gedanken- und Geistlosigkeit zu überdenken. Unseren Hochmut und unsere Ignoranz. Das große Leid rechtfertigt nicht die ewig alten Fehler. Nationalismus ist und bleibt ein Grundübel.« Und er fügte hinzu: »Dies ist kein Krieg. Noch nicht.«

»DIE SCHWESTER MEINES GLÜCKS«

Roland Rottenfußer

Es war Ende Januar 2002, als ich Konstantin Wecker zum ersten Mal persönlich traf. Obwohl sein Drogenprozess glimpflich geendet hatte, machte ich mir auf dem Weg zu seinem Privathaus in München, Schwabing, ernsthafte Sorgen um meinen langjährigen Lieblingsstar. Der Grund war die dunkle Färbung seiner neuen CD »Vaterland«, die vier Monate zuvor erschienen war und die ich – nach langer Textabstinenz des Künstlers – wie ein Verhungernder aufgesogen hatte. »Mich lässt schon seit geraumer Zeit die Freude nicht mehr los« – solch enthusiastische Zeilen waren für den »frühen« Wecker lange typisch gewesen. Nichts davon auf der neuen Aufnahme. Sie begann mit dem absoluten Anti-Opener »Novemberlied«

>*Melancholie. November eben.*
>*Die Sonnenstunden werden knapp.*
>*Grad übte man sich noch im Schweben.*
>*Nun stürzt man mit den Blättern ab.*

Das schleppte sich recht zäh und wenig lustdurchpulst dahin. Das zentrale Lied der Sammlung aber war »Alles das und mehr«. Das Lied war geradezu bekennend depressiv und entwickelte eine umfassende Schattenarbeit.

>*Sie wagt zu weinen mittendrin,*
>*ein Stachel scheinbar ohne Sinn,*
>*schreibt ohne Rücksicht auf Gewinn die tiefen Lieder,*
>
>*zwar meistens wird sie überdeckt,*
>*hinter Betriebsamkeit versteckt,*
>*doch aus der Tünche taucht sie immer wieder.*

Wohin du fliehst, sie beißt und nagt,
gibt keinen Frieden, hinterfragt,
die Professoren nennen's Depressionen.

Dann hast du Angst allein zu sein
und sperrst dich in Gemeinschaft ein
und würdest lieber in dir selber wohnen.

Du spürst, sie will, dass man sich stellt,
vor allem dem, was nicht gefällt,
und du erkennst bald, deine Seele ist nur Leergut.

Wohin du flüchtest – du verbrennst,
wenn du sie nicht beim Namen nennst,
die Schwester deines Glücks – die Schwermut.

Die durchbrechende Schwermut als Bankrotterklärung vergeblicher Verdrängungsversuche – sicher war dies ein Bekenntnis und ein Hilferuf des Menschen Wecker. Er selbst war es gewesen, der versucht hatte, seinen Schatten durch Aufputschmittel und Betriebsamkeit in Schach zu halten. Seine szenebekannte auftrumpfende Geselligkeit, sie war auch ein Ausweichen vor den Dämonen des Auf-sich-zurückgeworfen-Seins. »Jetzt nur nicht allein sein. Da muss doch noch etwas Wein sein.« Wer genau hinhört, findet »Alles das und mehr« schon in älteren Aufnahmen des Sängers, etwa in »Manche Nächte« aus dem Jahr 1982. Wo war die Freude hingegangen?

Ich habe mich gerade dem schwermütigen, nachdenklichen Wecker ja immer verwandt gefühlt, ahnte ihn hinter dem freudestrotzenden Götterliebling der frühen Aufnahmen. Wie anders wäre es zu erklären gewesen, dass ich mich mit meinem Wesen – obwohl weit weniger als er mit vibrierender Vitalität begabt – immer gut bei ihm aufgehoben gefühlt hatte. »Es sind nicht immer die Lauten stark, nur weil sie lautstark sind« – klar, das waren Streicheleinheiten für introvertierte Hörer – obwohl dies im Umkehrschluss nicht bedeutete, dass jeder Leise automatisch stark ist. Es ist an sich nichts Ungewöhnliches, dass ganz konträre Charaktere Wecker verehren. Ich kenne keinen Wecker-Fan, der ist wie er. »So wie ich ist eigentlich überhaupt keiner«, sagte Konstantin einmal. Häufiger findet sich im Zuschauersaal der Gegentyp, Menschen, die hoffen, dass Wecker etwas bei ihnen Fehlendes kompensiert. »Dabei träumst auch du vom verkommenen Leben« – wir Fans begeisterten uns für solche Sätze, nicht um dem Meister ins lockende Dunkel zu folgen, sondern in der Hoffnung, sein stellvertretendes Ausagieren könne es uns ersparen, selbst Verkommenes zu wagen.

Ich hatte lange gezögert, mich Konstantin unter einem Vorwand zu nähern, denn jegliches Star-Stalking erschien mir peinlich. Ich trat auch nicht dem damals noch bestehenden »Freundeskreis der Wecker-Kunst« bei – in der Hoffnung, im Pulk der Anbeter einen Seitenblick des Meisters oder einen kurzen Wortwechsel zu erhaschen. Wenn ich einen solchen Menschen einmal kennen lernen wollte, so dachte ich, müsste ich ihm auch etwas zu geben haben. Als ich 2001 Redakteur der spirituellen Zeitschrift »connection« geworden war, fand ich, es sei so weit. Ich konnte Konstantin einen Veröffentlichungsplatz für ein Exklusiv-Interview bieten. Tatsächlich fand sich, nachdem ich bei Weckers Management angefragt hatte, dann eines Tages in meinem Postfach zwischen Hans Huber und Lieschen Müller – hervorleuchtend – der Name Konstantin Wecker. Ein nicht geringer Schock, obwohl ich Derartiges ja heraufbeschworen hatte. Nervös ging ich zum Interview, aber auch irgendwie getrost. Der unbekannte, charismatische Mann war jemand, den ich schon ziemlich gut kannte – was naheliegender Weise nicht auf Gegenseitigkeit beruhte. Eine Enttäuschung hätte allenfalls gedroht, wenn zwischen dem öffentlich erkennbaren und dem privaten »echten« Wecker eine unüberwindliche Lücke geklafft hätte. Dies war natürlich nicht der Fall, der Künstler ist tatsächlich »so«. Am Biertisch in einem nahen

Schwabinger Lokal traf mich Weckers typischer Blick, von unten herauf, wissend, forschend und ein wenig schelmisch. Es hatte etwas ungemein Beruhigendes, schien dieser Blick doch zu sagen: »Ich durchschaue dich, aber es ist okay. Ich habe wahrlich schon in ganz andere Abgründe geblickt als in Deine.«

So ging ich dann rasch in die Vollen und stellte vorbereitete Fragen, die mir damals kühn erschienen, etwa jene nach der depressiven Grundstimmung der neuen CD »Vaterland«. Wecker antwortete »Ich wehre mich ein bisschen dagegen, dass Lieder wie das ›Novemberlied‹ depressiv sind. Ich bin der Meinung, dass Schwermut zu erkennen und akzeptieren das beste Mittel gegen Depression ist. In dem Moment, wo ich die Schwermut nicht mehr als die ›Schwester meines Glücks‹ betrachte, weil ich sie dauernd verdränge, führt das zur Depression. Ich hab sie in meinem Leben viel zu oft verdrängt und dann versucht, die Depression mit irgendwelchen Doping-Mitteln wegzudrücken. Ich hätte vielleicht ein paar von diesen Liedern schon ein bisschen früher schreiben müssen. Wenn man sich über so viele Jahre mit chemischen Mitteln Glücksgefühle herbeiholt, dann dauert es eine sehr lange Zeit, um so eine ganz selbstverständliche Freude wiederzuentdecken.«

Was ich damals noch nicht wusste, war, dass man es bei Konstantin Wecker niemals schaffte, eine Liste vorbereiteter Fragen abzuarbeiten. Das Gespräch entglitt mir zunehmend, dafür entströmten dem reichen Füllhorn des Weckerschen Geistes viele faszinierende Aussagen, nach denen ich gar nicht gefragt hatte. Nach einer halben Stunde wusste ich, dass ich – fast ohne Eigenleistung – ein überaus gelungenes Interview im Kasten hatte. Ich entspannte mich und ließ mehr und mehr weckerkundliches Fachwissen durchblicken. Ich hatte ja anfangs versucht, überlegene journalistische Distanz zu simulieren. Es war natürlich nicht schwer für Konstantin, den verkappten Fan zu erahnen. Das Interview verlängerte sich zum hoch willkommenen Privatgespräch, und auch die Strichliste auf unseren Bierfilzeln wurde länger. Es wurde ein langer Abend. Bei einem zweiten Treffen, einige Monate später, bezeichnete mich Konstantin gegenüber dem italienischen Kellner wie nebenbei als »un amico«. Mein Ego, das ich als Teil der »spirituellen Szene« ja eigentlich gar nicht hätte haben dürfen, schwoll beträchtlich. Das war's gewesen. Ich kannte nun Konstantin Wecker persönlich.

Bis heute beschäftigt mich die Frage nach dem »ganz anderen Wecker«. Einem, den die Freude losgelassen hat und der, statt unter Reben mit Toskanablick zu schwelgen, leergebrannt auf die Gitterstäbe seiner inneren Gefängnisse starrt. Wann immer wir eine typische Eigenschaft Konstantin Weckers beschreiben, tun wir gut daran, zu erwägen, ob nicht auch das genaue Gegenteil auf ihn zutrifft. Die Wirkungsweise des Schattens ist keine neue psychologische Erkenntnis, in ihm scheint sie aber einen besonders drastischen Ausdruck gefunden zu haben. »Alles geben Götter, die unendlichen, Ihren Lieblingen ganz. Alle Freuden, die unendlichen, alle Schmerzen, die unendlichen, ganz.« Eine Bipolarität, bei der das Pendel nach beiden Seiten stärker in die Extreme ausschlägt. Die Schwermut nun, die »Schwester des Glücks«, bekam Konstantin besonders zu spüren, als sich die Glücksmomente als nicht mehr zu erzwingen, nicht mehr herbeikoksbar, erwiesen hatten. Nachdem sich ihm das Echte verschlossen hatte, versagten auch die Surrogate. Diese hätten ihn wohl umgebracht, hätte ihm nicht ein grausam-glückliches Schicksal in Gestalt des gewichtigen Staatsanwalts Fuchs die Base-Pfeife gewaltsam aus dem Mund gerissen.

Depression, das muss man wissen, ist nicht zutreffend als ein Gefühl der Traurigkeit zu beschreiben; vielmehr als das Fehlen jeglichen Gefühls. Eine schwarze Leerheit, die nicht dein Freund ist – wie in gelungener buddhistischer Meditation –, sondern dein Feind, weil sie alles verschlingt, selbst die Fähigkeit, noch an die Möglichkeit von Glück zu glauben. Viel später, 2012, sollte Konstantin Wecker in der

Toskana eine noch schlimmere Depression erleben: »In dem Moment, als ich aus dem Auto stieg, hatte ich das Gefühl, in ein tiefes schwarzes Loch zu fallen. Ich war nicht nur traurig, sondern fühlte mich von allem verlassen, was mir bisher in meinem Leben geschenkt worden war.« Diese Episode konnte übrigens beendet werden, indem Konstantin wieder mit dem Rauchen anfing – sicherlich keine edle Methode, aber eine, die funktionierte.

Depression ist zutreffender als Kälte denn als Trauer zu beschreiben. Und der inwendig warme Wecker, mit dem so herzlichen, gelösten Lachen, der alle umarmende, begeisterte und begeisternde Vollblutmensch – er war häufig von Anwandlungen der Kälte bedroht. Es ist noch schwerer, Kälte zuzugeben als Traurigkeit. Denn erstere steht zwar in der vereisenden Berufswelt hoch im Kurs, keinesfalls ist sie aber etwas, dem ein Künstler und Romantiker in sich Raum geben möchte. Eines von Weckers Lieblingsmärchen ist »Das kalte Herz« von Wilhelm Hauff. Darin verkauft der arme Köhler Peter sein Herz dem dämonischen Holländermichel und lässt sich stattdessen einen Stein einpflanzen. Der Vorteil dieses Tauschhandels: Peter ist fortan von Skrupeln und den Leiden der Gefühligkeit befreit. Konstantin hatte sich schon in sehr jungen Jahren mit der Idee getragen, aus dem Stoff eine Oper zu machen. Diesen Plan ließ er bald fallen.

In seinem Lied »Der Schutzengel« (1981) zitierte er jedoch fast wörtlich aus dem Märchen: »I lach mir jedsmal mehr a stoanas Herz. Wenns aus is, sogt ma, werdn die Herzen gwogn. Fliagt dann des mei na himmelwärts?« Das Lied thematisierte erstmals einen schweren Drogenabsturz, der den Erzähler an den Rand eines gesundheitlichen Kollapses gebracht hatte. Nicht Bilder der Wärme und Euphorie dominieren jedoch die Beschreibung der Drogensucht, sondern solche der Kälte. Der »Teufel«, der den Süchtigen versucht, ist – wie in Thomas Manns »Doktor Faustus« – ein Dämon der Kälte. »I bin wia eigschneit. I müaßt mi selber auftaun. Irgendwie.« Dabei ist zu bedenken, dass Wecker immer auch die kapitalistische Technokratie mit Wintermetaphorik beschrieben hat: »Die Herren pokern, ihre Welt schneit unsere Herzen langsam ein.« Aber ebenso kontinuierlich sehnte er sich nach Wärme: »Es kann nicht gut sein, wenn man friert.«

Die Gefährdung durch »Auskühlen« kommt also gleichermaßen von außen und von innen. Für Wecker gingen diese Phasen einher mit einer stark heruntergedimmten Erlebnisfähigkeit, die sich unangenehm anfühlte und nach neuen künstlichen Stimulationen rief. Sie waren außerdem verbunden mit privaten Begegnungen, in denen sich der Künstler selbst als hart, dominant und wenig mitfühlend mit anderen Menschen erlebte. Es waren hässliche »Szenen« gewesen, die er im Entzug teilweise wieder erlebte – verbunden mit heftigen Reuegefühlen. Der »Krankheitsgewinn« bei einem solchen Erkalten liegt auf der Hand, bei Peter, der Märchenfigur, wie auch bei Konstantin: Die Seele, die nicht ständig die Kraft für »die Freuden, die unendlichen, die Leiden die unendlichen« aufbringen kann, wird dadurch ein Stück weit unverwundbar. In der Sendung »Lebenslinien« des Bayerischen Rundfunks, die Anfang 2016 ausgestrahlt wurde, gestand Konstantin Wecker etwas, das vielleicht verstörender wirkt als seine vielen Bekenntnisse zu überschießender Unsolidität: »Durch Drogen wird man kälter. Das ist teilweise ganz nützlich, denn man fühlt sich davon befreit, immer auf andere Rücksicht nehmen zu müssen.« Wer Konstantin Wecker heute erlebt, weiß, dass das Feuer das Eis bei weitem überwiegt: Man denke an die Wärme »schmelzender« romantischer Melodik, die Herzlichkeit im privaten Umgang wie auch das revolutionäre Feuer, der Zorn gegen das Unrecht.

Heute ist Kälte (verweigerte Empathie) der Hauptvorwurf des politischen Denkers Wecker gegen Rechte – mehr noch als deren oft offensichtlicher Mangel an Verstand. »Dann denkt mit dem Herzen« lautet seine Botschaft 2016 in einem Büchlein zur Flüchtlingsthematik. Das setzt voraus, dass man sein Herz noch im Leib hat und nicht beim Holländermichel in der Glasvitrine. Bei diesem unsympathischen Gesellen finden sich wohl nicht nur die Herzen der Nazis aufbewahrt, sondern auch einige von verirrten Linken, die sich allzu viel auf ihren Intellekt und zu wenig auf unmittelbare Menschlichkeit zugutehalten. Dass die Weckersche Warmherzigkeit auch für ihn nicht immer selbstverständlich gewesen ist, macht sie nicht weniger wertvoll.

IRAK-REISE 2003

Roland Rottenfußer

Konstantin Wecker machte sich keine Illusionen darüber, was ihm bevorstand: »Vor allem aber fahre ich in ein Land, das ich nicht kenne und von dem ich nicht mehr weiß, als man aus Lexika und ein paar nüchternen Geschichtsbüchern erfahren kann. Ich fahre in ein Land, das, wenn es den vernünftigen Kräften in dieser Welt nicht doch noch gelingt, den Krieg abzuwenden, in einigen Wochen besetzt und bombardiert werden wird. Dessen Bevölkerung all ihrer Würde beraubt sein wird, ermordet oder verwundet für wirtschaftliche und hegemoniale Interessen.«

Ein Land zu besuchen vor seinem angekündigten Tod im Bombenhagel eines überlegenen Gegners – es ist Ausdruck der Weigerung, jemands Feind zu sein, der Versuch, den Menschen, die man hierzulande unbekannterweise fürchtet oder als Terroristen verachtet, wirklich zu begegnen. Konstantin Wecker flog mit einer internationalen Friedensdelegation am 5. Januar 2003 nach Bagdad. Unter ihnen Henning Zierock, Weckers Freund und unermüdlicher Aktivist der Organisation »Kultur des Friedens«. Große Teile der Presse wussten schon vor der Reise, dass sie falsch, zumindest lächerlich und vergebens war. Gleich nach der Ankunft Weckers am Flughafen lichteten ihn Fotografen vor einem Bild Saddam Husseins ab. Das war nicht schwer in einem von Regierungspropaganda übersäten Land. Wecker, der Diktatoren-Versteher. »Es ist geradezu lächerlich, ausgerechnet mir, einem Kritiker von Macht und Gewalt, zu unterstellen, ein diktatorisches Regime unterstützen zu wollen«, schrieb er später.

Reisen mussten von der irakischen Regierung genehmigt werden, und die versuchte durchaus, die Gegner des erwarteten NATO-Angriffs in ihrem Sinn zu instrumentalisieren. Teile der Presse rückten diese Gefahr des »Instrumentalisiert-Werdens« in auffälliger Weise in den Mittelpunkt der Berichterstattung, anstatt die mit der Reise verbundenen Absichten respektvoll darzulegen. Die Delegation wurde von einem Regierungsauto abgeholt, einer verdunkelten Limousine, und gleich ins teuerste Hotel der Stadt verfrachtet. Wecker und den Seinen war dies jedoch peinlich. »Etwas Spannenderes, als in dieser politischen Situation in Bagdad zu sein – aus Sicht der USA gleichsam im Herzen der Finsternis –, konnte es doch gar nicht geben. Und da sollten wir uns abschirmen lassen vor den Menschen dieser Stadt?«

Die Friedensaktivisten zogen in das heruntergekommene Hotel Al-Fanar. Dort fühlten sie sich wohler. Sie trafen auf Friedensgruppen aus aller Welt: Israel, den USA und Europa. »Jeden Abend sangen wir dort zusammen Lieder, da spielte es keine Rolle mehr, dass wir uns sprachlich nicht immer gut verständigen konnten. Die Musik führt immer zusammen. Sie kennt keine Trennung und schon gar keinen Hass. Wir waren ein Haufen von vielleicht fünfzig, sechzig Friedensbewegten, die sich wechselseitig Mut zusprachen – eigentlich eine schon verwirklichte Utopie auf kleinem Raum.« Eine Utopie, die Wecker schon 1982 in Verse gefasst hatte und für die – leider – 2003 die Zeit der Erfüllung noch nicht gekommen war: »Das wird eine schöne Zeit, wenn Krieger vor Liedern fliehn und Waffen Gedichten erliegen.« Die schöne Tapferkeit der Vergeblichkeit verlieh dieser Reise eine besondere, melancholische Würde. Gefragt, ob sie denn wirklich geglaubt hätten, dass ein solch armseliges Häufchen den Einmarsch der Amerikaner verhindern könne, antwortete Konstantin: »Nein, aber wir waren da, das ist auch eine Botschaft.«

Sie besuchten einen Bunker, wo im Golfkrieg 488 Menschen, darunter viele Kinder, während eines Raketenangriffs sterben mussten. Erschreckend war für die Reisenden vor allem die Armut im Land. Wegen des Embargos des Westens waren 50 Prozent des Trinkwassers verseucht. Die Menschen wurden krank, und in den Kliniken fehlte das Geld für die notwendige Betreuung. Neben der Armut war da aber die »umwerfende Freundlichkeit« der Bevölkerung. »Man darf auch kaum was bezahlen«, erzählte Konstantin. »Sie laden uns ein, obwohl sie selbst so arm sind. Wenn man einem bettelnden Kind etwas gibt, nehmen es ihm Erwachsene ab und geben es einem zurück, damit sie ihre Würde behalten.«

Am Abend des 13. Januar spielte Konstantin dann ein Konzert mit Musikerinnen und Musikern des dortigen Symphonieorchesters. Musik vereinte auch hier, was Rassismus, Nationalismus, religiöser Fanatismus und Kriegshetze am liebsten trennen würden. Gleich beim Soundcheck entfernte Toningenieur Christoph Bohmeier eine riesige Pappfigur Saddam Husseins, die ein Maschinengewehr hielt, von der Bühne. Niemand hinderte ihn daran. Später erfuhren die Musiker, dass auf Entfernen von Regierungspropaganda die Todesstrafe stand.

In Bagdad gab es ein schönes Dichter-Café. Die sehr gebildeten Menschen dort wollten mit Konstantin über Hegel und Kant diskutieren. Ihn als Musiker kannte man nicht. »Ich bin ein Dichter und Sänger aus Deutschland«, musste sich Konstantin vorstellen. Jemand bat ihn, etwas vorzusingen, und Konstantin intonierte »Wenn der Sommer nicht mehr weit ist«. Man verstand die Sprache nicht, wohl aber die Töne, die Leidenschaft des Sängers. Gerade über diesen Auftritt spottete die deutsche Presse hernach am meisten. Jemand will mit seinem Gutmenschenliedchen aus den 70ern die Welt retten – peinlich. Da blieb man lieber Realist und stellte sich widerstandslos auf jenen Winter der Unmenschlichkeit ein, der nicht mehr zu verhindern war. Ein alter Iraker im Café hatte zu Konstantin gesagt: »Wenn die Amerikaner gegen uns Krieg führen, wird das Tor zur Hölle aufgemacht.«

Genau das geschah nur eine Woche später, am 20. März. Die Angaben über die Zahl der Gefallenen des Kriegs schwanken heute zwischen 100 000 und der zehnfachen Menge. Darunter waren zahllose Zivilisten, auch Kinder. Die Kosten des Kriegs und seiner Folgen beliefen sich auf geschätzt 700 Milliarden Dollar. Auch die unbeschreiblichen Bilder aus dem US-Foltergefängnis von Abu Ghuraib gehörten zu den »Kollateralschäden« des Kriegs. Wer also war damals naiv gewesen, wer vorausschauend? Henryk M. Broder höhnte auf Spiegel online am 11.1., die Wecker-Lieder wie »Amerika« und »Waffenhändlertango« klängen in Bagdad »wie einst die Internationale am 1. Mai vor der Kreml-Mauer«. Zu dem Artikel erschien eine plumpe Fotomontage von Konstantin mit Hussein-Bart. Die »Kleine Zeitung« aus Graz sah Konstantin Wecker dagegen nicht als den Erben des Ostblock-Kommunismus; vielmehr wandle der Liedermacher »auf den Spuren Jörg Haiders«. Das Blatt weiter: »Dass er damit zum Kanonenfutter für die Propagandaschlacht des irakischen Diktators wird, sieht der Betroffenheitsbarde nicht so eng.« Das wenigstens konnte man den »eingebetteten« Journalisten keinesfalls vorwerfen: dass sie sich vom Leid der irakischen Menschen in irgendeiner Form betroffen zeigten.

Für eines der Kinder von Bagdad übernahm Konstantin Wecker eine Patenschaft. Der achtjährige Amir Hasmat hatte nach einem Jahr die Schule abgebrochen und musste, weil seine Familie nicht anders überleben konnte, Kinderarbeit leisten. Philipp Maußhardt, der Konstantin bei seiner Irak-Reise begleitet hatte, schrieb in der taz: »Jetzt steht er bei einem Schmied am Amboss und schlägt mit einem Hammer, der viel größer ist als die Faust, die ihn hält, auf glühendes Eisen ein.« Dort sah Konstantin Wecker den kleinen Amir zum ersten Mal. Erschüttert erkundigte er sich bei der deutschen Hilfsorganisation »Architekten für Menschen in Not« nach Möglichkeiten der Hilfe. Als Ergebnis kaufte Wecker den Jungen buchstäblich bei seinem Arbeitgeber, einem dicken Schmied, frei, indem er die Familie finanziell unterstützte. Amir war nach dem Einmarsch der US-Amerikaner dann aber nicht mehr auffindbar.

Im März desselben Jahres verlas Konstantin in seinen Konzerten einen »Brief an Amir« – bestimmt eher für die Menschen in Deutschland als für den Jungen selbst, dessen weiteres Schicksal im Dunkeln bleibt. »Kriegskinder wie Du, mein lieber Amir, sind das rechte Futter für die weltweite Waffenhändlermafia, für Wirtschaftsfundamentalisten und religiöse Eiferer, und sie haben Euch nie wirklich mit dem Herzen angesehen. Wer nämlich nur einmal diesen Kindern voll Mitgefühl in die Augen gesehen hat, spricht nie mehr von einem Preis, der es wert ist, bezahlt zu werden, wie Frau Albright im letzten Krieg, der möchte sie in den Arm nehmen und nicht mehr loslassen.« Sarkastisch, an die Adresse der Kriegstreiber, fügt er hinzu: »Aber Du wirst ja gerade befreit, Amir, vergiss das nicht.«

Frisch aus dem Irak zurückgekehrt, musste dem Liedermacher die alljährlich im Februar in München stattfindende »Sicherheitskonferenz« als besondere Provokation vorgekommen sein. Bei der Abschlusskundgebung sagte Konstantin: »Ich rufe die Soldatinnen und Soldaten der Bundeswehr, die demnächst ihren Dienst in Awacs-Flugzeugen tun müssen, dazu auf, diesen Kriegsdienst zu verweigern oder zu desertieren.« Er ermutigte die Zuhörenden, diesen Satz im Chor nachzusprechen. Die Aktion war auch eine Solidaritätsbekundung mit dem Linken-Politiker Tobias Pflüger, der kurz zuvor wegen desselben Satzes verhaftet und unter Anklage gestellt worden war. Wecker gab später der Süddeutschen Zeitung zu Protokoll: »Man hat mir dann geraten, nicht allein mit der U-Bahn zurückzufahren; den Tobias Pflüger haben sie kurz nach seiner Rede in der U-Bahn, wo er allein war, festgenommen.« Er verteidigte vehement die Notwendigkeit, sich gegebenenfalls auch über Verbote hinwegzusetzen, wenn diese nicht die Morde des Krieges, sondern dessen Kritiker kriminalisieren. »Aber es gibt eben Momente, da muss man auch so was in Kauf nehmen. Artikel 26 unserer Verfassung besagt, dass unter Strafe gestellt wird, wer einen Angriffskrieg unterstützt. Und dieser

Krieg gegen den Irak ist ein Angriffskrieg. Da ist es an der Zeit, dass sich die Soldaten überlegen, ob sie Nein sagen. Immerhin haben wir aus den Nürnberger Prozessen gelernt, dass vielen Soldaten zu Recht vorgeworfen wurde, sie hätten nicht rechtzeitig Nein gesagt.«

Auf Konstantin Weckers CD »Am Flussufer« (2005), die als Ganzes weniger politisch ausfiel, gab es einen vorerst letzten Rekurs auf sein Patenkind Amir. Im »Wiegenlied« verglich er seine eigene behütete Kindheit mit dem des irakischen Jungen.

> *Du hattest nie eine Kindheit, mein Kind.*
> *Dir sang man kein Wiegenlied.*
> *Dich sangen Bomben und Totengeläut*
> *in den Schlaf. Die hatten dich lieb.*

Geradezu gespenstisch mutet heute die Warnung an, in den traumatisierten Kindern des Irak-Kriegs könnte neuer Hass keimen, der sich schließlich – wohin sonst? – gegen den Westen und seine ach so wohlmeinenden Menschen richten würde. So verbindet sich das Schicksal von Jungen wie Amir mit dem heute so entsetzlichen Terror des »Islamischen« Staats. Der Terror ist als unmittelbare Folge seiner »Bekämpfung« mit noch viel verheerenderer Macht zurückgekehrt.

> *Und sie werden es wieder nicht verstehen,*
> *denn sie wissen nichts vom Leben,*
> *wenn du sie ihnen abschlagen wirst,*
> *statt ihnen die Hand zu geben.*

»DAS WASSER HAT MICH GESUCHT, BEVOR ICH EIN DÜRSTENDER WAR«

Konstantin Wecker

»Nicht nur die Dürstenden suchen das Wasser. Das Wasser sucht auch die Dürstenden«, schreibt Rumi.

Und, ja, das Wasser, in diesem Fall die Musik, hat auch mich gesucht. Und sicher schon lange, bevor ich wusste, dass ich es sehnsüchtig suchen würde.

Es suchte mich bei meiner Geburt durch meine der Musik gegenüber so aufgeschlossene Mutter und durch meinen Vater und seine wunderschöne Stimme. Es suchte allabendlich den kleinen Jungen auf, dem seine Eltern wunderschöne Schlaflieder sangen. Die Mutter mit ihrer einschmeichelnden, immer ein klein wenig heiseren Stimme, der Vater mit seinem warmen Tenor, der so ein zartes und wohlgeformtes »piano« sang. »Mille cherubini in coro« (»Tausend Engelein im Chor«), so höre ich sie heute noch an der Wiege singen und fühle mich im Unendlichen aufgehoben.

Es suchte mich in dem alten und immer leicht verstimmten Klavier, das ich schon bald als einen Spielplatz entdeckte, über den ich die Finger tanzen lassen durfte, auch wenn es schräg klang und ungestüm. Es suchte mich in Form eines behäbigen und gutmütigen Klavierlehrers, der mich zwar anhielt zu üben, aber nichts dagegen hatte, wenn ich meine Lust zu improvisieren nicht im Zaum hielt.

Was er mir am besten vermittelte, war ein tief im Innersten beständig vorhandenes Rhythmusgefühl, das mir schon bald erlauben sollte, mich darüber hinaus frei zu bewegen.

Und das Wasser, um bei diesem schönen Vergleich zu bleiben, suchte mich auf mit Melodien, deren Herkunft mir stets unbegreiflich war, plötzliche Zu-Fälle, die bei den von mir bewunderten Meistern direkt aus dem Himmel zu strömen scheinen.

Das waren sicher meine ersten Begegnungen mit dem Wunderbaren, Unbegreiflichen, nicht zu Benennenden: wenn mich Melodien überfielen und ich mich in diesem Rausch aus der Zeit fallen lassen durfte.

Nichts wollte ich erreichen, keine Preise gewinnen, keinen Ruhm damit ernten, nicht mal vorspielen wollte ich das jemandem, es kam zu mir, floss durch mich hindurch und wollte nicht großartig sein oder besonders oder genial oder bewundernswert – es wollte nur sein. Ohne Warum.

Ja, das Wasser hat mich gesucht, lange bevor ich ein Dürstender war.

Mit 13 oder 14 Jahren begann ich, erste Gedichte zu vertonen. Mörikes »Frühling lässt sein blaues Band wieder flattern durch die Lüfte« ist mir immer noch im Ohr, und die Noten sind wohl noch im Köfferchen meiner Mutter, das sie für mich aufbewahrt hatte. Auch Eichendorff und Uhland, bald war schon kein romantisches Gedicht mehr vor meinen Vertonungen sicher. Vieles habe ich nicht zu Ende geschrieben, nur angedacht, aber noch heute tauchen bestimmte musikalische Themen wieder auf aus längst vergangenen Zeiten, wenn ich mich, wie seinerzeit, mit dem Sammelband »Echtermeyer. Deutsche Gedichte« an den Flügel setze und vor mich hinspiele. Keine große Kunst, so vermessen war ich nie. Aber wenigstens nicht gekünstelt.

Klar hätte ich auch gerne acht Symphonien geschrieben, um dann mit einer neunten direkt in den Olymp zu schweben, oder himmlische Klarinetten-Konzerte, vornehmlich in A Dur, Klavierkaskaden voll rachmaninowscher Schwermut – aber all das blieb mir verwehrt.

Ich konnte und kann es nicht.

Stets brauchte ich etwas, an das ich meine Musik anbinden konnte: Worte oder Bilder.

Und so folgte und folgt meine Musik immer den Worten, dem Rhythmus und den Melodien der Poesie. Nur selten hatte ich eine Melodie im Kopf, der dann eine Liedzeile folgte.

Ähnlich geht es mir immer mit bewegten Bildern, die mich zum Komponieren animieren. Meist improvisiere ich am Klavier, während ich mir die Filmszene ansehe. Dank heutiger Technik kann man ja auch jeden Take festhalten und sich dann den besten gemeinsam mit dem Regisseur aussuchen.

Mittlerweile gibt es wohl viele Regisseure, denen eine einprägende Melodie für ihren Film weniger wichtig erscheint als ein ausgefeilter Soundtrack mit kurzen musikalischen Motiven. Oder aber die Komponisten vom Format eines Nino Rota, Ennio Morricone oder John Williams wachsen nicht mehr nach.

Im Grunde bin ich ein unverbesserlicher Melodiker, auch wenn mir ein souliger und bluesiger Rhythmus durchaus im Blut liegen mag. Und es schien mir immer als eine wunderbare Möglichkeit, mehr von all dem zu verstehen, was so unverständlich ist und so unfassbar. Mozarts Melodien zum Beispiel waren für mich schon immer eine Leiter, die direkt in den Himmel führt.

Schon als sehr junger Mann habe ich meinen Freunden, meist etwas zu vollmundig, gesagt, ich bräuchte keine Kirche, die Musik wiese mir mehr den Weg zum Göttlichen als jede heilige Messe.

Ach, man höre sich nur mal hingebungsvoll die Ouvertüre der »Traviata« an! Das kann kein menschliches Wesen ersonnen haben, diese Töne kommen aus einem anderen Universum, wenigstens nicht aus dem, das wir glauben zu kennen. Verdi hat das aufgeschrieben, was uns an ungehörten Klängen umgibt und es für unser Hören klingend gemacht. Das ist sein eigentliches Genie – und gut, er war natürlich auch ein richtig guter Musiker. Ohne dieses meisterliche Handwerk wäre es ihm nicht möglich gewesen.

Manchmal frage ich mich: Was wäre der Welt verloren gegangen, wenn Mozart nicht in ein Elternhaus geboren worden wäre, in dem ein Spinett stand.

Oder konnte jemand wie dieser Frühvollendete nur in ein solches Haus mit einem Musiker als Vater geboren werden? Na gut, das ist wohl zu spekulativ und klingt selbst mir einen Hauch zu esoterisch.

Mir ist es unmöglich, ohne Klavier zu komponieren. Ich bewundere Kollegen, die das am Schreibtisch ohne Instrument können. Bei mir sind es wohl die Finger, die das alles er-finden. Mein Hirn ist im besten Fall ausgeschaltet, und die Hände spielen drauf los. Das ist für mich auch meist die geeignetste Form der Meditation.

Wie ich in meiner »Kunst des Scheiterns« schon geschrieben habe, war ich noch nie der Meinung, ein großartiger Pianist zu sein: In den Achtzigern wollte mich mal ein Kritiker kränken, der mir früher wohl gesonnen gewesen war und mich dann abgrundtief verachtete. Er schrieb von mir nur als von dem »singenden Klavierspieler«, um die gehörige Distanz herzustellen zwischen der ehrenvollen Berufsbezeichnung »Pianist« und meiner Art, Klavier zu spielen.

Er hat erreicht, was er erreichen wollte. Ich habe mich damals sehr geärgert und ihm in Gedanken die wüstesten Beschimpfungen hinterhergeschickt.

Aber er hatte Recht! Von den technischen Fähigkeiten eines klassischen Pianisten bin ich weit entfernt, aber da steh ich doch nicht alleine da! Auch Jerry Lee Lewis, um nur ein Beispiel von so vielen zu nennen, ist nur ein Klavierspieler. Aber was für einer! Und ich denke, auch ich habe mir meine zehn Finger ganz gut auf das, was ich sagen will, eingerichtet. Bis jetzt konnte ich mich auf sie verlassen.

Meine Lieder sind Momentaufnahmen, auf mich und meine Fähigkeiten zugeschnitten, weder perfekt, noch geeignet, dem Kanon des klassischen Liedguts hinzugefügt zu werden. Auch als Popsongs eignen sie sich eigentlich nicht, da sie dann doch wieder zu sperrig sind und zu wenig massentauglich. Sie existieren in einer eigentümlichen Zwischenwelt. Trotzdem sind sie nicht überflüssig, wage ich in aller Bescheidenheit zu behaupten, denn ich bin nicht der Meinung, dass wir Bänkelsänger nichts zu sagen hätten!

Ich habe mich über Lieder meiner hochgeschätzten Kollegen wie Wader oder Degenhardt und die vieler anderer – auch unbekannter junger Kollegen – oft genauso gefreut wie über die »Winterreise« und die »Dichterliebe«. Und sie bedeuten mir inhaltlich viel mehr.

Diese Poeten werden nur deshalb nicht in die Ruhmeshallen der deutschen Kultur vorgelassen, weil sie es wagen, nicht nur Teile des Systems, sondern streckenweise auch das ganze System zu kritisieren. Weil sie nicht den Mächtigen auf dem Schoß sitzen, nach Bundesverdienstkreuzen lechzen und jede neue Kriegsbeteiligung Deutschlands bejubeln.

Im Rückblick scheint es mir so, als habe mich das Improvisieren am Flügel oft vor intellektueller Sturheit gerettet. Immer wenn ich mir mal wieder fast sicher war, das richtige Weltbild übergestülpt zu haben – rational durchdacht und bestens abgesichert durch gut fundamentierte Denkgebäude –, erwischte mich beim Spielen meine eigene, nach außen und vor mir selbst versteckte Weichheit, und ich wurde wieder kurz offen für das Wesentliche in mir.

Ich wollte es nie Gott nennen, allerdings habe ich heute kein Problem mehr damit, dieses Wort auszusprechen. Im Gegenteil, ich konnte diesen Begriff für mich so herauslösen aus jeglichem kirchlichen Kontext, dass ich mich sogar dem Religiösen wieder zuwenden kann.

Meine große Zuneigung zur Mystik habe ich früher lieber »spirituell« genannt. Aber religiöse Gefühle – egal ob man das Wort nun auf Cicero zurückführt im Sinne von »Rückbindung«, also von *religare* stammend, oder auf *religio* (»rücksichtsvolle Beachtung«) – religiöse Gefühle kann und muss man nun mal ebenso den kirchlichen Machthabern, Eiferern, Besserwissern, Dogmatikern entreißen, wie die intellektuelle Hoheit über das Wort Gott, sonst wird man sich ihrer Schönheit nie bewusst werden.

Wahrscheinlich ist das auch eine große Chance des Alters: weniger Angst zu haben vor den Interpretationen der

Anderen, vor der allgewaltigen Deutungshoheit der Mächtigen.

Wie schreibt Dorothee Sölle so schön: »So wie eine Welt ohne Poesie das Geheimnis der Schneeflocke aufgegeben hat, so erstickt eine Welt ohne Religion an ihrem gnadenlosen Funktionalismus ...«

Aber zurück zur Musik, zum Wunder des Musizierens, zum Musikantentum.

So wie es mich, aus purer Eitelkeit, nur kurz geärgert hat, nicht als Pianist bezeichnet zu werden, sondern »nur« als Klavierspieler, habe ich mich auch schon seit langem mit dem Ausdruck »Musikant« verbrüdert.

Musikanten werden auch gerne belächelt, es gibt den »lustigen Musikanten«, den »wandernden Musikanten« und dergleichen Ausdrücke mehr, die sagen sollen, dass der Betreffende zwar ein fröhlicher Gesell sei, aber nie und nimmer verglichen werden dürfe mit einem echten Musikus, einem studierten Musiker eben.

Immer weniger kann ich dieses Getue um die hohe und edle und reine Kunst ausstehen, diese fatale Trennung zwischen E- und U-Musik, ernster und unterhaltender – als wären die Schuberts und Mozarts und Verdis und Puccinis nicht auch Unterhalter gewesen. Wohlgemerkt, ich habe schon oft erzählt, wie sehr ich diese Genies verehre, aber das ist nun wirklich kein Grund, sie auf einen Sockel zu stellen, von dem sie nie mehr herunterdürfen dahin, wo sie eigentlich ja hergekommen sind.

Schubert pflegte seine Lieder auch beim Heurigen zu singen und singen zu lassen, vermutlich vor angenehmerem und verständigerem Publikum als all den vornehmen, reichen, sogenannten »Kunstfreunden« und »Musikliebhabern«, die einen Ausschlag bekommen, wenn man während der »Winterreise« nach einem Lied aus heller Begeisterung Beifall klatscht. Und Wolfgang Amadeus hat in den Logen knutschende und saufende Adelige beschallt. Wäre er sich zu schade gewesen dafür, wäre er auf der Straße gesessen.

Und ja, nicht erst seit »Amadeus« wissen wir doch, dass der göttliche Lebemann sehr wohl großen Spaß daran hatte, sein Genie vor dem einfachen Volk in einer Kneipe erstrahlen zu lassen, vermutlich um damit an ein nettes Mädel ranzukommen und sich ein Glas Wein zu erspielen.

Ich liebe die Oper, das ist bekannt, aber ich bekomme Beklemmungen in Opernhäusern, wenn ich mich unter ein Publikum begeben muss, das das alles mehr unter dem Aspekt des geglückten abendlichen Events betrachtet.

Klar, das gilt nicht für alle, und da sind natürlich auch wirkliche Musik-Liebende dabei, aber die – und da bin ich mir sicher – würden die Musik auch in einer Taverne genauso genießen. Wenn nicht sogar mehr. Hört mir auf, das Heilige zu entheiligen, indem ihr es zum leblosen Denkmal macht.

Ich will ein Beispiel erzählen, das mir das alles noch intensiver vor Augen führte als jemals zuvor und danach: Es war im Irak, 2003, in Bagdad. Wie schon berichtet, war ich dort mit einer Friedensgruppe, um mit einem philharmonischen Orchester westlicher Prägung ein Friedenskonzert zu geben. Ja, das gab es damals, bevor die Streitkräfte der Amerikaner das Tor zur Hölle aufgemacht haben, ein richtiges Orchester, das von Bach bis Berg das klassische Repertoire westlicher Musik spielte.

Ich war bei einer Probe als Zuhörer dabei, einige Tage vor unserem gemeinsamen Konzert. Sie spielten Mozart, einen Adagiosatz. Das heißt: sie versuchten es. Sie bemühten sich. Und ich habe noch nie so viel Begeisterung in einem Orchester erlebt wie an diesem Nachmittag. Die Besetzung war zu klein, die Holzbläser waren allesamt verstimmt, da waren höchstens zwei oder drei Profis dabei, alle anderen waren einfach nur hingebungsvolle – Musikanten.

Und sie konnten, auch mit falschen Tönen und schrägen Tempi, Mozart nicht kaputtspielen, ach, was sag ich: Sie adelten ihn, sie spielten den wahrhaftigsten Mozart, den ich jemals gehört hatte, ehrlich, leidenschaftlich, ohne Gage und sicherlich mit dem Hintergedanken, hier in Bagdad damit etwas durchaus Revolutionäres zu tun.

Im Angesicht der machinengewehrbewaffneten, überlebensgroßen Pappfigur Husseins, die mein Toningenieur später einfach von der Bühne in den Keller entsorgte, spielten sie Mozart. Und tags darauf spielten wir unser Friedenskonzert. Auch nicht perfekt.

Aber muss alles immer so perfekt sein? Liegt nicht im Musikantischen, das sich auch manchmal die Freiheit nimmt, einen Ton zu schludern, des reinen Gefühls wegen, liegt darin nicht die viel größere Überzeugungskraft? Ich liebe die Musik – und heißt lieben denn nicht gerade, den Anderen in seiner Ganzheit anzunehmen, seiner Unvollkommenheit und Fehlerhaftigkeit? Die Musik liebt auch den Laien, den Stümper, den Kindlichen, Naiven – wenn er denn mit ganzem Herzen dabei ist.

Gestehen wir das unserer Geliebten doch auch zu.

DER KLANG DER UNGESPIELTEN TÖNE·

Roland Rottenfußer

Mit »Der Klang der ungespielten Töne« wagte sich Konstantin Wecker 2004 an sein größtes Buchprojekt seit dem Roman »Uferlos«. Wer Autobiographisches in der Geschichte sucht, wird fündig, besonders was die Jugend des Helden betrifft, die beinahe 1:1 der Wahrheit entspricht. Das ist vor allem der Vater, dessen verführerisch schmelzender Tenor den Soundtrack zum Lebensbeginn des kleinen Anselm Cavaradossi Hüttenbrenner lieferte und der seinem Sohn – angesprochen auf seinen realistischen, wenig mystischen Malstil sagt: »Mich treibt es nicht in die dunkelsten Kammern meiner Seele, wie dich. Ich bin ein Handwerker, der die Natur nicht neu erschaffen will, sondern sie abzubilden versucht.« Kein längerer Text Weckers vertieft sich stärker in philosophische und spirituelle Gefilde. Es ist ein Buch, das sich dem Gehörsinn mit ähnlicher Hartnäckigkeit weiht, wie es in Patrick Süskinds »Parfum« mit dem Geruchssinn geschehen ist. Da erklimmt Weckers Prosa schon mal sprachschöpferische Höhen und spricht von dem »Gezwitscher zerstreuten Salzes auf dem Tischchen neben der Spüle, dem gelangweilten Gemurmel verschütteten Rotweins neben dem Bett – es ist ein Klingen in den Dingen und eine zarte Höflichkeit, die ich bei den Menschen oft vermisse«.

Der Jüngling sinkt jedoch aus Kulturhöhen in die Niederungen des Fleischlichen hinab und muss sich als Studiomusiker verdingen, wo ein schnöder »Producer« das Zepter schwingt. Dort begegnet er eines Tages dem rätselhaften Komponisten Karpoff, einem Musik-Guru, für den es interessanterweise in Weckers Biographie kein direktes Vorbild gibt. Weiter haben sich Weckersche Diskurse selten von der Person ihres Autors wegbewegt. Hier wurde eine Gestalt erschaffen, die ganz offensichtlich Sprachrohr weitgreifender

Weisheitslehren ist. »Denken, das keine Transformation zur Folge hat, ist sinnlos. Klavierspielen, das nicht auch dein Wesen verwandelt, ist Zeitverschwendung.« Und – ganz mystisch – eine Botschaft, die dem Ungesagten, dem Unsagbaren die ihm gebührende Würde zurückgibt: »Erst die Stille gibt der Musik den Raum, sich im Herzen zu entfalten. Hier werden die Töne erlebt. Lausche der Stille, dem Klang der ungespielten Töne.«

Man denkt unwillkürlich an Thomas Manns »Doktor Faustus«, wenn Karpoff den Pathos-affinen Hüttenbrenner der Versuchung emotionaler Kälte aussetzt: »Die Musik sollte nicht da sein, um Leidenschaften zu schüren. Sie muss der Wegweiser sein, die Todesnatur des Menschen, seine Selbstsucht zu überwinden. Die abendländische Musik des 19. Jahrhunderts befreit nicht, sie verstrickt noch mehr in seelische Konflikte.« Große Musik hat für Karpoff Gottesdienst-Charakter, ist die »Fortsetzung der Religion mit ästhetischen Mitteln«, wie Rüdiger Safranski über die Romantik sagte. »Auch sollte man die Frage stellen, ob Musik überhaupt von ihrem geistigen Urgrund getrennt werden dürfe und Musiker und Sänger nicht ausschließlich ihrer einzigen Berufung dienen müssten, Gott zu lobpreisen und über die Schöpfung zu jubilieren.« Zwei Weckersche Seelen werden im Buch des faustisch ringenden Autors deutlich: Die eine verstrickt ihn ins Fleischliche und in die Niederungen des kommerziellen Musikbusiness, die andere lässt ihn auf hochkulturellen Schwingen ganz in die Sphären des Rein-Geistigen entschweben.

Hüttenbrenner verlässt seinen zu anspruchsvollen Mentor und taucht ins Gewühl einer Rockstar-Karriere, verliert sich in der Ehe mit einer nicht adäquaten Frau mit dem heutzutage irritierenden Namen »Frauke«. Dann begegnet er Beatrice. Ich musste den Künstler selbst diesen Namen erst italienisch aussprechen hören (»Beatritschä«), um auf die Spur eines weiteren literarischen Verweises zu kommen: Dantes ätherische Jenseits-Reiseführerin, die ihm denn auch – nach fleischlich nicht erfüllender Liebe – in den Tod vorausgeht. Es bleibt dem Geläuterten eine Botschaft der Freiheit: »Freiheit ist nur durch die bewusste Erfahrung im Feuer der Leiden möglich. Freiheit heißt, keinen Namen mehr zu haben und keine Idee mehr von sich und der Welt.« Und – als wolle sich der gereifte Ex-Wüstling noch einmal selbst zur Ordnung rufen: »Nichts ist zu vergleichen mit den Freuden der Bescheidenheit nach einem Leben allmächtigen Wahns.« Ein wortgewaltiges und tiefgründiges Buch, das Konstantin Wecker nicht ohne Grund für sein bestes hält.

BUCHAUTOR KONSTANTIN WECKER

Günter Bauch

Schon im Sommer 1980 erlebte ich Konstantin beim eruptiven Produzieren seines Gedichtbands »Man muss den Flüssen trauen«. Noch früher, 1971, war ich am Gardasee Zeuge, wie in Form einer immateriellen Geburt das Lied »Sommer war's« aus ihm herausfloss. Es schien, als wäre der Süden, die Sonne, die Hitze – »die hat man nicht daheim« – seiner Kreativität nicht nur hilfreich, sondern geradezu notwendige Voraussetzung. Immer seither nahm er sich zum Dichten und Komponieren ein paar Wochen oder Monate in seinem Haus in der Toskana, vielleicht hatte er es eigens dafür gebaut...

Nur einmal kam es anders, und er zog einen noch tieferen Süden Rimortini vor: Im Frühjahr 1992 flogen Konstantin und ich nach La Palma, eine der kleineren kanarischen Inseln. Dort besaß sein damaliger Verleger Alfred Neven-Dumont ein prachtvolles Ferienhaus, in dem wir wohnen durften. Ich brauchte nur zu wohnen, Konstantin musste dort seinen Roman »Uferlos« fertig schreiben. Fertig hieß, den größten Teil des Buches herzustellen, für das er schon Vorschuss kassiert hatte und dessen Abgabetermin dräute. Der Verleger kalkulierte wohl, mit Luxus und fehlender Ablenkung gelänge es, Konstantin auf die eine und einzige Pflicht zu konzentrieren.

Das Haus war geräumig, bot ganze Zimmerfluchten, mehrere Terrassen, Pool und einen tropischen Garten, wo sich die Bewässerungsanlage automatisch einschaltete. Wir hatten sogar ein fast unsichtbares Dienerehepaar, aber Konstantin musste ja schreiben, nicht sich bedienen lassen, und er tat es. Tagelang saß er tagefüllend auf der Terrasse und hackte »Uferlos« in einen der ersten Schreibcomputer. Ich saß unweit und schrieb auch etwas, in altmodischer Handschrift. Meist aber las ich in einem der Kiepenheuer-Bände, die als zweite Tapete die Wohnzimmerwände bedeckten. Es schien, als gäbe es eine magische Rohrpost zwischen Köln und La Palma, eigens für Bücher, denn ich fand die Neuerscheinungen vor. Meist hörte ich Konstantin zu, wagte vorsichtige Korrekturen, war ihm Gedächtnis und Ansporn.

Wir waren sehr diszipliniert, tranken tagsüber keinen Tropfen. Konstantin hatte sich zum Schreibstress noch eine Diät in den Kopf gesetzt, eine Art Nulldiät oder nur knapp darüber. Abends fuhren wir befreit und erwartungsfroh einem der weit entfernten Esslokale entgegen, die es im Süden La Palmas gab. Dann erst bekamen wir Wein, Tortilla, Fisch, immer dasselbe. Wenig Wein wegen der hundert Serpentinen, die unser Haus von den Lokalen trennten.

Konstantin geriet aufgrund seiner Diät in einen Zustand der Reizbarkeit, die ihn aber wach und hungrig in doppeltem Sinn machte. Er war ständig am Ball, was »Uferlos« betraf, erlebte die ganz und gar autobiographischen Seiten des Romans schmerzhaft nach, versetzte sich zurück in Situationen und Personen, ließ auch beim entspannungsfördernden Abendessen nicht locker und sprach bei Fisch und Wein nicht über Land und Leute – nie trug Konstantin die rosa Brille des Touristen – sondern immer nur von seinem Buch.

»Uferlos« war umstritten und dennoch ein großer Erfolg. Die Drogenerfahrungen, sein thematischer Kern, haben sicher dazu beigetragen. Ich meine, dass sein stilistischer Glanz, der Freimut, mit dem Konstantin diese Art von Autobiographie anging, noch wichtiger waren. Er war ehrlich zu sich selbst, bei aller notwendigen romanhaften Verhüllung. Und er bekam in seiner Literaturagentin Erika Stegmann eine fähige Lektorin, die bis ins letzte Detail nach Perfektion strebte. Konstantin ist bis heute mit ihr eng befreundet, weit über literarische Gebiete hinaus. Vor kurzem ging Erika in Rente und empfahl ihm Heike Wilhelmi als ebenbürtige Nachfolgerin.

Von 2000 bis 2004 entstand mit großen Unterbrechungen der Roman »Der Klang der ungespielten Töne«. Wahrscheinlich schrieb sich das Buch nach dem autobiographisch gestalteten Anfang nur noch schwer weiter. Manfred und ich fotokopierten immer wieder neue Textblöcke, aus denen die alten, früher kopierten hervorschimmerten, um sie an den Ullstein Verlag zu schicken. Konstantin, der den »Klang« für seinen besten Roman hält, brauchte offensichtlich diese Form der Beratung am Manuskript, die aus der Offenlegung von Unfertigem resultierte.

Erst beim nächsten Buch gab er wieder der Methode der Isolation und vollen Konzentration auf das Thema den Vorzug. 2007 suchte der Verleger des Piper Verlags Konstantin zu einer richtigen Autobiographie zu bewegen, fern von allen romanesken Abschweifungen. Konstantin weigerte sich, da er dafür noch zu jung sei und gab zu bedenken, dass schon noch allerlei Beschreibenswertes passieren könne. Zugleich sei er wiederum zu alt und habe den Augenblick verpasst, wie die notorischen Schlagersänger und Fußballspieler mit Mitte Zwanzig eine von Erfolgen strotzende Autobiographie abzusondern. Stattdessen versprach er eine Auflistung seiner Misserfolge, eine Art Schwelgen im Scheitern.

Im Februar 2007 zog er sich nach Rimortini zurück, um dieses Buch zu schreiben, ich fuhr mit. Während ich im großen Zimmer Zuarbeit leistete, Ereignisse datierte, Persönlichkeiten abwog, Texte Konstantins auf ihren Inspirationsgehalt prüfte, hörte ich ihn in seinem Arbeitszimmer unaufhaltsam klicken. Der Schreibcomputer hatte sich seit 1992 und La Palma stark verbessert. Konstantin besaß diverse Drucker, einer davon ratterte immer wieder los, danach wurde ich eingeladen, den neu entstandenen Text zu lesen. Mittags gönnten wir uns eine deutliche Zäsur, fuhren nach Montevarchi, um Druckerpatronen zu kaufen, oder einfach zum Mittagessen. Nachmittags und abends kniete sich Konstantin wieder in die Arbeit. Ich wohnte im Nebenhaus und empfing ihn morgens dort zum Frühstück, so hielten wir das ganze Haupthaus rein für das entstehende Werk. Es war Winter, und die Ablenkung durch Barbesuche, Treffen mit Freunden, Aktivitäten im Freien blieb gering.

Nach einem Monat in Rimortini war »Die Kunst des Scheiterns« fertig. Das Buch erschien im Frühling 2007, noch vor Konstantins 60. Geburtstag. Im selben Herbst ging er damit auf Lesetour, das Publikum strömte. Das Buch war sehr flüssig geschrieben, voller Erkenntnis und zugleich voll Humor. Konstantin liest daraus bis heute bei seinen Konzerten, es im Buchhandel noch heute häufig nachgefragt. Am Merchandising-Tisch höre ich, wie die Leute es loben, altgediente Leser es anderen empfehlen. Und der Titel schreckt nur die wenigsten ab.

Fast noch besser geht die Gedicht- und Liedtextesammlung »Jeder Augenblick ist ewig«. Manchmal ist mein Vorrat ausverkauft, und ich sehe mich verzweifelten Käufern gegenüber. Wie froh wäre ich dann um die vielen Skeptiker, die es im Buchhandel erwerben wollen. Das Buch ist in der 5. Auflage angelangt und enthält alle Texte bis 2015.

WUT UND ZÄRTLICHKEIT

Roland Rottenfußer

»Das vertone ich«, stand in der Mail Konstantin Weckers, die mich an meinem Urlaubsort in der Fränkischen Schweiz erreichte. Und: »Ich wusste gar nicht, dass Du so toll dichten kannst.« Meine eher spärlich tröpfelnde Inspiration als deutschsprachiger Lyriker war Ende 2010 zu ungewohnter Form aufgelaufen. »Habt ihr uns gefragt?«, hatte ich das vielstrophige gesellschaftskritische Poem betitelt, das ich kurz zuvor in dem einzigen Magazin veröffentlicht hatte, das sich gegen meinen Zugriff nicht wehren konnte: Hinter den Schlagzeilen. Darin hatte ich vor allem zwei Stilblüten untergebracht, auf die ich stolz war: »Die Menschenwürde, hieß es, wäre unantastbar – jetzt steht sie unter Finanzierungsvorbehalt.« Und: »Die Diktatur ist noch nicht ganz ausgereift, sie übt noch.« Konstantin gefiel's auch, aber so recht wollte ich an eine Vertonung durch den Meister nicht glauben. Tatsächlich wurden besagte Verse mittlerweile nicht nur von Konstantin, sondern auch von Pippo Pollina, Prinz Chaos II. und der Weltklasse-Opernsängerin Angelika Kirchschlager intoniert. Wie viele wissen, hieß das Lied dann in der Endfassung »Empört euch«.

Konstantin vertonte Teile des Gedichts während seines Schaffensdurchbruchs im Januar 2011, dem das spätere Großprojekt »Wut und Zärtlichkeit« seine Existenz verdankte. Dem verblüfften Hobby-Dichter präsentierte der Großliedermacher dann eine stark veränderte Fassung. »Unser Lied ist dabei«, schrieb er. »Ich habe nur ein paar eigene Verse hinzugefügt, die bei mir in der Schublade lagen.« Höchst charakteristisch für Wecker war die Begründung für besagte Veränderung: »Das Einzige, was ich an Deinem Gedicht auszusetzen habe, ist, dass es keinerlei Raum für Hoffnung lässt.« In der Tat unterschieden wir uns in dem

Punkt beträchtlich. Ich gefalle mir in meinen Kurzgeschichten darin, den Leser nach der Lektüre mit einem Gefühl verstörender Beklemmung und schwärzester Aussichtslosigkeit zurückzulassen. Dies sollte – analog zu meinen Vorbildern Kafka oder Orwell – der in die Weltdiktatur abgleitenden Menschheit als Warnung dienen. Konstantin Wecker dagegen fügte selbst »dunklen« Liedern fast immer einen optimistischen Schluss an. So endet das Alt-68er-Lamento »Was passierte in den Jahren?« (1984), in dem Wecker von verratenen Idealen und versiegender revolutionärer Inbrunst berichtet, mit dem positiven Ausblick: »Doch, da muss jetzt was passieren (...) Komm wir gehen mit der Flut und verwandeln mit den Wellen unsere Angst in neuen Mut.«

Für »Empört euch« fand er eine geniale Ergänzung, die seinem in Jahrzehnten geschulten Bühneninstinkt wieder einmal Recht gab. Fast zeitgleich zu meinem »weltbewegenden« Poem erschien nämlich im Oktober 2010 die Streitschrift »Empört euch« des über 80-jährigen ehemaligen französischen Résistance-Kämpfers Stéphane Hessel. Der Autor geißelte darin den Finanzkapitalismus und rief zur Revolte auf. Über eine Million Exemplare verkauften sich binnen weniger Monate, und auch in Deutschland wurde es zum Bestseller. Daraus nun kreierte Wecker seinen schmissigen Refrain: »Empört euch! Beschwert euch! Und wehrt euch! Es ist nie zu spät« und schmiedete unter Verwendung seiner und meiner Verse eine Generalabrechnung mit dem neoliberalen Zeitgeist und seinen Verwerfungen. »Ein zweites ›Sage nein‹« intendierte der Künstler nach eigener Aussage. Was schließlich im Herbst 2011 als vollendete Aufnahme zu hören war, war kraftvoll und umwerfend – ein über sechs Minuten langer Titel, der einer Rockoper Ehre gemacht hätte – mit E-Gitarre, Chören und Empörungsaufrufen in zahlreichen Sprachen: »Resisti, combatti!«, »Indignez-vous!«, »Outrage yourself!« unter anderem.

Vorfreudig fragte ich mich, ob das Werk wohl einst Demonstration beschallen und damit die längst fällige Weltrevolution anschieben würde. Als ich am 10. Oktober 2011 am Münchner Isartor bei einer Occupy-Demo mitlief, bemerkte ich: Das Lied war längst da, obwohl man es noch nicht einmal im CD-Laden kaufen konnte. Und seine aufwiegelnde Kraft konnte sich hören lassen. »Empört euch« war aber nur ein Bausteinchen der umfangreichsten politischen Liedersammlung, die Konstantin Wecker je in kurzer Zeit geschaffen hatte. »Das Lächeln meiner Kanzlerin« vermittelte irritierende Einblicke in Politik und Dekolleté der vom deutschen Wahlvolk mit nüchterner Hingabe verehrten Angie. In »Der Virus« ließen gar Börsianer, von einer Geisteskrankheit befallen, alle Hüllen fallen, was den kläglichen Kern ihres Machtgestus bloßlegte. Mit »Es gibt nichts Gutes«, »Die Damen von der Kö« und »Triple A« (das etwas später herauskam) gelang dem Künstler ein kabarettistischer Rundumschlag gegen die Kulturschickeria, die Finanzindustrie und jene Politik-Handpuppen, die nur allzu bereitwillig »unter ihr« zu dienen bereit waren. Vor allem überzeugte das Lied »Absurdistan« mit einer bestechenden rhetorischen Wendung: Der Sänger bekehrte sich darin fiktiv zum herrschenden System von Wahn und Wucher.

> *Und ich weiß, dass wir ohne Atomstrom verenden,*
> *und ich find' es ab jetzt auch beschissen,*
> *dass Konzerne, obwohl sie so viel für uns tun,*
> *auch noch Steuern zahlen müssen.*
>
> *Und ich glaub' an die Automobilindustrie,*
> *denn sie hat's nun wirklich geschafft*
> *und hält jede Regierung unter ihr*
> *verlässlich in Geiselhaft.*
>
> *Und ich glaub' an Elite und an BWL*
> *und vor allem an G 8.*
> *Denn wir brauchen Kinder, die funktionieren.*
> *Wer braucht schon ein Kind, das lacht?*

Die Frage, »ob Kunst politisch sein soll oder darf«, hatte Wecker mittlerweile für sich mit einem klaren »Ja« beantwortet. So hieß es in seinen Notizen schon 2009: »Wer bitte soll denn die Stimme der seitlich Umgeknickten, der Hartz-IV-Empfänger, der Unangepassten, der Spinner und Schwärmer sein, wenn schon die Künstler Besseres zu tun haben, als sich mit den Problemen der Menschen und den Gemeinheiten der Welt zu befassen?« Er spricht Künstlern gar das Recht ab, in Zeiten wie diesen über die Verhältnisse der Welt zu schweigen. »Wer in dieser Zeit nicht seine Stimme erhebt für eine friedvolle Welt und gegen den Wahn der Menschheit, sich selbst und die Erde durch Gier und Dummheit gezielt zu vernichten, der hat es nicht verdient, eine öffentliche Stimme zu haben.«

»Wut und Zärtlichkeit« kann auch als Umsetzung dieses Programms verstanden werden. Keine CD vorher war so politisch gewesen – nicht einmal legendäre politische Schwerpunktwerke wie »Genug ist nicht genug«, »Uferlos« und »Vaterland«. Dabei war der »Zärtlichkeitsteil« der Aufnahme nicht weniger gewichtig, brach sich Bahn in drei Liebesliedern und dem erschütternden Porträt eines sterbenden Mannes »Es geht zu Ende«. Den Ausschlag für den Titel gab ein Wecker-Fan. »Ich sprach öffentlich über meine Zerrissenheit, über meine Sehnsucht nach einer liebevolleren, zärtlicheren Welt und über den wachsenden Zorn über die politischen Verhältnisse. Eine Hörerin schrieb mir damals auf Facebook: ›Aber Konstantin, Wut und Zärtlichkeit, das gehört doch zusammen.‹ Die Idee zu Lied und CD war geboren. »Wie die beiden Komponenten zusammengehören, die einander wie Wasser und Öl abzustoßen scheinen – auch dafür findet Konstantin schöne Worte: »Auch wenn das viele Zyniker anders sehen, auch wenn wir selbst den Glauben daran in Momenten der Hoffnungslosigkeit verlieren: die einzige Möglichkeit, die Welt in und um uns zu verwandeln, ist Liebe.«

Das Titellied warb dann für die Synthese der gegensätzlichen Kräfte und war überdies ein weiteres weckertypisches musikalisches Selbstporträt:

*Hoch gestiegen, tief gefallen,
zwischen Geistesblitz und Lallen
bin ich auf dem Weg zum Lieben
meinem Innern treu geblieben.*

*Denn mich führ'n auf meiner Reise
zum Verstehen viele Gleise.
Zwischen Zärtlichkeit und Wut
fasse ich zum Leben Mut.*

In dem reifen Hauptwerk brach sich eine lange gestaute Kreativität Bahn. Nie zuvor hatte Konstantin Wecker das Ausbleiben lyrischer Inspiration schmerzhafter gespürt als in den Jahren vor 2011. Seit Veröffentlichung seiner letzten CD mit eigenen und neuen Liedern, »Am Flussufer«, waren sechs Jahre vergangen, und schon scherzte der Liedermacher bei Konzerten, mit dem Alter würden die Intervalle zwischen den Inspirationsschüben wohl immer länger. Dabei überspielte er wohl mit Selbstironie seine Angst vor dem tatsächlichen und endgültigen Ausbleiben besagter Musenküsse. Mit Blick auf sein umstrittenes Guttenberg-Lied »Guttiland« meinte er in einem Interview aus jener Zeit, ein kabarettistisches Lied könne man wohl mal aus dem Ärmel zaubern, die wirklich tiefen und bleibenden Lieder aber würden ihm stets »passieren«. Man könne die Musen nicht herbeizwingen und sich bedarfsgerecht dienstbar machen. Inspiration, das hieß für ihn, »in einen Raum eintreten«, in denen die schönsten Sätze und Melodien gleichsam griffbereit vorhanden waren.

Dieser heilige Raum aber war Konstantin Wecker vor 2011 jedoch für einige Jahre verschlossen geblieben. Die Aufnahme »Guten Morgen Herr Fischer« von 2008 – mit Neuaufnahmen älterer bayerischer Lieder und Vertonungen ebenfalls bajuwarischer Fremdtexte – war diesbezüglich kaum mehr als eine kernig-spielfreudige Überbrückungs-CD. »Ein musikalischer Ausflug« etwas abseits des von ihm Erwartbaren. Dazu kamen ein neues Kindermusical: »Peter Pan«, die stimmungsvolle Filmmusik zum Fernsehspiel »Liesl Karlstadt und Karl Valentin«, die Tournee »Canzoni per la libertà« mit Pippo Pollina, Die Lyrikanthologie »Stürmische Zeiten« und eine kleine Rolle im »Tatort«. Der Liedermacher machte viel in jenen Tagen – nur keine Lieder.

Inspirationsflauten stellen einen Künstler immer vor die Herausforderung, originelle »Aufhänger« für seine jeweils aktuellen Tourneen zu finden. Konstantin löste das Dilemma, indem er 2009 zunächst »Stürmische Zeiten, mein Schatz« konzipierte – ein Projekt, das das Kunstliedhafte in seinem Œuvre betonte. Dazu trugen neben Gedichtrezitationen von Klassikern wie Goethe vor allem der Streichquartett-Sound bei, den die musikalisch brillanten wie trinkfesten Mannen des Spring String Quartetts beisteuerten. Erzeugt wurde ein Klangkörper, der sich dem von Altfans geliebten Sound der »Team Musikon«-Jahre annäherte. Nach der eher folkloristisch-krachterten »Herr Fischer«-CD schlug das Pendel nun zum anderen Extrem des Weckerschen Schaffensspektrums aus: hin zum Feinsinnigen und Hochkulturell-Verstiegenen. Den Mangel an brandneuen politischen Liedern seit »Vaterland« erklärte Wecker, indem er deutlich machte, dass gerade politisch beklagenswerte Zeiten danach verlangen, die Liebe wieder stärker ins Bewusstsein zu rücken. 90 Prozent seiner Lieder – so sagte Konstantin bei der Anmoderation – handelten von der Liebe. Auch die politische Anklage, die aus seinem Schaffen nicht wegzudenken sei, entspringe letztlich dem Gegenteil des zu Beklagenden: der Liebe zum Leben und zur Freiheit. Daran anknüpfend entfaltete sich ein mitreißendes, zugleich inniges Konzertprogramm über die Liebe. Während bei einigen Kollegen die Liebe immer nur wie eine trocken auf der Gitarre gezupfte Behauptung wirkte, spürte man sie bei Wecker sehrend und klangwollüstig bis zu den Haarspitzen.

FIREKEEPER IN BLEIERNER ZEIT

Roland Rottenfußer

Die späten »Nuller Jahre«, in denen der Künstler mit relativer künstlerischer Unfruchtbarkeit rang, waren auch politisch eine Zeit der Flaute, eine »bleierne Zeit«. Es schien an großen Themen zu mangeln, die das Potenzial zu aufflammender Begeisterung oder Entrüstung in sich trugen. Lediglich die Finanzkrise 2008 spülte damals ein genuin linkes Thema nach oben: die Arroganz und Verantwortungslosigkeit der Banken, die Ungleichverteilung des Reichtums und das Versagen einer wirtschaftshörigen Politik, die den Steuerzahler gnadenlos für von ihm nicht verursachte Milliardenkosten bluten ließ. Auch dieser protestträchtige Skandal wurde von Kanzlerin Merkel allerdings nach mehrmonatigem Rascheln im Blätterwald geschickt unter die Wahrnehmungsschwelle der Öffentlichkeit gelächelt. »Noch mal davongekommen«, beruhigten sich viele. »Die da oben haben das schon im Griff.« Und dankten es der mit ruhigen, zur Raute geformten Händen regierenden Mutter der Nation ein Jahr später mit einem fulminanten Wahlerfolg.

Konstantin schrieb unmittelbar vor der Bundestagswahl 2009 in sein Tagebuch: »Wovor mir wirklich graut, das wäre, wenn sich diese Merkelei zu einer Neuauflage der Kohl-Ära auswächst. Diese Einschläferung im Wahlkampf hat mich doch sehr daran erinnert, wie 16 Jahre lang das geistige Niveau gezielt nach unten gefahren und jedes Problem ausgesessen wurde.« Er konstatiert aber, dass diese Gefahr in der Merkel-Ära eher gewachsen war: »Nun war dieser Kulturverfall unter Kohl schlimm genug, aber da konnte man immer noch von den geistigen Restbeständen der 68er-Bewegung runterbeißen, da war also ein gewisses intellektuelles Polster vorhanden. Heute kommen wir auf dem kulturellen Zahnfleisch daher. Wohin uns auf dem jetzigen Stand des Geisteslebens eine weitere Einlullung und Verblödung führen würde, das will ich mir nicht ausmalen.« Was sich Wecker damals nicht ausmalen wollte, können wir heute, intellektuell völlig ungepolstert, als Rechtsruck und Niveau-Erosion besichtigen.

In Zeiten einer politischen »Latenz«, in der schreiendes Unrecht bestenfalls mit einem zaghaften Flüstern des Protests beantwortet wird, kommt dem kritischen Künstler die Rolle des indianischen »Firekeepers« zu. Ganz im Sinn von Konstantins 1984er-Lied: »Was bleibt, ist diese kleine Glut des Widerstands zu wahren. Vielleicht muss sie mal Feuer sein in ein paar Jahren.« Aus der Glut lodert 25 Jahre später noch keine Feuersbrunst, ein paar Flämmchen gab es aber durchaus. Schon ein gutes Jahr nach der Bundestagswahl, an Silvester 2010, fiel Konstantin Weckers Urteil über die Zeitstimmung günstiger aus: »Politisch war es ein Jahr, in dem sich eine neue, massenhafte Protestkultur etabliert hat.« Angefangen hatte es im Februar, als der Künstler mit anderen Antifaschisten den Aufmarsch von Neonazis in Dresden, anlässlich des Gedenkens an das Bombardement durch die Alliierten (Februar 1945) blockierte. Müde vom ständigen sieglosen Tun freute sich Konstantin bei winterlichen Temperaturen wie ein Schneekönig über den Sieg seines Lagers. »Saukalt war's, aber wunderbar für uns und eine krachende Niederlage für die Nazis! Was wir uns vorgenommen haben, haben wir erreicht. Der Zug der Nazis durch die Stadt ist gestoppt worden. Vier Blockaden waren massenhaft und bunt besetzt und fest entschlossen, unter keinen Umständen zu weichen. Dabei war die Stimmung gut, friedlich und solidarisch. Am Ende dieses kalten, aber herzerwärmenden Wintertages konnte ›die Polizei die Sicherheit der Rechtsextremen nicht mehr gewährleisten!‹ und sagte den Marsch ab.«

Es folgten große Demonstrationen gegen die Laufzeitverlängerung der Atomkraftwerke (Oktober), gegen den Castor-Transport (November) und fortlaufend seit dem Frühjahr 2010 auch gegen das unglückliche Projekt »Stuttgart 21«, einen geplanten unterirdischen Durchgangsbahnhof für die baden-württembergische Hauptstadt. Gegen die Proteste ging die Polizei am 30. September mit Wasserwerfern so rabiat vor, dass der Demonstrant Dietrich Wagner heute fast erblindet ist. Der Begriff »Wutbürger« wurde damals gegen die zunehmend Protestierlustigen ins Feld geführt. Ein Teil der Presse hielt es für smarter, den Zorn zu ironisieren, anstatt seine Ursachen anzugreifen. »Es hat sich 2010 schon eine Menge gerührt«, resümierte Konstantin. »Aber leider muss ich sagen: Der soziale Protest fehlt.« Stattdessen protestierte der Ex-Banker Thilo Sarrazin im August höchst erfolgreich gegen die vermeintliche Selbstaufgabe Deutschlands und warnte davor, dass geburtenstarke muslimische Dummheit zeugungsschwache abendländische Brillanz verdrängen könnte. Damit beging er – von den Medien hofiert – einen denkerischen Tabubruch, dessen Folgen noch in den xenophoben Exzessen des Jahres 2015 spürbar waren.

Der Atomunfall von Fukushima löste im März 2011 eine weitere Protestwelle aus, sodass Merkel, die eiernde Lady, sich notgedrungen zum Atomausstieg durchrang. Auch bei diesen Demonstrationen, bei denen die großen Plätze der deutschen Metropolen von sonst nicht allzu protestierfreudigen »Normalbürgern« schier barsten, blieb die soziale Frage außen vor. Mit dem Umfragen-Hype der Grünen, der daraus resultierte, deutete sich eine öko-neoliberale Republik an, beherrscht von der Sorge, Investoren könnten durch Radioaktivität beim Profitieren gestört werden. Ebenfalls 2011 zog die Piratenpartei mit durchaus frischen Konzepten ins Abgeordnetenhaus von Berlin ein und ließ Hoffnungen auf ein dauerhaftes, kreatives Sechs-Parteien-System sprießen. Gleichzeitig war die Partei »Die Linke« damals noch im Aufwind. Und dann war da natürlich noch der »Arabische Frühling«, der zuerst in Tunesien und Ägypten keimte und der auch von Konstantin freudig begrüßt wurde. »Was seit 14 Tagen in Ägypten passiert, hat tausendmal mehr mit

Demokratie zu tun, als wenn wir alle vier Jahre ein Kreuz machen dürfen, das am Ende auch nichts Grundlegendes verändert.«

Seliges Jahr 2011! Aus heutiger Sicht mutet es geradezu als ein Goldenes Zeitalter des Aufbruchs, des Protests und der Hoffnung an. Selbst des Liedermachers Wunsch nach Sozialprotesten sollte mit etwas Verspätung erfüllt werden. »Occupy Wall Street« startete im November 2011 und meldete sich als Bewegung bald darauf auch in Deutschland zu Wort. Das Bündnis »UmFairTeilen«, ein Zusammenschluss aus Gewerkschaften, Sozialverbänden und Nichtregierungsorganisationen, forderte ab 2012 auf den Marktplätzen eine gerechtere Verteilung der Vermögen. Zwar wurden auch damals noch nicht die richtigen Entscheidungen gefällt, aber die richtigen Forderungen waren auf dem Tisch, und die Menschen dachten über das wirklich Relevante nach. Die Idylle war allerdings eine trügerische, und Konstantins seismographische Künstlerseele spürte manche Bedrohung früher. Etwa die Entstehung einer braunen Subkultur speziell im Osten der Republik. »Ganze Landstriche gibt es, in denen faschistische Jugendkultur dominiert und der braune Terror allen anderen die Hälse schnürt.«

In diesem Umfeld also entstand Konstantins durchschlagende CD »Wut und Zärtlichkeit«, getragen eigentlich vom politischen Aufwind. Nicht nur war »Wut und Zärtlichkeit« das Album mit der längsten Vorlaufzeit, Konstantin Wecker hatte selten zuvor so lange an einer Aufnahme gearbeitet. Nachdem die Band in der Toskana geprobt und Vorab-Versionen der Lieder aufgenommen hatte, arbeitete in der zweiten Phase jeder Musiker in seinem eigenen Studio weiter. Jens Fischer in Berlin, Nils Tuxen in Hamburg, Jo Barnikel in Nürnberg und Konstantin mit seinem Produzenten Flo Moser in München. Produktionstechnisch höchst modern, wurde also der Klang in seine Einzelteile zerlegt, um ihn dann hinterher beim Abmischen wieder zusammenzusetzen.

Atmosphärisch ging Weckers Bestreben in jenen Jahren dahin, zwei zuvor weitgehend getrennt agierende Welten zusammenzubringen: Links sein und Lebensfreude empfinden. »Sich zu empören und zu engagieren wird nämlich immer mit Lustfeindlichkeit in Verbindung gebracht, mit missionarischer Verbissenheit, mit eingezogenem Hintern und tiefen Falten um einen niemals lachenden Mundwinkel«, schrieb er in sein Online-Tagebuch. »Es macht Spaß, sich zu engagieren, sich mit anderen Menschen zu verschwistern und zu verbrüdern, mit all denen, die auch nicht mehr angelogen werden wollen. (...) Widerstand ist nicht nur ein Grundrecht des Menschen, Widerstand ist auch Vergnügen, weil man seine Meinung nicht mehr verstecken muss, bis man am Schweigen erstickt, weil man ja im tiefsten Inneren sowieso weiß, dass man mit allem, was lebt, verbunden ist, und deshalb nicht fliehen kann vor dem Elend.«

In diesem Geist verstärkte Konstantin Wecker sein Engagement bei Demonstrationen, ließ sich bereitwillig in Fernseh- und Radiotalkshows zu aktuellen Themen befragen und trieb seinen Bekanntheitsgrad auf diese Weise noch einmal nach oben. In Talkshow-Formaten, die sonst geistige Inzucht nach dem Motto »Neoliberale unter sich« betrieben, platzierte man gern zwischen schlipsbewehrten Stützen der Gesellschaft pittoresk einen Linken. Meistens waren dies Günter Wallraff, Christian Ströbele, Sahra Wagenknecht oder eben Konstantin Wecker – das wirkte in eingebetteten Fernsehformaten souverän und pluralistisch. Für Wecker war seine Dauerpräsenz in den Medien revolutionäre Strategie – keine wirkliche Anpassung. Denn wie sonst als unter Ausnutzung des talkshowüblichen Faibles für Zoff und politische Zuspitzung hätte man einem größeren Publikum überhaupt Denkalternativen zu Gehör bringen können? Als praktisch einzig verbleibender Schnittpunkt zwischen den Welten boulevardtauglicher Prominenz und revolutionärer Gesinnung wurde Konstantin denn auch reichlich beansprucht, wenn es jemanden für eine gute Sache einzuspannen galt.

Handeln, das bedeutete für Konstantin Wecker in dieser Phase vor allem: zum richtigen Zeitpunkt am richtigen Ort zu sein und öffentlichkeitswirksam darüber zu reden. Griechenland war nach dem Irak der nächste Brennpunkt des Weltgeschehens: ein Brennpunkt, den er persönlich aufsuchte. Man hätte sich ja nicht vorstellen können, dass dieses beliebte europäische Urlaubsland binnen kurzem von einer konzertierten Pressekampagne zum Reich des Bösen erklärt werden könnte. Und dass der deutsche Zeitungsleser diese doch wenig glaubwürdige Demagogie so bereitwillig schlucken würde. Wie Konstantin berichtete, gab es schon deutsche Urlauber, »die ein Bier umsonst forderten, weil es doch von unserem Geld finanziert sei«. Der Liedermacher wollte, wie immer, unter den Feindbildern die wirklichen Menschen ausgraben und sich selbst ein Bild machen. »Ich möchte mich dort mit Menschen treffen, die ich verstehe, deren Sprache ich spreche, auch wenn ich kein Griechisch kann! (...) Lasst euch doch bitte nicht verhärten von dem eiskalten Kalkül der neoliberalen Propaganda.«

Und er wollte sein großes Vorbild Mikis Theodorakis treffen, den legendären Widerstandskämpfer gegen die deutsche und griechische Diktatur und Komponisten des »Alexis Sorbas«. Das Treffen fand schließlich am 1. Mai 2012 statt. Der damals schon 87-Jährige erzählte Wecker über zwei Stunden aus seinem bewegten Leben, und dieser revanchierte sich, indem er »Wenn der Sommer nicht mehr weit ist« auf des Meisters Klavier vorsang. »Hinausblickend auf die Akropolis, denn seine Wohnung liegt am Fuße dieser Kulturstätte, von der sein Freund Manolis Glezos am 30. Mai 1941 die Hakenkreuzfahne abgerissen hat.« In Kaiserani, wo am 1. Mai 1944 die Nazis Hunderte von Widerstandskämpfern niedergemetzelt hatten, wirkte Konstantin an einer Aufführung des »Liedes der Lieder« aus der »Mauthausen-Kantate« von Mikis Theodorakis mit – zusammen mit der legendären griechischen Sängerin Maria Farantouri.

Wieder war Konstantin mit Henning Zierock und seiner Gesellschaft »Kultur des Friedens« angereist. In Zierocks Worten sollte die Veranstaltungsreihe, an der die Deutschen teilnahmen, eine »Soldaritätsbrücke mit Griechenland« bauen. Dabei war auch die Linken- Abgeordnete Heike Hänsel, die kurz zuvor im Bundestag ihr Statement der Solidarität abgegeben hatte: »imas teoli ellines« – Wir sind alle Griechen. Konstantin schloss sich von Herzen an. Nach all dem, was er von seinem großen Vorbild erfahren hatte, war ihm klar geworden, »dass es sich die Griechen nicht gefallen lassen dürfen, sich nun auch noch von der Deutschen Bank und ihren Gesinnungsgenossen besetzen zu lassen.« Vier Jahre später war die griechische Flughafen-Infrastruktur in deutscher, der Hafen Piräus in chinesischer Hand.

Am 17.05.2012, gerade unterwegs nach Frankfurt zur Occupy-Demonstration, wurde Konstantin Wecker auf seinem Handy angerufen. Am Apparat war die Polizei, und die wollte ihn von einem ohnehin vorab pauschal erteilten Auftrittsverbot noch einmal persönlich in Kenntnis setzen. »Wir holen Sie von der Bühne, wenn Sie auftreten.« Völlig unklar war, von wem die eilfertigen Ordnungshüter Weckers Handynummer hatten. Von ihm selbst jedenfalls nicht. In der Prä-Snowden-Ära gab es solche rätselhaften Vorfälle zwar schon, aber man wunderte sich zumindest noch über sie. »Vielleicht hatte es der Polizist ja sogar gut gemeint. Vielleicht wollte er mir Schlimmeres ersparen«, mutmaßte Konstantin hinterher. Auf der Autobahn Richtung Frankfurt hatte die Polizei zuvor mindestens fünf Busse mit Aktivisten abgefangen und zur Umkehr gezwungen. Nicht nur Weckers Gig war verboten worden, sondern – vorsorglich und natürlich aus Gründen der öffentlichen Sicherheit – gleich die ganze Demonstration. De facto bedeutete dies, dass Bürger am Betreten einer Stadt gehindert wurden – und zwar gerade jene, die durch ihr Engagement und ihr Eintreten für verfassungsmäßige Rechte die Lektionen aus der deutschen Geschichte am gründlichsten verinnerlicht hatten. Weckers

»schauriges Vaterland« zeigte wider sein rigides, garstiges Gesicht.

Am Nachmittag kam es dann trotz des Verbots doch noch zu einer Kundgebung. Wecker umging das Konzert-Verbot, indem er Zeilen seines Lieds »Empört euch« mit dem Megaphon in die Menge sang. Die Zuhörer wiederholten die Strophen im Chor. Noch auf dem Platz sagte der Künstler in ein Mikrophon: »Was mich erstaunt, ist, dass demokratische Grundrechte in einem Maß ausgehebelt werden, wie ich das bis jetzt noch nie erlebt habe. Mir wurde noch nie im Leben das Singen verboten, nicht mal in der DDR.« Die Versammlung wurde bald darauf von den Ordnungskräften aufgelöst. Etliche Demonstranten leisteten passiven Widerstand und ließen sich vom Platz tragen. Konstantin Wecker, der sich auf dem Platz mit jungen Occupy-Kämpfern glänzend unterhalten hatte, verzichte auf solch plakativen körperlichen Widerstand – mit Hinweis auf sein Alter und sein Kreuz. Wieder einmal musste das Bewusstsein des Tuns über die Unmöglichkeit des Siegens hinwegtrösten. Ein Schock und ein schmerzhafter Einbruch in der deutschen Grundrechtsgeschichte war der Vorfall in jedem Fall. »Die Diktatur ist nicht ganz ausgereift ...« Vielleicht doch!

»MÖNCH UND KRIEGER«

Roland Rottenfußer

Günter Bauch hat miterlebt, wie ein ihm vertrauter Mensch berühmt wurde; ich habe erfahren, wie mir ein zuvor schon berühmter Mensch vertrauter wurde. Das fühlt sich anders an. Von fast allem, was ich von »Weckers Welt« später persönlich kennen lernen durfte, hatte ich mir schon vorher ein Bild gemacht. Manche Schauplätze und Ereignisse seines Lebens erschienen bereits legendär – »in Unwirklichkeiten versponnen«. Dies gilt vor allem auch für Konstantins Landsitz Rimortini bei Ambra in der Toskana. Das Anwesen ist quasi die Neverland-Ranch des neueren deutschen Chansons. Dorthin bestellt zu werden, kommt dem Eintritt in einen höheren Einweihungsgrad gleich. Dort das kleine Straßencafé unterhalb der Kirche von Ambra, voll gestikulierender Einheimischer, wo Konstantin und Günter – es braucht nicht viel Fantasie, es sich vorzustellen – beim Espresso oder beim Weißwein oft genug den Mädchen auf den Po geblickt hatten. Dort die beiden Gebäude in warmem, unverputztem Beigeton, von Efeu bewachsen zwischen Olivenbäumen, übergossen von einer bloßstellenden Sonne. Was alles ist dort entstanden: »Liebesflug« oder »Inwendig warm«, sogar Teile des Spätwerks, die ersten Entwürfe für »Wut und Zärtlichkeit«! Im Untergeschoss das alte Tonstudio, jetzt ein Abstellkeller für dies und das. Schließlich im Hauptgebäude das große Wohnzimmer mit dem Klavier, das das Cover der LP »Wecker« (1982) zierte, eines seiner klassischen Frühwerke. Um die Rolex-Uhr, die dort an des Liedermachers linker Hand prangte, erhob sich in linken Kreisen seinerzeit einige Entrüstung, als müssten sozial engagierte Menschen stets in Sack und Asche gehen, während sich Rechte legitimerweise in Luxus suhlen dürfen.

Konstantin schenkt ein Bier ein. Es ist später Nachmittag, aber die Sonne hat noch Kraft, genau die Stimmung, in der die Arbeit schwerfällt und sich die Gedanken eher zäh dahinwälzen – auf der leicht verbrannten Haut noch der Duft von Chlor aus dem Swimmingpool, wo man sich vor einer Stunde getummelt hat. Ich bin noch lädiert vom nächtlichen Restaurantbesuch mit dem Künstler und seinem Pulk aus Familie und Freunden am Vorabend. Mit Konstantin Wecker in der Toskana zu sein, spielt sich durchaus ähnlich ab, wie es sich der heraufhimmelnde Fan im Konzertsaal in seiner Fantasie wohl vorstellen mag: Der Künstler ist gesprächig, herzlich, die Bewegungen ausladend und einladend, sein Lachen ungebändigt. Er animiert dazu, dem Weine und dem guten Essen reichlich zuzusprechen und lässt die Rechnung, wenn man nicht energisch protestiert, auf sich gehen. Der Alkohol löst auch mir dann allmählich die Zunge, selbst wenn es einschüchternd wirkt, dass – mich ausgenommen – eigentlich nur Legenden am Tisch sitzen: Die Ehefrau, der Schulfreund und wahre Willy und Hildi Hadlich, die Cellistin von »Genug ist nicht genug«, nun ortsansässig in der Toskana ...

Ich bin nicht einfach um der Geselligkeit willen hier, sondern um mit dem Künstler an einem Buchprojekt zu arbeiten: »Mönch und Krieger«. Dieser Buchtitel mag – bezogen auf seinen Autor – ohnehin schon überraschend klingen; noch bemerkenswerter ist er in diesem warmen und geduldigen Klima, friedvoll und die Vitalkräfte stimulierend. Konstantins Lebensentwurf – zerrissen zwischen Konzerten, Interviews, Terminen, politischer Aktivität, Proben, Studio und Troubleshooting – lässt es nicht zu, mit Thomas Mannschem Beamtenfleiß über Jahre in der Stille mit einem Epos schwanger zu gehen. Seine Texte entzünden sich am Augenblick – Inspirationshäppchen aus einem ständig in Gärung befindlichen Geist – und wenn es gut läuft mit Ewigkeitswert. Aus diesen Fragmenten einen großen Zusammenhang zu schaffen, obliegt mir. Ich bin quasi der

Salieri, der solide Handwerker des Wortes an der Seite des sprunghaften Genius. Konstantin sitzt zwanglos braungebrannt und mit entblößtem Oberkörper vor mir, ich bleibe züchtig verhüllt. Im Gegensatz zu mir scheint er vom vergangenen Abend in keiner Weise angegriffen. Ohnehin führe ich kein Interview – die Führung hat immer Konstantin –, aber ich bin am Gedankenfindungsprozess beteiligt, Fragen und Bemerkungen einstreuend, die einen offenen Raum für Konstantins freien Assoziationsfluss eröffnen.

»Mönch und Krieger« war eine Titelidee, die Konstantin Jahre zuvor zusammen mit seiner Agentin Erika Stegmann und Thomas Schmitz, Programmleiter des Gütersloher Verlagshauses, entwickelt hatte und die nun, im Sommer 2013, konkretere Formen annahm. Konstantin hat geahnt, dass der Titel Irritationen auslösen würde. »Die eine Gestalt – der Krieger – scheint unangemessen für jemanden, der sich in der Öffentlichkeit als überzeugter Pazifist bezeichnet hat; die andere Gestalt – der Mönch – mag nicht wenigen als Selbstcharakterisierung meiner Person überraschend, ja, absurd erscheinen.« Der Buchtitel ist einer Zeile aus seinem Lied »Irgendwann« (1989) entlehnt: »Mönch und Krieger am Strand, mal ich Verse in den Sand.«

Zur Erläuterung erklärt der Liedermacher, die Provokation bewusst in Kauf nehmend: »So unwahrscheinlich es klingt: Wenn einiges in meinem Leben anders gelaufen wäre, hätte die Existenzform eines Mönchs auf mich vielleicht eine Anziehungskraft ausgeübt. Ich hätte Mönch sein können, ebenso wie ich die ›Laufbahn‹ eines gewalttätigen Verbrechers hätte einschlagen können. Das erscheint nicht naheliegend bei jemandem, der in der Öffentlichkeit überwiegend als Genussmensch und Pazifist bekannt ist.« Er nutzt den Überraschungseffekt sogar, um Allgemeines über das Widersprüchliche seines Charakters auszusagen: »Unser Schatten ist ja immer das, was wir gerade nicht sehen wollen, zumindest nicht ausleben. Wenn also der Lüstling der Schatten des sittenstrengen Asketen ist, so ist bei einem Genussmenschen wie mir vielleicht der Mönch in den Schatten getreten und wartete darauf, gesehen und erlöst zu werden.«

So wurde aus »Mönch und Krieger« ein Buch der Dichotomien, der Vereinigung des scheinbar Unvereinbaren: Zärtlichkeit und Wut, Askese und Ekstase, Spiritualität und politische Aktion, Pazifismus und Revolution, Utopie und Politik der kleinen Schritte – in all diesen Feldern ist Weckers Antwort ein entschiedenes »Sowohl als auch«. »Gegensätzliche Kräfte sind in uns wirksam«, schreibt er. »Es kommt nun nicht darauf an, sich für einen der beiden Pole zu entscheiden – auch nicht darauf, zur Mitte zu gelangen, also ›durchschnittlich‹ zu werden –, vielmehr geht es darum, beide Seiten zuzulassen und zu leben.« Und gelebt hat er sie, hat die Extreme oft bis an deren extremen Rand ausgekostet, denn »es fruchtet kein Denken ohne die Tat« (aus dem Lied »Was willst du jetzt tun?«). »Mönch und Krieger« ist das philosophisch-essayistische Hauptwerk von Konstantins Reifephase – und es ist eine partielle Autobiographie.

Kehren wir einen Augenblick zum irritierenden Begriff des Mönchs zurück. Seine Sehnsucht nach dieser Existenzform begründet Konstantin Wecker so: »Ich bin ja immer sehr für die Freiheit eingetreten, aber ich habe es kaum jemals geschafft, frei zu sein von meinen eigenen Trieben. (…) Umso mehr verspüre ich aber auch die Sehnsucht, dass jeder Hunger aufhören, dass dieses Getriebenwerden durch die Gier nach Bedürfnisbefriedigung ein Ende haben möge.« Wecker bekennt, als Jugendlicher, der sich für Klavierspielen und Gedichte interessierte, teilweise wenig beliebt und ziemlich isoliert gewesen zu sein. Später suchte er bewusst das Mönchsleben, etwa durch Teilnahme an einem Retreat im Kloster Andechs.

Einen Widerspruch zu seinem religionskritischen Frühwerk sieht Wecker darin nicht. Der Autor des promethischen Satzes »Nur die Götter gehen zugrunde, wenn wir endlich gottlos sind« versteht die Zertrümmerung der alten Glaubensfesseln eher als Zwischenstadium auf dem Weg hin zu seiner ureigenen Spielart von Spiritualität. »Meine Hoffnung ist, dass sich aus den Trümmern der traditionellen, dogmatischen und institutionellen Religionssysteme eine neue, freie Spiritualität erhebt.«

Geblieben ist ihm aus dieser Phase »eine gewisse Sehnsucht nach dem Mönchsein. Es ist das Bedürfnis, sich all dessen zu entledigen, was eigentlich nur Schmerzen bereitet: das Streben nach Erfolg, nach Ansehen, nach Macht, der Wunsch, immer geliebt und begehrt zu werden.« Konstantin Weckers Beziehung zu Gott ist durchaus ambivalent, er schwankt nicht nur in der Frage, wie dieser zu definieren ist, sondern auch darin, ob er »ihm« überhaupt eine eigenständige Existenz zubilligen will. Wecker ist Atheist, wenn es darum geht, die repressive Anmaßung zurückzuweisen, zu der sich »Gläubige« im Namen Gottes verstiegen haben. Er ist Agnostiker, wenn es um das Bekenntnis geht, dass wir über das »Numinose« niemals etwas Endgültiges und Verbindliches aussagen können. Und er ist religiös in einer Weise, die seinem ganz individuellen Lebensgefühl entspringt, eine Naturbegabung in Sachen Mystik. »Ich merkte, dass man eine spirituelle Beziehung aufbauen kann, die einem das Gefühl der Nichtverlorenheit gibt. Ich nenne dieses Daseinsgefühl auch ›das Angebundensein‹. (...) Spiritualität von dieser Art wirkt befreiend. Sie hat nichts Dogmatisches an sich, weil sie immer offen ist für Verwandlungen.«

Konstantin Wecker erzählt in »Mönch und Krieger« von mehreren Erfahrungen, die man gemeinhin als »übersinnlich« oder »mystisch« bezeichnen würde. Erlebnisse mit veränderten Bewusstseinszuständen, luziden Träumen und ungeahnten Ekstasen. Vor allem ist es die künstlerische Kreativität, die ihn immer wieder in Berührung mit einem »Unendlichen« brachte, dessen Existenz er hinter den Kulissen unserer vordergründigen Realität erahnt. »Ist die Kreativität erst einmal ausgebrochen, ist es eine Kraft, die ich nicht mehr stoppen kann. Für mich ist das so, als ob ich einen Schlüssel gefunden hätte, mit dem man einen bestimmten

Raum aufschließen kann. In diesem Raum ist alles schon fertig vorhanden: die schönsten Verse und die schönsten Melodien. Ich muss quasi nur noch zugreifen.«

Im Spannungsfeld von Spiritualität und politischer Aktion bildet die Kunst das natürliche dritte Kraftzentrum im Leben des Konstantin Wecker. Sie ist es, die alle »Dichotomien« miteinander verbindet und sie für den Hörer oder Leser Weckers erlebbar machen. Sucht, ein Begriff, der das öffentliche Bild des Künstlers mehr als fast jeder andere geprägt hat, kann nicht unabhängig von seiner Durchlässigkeit für religiöse Erfahrungen betrachtet werden. Denn »Sucht ist gescheiterte spirituelle Suche«, und nur eines kann den Suchtdruck dauerhaft auflösen: wenn jemand zum »Eigentlichen« vordringt, für das alle Konsumartikel und chemischen Substanzen nur Substrat sind. Was aber ist es, was wir suchen? »Wer mit dem Wagnis paktiert, hofft auf eine neue Wirklichkeit«, heißt es in einem wenig bekannten Gedicht.

Diese neue Wirklichkeit erinnert nicht nur an den mit Pippo Pollina seinerzeit gesungenen Hit »Questa nuova realtà«, sie scheint auch im Untertitel von »Mönch und Krieger« auf: »Auf der Suche nach einer Welt, die es noch nicht gibt.« Die neue Wirklichkeit, das ist einerseits das »ganz Andere«, das aus dem Bereich des »Ewigen«, »Unendlichen« und »Numinosen« in veränderten Bewusstseinszuständen plötzlich über uns hereinbrechen kann; es kann sich auch auf die gesellschaftliche, die politische Utopie beziehen, die in den Schlusskapiteln des Buches angesprochen wird. »Um die Welt verändern zu können, braucht es aber Vorstellungen davon, wie diese veränderte Welt aussehen könnte (...) Ich glaube, es ist ungemein wichtig, eine Utopie zu entwickeln, selbst wenn sie in mancher Hinsicht vielleicht noch nicht präzise genug ist. Sie repräsentiert etwas Geistiges, an das wir uns halten können in einer allzu verdinglichten Welt.«

Es ist aber wichtig, sich in diesem Zusammenhang auch mit der zweiten großen »Figur« zu befassen, die Konstantin Wecker in seinem Buch entwirft: dem Krieger. Gemeint ist hier vor allem der gewaltige Schatten, den notwendigerweise ein Mensch werfen muss, der sich bewusst dem Guten, dem Schönen, dem Frieden und der Gerechtigkeit verschrieben hat. Konstantin Wecker ist sich dieses Schattens bewusst, und er trägt ihn so schonungslos nach außen, dass es dem Leser teilweise schwindelig wird. So weigert sich der Künstler vehement, als Pazifist in irgendeiner Weise verhuscht und leisetreterisch daherzukommen. Er zweifelt gar an seiner »Pazifismus-Fähigkeit«, möchte aber dennoch an der Utopie festhalten als »etwas, das sich viele Menschen im Laufe eines langen Zeitraums erarbeiten können«.

»Alles, wogegen ich angekämpft habe, trage ich als Schatten auch in mir als Keim oder als Gefährdung. Und wenn ich sage ›alles‹, dann meine ich alles.« Ein diesbezüglich für ihn erschreckendes und einschneidendes Erlebnis hatte der Liedermacher, als er in Marcus O. Rosenmüllers Film »Wunderkinder« die Rolle eines SS-Manns spielte. Dieses Bewusstsein der eigenen dunklen Seiten hilft auch, andere Menschen besser zu verstehen: »Indem ich fast alles, was ich anderen hätte vorwerfen können, schon selbst durchlebt habe, bin ich toleranter geworden. Ich verstehe die Beschwerden, Süchte und Bösartigkeiten der Menschen.« Der Liedermacher sträubte sich schon immer gegen das Ansinnen, für andere, zum Beispiel für seine Fans, ein Vorbild sein zu müssen. Das widerspricht auch seiner Vorstellung vom ureigenen Weg, den jeder natürlich selbst, nicht auf den Spuren eines noch so bedeutenden Künstlers oder Gurus finden muss. »Wer Wecker verstanden hat, wird nicht versuchen, wie Wecker zu sein. Das ist auch sicher gesünder für ihn.«

EIN UNGENÜGSAMER LERNT LOSLASSEN

Roland Rottenfußer

»Mönch und Krieger« kam natürlich nicht aus einer plötzlichen spirituellen Anwandlung. Das Buch war gleichsam von langer Hand vorbereitet worden, und Spiritualität bildete, spätestens seit Konstantins Hinwendung zur Meditation im Gefängnis, eine Unterströmung seines Denkens und Schaffens, erkennbar vor allem für Menschen, die tiefer in sein Werk eingedrungen waren. Nach dem eher vagen Bekenntnis, da müsse noch »irgendwas sein«, erstmals öffentlich herausgesungen bei Konstantins »Entlassungskonzert« im Flughafen Riem 1995, schwieg sich der Künstler einige Jahre weitgehend über derart private, ja, intime Erlebnisse aus. Erst 2001, mit dem Start seines Internet-Tagebuchs »Notizen« begann die Zeit der großen spirituellen Essays, während der Künstler fast zeitgleich auf der »Vaterland«-CD die »handfeste Depressionsneigung« erstmals unmissverständlich eingestand. In jener Epoche gelangen Wecker nun auch vereinzelt Texte von besonders hohem philosophischen Abstraktionsgrad – selbst für einen als anspruchsvoll bekannten Liedermacher war dies ungewöhnlich.

Entzündet vom Weltenbrand,
ins Jetzt gepflanzt,
ewig in Rhythmen gebannt,
aus Klängen gestanzt,

tauchst in die Fluten du ein,
bis alles erlischt,
würdest gern Brandung sein,
endest als Gischt.

*Dem Ganzen entzweit, doch ganz
auf dich gestellt
bleibt nur dein brüchiger Tanz
auf den Wogen der Welt, [...]*

Dergleichen war auch Ausfluss reicher spiritueller Lektüre. Ja, die späten 90er und frühen 2000er-Jahre waren für Konstantin eine Phase der Spiritualitätseuphorie, in der vielfältige Einflüsse dankbar ergriffen und in den Teppich seines immer in Bewegung befindlichen Weltbilds eingewoben wurden. So las Wecker Rudolf Steiner, dem er dafür dankte, ihm Goethe nahegebracht zu haben. Und er zitierte noch in seiner Rede anlässlich der Verleihung der Ehrenmitgliedschaft der Umweltorganisation »David gegen Goliath« den US-amerikanischen Modephilosophen Ken Wilber. Am 23.12.2001, also kurz nach den »Nine Eleven«-Anschlägen, forderte Wecker mit Berufung auf Wilber ein »weltzentrisches Bewusstsein« und pries das Leiden als den »Beginn schöpferischer Einsicht«. Auch der östlichen Spiritualität war Konstantin in dieser Phase der spirituellen Entdeckerfreude gewogen. Er las Osho, Krishnamurti und rückte auch dem Buddhismus näher – als einer eher praxisbezogenen, »experimentellen« Religion, die ihm keinen kastrierenden Himmelsdiktator zuzumuten versuchte.

War aus dem »ungläubigen« Gotteszertrümmerer, der 1979 noch geschrieben hatte »Die Herren Götter danken ab, jetzt muss es gottlos weitergehn«, etwa plötzlich jemand geworden, der bereit war, *alles* zu glauben? Glauben ist keine typisch Weckersche Kategorie. Warum darüber spekulieren, was jenseits der undurchdringlichen »Wolke des Nichtwissens« liegt (über die ein anonymer mystischer Autor des 14. Jahrhunderts schrieb), anstatt beherzt in diese hineinzugreifen und durch sie hindurchzugehen? Wecker ließ, was spirituelle Lektüre und Übungspraxis betrifft, zunächst vieles an sich herankommen, um erst dann zu selektieren und notfalls zu verwerfen, so die Taktik des »Herdplattenanfassers«. Viele machen es umgekehrt und verwerfen, bevor sie sich einlassen, weshalb ihr Weltbild auch eng wirkt – eher erdacht als erlebt. Konstantin übte sich seit seinem Gefängnisaufenthalt jahrelang regelmäßig in der Meditation. Später gab er zu, diesbezüglich inkonsequenter geworden zu sein, obwohl seine Erfahrungen mit der Stille durchweg positiv waren.

Was bedeutete Meditation für einen »lebensgierigen«, eher extrovertiert wirkenden Menschen? Jedenfalls fand Wecker dort keinen Ersatz für die durch Drogen erlebten Ekstasen. Anfangs vielleicht hatte er »unglaubliche Erlebnisse« herbeigesehnt. Doch diesen Anspruch musste und konnte er fallen lassen. »Es geht in meinen Meditationen zunächst um etwas anderes, weniger Spektakuläres: um eine innere Ruhe, die es mir ermöglicht, mich in mich selbst zu versenken.« Sehr schön ist dieses Stillwerden des gereiften Weckers in »Schlendern« ausgedrückt, einem seiner wichtigsten Lieder der 2000er-Jahre (CD »Am Flussufer«):

Einfach wieder schlendern
ohne höh'ren Drang.
Absichtslos verweilen
in der Stille Klang.

Einfach wieder schweben,
wieder staunen und
schwerelos versinken
in den Weltengrund.

Ein Wecker ohne Drang und Absicht – das scheint nahezu ein Widerspruch in sich. Genügsamkeit – das war für ihn doch immer etwas gewesen, was uns weltliche und geistliche Dunkelmächte verordnet hatten, um unseren Lebens- und Freiheitsdrang einzudämmen. »Schlendern« ist das idyllische Schäferspiel zwischen all den Dramen, eine seltene Ruheinsel innerhalb des aufgewühlten und aufwühlenden Wecker-Œuvres. Der meditative Ohrwurm ließ Dutzende von Konzerten in jener Epoche ausklingen und schickte die Zuschauer klanggesättigt und mit wissendem Lächeln nach Hause.

Die Sprachbilder vom »gesegneten Moment«, dem mit Dichte und Tiefe besonders aufgeladenen Jetzt nehmen im Spätwerk einen wichtigen Platz ein. »Inspiration geschieht in einem Augenblick außerhalb der Zeit, dem ›Nu‹, wie man es früher nannte, dem immerwährenden Jetzt.« Und ähnlich im Prozess des Musizierens auf der Bühne. Es erlaubt, will die Performance gelingen, kein Ausweichen der Gedanken in Vergangenheit oder Zukunft. Es verlangt Präsenz – ganz – oder es wird scheitern. »Für mich ist Musizieren die stärkste Möglichkeit, im Jetzt zu sein. Damit überwinde ich auch die Traurigkeit, die uns alle überkommen kann, wenn wir mit der Endlichkeit konfrontiert werden.« Gerade die Momente, in denen Wecker auf der Bühne improvisiert – wer es erlebt hat, weiß, in welcher Qualität dies geschieht – finden ganz im »immerwährenden Jetzt« statt. Man könnte auch sagen: in einem Bereich außerhalb der Zeit. Hielt es Wecker früher noch mit dem Nietzsche-Wort »Alle Lust will Ewigkeit«, so lautet die Erkenntnis jetzt: Alle Lust und Inspiration kann überhaupt nur in der »Ewigkeit« stattfinden, in einem Bereich jenseits von Werden und Vergehen.

Gespürt, gelebt hat Wecker diese Erkenntnis schon sehr lange; bewusst gemacht und in Worte gegossen hat er es erst in jüngerer Zeit. Ende 2010 überraschte er seine Freunde und Mitarbeiter unversehens mit der Mitteilung, ihm seien nach langer Zeit wieder einmal »Gedichte passiert« und er halte diese mit für die Wichtigsten, die er je geschrieben habe. Ganz hinter sich gelassen hat er darin jede Erdenschwere und Abhängigkeit von den Zufälligkeiten der eigenen Biographie.

Jeder Augenblick ist ewig,
wenn du ihn zu nehmen weißt –
ist ein Vers, der unaufhörlich
Leben, Welt und Dasein preist.

Alles wendet sich und endet
und verliert sich in der Zeit.
Nur der Augenblick ist immer.
Gib dich hin und sei bereit!

Wenn du stirbst, stirbt nur dein Werden.
Gönn' ihm keinen Blick zurück.
In der Zeit muss alles sterben –
aber nichts im Augenblick.

Hier zeigt sich das Jetzt als einzige praktikable Lösung für das Dilemma des erlebnisraffenden Mystikers. Der Ungenügsame will immer »mehr«; der Mystiker dagegen findet seine Erfüllung im »Meer«, jenem *Einen,* in dem sich seine Individualität wie ein Tropfen auflöst. Im erfüllten Moment gibt es kein »Dorthin« oder »Danach«, kein »Nicht genug« mehr. Es findet Er-Lösung statt – zumindest im Gedicht. »Der Mensch in seinem dunklen Drange«, »unbefriedigt jeden Augenblick« – so beschrieb Goethe seinen Faust. Auf seine alten Tage erhaschte der Faust/Baal Konstantin Wecker eine Ahnung dessen, was Heilung und Frieden bedeuten könnte. Er entdeckt eine Mystik des Lassens und Loslassen und entdeckte das Nichts auf dem Grund des Seins: »Die Welt ist wohl aus nichts gemacht, ganz leicht, wie nebenbei«, schrieb er. Und ganz im Geist der buddhistischen Auffassung von »Leerheit«, die sich hier mit Erkenntnissen der Quantenphysik trifft. »Du findest nur im Zerfallen dein Sein.«

»OHNE WARUM«:
MYSTIK UND WIDERSTAND

Roland Rottenfußer

Das Programm von Mönch und Krieger, nur in CD-Form – das war ein heimlich gehegter Wunsch von mir gewesen. »Ohne Warum«, die nächste große Aufnahme des Künstlers, bedeutete fulminante Erfüllung und wurde allen Harrenden bereits dreieinhalb Jahre nach »Wut und Zärtlichkeit« geschenkt.

Der Titel überraschte alle, die nicht schon durch einen Tagebucheintrag Konstantins vom Dezember 2014 darauf vorbereitet gewesen waren. Ohne warum – Handeln ohne Grund und Zweck – tauchten im Œuvre des Dichters nicht zum ersten Mal auf. Im Grunde war dieses Prinzip in seinem Werk allgegenwärtig. Kunst ohne Warum ließ sich zum Beispiel in dem Satz ausdrücken: »Ich singe, weil ich ein Lied hab, nicht weil es euch gefällt.« Politisches Engagement ohne Warum mündet vielleicht in dem Bekenntnis: »Es geht ums Tun und nicht ums Siegen.« Beide Zitate sind Wecker-Hörern wohl bekannt. Schon deshalb war es höchst spannend, dass der Liedermacher eine ganze CD mit »Ohne Warum« betitelt hat. Im Titellied heißt es:

> *Ist es nicht so, dass die Rose erblüht,*
> *sunder warumbe, ohne Warum,*
> *dass sie nicht fragt danach, ob man sie sieht,*
> *sunder warumbe, ohne Warum [...]*

Konstantin Wecker knüpfte damit an vor Jahrzehnten intuitiv gefundene Erkenntnisse an und brachte sie in einen neuen Zusammenhang. Die mystische Ader, die sich in früheren Werken wie »Schlendern« schon vereinzelt gezeigt hatte, breitete sich nun über die halbe CD aus. Der Titel und die Erwähnung der Rose durch Wecker geht auf ein Gedicht des Barock-Lyrikers und Mystikers Angelus Silesius (1624–1677) zurück.

> *Die Rose ist ohne Warum.*
> *Sie blühet, weil sie blühet.*
> *Sie achtet nicht ihrer selbst,*
> *fragt nicht, ob man sie siehet.*

Der wiederum bezieht sich auf den mittelhochdeutschen Vorläuferbegriff, den Meister Eckhart (1260–1328) geprägt hat: »Sunder warumbe«. Eckhart schrieb hierzu: »Gott hat kein ›Warum‹ außer und neben sich, und auch seine Liebe ist grundlos. Ebenso sind auch göttliche Werke des Menschen dadurch gekennzeichnet, dass sie ohne Grund vollbracht werden.« Die Rose, die ohne Warum existiert, »fragt nicht, ob man sie sieht«, ist also frei von Beliebtheitserwägungen. Ihr fehlt jeder außenwirkungsgesteuerte Opportunismus.

Konstantin Weckers Aufnahme »Ohne Warum« entwirft ein anspruchsvolles und dabei tief bewegendes »Programm«, das auf Wiederbeseelung einer verhärteten, einseitig dem Zweckdenken verfallenen Welt abzielt. Politische Kritik, Utopie und mystische Öffnungen gegenüber dem »Wunderbaren« fließen dabei in eines. Dieses reife Spätwerk bündelt viele der Lebensthemen Weckers und hebt sie auf eine neue, bewusstere, poetisch vertiefte Stufe. »Mystik und Widerstand« könnte das Werk auch in Anlehnung an ein berühmtes Buch von Dorothee Sölle heißen. Interessanterweise drängt sich als drittes Stichwort »Romantik« auf – im Sinne eines umfassenden Wiederverzauberungsversuchs für eine in vieler Hinsicht ausgedörrte und notleidende Welt. Politische Romantik, wie sie tatsächlich schon in der Frühromantik angedacht war. So ist es nur konsequent, dass eine Passage auftaucht, die aus Versen von Novalis und Wecker zusammengemischt wurde:

Erst wenn Gedichte und Geschichten
das Herz wieder gerade richten,
wenn wir den eignen Melodien
nicht mehr so hilflos taub entfliehen,
wenn nicht das Streben nach Gewinn
des Lebens kläglich karger Sinn
und wir an Zins und Dividenden
keinen Gedanken mehr verschwenden,
wenn die so singen oder küssen,
mehr als die Tiefgelehrten wissen,
dann fliegt vor einem geheimen Wort
das ganze verkehrte Wesen fort.

Ein Romantiker ist Wecker immer schon gewesen, wenn auch selten so explizit wie hier im Novalis-Lied. Nicht nur seine intensive Rezeption der Klänge Puccinis, Verdis, Schuberts oder Schumanns, der Gedichte von Eichendorff und anderen machen ihn dazu. Auch sein radikal subjektives »Programm« der schöpferischen Selbstentfaltung der Seele, sein Drang zur Auflösung aller Formen und Normen, zum Transzendieren und Sich-Verströmen, zum Schrankenlosen, Geheimnisvollen und Wunderbaren. Wecker ist der Sänger der veränderten Bewusstseinszustände, der Zwischenwelten aus Rausch, Ahnung und Traum, die das fokussierte rationale Bewusstsein gleichsam immer umlagern – als Verheißung und als Gefahr. Schon darin ist er Romantiker. Diese Zwischenzustände sind nicht weniger wirklich als das, was wir gemeinhin Realität nennen, sie sind es vielmehr auf andere Weise. »Vermummte Wahrheit und aus einem Traum / Der sich bestimmt nicht träumen ließe / Wär' er nicht Wirklichkeit im Welteninnenraum«, schrieb Konstantin in seinem Gedicht »Wo ist sie hin, die schwere, süße Tiefe« (90er-Jahre). In »Ohne Warum« ist es Wecker gelungen, ein spirituelles Programm ohne Verwendung der Worte »Spiritualität« oder »Mystik« und (fast) ohne das Wort »Gott« zu schaffen, das somit grundsätzlich auch für Nicht-Spirituelle zugänglich ist; besonders berührend im Lied »Auf der Suche nach dem Wunderbaren«, in dem es unter anderem heißt:

*Ja – es ist der unbekannte Morgen
und das unerschloss'ne Paradies,
nicht zu kaufen und nicht mal zu borgen,
dieser Schlüssel zu dem dunkelsten Verlies,*

*das dein Herz und deine ungesung'nen Lieder
fest gefangen hält durch Wahn und Zwang.
Wenn du ihn gefunden hast – nie wieder
wirst du fremd dir sein. Dann bist du dein Gesang.*

Das Lied ruft – wie oft bei Wecker – zur Befreiung von Zwängen und zur »Selbst-Identität« auf – jedoch hier auf einer nicht allein weltlich-egozentrischen, sondern spirituellen Ebene. Dabei bleibt der Text immer poetisch-vage, sodass gerade das Unausgesprochene darin eine unbestimmte Sehnsucht wachruft und zum Weiterdenken animiert. »Poesie ist nie ganz ausinterpretierbar«, teilte Konstantin Wecker im persönlichen Gespräch mit. Also sind die Gefühle, Stimmungen und persönlichen Assoziationen, die man aus einem solchen Text »herausinterpretiert«, nie nebensächlich, sondern Teil eines lebendigen poetischen Dialogs zwischen Autor und Hörer. Das Lied tröstet und fordert dazu auf, eine verlorene Heimat in sich selbst wiederzufinden, aus der wir auch durch politische und ökonomische Fehlentwicklungen vertrieben wurden.

Nicht einmal beim generell anspruchsvollen Konstantin Wecker war der Ausdruck immer derart »dicht« gewesen wie hier. Die eingestreuten »Fremdtexte« von Heym, Novalis und Hofmannsthal legen die Frage nahe, wie weit neuere Liedermacherkunst an die »Großen« der Vergangenheit anknüpfen kann. Hat der moderne Hörer etwa nur noch die Wahl zwischen völlig unzugänglicher neuer »E-Musik« und den Seichtgebieten der Pop-Kultur? Oder könnte eine alt-neue, romantisch-literarische Kunst entstehen, die Geist und Seele in gleicher Weise sättigt und inspiriert? »Ohne Warum« vermittelt eine Ahnung davon, wie eine solche Kunst aussehen könnte.

Als Konstantin Wecker 2009 den Gedichtband »Stürmische Zeiten, mein Schatz. Die schönsten deutschen Liebesgedichte« herausgab, stand die Frage der »Anschlussfähigkeit« der modernen Liedermacherkunst an die Altmeister von Goethe bis Benn offen im Raum. »Konstantin Wecker präsentiert die Großen der Weltliteratur und eigene Texte« könnte man das Programm umschreiben. Die Idee, die Unterscheidung zwischen dem »Großen« und dem »Eigenen« könne überbrückbar, ja, vollends entbehrlich sein, wurde von Konstantin zumindest suggeriert. In seinem Konzertprogramm mit Liebesliedern im selben Jahr kokettierte er in den Liedansagen jedenfalls mächtig mit dem Gedanken. »Der Gedichtband war natürlich für mich eine Gelegenheit, meine eigenen Gedichte in einer Reihe mit Goethe oder Brecht zu präsentieren – und ich muss sagen: Sie stören überhaupt nicht.«

Im Herbst 2013 ging Konstantin mit der Weltklasse-Sopranistin Angelika Kirchschlager auf Tournee. Von Schumanns/Eichendorffs »Mondnacht« über Musicalduette bis hin zur gemeinsam intonierten Revolutionshymne (»Empört euch«) spannte sich ein weiter Bogen. Intendiert war aber kein Brückenschlag zwischen extremen Gegensätzen, auch kein Ausflug auf »fremdes« Terrain in der Art »Peter Hofmann singt Rock-Klassiker«; im Mittelpunkt stand vielmehr der dezente Hinweis auf die innere Verbindung aller dargebotenen Kunstwerke verschiedener Epochen. Es dominierte das »romantische« Kulturideal der Herzöffnung mittels eines verzaubernden Schönheitsstroms. Dessen Domänen sind in den Zeiten von Techno und unverdaulicher atonaler E-Musik fast nur noch drei Bereiche: das Musical, die Filmmusik und das Chanson – ergänzt allenfalls noch durch die anspruchsvolleren Erscheinungsformen des Art-Pop. Angelika Kirchschlager verlieh Konstantin gleichsam den Ritterschlag der

»Hochkultur«, indem sie seine Anschlussfähigkeit an große Kunst der Vergangenheit öffentlich bekräftigte.

Der politische Teil auf »Ohne Warum« ist eine eindringliche Warnung. Er verweist sowohl auf die Oberfläche der Tagespolitik als auch auf die Tiefenstrukturen der gesellschaftlichen Misere, die auf Zweckdenken und der Abgeschnittenheit vom mitfühlenden Herzen beruht. Daher liegen auch die »Gegenmittel« auf der Hand: Utopie und kreativer Traum, ein Handeln »ohne Warum«, ein Wiederbeheimatetwerden im Herzen als einem Ort des Wunderbaren, Göttlichen und Schönen. Da gibt es dann auch keine künstliche Spaltung mehr zwischen Meditation und Revolution, zwischen Quantenphysik und Romantik, zwischen hoher Kunst und einer gewissen, vermeintlich naiven »Einfachheit«. Auch die berüchtigte (und künstliche) Spaltung zwischen politischem Aktivismus und spiritueller Innenschau ist im künstlerischen Programm der CD aufgehoben. Beide Pole stehen nicht unverbunden nebeneinander, sondern ergänzen und durchdringen einander an verschiedenen Stellen. So sind Herzoffenheit und Mitgefühl Voraussetzungen für ein »ganzes« Menschsein, das sich den Verhärtungs- und Umerziehungstendenzen durch das System wirksam zu widersetzen vermag. Etwa im Lied »An meine Kinder«:

Ihr seid ein Wunder. Wie jeder Mensch
geboren aus dem absolut Schönen.
Und die Welt sähe so viel friedlicher aus,
könnt' man sich daran gewöhnen.

Könnte man in jedem Menschen das unendlich Kostbare – wenn man so will: das Göttliche – erkennen, so wären Menschenverachtung, Ausbeutung und Mord schlechthin undenkbar. Also ist derjenige, der spirituelle Herzöffnungsarbeit an sich selbst betreibt, kein wolkiger Weltflüchtling, vielmehr kann er, so sensibilisiert, zur aktiven Keimzelle einer liebevolleren Welt werden und wird sich gegen jede Vereinnahmung durch destruktive Wahnsysteme sträuben.

»ZUM DRITTEN MAL NICHT AUFGEWACHT« – NEUE KRIEGSGEFAHR

Roland Rottenfußer

Wenn man die politischen Lieder aus »Wut und Zärtlichkeit« heute mit etwas Abstand anhört, strahlen sie vergleichsweise geradezu eine unernste Leichtigkeit aus, als habe Konstantin Wecker damals noch gemeint, die Gespenster von Krieg und Unmenschlichkeit mit Spott verscheuchen zu können. Als wäre die Gefahr zu bannen, indem man Börsianern in seiner Fantasie die Hosen runterzieht, Heckler und Koch als Möchtegern-Pazifisten verhöhnt, sich Karl-Theodor zu Guttenberg auf der Toilette und Angela Merkels mit hervorquellendem Dekolleté vorstellt. Die CD war ein Hauptwerk des kabarettistischen Wecker gewesen und »funktionierte« als solche prächtig. In den Jahren danach wehte Antifaschisten und Kriegsgegnern jedoch ein deutlich schärferer Wind entgegen. Der leichte Tonfall der CD von 2011 (vom wuchtigen »Empört euch« einmal abgesehen) verstummte angesichts eines tiefen Erschreckens Konstantin Weckers darüber, wozu die Weltenlenker in In- und Ausland 70 Jahre nach Kriegsende fähig waren.

Bekenntnisse des Künstlers zum Pazifismus hatten sich während der gesamten 2000er und 2010er-Jahre wiederholt, so schon in einem Interview, das ich 2007 mit Konstantin geführt hatte und während des Friedenskongresses in Tübingen im selben Jahr, bei dem seine Vorbilder Arno Gruen und Hans-Peter Dürr anwesend waren. Auch war Konstantin regelmäßiger Gast bei den Demonstrationen anlässlich der unsäglichen jährlichen »Sicherheitskonferenzen« im Hotel Bayerischer Hof (München), quasi vor seiner Haustür. Er verlas dort von improvisierten Bühnen Pamphlete und sang – meist »Absurdistan«, »Empört euch« und »Sage nein«. Und wenn er einmal keine Zeit hatte, selbst anwesend zu sein, ertönten die Lieder aus dem Lautsprecher eines Begleitfahrzeugs. Wichtig waren Konstantin dabei immer zwei Feststellungen:

1. Für Konstantin Wecker ist Pazifismus eine Form des Selbstschutzes gegen eigene »kriegerische Anwandlungen«. Die vermeintlich utopische Weltanschauung ist eine Absicherung dagegen, sich doch einmal für irgendwelche Ziele – und seien es »linke« – dazu hinreißen zu lassen, Gewalt zu befürworten. Gleichzeitig möchte Wecker seine eigene »vehemente« Art des Auftretens nicht als Widerspruch zum Pazifismus verstanden wissen. »Was politische Gegner an mir ›aggressiv‹ nennen, möchte ich eher ›kraftvoll‹ nennen. (...) Ich finde nicht, dass jemand, der für den Frieden ist, zu einem durchweg sanften Wesen verpflichtet ist.«

2. Ein Bekenntnis zum Frieden genügt nicht in einer Zeit, in der selbst die Kriegstreiber dieses Wort wohlfeil im Mund führen und Bombenabwürfe auf Zivilisten als »friedenschaffende Maßnahmen« preisen. Pazifismus muss mehr sein: das klare Bekenntnis zur Gewaltfreiheit unter allen denkbaren Umständen. Man denke hier etwa an ein Lied aus dem Jahr 1982, das Joan Baez noch 2015 bei ihrem Auftritt in München gecovert hatte: »Wenn unsere Brüder kommen/ mit Bomben und Gewehren / dann wollen wir sie umarmen / dann wollen wir uns nicht wehren.« Auch in diesem Zusammenhang verwehrt sich der Künstler gegen den Vorwurf, Pazifisten seien oft passiv, gar feige. »Ich habe festgestellt, dass gerade Leute, die sich aktiv in der Friedensbewegung engagieren, keine Probleme damit haben, sich als Pazifisten zu bezeichnen. Warum? Ich glaube, sie merken durch ihre Arbeit, dass Pazifismus etwas Tätiges ist, das nichts mit einem untätigen Warten auf friedliche Zeiten zu tun hat. Wer in Krisengebieten vor Ort ist, um sich für Frieden einzusetzen, braucht allemal mehr Mut als diejenigen, die in Deutschland vom Schreibtisch aus die Notwendigkeit von Kriegen erklären.«

Dem ewig schwelenden Krieg in Afghanistan, gegen den sich Konstantin Wecker von Beginn an gewehrt hatte, gesellte sich 2013 ein neuer, noch gefährlicher erscheinender Konfliktherd hinzu: Mit dem Bürgerkrieg in der Ukraine und der Besetzung der Halbinsel Krim durch Putins Russland schien kaltkriegerisches Getöse – man hatte es seit der Ära Gorbatschow überwunden geglaubt – wieder salonfähig geworden zu sein. Wie sich die Bilder gleichen: Wecker, der frühere vermeintliche Saddam-Freund, stand nun als Putin-Versteher da, weil er zur Besonnenheit mahnte. Dabei konnte sich der Liedermacher in seinem früheren Widerstand gegen den Irak-Krieg durch die jüngeren historischen Erkenntnisse durchaus bestätigt fühlen. Der Angriff auf den Irak seit dem 20. März 2003 und die Besetzung durch die USA hatten laut einer US-Studie eine halbe Million Iraker das Leben gekostet. Die Ergebnisse waren und sind desaströs: zerstörte Regionen und traumatisierte Menschen bereiteten einen idealen Nährboden für ein Phänomen, das später als »Islamischer Staat« bekannt wurde.

Immer wieder lenkt Konstantin den Blick auch auf wirtschaftlichen Profit als wahre Ursache für Kriegshandlungen. Und er zerlegt die Scheingründe der Bellizisten, die Humanität erfordere in einigen Fällen das Eingreifen der »freien Welt«, die Annahme, Frieden sei zwar gut und schön, jedoch erst später, nachdem Unruheherde – natürlich mit Waffengewalt – »befriedet« worden seien. »Was wäre, wenn wir einige der Waffen, die wir jetzt an die bedrängten Kurden liefern, schon bald in den Händen islamistischer Kämpfer sehen würden – etwa in Mali, Zentralafrika oder Nigeria? Was wäre, wenn all dieser Wahnsinn wohlgelitten wäre, um immer wieder aus ›humanitären Gründen‹ eingreifen zu können, wieder Waffen verkaufen zu können und die Welt in Unruhe zu halten? Es wäre ehrlicher, zuzugeben, dass das kapitalistische System immer wieder Kriege braucht, um sich am Leben zu halten.«

Aus diesen Beobachtungen folgt der Aufruf zum Widerstand: »Wenn die maßvollen und vernünftigen Kräfte es nicht schaffen, eine gewaltige internationale Friedensbewegung auf die Beine zu stellen, die ein eindeutiges ›Mit uns nicht!‹ skandiert, kann es passieren, dass Europa wieder in einem Krieg verbrannt wird.« Wie immer holt sich Konstantin (friedliche) Schützenhilfe von prominenten Gleichgesinnten. Neben Arno Gruen, Hans Peter Dürr und dem rhetorischen Genie des Pazifismus, Eugen Drewermann, gehörte hierzu vor allem Margot Käßmann, die zurückgetretene ehemalige Ratsvorsitzende der Evangelischen Kirche. Für deren damaligen Rücktrittsgrund, Trunkenheit am Steuer, vermochte Konstantin schon seinerzeit nicht die erforderliche Entrüstung aufzubringen. Stattdessen vermisste er schmerzlich die öffentliche Stimme einer Frau, die von Anfang an eine aufrechte Streiterin gegen den Afghanistan-Krieg gewesen war – auch im Widerstreit zu Teilen »ihrer« evangelischen Kirche.

Käßmann und Wecker trafen sich Ende 2014 zum öffentlichen Gespräch und gaben im Frühjahr darauf – 101 Jahre nach Ausbruch des Ersten Weltkriegs – eine Textanthologie heraus: »Entrüstet Euch. Warum Pazifismus für uns das Gebot der Stunde bleibt«. Von Konfuzius und Franz von Assisi bis hin zu modernen Autoren wie Friedrich Schorlemmer und Jörg Zink hatten die Herausgeber mehrere friedensbewegte Autoren als Unterstützung aufgeboten. »Auch um der nur allzu offensichtlich kriegsfreundlichen Meinungsmache in den großen Medien etwas entgegenzusetzen, haben wir uns entschlossen, dieses Buch herauszugeben. Unser ›Duett‹ soll zu einem ganzen Chor aufrechter und kluger Stimmen aus Vergangenheit und Gegenwart anschwellen, der mit aller Vehemenz für die Sache des Friedens eintritt.«

Weckers Hauptvorwurf an große Teile der Öffentlichkeit war es, in einer historischen Herausforderung versagt zu haben, obwohl Parallelen aus der Geschichte, von denen man hätte lernen können, sich geradezu aufdrängten. Die Kriegsangst, die damals in »linken« Kreisen heraufbeschworen wurde, mag im Rückblick übertrieben erscheinen – kein dritter Weltkrieg ist bisher ausgebrochen; in Wahrheit ist die Krise keineswegs aus der Welt verschwunden, lediglich aus den Schlagzeilen. Wie so oft, dachte Wecker auch hier in einem übergreifenden Kontext – und erntete Hohn und Spott. Wer gegen Krieg ist, ist eben in jedem System nur historisch hoch angesehen.

Der Sündenfall der neudeutschen Renaissance des Krieges war vor allem das Massaker von Kundus in Afghanistan (2009), befohlen vom damaligen Oberst und heutigen General Klein. Dieser dramatische Vorfall mit 140 überwiegend zivilen Toten wurde seinerzeit von der veröffentlichten Meinung nur allzu leichtfertig »verdaut«. Über die opferreichste deutsche Kriegshandlung seit dem Zweiten Weltkrieg schrieb Wecker während seines »Ohne Warum«-Inspirationsschubs Anfang 2014 sogar ein eigenes Lied:

> *So hat es begonnen zweitausendundneun,*
> *da haben wir uns wieder verschuldet.*
> *Da wurde in Deutschland schäbiger Mord*
> *von höchster Stelle geduldet. [...]*
>
> *Diese vermaledeite Tat,*
> *sie will mir nicht aus dem Sinn.*
> *Und wenn wir heute wieder marschieren,*
> *dann war sie der Beginn.*
>
> *Alles vergessen, was früher war,*
> *all die verstümmelten Horden.*
> *Deutschland schickt sich wieder an,*
> *im Namen der Freiheit zu morden.*

Äußerst dramatisch auch die düstere Vertonung des berühmten Gedichts »Der Krieg« von Georg Heym, das den zentralen Vorwurf des Künstlers wiederholt: Die durch die »Gnade der späten Geburt« in friedliche Zeiten hineingeborenen Nachkriegsdeutschen versagen im Ernstfall ebenso wie ihre viel gescholtenen Vorfahren 100 und 70 Jahre zuvor – eine tiefe Enttäuschung für jemanden, der doch immer wieder Hoffnung gehegt und anderen weitergegeben hatte. Wecker fügt an das Gedicht Heyms eigene Verse an, um die historischen Parallelen überdeutlich zu machen:

Und schon wieder hört man herrisch Krieger schrei'n,
aus den Dunkelheiten droht ihr Widerschein.
Wieder wälzt sich die Vernunft dumpf in Gewalt,
abgestorben ist das Hirn. Das Herz ist kalt.

Zahllos sind die Leichen schon im Schilf gestreckt,
von des Todes starken Vögeln weiß bedeckt.
Bleiche Kinder fleh'n uns händeringend an:
Macht ein Ende mit dem Irrsinn irgendwann.

Irgendwann? Nein jetzt. Wir müssen seh'n,
wie wir den Gewalten widersteh'n.
Denn sonst heißt es wieder eines Tages dann:
Seht euch diese dumpfen Bürger an.
Zweimal kam der große Krieg mit aller Macht.
Und sie sind zum dritten Mal nicht aufgewacht.

Obwohl die Zeiten schon damals, Anfang 2014, keinen Anlass zu übermäßigem Optimismus gaben, hätte sich Konstantin Wecker wohl nicht träumen lassen, dass schon am Ende desselben Jahres sein zweiter schlimmer Alptraum wahr werden würde: ein Wiedererstarken der Rechten in Deutschland. »Ich wollte mit meinen Liedern die Welt verändern. Jetzt hat sie sich verändert – aber ich war's nicht.« Das war schon seit einigen Jahren der Running Gag in vielen Wecker-Konzerte gewesen. Mehr als je zuvor schien nun jedoch »die ganze Welt den Arsch offen« zu haben, schien sich der Zeitgeist völlig konträr zu dem zu entwickeln, was er aus gereifter Erfahrung für gut und richtig hielt. »Nie wieder Faschismus, nie wieder Krieg«, war der tief empfundene Schwur des geteilten Nachkriegsdeutschland gewesen. Nun zündelte eine neue Generation friedens- und idealismusmüder Deutscher mit den Errungenschaften der vergangenen Jahrzehnte und spöttelte in zynischem Relativismus über die Bedenken altlinker »Gutmenschen« hinweg. »Gern wieder Krieg, gern wieder Faschismus«, schien nun das Motto zu lauten.

»TUT DOCH, WAS DEIN HERZ DIR SAGT« – DIE FLÜCHTLINGSKRISE

Roland Rottenfußer

Manchmal überraschte Konstantin Wecker auch mich noch. Es war Sommer 2014, als sich im Mitarbeiterkreis das Gerücht verbreitete, Konstantin habe ein neues Lied geschrieben: »Ich habe einen Traum«. Meine Erwartungen waren hoch gesteckt, denn der Titel, angelehnt an die berühmte – mit »I have a dream« eingeleitete – Rede Martin Luther Kings versprach den großen Wurf. Als ich den Text dann erstmals las, wunderte ich mich ein wenig: Nichts von den großen Utopien einer Welt ohne Krieg und Ausbeutung, kein »Imagine«. Das Lied hatte nur ein Thema: Flüchtlinge. Von denen hörte man zum damaligen Zeitpunkt nur dann etwas, wenn wieder einmal Dutzende an Europas Grenzen, im Mittelmeer, ertrunken waren. Der Aufschrei war dann jeweils groß, jedoch kurzatmig. Das Schicksal dieser Menschen, eine Schande für das reiche Europa, blieb ein »B-Thema«, gemessen an den damals ganz großen Medienhypes: der Ukraine- und Griechenlandkrise, der gewonnenen Fußball-WM und dem Grand Prix-Sieg von Conchita Wurst. Die verzweifelten Boat People, die vor Lampedusa strandeten, waren dagegen vielen »wurst«.

> *Ich hab einen Traum, wir öffnen die Grenzen*
> *und lassen alle herein,*
> *alle die fliehen vor Hunger und Mord,*
> *und wir lassen keinen allein.*
>
> *Wir nehmen sie auf in unserem Haus*
> *und sie essen von unserem Brot,*
> *und wir singen und sie erzählen von sich*
> *und wir teilen gemeinsam die Not*

Ja wir teilen, und geben vom Überfluss,
es geht uns doch viel zu gut,
und was wir bekommen, ist tausendmal mehr:
und es macht uns unendlich Mut.

Ihre Kinder werden unsere sein,
keine Hautfarbe und kein Zaun,
keine menschenverachtende Ideologie
trennt uns von diesem Traum. [...]

Ja ich weiß, es ist eine kühne Idee
und viele werden jetzt hetzen:
ist ja ganz nett, doch viel zu naiv,
und letztlich nicht umzusetzen.

Doch ich bleibe dabei, denn wird ein Traum
geträumt von unzähligen Wesen,
dann wird an seiner zärtlichen Kraft
das Weltbild neu genesen.

Konstantin Wecker hatte das Thema »gerochen«, nicht weil er präventiv auf mögliche Trendthemen aufspringen wollte, sondern weil Künstler vielleicht noch ein Stück sensibler sind als »wir Normalen«. Und weil sich Wecker früh berühren ließ von Schicksalen, die sich für die meisten nur ganz am Rand ihres Sichtfelds abspielten. Konstantin begann, kleine Einträge darüber in sein Webtagebuch, die »Notizen«, zu verfassen. Überhaupt ist mir kein Künstler bekannt, der das Genre des tagesaktuellen Kurzessays so zur Blüte gebracht hat wie er. Als hätte Konstantin mit seinen Jobs als Liedermacher, Komponist, Buchautor und Schauspieler nicht schon genug zu tun, verging manchmal kein Tag ohne eine Wecker-Notiz. Sein Geist kommt offenbar selten zur Ruhe, und doch scheinen seine Gedanken stets einer ruhenden Mitte zu entspringen, die auch angesichts der biographischen und politischen Stürme, die ihn umtosen, beständig bleibt.

Wo viele, beeindruckt von der »kippenden« Volksstimmung, einknickten und ein lauwarmes »Ja, aber …« formulierten, hielt Konstantin Wecker stand. Auf diesem Fels konnte man den Widerstand gegen den sich auf den Straßen, in den Medien und im Netz formierten neuen Abendland-Chauvinismus bauen. Wecker wetterte wie selten in seinem Leben gegen Fremdenfeindlichkeit, Rassismus und die Erosion der Mitmenschlichkeit angesichts täglich neuer Rekordzahlen über herein*flutende* Geflüchtete. Aber er würdigte auch die Lichtblicke, die Willkommenskultur, die sich für viele überraschend auf den Bahnhöfen des Landes formierte. Er beschwor leidenschaftlich das »Other Germany«, das er bei einem Konzert für den Komponisten Mikis Theodorakis fast entschuldigend dem griechischen Publikum vor Augen gehalten hatte. Ein Deutschland, das aus schmerzlicher, schuldhafter Geschichte eines gelernt hatte: Man darf nie wieder erlauben, dass pauschale Verachtung gegen eine ethnische oder religiöse Gruppe in einem Land Raum greift.

Im Dezember 2014 verstärkten sich die Aktivitäten der PEGIDA (Patriotische Europäer gegen die Islamisierung des Abendlands). Die Gruppierung organisierte in Dresden mehrere Demonstrationen, die großen Zulauf fanden, und wurde nach und nach in ganz Deutschland als rechtspopulistische Bewegung bekannt. Plakate wie »Multikulti stoppen. Meine Heimat bleibt deutsch« und Fotos von Angela Merkel mit Kopftuch trugen zu einer zunehmend gereizten Atmosphäre bei. Anstatt sich klar gegen die neue Verrohung auf den Straßen zu positionieren, goss die CSU noch Öl ins Feuer. Anfang 2015 ließ ein CSU-Papier verlauten, Ausländer sollten dazu angehalten werden, in ihren Familien deutsch zu sprechen – zu Hause! Konstantin Wecker erkannte die Gefährlichkeit dieser Gemengelage schon früh. »Pegida ist ein Bündnis frustrierter, von der Politik sträflich vernachlässigter und enttäuschter Menschen, die nun in die offenen Arme ewig gestriger, fanatisierter Rattenfänger laufen. Und sie alle eint eine der schlimmsten Plagen der Menschheitsgeschichte:

der Rassismus. Der kommt immer ins Spiel, wenn jemand nicht bereit ist, weiter zu denken, sein Herz zu öffnen und vom hohen Ross seiner Selbstherrlichkeit herabzusteigen.«

Leider hat sich seit dem fulminanten antifaschistischen Lied »Sage nein« von 1993 nicht viel verändert in der politischen Landschaft – es sei denn zum Schlechteren. Und was Angriffe auf Asylbewerberheime betrifft, deren Höhepunkt man seit den Jahren nach der Wende überwunden glaubte – sie flammten Mitte 2015 auf entsetzliche Weise wieder auf. Flankiert wurden diese auch durch eine Verschärfung des Asylrechts seitens der Bundesregierung. Das Recht des Staates, Schutzsuchende wie Verbrecher zu inhaftieren, wurde in einem Gesetz beträchtlich ausgeweitet. Auch hiergegen erhob Konstantin vehement Widerspruch: »Das ist die gängige Vorgehensweise: Im Windschatten anderer dramatischer Geschehnisse wird weiter die Daumenschraube angezogen, die man der Demokratie schon vor längerer Zeit angelegt hat. Öffentlich schimpft man auf Pegida, aber heimlich beugt sich die Regierung dem Druck der Xenophoben.«

Am 27. August 2015 berichteten die Zeitungen über den grausamen Erstickungstod von über 70 Flüchtlingen in einem Lastwagen im österreichischen Burgenland. Handelte es sich dabei schlicht um eine »Tragödie«? Tragen nur perfide Schlepperbanden daran die Schuld, oder spielte auch die menschenfeindliche Abschottungspolitik der europäischen Regierungen eine Rolle? Konstantin Wecker verwendet in seiner Deutung des Geschehens den Begriff der »Nekrophilie« (Liebe zum Tod), den Erich Fromm erstmals als umfassende Geisteshaltung analysiert hat. »Wer sich mit dem unglaublichen Fremdenhass, der sich derzeit im Netz breitmacht, intensiver beschäftigt, wird sich an diese Worte Fromms erinnert fühlen. Wenn anlässlich des schrecklichen, für jeden auch nur ein bisschen mitfühlenden Menschen geradezu unerträglichen Erstickungstods der Flüchtlinge im ostösterreichischen Burgenland jemand schreibt ›Schade, dass es nicht 5000 waren‹ – und das war nicht einmal der grausamste Kommentar –, dann fehlt diesem die Liebe zum Lebendigen.«

Das Böse bekämpfen, indem man sich ihm immer ähnlicher macht – diese »Strategie« hatte der von den USA geführte Westen nach dem 11. September 2001 angewandt – und war kläglich gescheitert. Die furchtbaren Anschläge von Paris vom 13. November 2015 wären eine Gelegenheit gewesen, aus damaligen Fehlern zu lernen. Kaum waren die ersten Nachrichten über die Ereignisse über den Bildschirm geflimmert, bastelten interessierte Kreise jedoch am Mythos eines »europäischen 9/11«. Was das bedeutete, wurde schnell klar: Ausbau der Überwachung, Abbau von Bürgerrechten, Krieg im Nahen Osten, die Verführung der Bevölkerung zu einem Opfer der Freiheit um der Sicherheit willen. Wie schon anlässlich der Anschläge 2001 mahnte Wecker auch am 16. November 2015 zur Besonnenheit: »Lasst uns in unserer berechtigten Wut über diese barbarische, durch nichts zu entschuldigende Tat nicht die Ärmsten der Armen zu Sündenböcken machen. Die Unmenschlichkeit dieser Anschläge darf uns nicht unserer Menschlichkeit berauben.«

Oft überschritten in jenen Monaten nur negative Nachrichten – Bilder von Hass, Rassismus, Gewalt und Brandschatzung – die Aufmerksamkeitsschwelle. Dabei gingen die »kleinen« (in Wahrheit doch so großen) Gesten der vielen Menschen verloren, die es nicht nur gut meinten, sondern auch Gutes taten. Am Münchner Hauptbahnhof hatten kurz zuvor Einwohner die ankommenden Flüchtlinge mit Lebensmitteln, Medikamenten und Plüschtieren für die Kinder empfangen. »Bei all dem entsetzlichen Leid, mit dem wir nun konfrontiert werden, keimt in mir aber auch Hoffnung. Wir alle wurden überrascht von dieser wunderschönen Woge der Hilfsbereitschaft an deutschen Bahnhöfen und auch anderswo. Sie ist die beste Antwort auf brennende Flüchtlingsunterkünfte und unbelehrbare, unbarmherzige Rassisten.«

Die Parteinahme Konstantin Weckers für die Flüchtlinge wuchs sich im September 2015 zum Familienunternehmen aus. Auch Ehefrau Annik und Sohn Tamino engagierten sich mit viel Mut und Tatkraft. Beide reisten sogar selbst nach Ungarn, um ankommenden Geflüchteten zu helfen. Auch nach Lesbos, Schauplatz einer der schlimmsten Flüchtlingskatastrophen, begaben sich die beiden. »Soll ich, wenn ich ein Kind, das völlig verstört und verfroren und durchnässt auf einem Schlauchboot ankommt, mit einer traumatisierten Mutter, erst mal fragen, ob es aus wirtschaftlichen Gründen kommt?«, fragte Annik. »Nein, ich nehme es in den Arm und versuche die Kleider zu trocknen.«

War es lange die größte Sorge von Vater Konstantin gewesen, der Bub könne durch Bravheit gegen den rebellischen Vater rebellieren oder gar eine Uniform anziehen, so konnte er seinen erzieherischen Ansatz hier aufs Schönste bestätigt sehen. Tamino Wecker schrieb im Rückblick auf seine Erlebnisse auf Lesbos: »Manchmal fließen auch bei mir, einem verwöhnten Jugendlichen aus Deutschland, die Tränen, wenn ich dieses Elend zu sehen bekomme. Dieses Elend, das so einfach verhindert werden könnte, wenn die Menschlichkeit einen höheren Stellenwert hätte als der Profit. Diese eigentlich so malerische Insel Lesbos, ein beliebter Urlaubsort für Deutsche, ist aktuell ein Ort voller Leid. Es ist unbegreiflich, dass es hier in Deutschland Menschen gibt, die einfach wegschauen oder womöglich noch dagegen auf die Straße gehen, dass diesen Menschen geholfen wird. Ich rate jedem ›besorgten Bürger‹ oder ›Asylkritiker‹, umgehend hierherzukommen und sich ein Bild davon zu machen, wie es heute in Griechenland und auf dem Balkan aussieht.«

Anfang 2016 komprimierte Konstantin seine Aufsätze zur Flüchtlingsfrage in einem Büchlein: »Dann denkt mit dem Herzen. Ein Aufschrei in der Debatte um Flüchtlinge«. Im Titelgedicht heißt es:

Und wenn sie euch sagen
das Boot ist voll
wir können keine Flüchtlinge mehr ins Land lassen
dann antwortet ihnen:
denkt mit dem Herzen.
Über zwölf Millionen deutsche Flüchtlinge und Vertriebene
sowie fast zwölf Millionen ehemalige Zwangsarbeiter und ausländische KZ-Insassen
mussten nach dem Ende des Krieges eine neue Heimat finden.

Wiederum erstaunte es mich in jenen Tagen, mit welcher Klarheit Konstantin Wecker nicht politische Analyse und Ratio, sondern ganz das Herz in den Mittelpunkt der Auseinandersetzung stellte. »Tu doch, was dein Herz dir sagt«, dieser wunderschöne Song aus dem ungefähr zeitgleich entstandenen Musical »Oliver Twist« (Text: Christian Berg) schien als Motto auch für des Liedermachers Einmischung in die harte Tagespolitik zu taugen. Anlass war eine massive Propagandaoffensive von »Vernünftigen« gegen ein vermeintliches Übermaß an Mitgefühl auf dem Höhepunkt der Flüchtlingsdebatte. »Herz ohne Vernunft ist gefährlich«, tönte es da in Varianten auf Facebook oder in Talkshows. Wecker konterte, indem er sich die Vorwürfe seiner Gegner positiv aneignete: »Ja, ich bin ein ›Gutmensch‹. Gefällt euch ›Schlechtmensch‹ besser? Warum habt ihr nur so viel Widerwillen gegen den Versuch, Güte und Mitgefühl in politisches Engagement einzubringen? ›Wer zuviel Mitgefühl hat, hat keinen Verstand‹? Ich verzichte nur allzu gern auf euren vom Menschsein getrennten Verstand. Verstand ohne Mitgefühl führt zum Wahnsinn.«

Konstantin hatte noch nie so viele »böse Briefe« bekommen wie 2015. Der als »Asylskepsis« getarnte Rassismus offenbarte sich nicht mehr verschämt und hinter vorgehaltener Hand, sondern unverhüllt und angriffslustig. Die

Menschlichkeit geriet im öffentlichen Diskurs gegenüber der Unmenschlichkeit teilweise unter Rechtfertigungsdruck. Es kam sogar vor, dass Besucher seiner Konzerte zu Beginn des Lieds »Ich habe einen Traum« demonstrativ den Saal verließen. Ungewöhnlich für Menschen, die ja eine Wecker-Karte gekauft hatten und hätten wissen müssen, wofür er stand. »Du Konstantin, ich habe dich als Künstler immer geschätzt, aber in der Flüchtlingsfrage, da kann ich dir nicht mehr folgen« – so der Tenor vieler privater Briefe an den Künstler. Das rückte ihn beinahe in die ungewohnte Nähe zur von ihm mit einem Minnelied bedachten Angela Merkel, deren Beliebtheitswerte ebenfalls wegen Verdachts übermäßiger Menschlichkeit zu bröckeln begannen.

Die tiefe Spaltung der Gesellschaft in der »Flüchtlingsfrage« wurde nun auch für Konstantin Wecker unübersehbar. Bei aller Angriffslust und Entschlossenheit, zu widerstehen, war aber auch das Bewusstsein erkennbar, sich vom Hass der Gegner nicht anstecken zu lassen. »Versöhnung heißt nicht, alles gutzuheißen. (…) Erst wenn ich den Nächsten verstehe, kann ich mich begreifen. Hass ist immer aus Schmerz geboren. Aber Hass kann man verwandeln. Denn jedem Hass wohnt eine tiefe Sehnsucht nach Liebe inne.«

WARUM ICH KEIN PATRIOT BIN?

Konstantin Wecker

Weil ich gut ohne Patria leben kann,
ohne eine
in einen Nationalstaat gezwängte
Heimat,
ohne Vaterland.
Weil die ganze Welt, ja, das ganze Universum,
meine Heimat ist
und weil ich mich den Tieren fernster Kontinente
manchmal näher fühle
als gewissen Menschen meines Heimatlandes.
Weil ich da zu Hause bin,
wo ich mir in der Stille selbst begegnen kann,
wo herzliche und offene Menschen meinen Weg säumen,
egal,
wo mich das Schicksal gerade hin verschlagen hat.
Weil mir mein Klavier heimatlicher ist
als ein grenzbewehrtes,
von Uniformierten bewachtes Land.
Weil ich meine von Kindheit erlernte Sprache
überall hin mitnehmen kann
und weil sie mich,
selbst wenn ich nicht verstanden werde,
immer versteht.
Ich bin kein Patriot,
weil Patriotismus ein erster Schritt ist
zu Überheblichkeit und letztlich
zu bewaffneten Auseinandersetzungen.
Weil gerade wir Deutschen doch gelernt haben sollten,
wie wichtig die Bewältigung
und zwar die immerwährende Bewältigung
der Schuld ist.

Einer Schuld,
die aus Patriotismus und Nationalismus
geboren wurde.
Die Welt darf nie aufhören,
über den Holocaust nachzudenken,
denn er hat uns gezeigt,
zu welchen Schreckenstaten wir Menschen fähig sind.
Es ist nicht vorbei,
es schlummert ständig in uns allen.
Nationalismus ist eine lebensbedrohliche Seuche
und der Patriotismus dasselbe
in folkloristischem Gewand.
Ich bin kein Patriot,
weil nur Idioten
wieder diesem billigen Lockmittel
verantwortungsloser Menschenfänger
auf den Leim gehen.
Ich bin nicht stolz, ein Deutscher zu sein,
denn was kann ich schon dafür,
in dieses Land geboren worden zu sein.
Was hab ich dafür getan?
Im Nationalismus liegt keine Freiheit,
wie es uns die Parolen brüllenden Populisten der
Rechten
einreden wollen.
Der Nationalismus ist der Anfang vom Ende der Freiheit.
Mein Credo?
Kein Volk, kein Staat, kein Vaterland.
Freie Menschen brauchen keine Krücken,
die aus geschichtsvergessener Dummheit
geschnitzt sind.

Zu diesem Gedicht wurde ich nach dem Schulterschluss europäischer Nationalisten am 21. Januar 2017 inspiriert oder eher gedrängt. Euphorisiert durch den Sieg Donald Trumps in den USA, wurde von Pegida das übliche stupide »Merkelmuss-weg«-Gebrüll angestimmt. Sie machen Schlagzeilen, diese besorgten Bürger. Erst kommt die Angst, dann kommen die Schlagzeilen. Dann kommt das Gefühl, dass diese Art der Besorgtheit normal sei.

Bei mir und meinen Musikerkollegen ist das anders: Erst kommt der Mut, dann kommen die Liedzeilen. Dann kommt das Gefühl, dass Weltbewohner zu sein normal ist.

»MAN MUSS DAS PACK ENTEIGNEN« – AUFRUF ZUR REVOLUTION

Roland Rottenfußer

»Diese Welle des tätigen Mitgefühls hat eine Türe einen Spaltbreit aufgemacht. Eine Tür ist geöffnet zur Revolution, zum längst fälligen Widerstand gegen eine wahnwitzige neoliberale Ideologie, die wie ein bösartiger Moloch permanent mit Kriegen und Umweltverwüstung gefüttert werden muss und überall verbrannte Erde zurücklässt. Wir müssen nun einen Fuß in diesen Türspalt stellen, damit sie nie wieder zuschlägt.« So schrieb Konstantin Wecker in sein Tagebuch anlässlich der Welle der Hilfsbereitschaft, die Mitte 2015 durch Deutschland schwappte. Vom nur privaten Phänomen wurde die Willkommenskultur so gleich ins Kollektive und Revolutionäre überhöht. Der Vorwurf von Kritikern, Konstantin würde sich quasi nur am Mitgefühl besaufen, jedoch »die Zusammenhänge« nicht sehen, verfing nicht.

Wecker dachte eminent politisch und »systemisch«. Es galt, das Problem an der Wurzel zu packen. Der Künstler machte klar: Waffenhändlern Millionengeschäfte zuzuschanzen und über Massen traumatisierter Menschen zu klagen – das ist heuchlerisch. »Verschwiegen wird: Es war und ist gerade die ausbeuterische Welthandelspolitik der westlichen Staaten und ihrer multinationalen Konzerne, die den Menschen in den Ländern des Südens ihre Lebensgrundlagen entzieht, sie dazu zwingt, vor dem Elend und der Armut in ihren Heimatländern zu fliehen. Verschwiegen wird auch, dass Waffenexporte, an denen sich trefflich verdienen lässt, immer wieder Öl in einen Brand gießen – unter dem infamen Vorwand, damit das Feuer löschen zu wollen. Wer Waffen sät, erntet Flüchtlinge.«

Über westliche Kriegshandlungen und Waffenhandel als Ursachen für die Entstehung von Terrororganisationen wie dem IS sprachen damals zum Glück schon viele; zu wenig wurden allerdings oft noch die wirtschaftlichen Ursachen gesehen. Die Kapitalkonzentration entzieht das Geld immer gerade jenen Menschen, Landstrichen und Lebensbereichen, die es am dringendsten bräuchten und pumpt es dorthin, wo Reichtum im Überfluss vorhanden ist. Die wichtigste Terrorbekämpfungsmaßnahme wäre für Konstantin Wecker insofern globale soziale Gerechtigkeit, und auch für die Reduzierung von »Flüchtlingsströmen« wäre diese der Schlüssel.»Eines jedoch sollte keinesfalls klirren: Es sind die Waffen, mit denen westliche Kriegsherren gern die Symptome des ökonomischen Unrechts zum Verschwinden bringen möchten. Dieser bellizistische Reflex ist die falsche Antwort. Genau das ist es doch, was islamistische Terrororganisationen wollen. Könnte es nicht sein, dass die Angriffe in Paris ausgeführt wurden, um genau das zu erreichen? Wer dem IS partout neue Rekruten zuführen will, der möge an die abendländische Tradition der Kreuzzüge anknüpfen und neues Feuer auf die Brandherde des Nahen Ostens regnen lassen.«

Neben Krieg und Faschismus wurde auf diese Weise auch der dritte große Gegner angegangen: der Kapitalismus. Diese drei »Wunden« der Menschheit sind so tief und so gefährlich, dass man ihrer nicht mit einem einzigen Lied oder einer CD Herr wird. Viele Spuren, die Wecker in »Uferlos«, »Vaterland« und »Wut und Zärtlichkeit« verfolgt hatte, wurden nun wieder aufgenommen: »Der Kapitalismus hat ausgedient, das spüren viele heute – nur er selbst offenbar nicht. Der Neoliberalismus ist dabei, die Demokratie abzuschaffen, sie auf das für die Profite der Wenigen nicht Störende einzugrenzen.«

Schon in »Mönch und Krieger« hatte Wecker ja auf die innere Verwandtschaft zwischen Faschismus und Neoliberalismus hingewiesen: »Ein kapitalistisches System, das nach außen hin den Faschismus bekämpft, mit diesem aber im Verborgenen erschreckende Schnittmengen besitzt«, ist

Weckers erklärter Gegner. »Ich meine damit vor allem das Prinzip gnadenloser Selektion zwischen den ›Stärkeren‹ und den ›Schwächeren‹ in einem System, die Entmenschlichung und Ausgrenzung von Gruppen, die nach Auffassung der Herrschenden nicht über den erwünschten ›Pool‹ von Eigenschaften verfügen. (…) Im Grunde ist dem Kapitalismus egal, welches System unter ihm regiert, Demokratie oder Faschismus, Hauptsache es bleibt unter ihm.«

Diese Erkenntnis mündete im großen Aufruf zur Revolution: »Und, liebe Freundinnen und Freunde, keine Angst vor dem Wort Revolution! Eine Umwälzung ist ja sowieso schon im Gange und wird sich weiterhin vollziehen. Allerdings: Wenn wir sie nicht in Angriff nehmen, tun es die anderen. Die Pegidisten aller Art zum Beispiel. Und was dann geschähe, wenn die die Oberhand gewinnen würden, mag ich mir in meinen schwärzesten Träumen nicht ausmalen.«

Seinen Song »Revolution« auf der »Ohne Warum«-CD sang Konstantin ungemein aufwühlend auf der melodiösen Basis des Lieds »Das deutsche Phänomen« (1994). Dabei unterstützte ihn seine junge Duettpartnerin Cynthia Nickschas.

> *Ich würd' ihnen den Reichtum gerne lassen,*
> *die schicken Autos und ihr lautes Prassen,*
> *nur leider kaufen sie sich unsre Erde*
> *und unser Land mit protziger Gebärde*
> *und machen sich an schönsten Flecken breit*
> *und rauben denen, die seit langer Zeit*
> *das Land mit andern teilen,*
> *das Recht, dort weiter zu verweilen,*
> *nur weil die ärmer sind, auch oft verlieren,*
> *und nicht mit Lebensmitteln spekulieren.*
> *Und glaubt mir, Freunde – sollt ich's nicht erleben,*
> *dann will ich's gerne meinen Kindern weitergeben:*
> *Seid wachsam, tapfer, haltet euch bereit,*
> *man muss das Pack enteignen seiner Zeit!*

Ach pfeifen wir auf alles, was man uns verspricht,
auf den Gehorsam, auf die sogenannte Pflicht,
was wir woll'n ist kein Reförmchen und kein höh'rer Lohn,
was wir woll'n ist eine
REVOLUTION!

Später deutete Wecker selbst sein Lied so: »Was ich in diesem Lied fordere, ist eine Revolution des Herzens und des Bewusstseins und, ja: eine Revolution der Liebe. Es ist wichtig, dies festzustellen, da das Wort ›Revolution‹ viele Menschen ängstlich zusammenzucken und an Guillotinen und Gulags denken lässt. (...) Wir dürfen die Gewaltstrukturen nicht zu überwinden suchen, indem wir werden wie die Täter. Aber wir dürfen dem Märchen von der Alternativlosigkeit des Unerträglichen auch nicht aufsitzen. Ich bin überzeugt: dieses erbarmungslose System ist nicht das ›Ende der Geschichte‹. Indem wir unter der Dominanz dieses neoliberalen Irrsinns spüren, was wir *nicht* wollen, erkennen wir in noch größerer Schärfe, *was* wir wollen. Daraus kann die Kraft zum Handeln erwachsen.«

PHILOSOPHISCHES INTERMEZZO: »ACH, DIESE VERDAMMTEN KONZEPTE VON GUT UND BÖSE!«

Konstantin Wecker

Nicht nur Tatkraft, auch Feigheit ist ein Agens, denn die Feigheit und das Nichtstun geben den Tätigen uneingeschränkte Möglichkeiten, sich aufzuspielen.

Je mehr ich eindringe in die Geschichten einzelner Mitmenschen, auch in die Geschichten, die mir gar nicht so behagen, umso mehr muss ich sie freisprechen von Schuld. Die meisten leben nicht, sie werden gelebt. Von ihren Traumata, ihrer Kindheit, ihrer Umwelt, ihrer Gier, ihrer Sehnsucht, ihrer Triebhaftigkeit, ihren Gelüsten, ihrem Neid und ihrem Hass auf jene, die ihnen anscheinend genau die Butter vom Brot nehmen, die sie gern selbst verspeist hätten. Und damit kein Missverständnis aufkommt: Ich spreche hier nicht von »denen da«, ich spreche von uns allen.

Bei Dorothe Sölle, in ihrem nicht hoch genug zu lobenden Buch »Mystik und Widerstand«, habe ich dieses Zitat von Wendell Berry gelesen: »So, wie wir sind, sind wir Teile (Mitglieder, engl. *members*) von jedem anderen. Wir alle. Alles. Der Unterschied besteht nicht darin, wer ein Mitglied ist und wer nicht, sondern darin, wer es weiß und wer nicht.«

Während ich dies schreibe, bin ich von Natur umgeben. Es ist kurz nach Mitternacht, und ich genieße den tropischen Abend auf Bali, die Einsamkeit, das Gesurre um mich herum und den Gesang der nächtlichen Vögel. Dann diesen für kurze Zeit alles zum Verstummen bringenden Regen, der in einer mir unverständlichen Sprache von seiner jahrtausendealten Geschichte erzählt. Ich lausche und träume, ich sehe die eher unscheinbaren Grasbüschel direkt neben mir und weiß von ihrer Wichtigkeit im Geschehen um uns und mit uns seit Anbeginn des Daseins. Und mir kommt der Gedanke –

ja er fällt mir zu wie ein Regentropfen, der so wie wir alle eingebunden ist in alles, was ist, war und jemals sein wird –, dass wir die Verantwortung für unser Fühlen, Denken und Handeln erst dann auf uns nehmen können und dürfen, wenn uns dieses »Teil-sein-von-Allem« wirklich bewusst ist.

Vielleicht haben wir erst dann das Recht, uns selbst und uns alle in die Pflicht zu nehmen. Vielleicht können wir dann erst selbst entscheiden, weil erst dann wirklich unser Selbst und nicht unser hin und her gerissenes, ständig fremdbestimmtes Ego entscheidet. Eine solche Verpflichtung kann man allerdings wohl nur sich selbst auferlegen, man kann sie nicht anderen besserwisserisch abverlangen.

Das heißt nicht, dass wir uns nicht wehren dürfen, ja, wehren müssen gegen ungerechte, unbewusste Attacken auf die Lebendigkeit, das Miteinander-Sein, das Füreinander-Fühlen. Aber ich wehre mich erst dann aufrichtig und mit ganzem Herzen, wenn ich die Verursachung des Leides nicht als etwas sehe, das außerhalb meiner selbst agiert. Erst wenn ich den Verursacher nicht schuldig und von mir getrennt halte, sondern für jemanden, der das auf sich nehmen musste, was mir erspart bleibt, beginne ich frei zu denken und zu entscheiden.

Thich Nhat Hanh, der bereits erwähnte vietnamesische Mönch, Zen-Meister und Poet, schreibt von einem 12-jährigen Flüchtlingsmädchen, das auf der Flucht von einem Piraten vergewaltigt wurde und sich daraufhin im Ozean ertränkte.

»Wenn Sie so etwas erfahren, werden Sie zunächst sicher Wut gegenüber dem Piraten empfinden. Sie stellen sich natürlich auf die Seite des Mädchens. Wenn Sie tiefer schauen, werden Sie es allmählich anders sehen. Stellen Sie sich auf die Seite des Mädchens, ist es einfach. Sie brauchen nur ein Gewehr zu nehmen und den Piraten zu erschießen. Aber das können wir nicht tun. Ich sah in der Meditation, dass ich selbst ein Pirat wäre, wenn ich in seinem Dorf geboren und unter denselben Bedingungen aufgewachsen wäre wie er. Es ist sehr wahrscheinlich, dass ich dann auch Pirat geworden wäre. Ich kann mich aber selbst nicht so einfach verdammen. In meiner Meditation habe ich gesehen, dass viele Kinder, Hunderte am Tag, entlang des Golfs von Siam geboren werden. Und wenn wir Erzieher und Sozialarbeiterinnen, Politiker und Politikerinnen nichts an der Situation ändern, werden in 25 Jahren eine Reihe von ihnen ebenfalls Piraten sein. Das ist gewiss. Wenn Sie oder ich heute in diesen Fischerdörfern geboren würden, wären wir möglicherweise in 25 Jahren auch Seepiraten. Wenn Sie ein Gewehr nehmen und den Piraten erschießen, erschießen Sie uns alle; denn wir alle sind in gewissem Umfang für diesen Zustand verantwortlich.«

Freiheit kann nicht heißen, andere verantwortlich zu machen für das, was uns geschieht, es bedeutet, die Verantwortung dafür selbst zu übernehmen. Nur aus dieser Erkenntnis heraus beenden wir das Moralisieren, das uns immer wieder dem (gerechtfertigten) Verdacht aussetzt, nicht selbst zu entscheiden, sondern Vorurteile und Dogmen für uns entscheiden zu lassen.

Nicht das Schlechtsein der Anderen verleiht uns ein Gütesiegel. Wenn wir Gutes tun wollen und können, dann nur, wenn wir nicht reagieren, sondern agieren. Und vor allem nicht, weil wir uns an einem schlechten Gegenüber hochranken müssen.

Ach diese verdammten Konzepte von Gut und Böse! Ich hasse diese Begriffe, und doch kommt man nicht ohne sie aus. Oder vielleicht doch – irgendwann?

Gerade macht sich ein Frosch sehr laut bemerkbar. Vermutlich will er keine Aufmerksamkeit von mir, sondern folgt seinen eigenen Impulsen und Interessen, den natürlichen Gesetzmäßigkeiten, nach denen er lebt.

Aber wir sind nun mal Nachbarn. Wir kommen eigentlich nicht ohne einander aus, sind zur gleichen Stunde, am gleichen Ort und, ja, ich mag sein Quaken. Wäre ich ein anderer, wenn er nicht da wäre? Oder umgekehrt? Wie können wir mit unserem kleinen, begrenzten Verstand jemals erkennen, warum das Schicksal uns beide heute Nacht zusammengeführt hat?

Oder bin ich der balinesische Frosch, der sich einen auf dem PC hackenden, immer leicht verwirrten Menschen erträumt? Vermutlich ist es ein Albtraum ...

Bevor mich nun meine Lektoren zur Umsicht mahnen und die berühmte »Themaverfehlung« als rote Karte aus dem Schiedsrichterärmel ziehen, frage ich mich selbst leicht verschämt, was das denn alles nun mit meiner Biographie zu tun haben soll.

Nun was? Alles!

UNTERWEGS MIT KONSTANTIN WECKER

Günter Bauch

Erwachen im Hotel

Wo bin ich? Diese Frage stelle ich mir immer schon provisorisch mitten in der Nacht, geweckt von einem Bedürfnis, stärker als alle Träume. Ich vertage die Antwort, wichtig ist jetzt nur, das Bad zu finden. ›Wo bin ich?‹, frage ich mich wieder, morgens beim endgültigen Erwachen. In welchem Hotel, in welcher Stadt? Die Aussicht aufs Frühstück stemmt mich hoch aus dem Bett. Ich dusche, mache mich frisch und schaue lang in den Spiegel. Für wen? Für mich selbst natürlich. Konstantin, den ich gleich unten im Frühstücksraum treffen werde, hält das für lächerlich:

»Jeder schaut nur sich selbst so genau an! Glaub mir! Wenn du einen Pickel hast, meinst du, jeder starrt auf diesen Pickel. Nie im Leben! Keinen interessiert dein Pickel! Wenn du die Leute später fragst, ob ihnen irgendetwas an dir aufgefallen ist, wirst du es merken!«

Konstantin läuft regelrecht heiß bei solchen Appellen an die Ehrlichkeit, Bescheidenheit, Selbstverleugnung eines anderen. Er würde sich nicht wundern, wenn ich hinginge und beliebige Leute über ihre Ansichten bezüglich meiner Pickel befragte. Er würde es für das logische Resultat seiner engagierten Appelle halten. Morgen werde ich auf ihn hören und mit schlafzerzausten Haaren zum Frühstück gehen. Aber dann würde er eine neue Eitelkeit wittern, die modische Unfrisiertheit, wie sie ganz junge Männer pflegen.

»Hat man das jetzt so?«, würde er fragen. »Günter, dafür bist du zu alt!« Anscheinend schaut er mich doch noch genauer an als ich mich selbst. Zwar nicht meine Pickel, umso mehr aber meine Falten.

Tatsächlich fühle ich mich sehr gebraucht, während ich den Speisesaal suche. Immer noch regiert König Alkohol, noch hat er nicht abgedankt. Es gibt Hotelbesucher, echte Profis, die gleich beim Einchecken mit einem schnellen Rundblick alle wichtigen Versorgungseinrichtungen des Hotels lokalisieren: Fahrstuhl, Treppe, Bar, Wellnessbereich, Restaurant und Frühstücksraum – nichts entgeht ihnen und nichts vergessen sie für die Dauer von maximal 24 Stunden. Wie wunderbar ist ihr Gedächtnis eingerichtet, Aufnehmen, Behalten und Wiederausscheiden, ein Gedächtnis wie ein hochentwickeltes physisches Organ.

Über solches Material verfüge ich nicht, ganz im Gegenteil, ich bin ein schwacher Orientierer. Oftmals irre ich durch die Lobby, interessiere mich für die ausgestellten Luxusartikel, schaue mir herumhängende Gemälde an, nehme mir einen Apfel aus der Schale an der Rezeption, während ich doch nur das richtige Schlupfloch suche. War es links, rechts oder gar geradeaus? Im Geiste stelle ich mich auf wie beim Einchecken und versuche, mich daran zu erinnern. Jeder Gang, den ich seit gestern Nachmittag tat, sollte mir wieder einfallen, aber das ist zu viel verlangt. Kühn trete ich der Dame an der Rezeption nahe und frage mit der hellsten mir möglichen Stimme nach dem Frühstücksraum.

Die Speisen holt man sich fast immer vom Buffet, nur in manchen Gasthöfen wird noch bedient. Semmeln, Kaffee, Butter, Marmelade kommen dort altmodischer, kerniger auf den Tisch, viele sagen, sie schmecken echter. Auf jeden Fall wird dort die Butter gebracht, man muss sie nicht suchen. Im Buffetfall schon, denn auf jedem Buffet steht sie woanders, Konstantin und können uns nicht genug darüber echauffieren. Längst planen wir eine Petition im Bundestag, mit dem Ziel einer endgültigen gesetzlichen Regelung des Standorts der Butter auf Frühstücksbuffets. Entweder versteckt sie sich beim Käse, als Milchprodukt, das sie nun mal ist. Oder sie liegt gleich bei der Milch, unsichtbar in ihrem Schatten. Manchmal schmiegt sie sich ans Brot, denn heißt es nicht: Butter aufs Brot? In Norddeutschland haben wir aber auch schon Butter bei die Fische, bei den Eiern und bei den Speckröllchen angetroffen – wenn wir sie denn antrafen.

Der Platz der Butter ist Teil der hier im Hause herrschenden Philosophie, und »Philosophie« ist nicht einfach nur ein neues, wohlklingendes Wort für Konzept oder Strategie. Ein philosophischer Kopf, ein lächelnder Buddha tut Not, um ein so kleines, aber entscheidendes Detail wie die Anordnung der Butter zu regeln. Und Philosophie ist alles, im Hotelwesen, im gesamten Management. Das Wort »Firmenphilosophie« zu kreieren, zwei so disparate Wortfeinde vor den gleichen Karren zu spannen, hätte von Sokrates bis Schopenhauer keiner geschafft. Dafür mussten die Denker von heute ran.

Zuständig für alle Fragen der Buffetphilosophie ist die Serviceleiterin. Unverkennbar sticht sie aus den servierenden Hühnchen hervor, eine strenge Dame in den besten Jahren, die sich mehr dem Kommando übers Personal als der Erfüllung von Gästewünschen verschrieben hat. Scharf zischt sie die Mädchen an, manchmal auch die Gäste. Sie ist gerade so schön am Zischen. Sollte sie mir einen Teller, ein Stück Besteck bringen müssen, empfinde ich es als unverdiente Gnade, die ich zu vermeiden suche.

Konstantin vermeidet manchmal das ganze Frühstück. Wenn er doch kommt, ist seine Speisenauswahl komplett seinem aktuellen Ernährungskonzept unterworfen. Mal verschmäht er alle Sorten von Gebackenem, meidet Fettreiches, übersieht alle Süßigkeiten. Allenfalls lässt er sich zwei Spiegeleierchen bringen, weil er einer Spiegeleier bringenden Kellnerin einfach nichts abschlagen kann. Dann wieder greift er zum Rollmops, zum Lachs, zum Meerrettich und lässt die Fische tief in stillem Mineralwasser schwimmen. Möglicherweise bestellt er Kaffee und nippt nur daran, ganz anders als ich. Plötzlich steht Joghurt und nichts als Joghurt auf einem Speisezettel, der eher der Apothekerumschau als der Gourmetrevue entstammt. Am nächsten Tag isst er Obst und Gemüse, heute, morgen und in aller Zukunft. Der Wunsch, Diät zu halten, und das Bedürfnis, seinen Heißhunger zu stillen, befinden sich, nach entbehrungsvoller Nacht, in hartem Ringen. Auf jeden Fall ist Konstantin kein frühstückender Langweiler, ich möchte ihn als »Mitfrühstücker« nicht missen, mit ihm gibt es immer etwas zum Lauschen und Lachen.

Etwas später rufen wir uns wegen der Abfahrt zusammen. Einst schrillte noch das Zimmertelefon, heute schicken wir uns die beliebten Kurzmitteilungen übers Handy. Als Konstantin Weckers Fahrer fahre ich Konstantin Weckers Auto vor den Hoteleingang und schaue routinemäßig in den Autoatlas. Später am Tag mutiere ich zum Merchandiser, also CD- und Buchverkäufer, aber jetzt am Vormittag bin ich zuständig für die Fahrt in die nächste Stadt, das nächste Hotel, die nächste Halle.

Abfahrt

Vielleicht fahren wir sogar nach Halle, und zwar ins Steintorvarieté. Vor Jahren, auf der Uferlos-Tournee, ist Konstantin in einer anderen Halle in Halle gestürzt und hat sich das Bein gebrochen. Also bringen uns keine zehn Pferde mehr in die Halle von Halle. Vielleicht aber auch fahren wir gar nicht nach Halle, sondern nach Herne, Heilbronn, Heidenheim oder Heidelberg, genau weiß es nur der Tourplan, den der Booker mit Umsicht erstellt hat. Mit Umsicht? Manchmal zweifle ich an dieser Umsicht, wenn ich einen der Orte mit H ansteuere und mich auf der gestrigen Autobahn wiederfinde, die mühelos auch die morgige sein könnte.

Das Kartenbild unserer Tour ist dann ein wildes Zickzack durch deutsche Gaue. Brutal durchschneiden wir Bundesländer, Stadtstaaten, Ballungsräume, kreuzen Landesgrenzen, Flüsse, Eisenbahnen, grüßen das Land der

Frühaufsteher, können auch selbst alles außer Hochdeutsch, winken steinernen Klassikern zu, fühlen uns arm, aber sexy, wollen Bremen erleben, erfahren, dass an Hessen kein Weg vorbeiführt, streifen Sachsen, das Land von Welt, finden es im Saarland schön, dass wir da sind.

Bestimmt sind diese Umschreibungen deutscher Bundesländer den Spitznamen der US-Staaten nachempfunden, der Last Frontier Alaskas, dem Golden State Kaliforniens, dem Sunshine State Floridas. Lange grübelten bürokratische Witzbolde, bis ihnen zu Schwaben, Thüringen, Berlin der passende Slogan einfiel. War der Spruch auch schwach, atmete er doch den Geist des Großen Bruders.

Doch wir sind ja noch gar nicht losgefahren, immer noch stehe ich vor dem Hotel und warte auf Konstantin. Früher galt es außerdem, auf Manfred zu warten – und auf ihn besonders lange. Genervt den Blick zum Himmel rollend kam er um Viertel nach elf, wenn Punkt elf ausgemacht war. Wie immer hielt er als Entschuldigung das Handy ans Ohr, damals ausschließlich Manager-Beipack, noch nicht Spielzeug der breiten Masse. Er sprach in seinem schnell genuschelten Hessisch auf den anderen ein, indem er ihm die eigene Situation erklärte: Dass er gerade zum Auto gehe und nicht sprechen könne.

Auch darin hat ja die Mehrheit den Manager kopiert. Jeder Mobiltelefonist füllt sein Gespräch zum größten Teil mit Ortsangaben: Die Straße, die Kneipe, die U-Bahn-Linie wird exakt mitgeteilt, es fehlen nur Längen- und Breitengrad. Möglicherweise graut den Leuten selbst vor ihrer grenzenlosen Mobilität, sie empfinden sie als Flatterhaftigkeit, gegen die sie sich mit Geographie zu erden suchen. Oft sprach Manfred auch nicht, sondern hörte die Mailbox ab, eine Tätigkeit, die seine Umgebung zum absoluten Stillschweigen verurteilte. Wahrscheinlich war er lange und genussvoll auf dem Klo gesessen und hatte die vielen Anrufer ignoriert, die dann auf die Mailbox »quatschten«. Vielleicht hatte überhaupt eher das Klo als die vielen Anrufer seine

Verspätung verursacht. Wir argwöhnten es immer, zugeben wollte er es nie.

Das Auto war früher ein Jaguar, BMW, Ford oder Volvo. Der Volvo starb in Minden und rettete sterbend drei Leben: Ich hatte ihn etwas halbseiden auf den Bürgersteig vors Theater gestellt, Konstantin und Jo probten, ich hockte in der Garderobe. An dem Auftritt nahmen außer uns noch andere Gruppen teil, daher die spezielle Probe. Am Volvo funktionierte der Turbo nicht, ein ADAC-Mechaniker hatte sich angesagt, um den Motor anzuschauen. In ein paar Minuten musste ich hochgehen und ihn am Auto treffen.

Da hörte ich Konstantin rufen: »Günter, Günter, wo bleibst du denn?« Er klang aufgeregt, ich rannte die Treppe hoch. Seine Stimme kam von draußen, ich riss die Tür ins Freie auf und sah die Bescherung: Unser Volvo hatte einen Unfall, einen Crash, Zusammenstoß, Totalschaden. Er sah aus, als wäre er mit 200 Sachen in ein Stauende gerast. Dabei hatte ich ihn doch auf null Sachen heruntergebremst und hier vorm Theater geparkt. Zerknittert und selbst knitternd saß er zwei Autos im Nacken, tief in seinem Hinterteil steckte ein massiger Mercedes. Polizisten, Unfallexperten, Abschlepp-Profis wuselten geschäftig um das riesige Knäuel aus Blech. Der Mercedesfahrer, erfuhren wir, hatte am Steuer einen Herzinfarkt erlitten und war ungebremst in unser Auto gerast. Er hatte es auf zwei andere Wagen geschoben, an einem waren die drei Bandmitglieder von »Schnappsack« gerade am Ausladen ihrer Instrumente gewesen. Ohne unseren Volvo, von mir so schlecht, aber glücklich geparkt, wären die Musiker von dem Mercedes voll erwischt worden. Andererseits hätte ich genau im Unfallmoment mit dem Mechaniker am Auto stehen können. Dem guten ADAC-Mann und seiner goldenen Verspätung sei Dank ...

Ab dem Ford hatten unsere Autos Navigationssysteme, die immer perfekter wurden. Heutzutage dauert es gerade noch zwei Minuten, das Fahrtziel zu programmieren, den kürzesten Weg zu wählen und – kleine Mogelei der Sprecherin, die hinterm Monitor kauert und nicht ohne Rechthaberei ihre Anweisungen flötet – die richtige Richtung zu finden. Denn manchmal kreise ich ein paar Mal um den Block, befahre gleiche Straßen mehrmals, grüße die mir längst bekannte Hotelkatze, bis die Navigationsdame endlich zur Sprache erwacht und mir den Weg sagt. Manfred fragte immer, kaum gesessen: »Hast du schon eingegeben, Güntersche?« Das ermüdete, klang aber sehr kuschelig.

Ich schaue noch auf die Straßenkarte und vergleiche die Route auf dem Papier mit der auf dem Bildschirm. Damit habe ich zwei Aussagen hinsichtlich der Strecke, vergleichbar den zwei Zeugen im Alten Testament, denen auch immer geglaubt wurde. Konstantin erscheint mit allerhand Gepäck, das von mir im Kofferraum verstaut wird, denn ich gelte als Packgenie. Meine Passagiere gönnen mir diesen Titel, ich darf ihn mir täglich neu erwerben.

Was die Route betrifft, ist Konstantin ganz der Chef. Er ist dem Kartenlesen abhold, umso mehr liebt er die Navigation. Er genießt es, Zieladressen einzutippen, bei der Routenwahl zu assistieren, Staumeldungen zu erspüren, schwelgerisch durchs Menü zu surfen. Mehr als nur Kapitän mit repräsentativen Pflichten ist er der Navigator und Steuermann auf unserem Dampfer. Später auf hoher See legt er diese Rolle ab, dann erwartet er, dass alles, was mit dem Fahren zusammenhängt, einfach funktioniert.

In der navigationslosen Zeit, eine Steinzeit für mich als Tourneefahrer, leiteten mich Autoatlas, Straßenkarte, Stadtplan sowie die unzuverlässigen Auskünfte von Passanten, Tankwarten, Taxifahrern. Es gab eine Phase, da wir auf jegliches Kartenmaterial verzichteten. Ich folgte wie Kolumbus einer geographischen Idee, die mir undeutlich vorschwebte. Anders als der Genueser konnte ich sie an Raststätten durch einen Blick auf die Übersichtskarte auffrischen. Die letzten Details erfragte ich beim sprichwörtlichen Mann auf der Straße.

Einmal suchten wir Burg Klam in Niederösterreich, eine lauschige Arena mitten im Wald, flankiert von den Resten der genannten Burg, die nicht zum Wohnen, sondern Bierbrauen und Schnapsbrennen diente. Besorgt wurde das Bierbrauen und Schnapsbrennen von den Burgherren, veritablen Grafen höchstpersönlich, daher war es kein Wunder, dass man immer, wenn man auf Klam ankam, gleichsam »anklam«, zuallererst ein gräflich kredenztes Bier mit Schnaps trinken musste. Doch die Grafen, sehr joviale, sympathische Gesellen, huldigten gleich nach dem Alkohol auch der Kunst. Dies ging so weit, dass sie während Konstantins eigentlichem Konzert, sozusagen der Nettospielzeit relative Ruhe hielten. Sie setzten ihre Bierflaschen sanfter ab, redeten leiser, hörten nicht selten sogar zu. Logisch, gleich in der Pause und sofort nach dem letzten Lied musste Konstantin wieder mit ihnen anstoßen.

Wir fuhren später jedes Jahr nach Klam, mit und ohne Navi, den Weg fand ich irgendwann blind. Beim ersten, kartenlosen Mal war nicht daran zu denken. Wir waren zweifellos bereits in der Nähe: Von fern grüßte Linz, mehrmals überquerten wir die Donau, langsam fahrend lauerte ich auf jenes unter den touristisch inspirierten, auf Burgen, Schlösser, Rittergüter hinweisenden Schildern, das mir »Burg Klam« verheißen würde. Konstantin, der vor sich hin schlummerte, bemerkte mein Trödeln, bei uns auch »trietscheln« genannt:

»Warum trietschelst du denn so? Kennst du dich nicht mehr aus? Frag halt an der nächsten Tankstelle!«

Mit seinen feinen Antennen hatte er gleich den Grund meines Zauderns erkannt. Ewig kam keine Tankstelle, deshalb fragte ich bei einer Ortsdurchfahrt den nächsten Eckensteher. Groß, massig, blond kam er im Pendelschritt auf mich zu, er trug Unterhemd und Bermudas, heute noch steht er mir vor Augen. Ausgesprochen niederösterreicherisch gab er Auskunft:

»Burg Klam? Gar net weit, hörst. Fahrst nach Enns, über die Donaubruckn, dann kommt Mauthausen. Und da bist richtig, Bubi, aber keine Angst, ist nicht mehr in Betrieb ...«

Noch ohne elektronische Anleitung tat ich gut daran, mich mit Straßenkarten und Atlanten zu bewaffnen. Vor Beginn der Fahrt schaute ich mir die gewählte Route lange an, prägte mir ihr Geschlängel, ihre neuralgischen Punkte, ihre Autobahnkreuze, auch nur Autobahndreiecke ein, bis sie, wenn ich die Augen schloss, ein blassgelbes Muster auf rosarotem Hintergrund bildeten. Ich merkte mir die Namen von Autobahnabfahrten, gewann ihnen skurrile Einzelheiten ab – »Lederhose, Linsengericht, Niedergesäß« – und hielt es für unmöglich, sie innerhalb der nächsten paar Stunden zu vergessen. Leider war es doch möglich, sie wurden trotz all ihrer Skurrilität vergessen, auch war das gelbe Muster verschwunden und ohne Wert. Zudem empfahl es sich nicht, am Steuer die Augen zu schließen. Ich hätte in voller Fahrt, auf hoher See den Autoatlas hervorholen und mit ihm hantieren müssen – was nicht einmal Kolumbus gewagt hatte. Und Konstantin pflegt mit Argusaugen jede meiner Ablenkungen zu registrieren, er liebt einen voll konzentrierten, allwissenden, souveränen Fahrer. Um Souveränität und Konstantins Liebe bemüht, kam ich auf die Idee mit den kleinen Zetteln.

Ich schrieb mir die Autobahnen, Autobahnkreuze, -dreiecke und -ausfahrten nebst Namen und Nummern auf handliche Zettel und legte oder klebte sie ins Armaturenbrett. Jetzt konnte doch nichts mehr passieren. War ich im Zweifel, befuhr ich Neuland – für eine Fahrt von München nach Nürnberg bedurfte es keiner Schriftstücke – so genügte ein schneller Blick auf den schlauen Zettel. Natürlich schrieb ich zu klein, also musste bei Tempo 160 die Lesebrille her, die Fernbrille war abzuwerfen, Konstantins Argwohn erwachte. Ich schrieb größer, die Zettel wurden Din-A-4-Blätter, versperrten die Sicht, fielen zu Boden, halsbrecherisch bückte ich mich nach ihnen, Konstantin litt. Beide sehnten wir, ohne es zu wissen, das Zeitalter der Navigationssysteme herbei.

In ihm gehören auch gewisse groteske Szenarien der Vergangenheit an, die wir, um Auskunft zu erhalten, oft mitten in der berühmten Walachei auf Dorfplätzen oder in Bäckerläden anrichteten. Wir hatten uns gründlich verfahren, waren in den unerforschten, von der Kartographie noch nicht erfassten Zonen unserer Republik gelandet. Eine böswillige Umleitung kam hinzu und arbeitete gegen uns. »Das Verfahren ist eingeleitet«, scherzte ich, doch Konstantin und Manfred wollten nicht mitlachen, zu eng siedelte mein Witz an der juristischen Realität von Konstantins Prozessjahren 1996 bis 1999.

»Frag doch da vorn beim Bäcker«, schlug mein Künstler vor. »Isch will ins Hotel«, ließ der Hesse Manfred verlauten. Die Bäckersfrau hörte mich geduldig an, dann fragte sie unweigerlich, egal ob sie es war oder die Zeitungsverkäuferin oder der Rentner mit dem Dackel: »Wo kommen Sie her?« Mein Woher war ihr entscheidend, nicht das mir wichtige Wohin. Vielleicht musste sie sich in mich hineinversetzen, um überhaupt antworten zu können. Sie musste die genaue Position unseres Autos wissen, drehte sich in die angegebene Richtung, wurde selbst zum Auto, immerhin ohne zu brummen oder zu tuten, und zeigte mit den Händen, wo's langging. Manchmal aber bekam ich gar keine Auskunft, weil ich sarkastisch wurde und mit Schärfe betonte, dass ich ein Fahrziel zu erfahren wünschte, unabhängig davon, wo ich herkäme. Gut, dass mich der immer konziliante Konstantin dabei nicht erwischte ...

Kein Navi hätte uns auf unserem Horrortrip von Bitburg nach Idar-Oberstein geholfen, im fernen Spätherbst 1996. In Bitburg hatten wir einen Offday in einem idyllisch am See gelegenen Landhotel verbracht. Sauna, Dampfbad, Tennis, Freistunden auf dem Zimmer, ausgiebige Abendessen, lockere Treffs an der Hotelbar hießen die Themen, denen wir uns zwei Tage lang stellten. Zum Konzert in Idar-Oberstein am Abend des zweiten Tages war es noch ewig lange hin. Am Nachmittag verdunkelte sich schlagartig der Himmel. Es begann zu schneien und hörte nicht mehr auf. Den Weg nach Idar-Oberstein hatte ich dank des Atlasses auf höchstens eineinhalb Stunden berechnet und brav auf dem Zettel fürs Cockpit festgehalten. Als ich das Auto ausgrub, wurde mir schwummrig. Ich lief durchs Hotel und trieb meine Mitfahrer, Konstantin und Manfred, zur Eile an.

Gegen 6, es dämmerte bereits, fuhren wir im Flockenwirbel los. Wir hatten zwei Drittel Landstraße, ein Drittel Autobahn. An allen Kreuzungen, allen Abzweigungen verklumpten sich die Autos. Keiner hatte mit dem plötzlichen Schnee gerechnet, die wenigsten trugen Winterreifen. Wir hatten welche, ich spürte sie wie Flügelschuhe an den Füßen. Zwar umkurvte ich andere Wagen, deren Reifen durchdrehten, aber ich fand meinen Weg nicht. Viele der Straßen auf meinem Zettel waren unpassierbar. Wieder musste nach dem Weg gefragt werden. Schon standen kleine Grüppchen im Dauerschnee und diskutierten die Lage. Ich stellte mich dazu und ließ als Beitrag nur »Idar-Oberstein« in die Runde fallen. Hochgezogene Augenbrauen, Abwinken, Kopfschütteln, defätisches Auspusten, mimisch die Unmöglichkeit meines Vorhabens ausdrückend. Einer, wohl der Nestor der Gruppe, würdigte mich einer verbalen Äußerung: »Ich sage nur Hermeskeil«, sagte er nur.

Bei Hermeskeil gab es eine Steigung zu erklimmen, die an der Obergrenze für auf Autobahnen mögliche Steigungen angesiedelt war. Mit viel Glück schaffte ich den Berg, fuhr im Slalom zwischen zwei LKW. Fortan galt ich bei Konstantin und Manfred als begabter Helldriver, den sie aber nicht mehr selbst miterleben wollten. Sie hatten meiner »Gaben vollgemessen« und schätzten mich als fahrenden Hasenfuß. Statt um acht kamen wir gegen zehn zum Konzert nach Idar-Oberstein. Konstantin rief unterwegs mittels eines urigen Prototyps von Autotelefon Christoph Bohmeier an, der auf seinem Mischpultspezialhocker saß wie auf Kohlen. Christoph, der alte Technokrat, koppelte sein Telefon mit der Anlage, so konnte Konstantin mit dem wartenden Publikum selbst sprechen. »Haltet durch, es dauert nicht mehr lang«, tröstete er mit Geisterstimme. Fernmündlicher Beifall dankte ihm, das Konzert begann um zehn und endete eben etwas später als sonst.

»Hermeskeil« aber wurde bei uns zum Inbegriff des Schauerlichen, zum Fluch, den wir schließlich doch besiegten. Immer wenn wir dort vorbeikommen, rufen wir uns grausig raunend den Namen zu: Hermeskeil!

Auf der Autobahn

Als funktionierte es nur hier, greift Konstantin, kaum im Auto, sofort zum Telefon. E-Mails, SMS, Nachrichten, auf Band gesprochen, aktuelle, ja, akute Anrufe, die aufgeschoben oder weggedrückt werden oder sich mit Anklopfen begnügen müssen – das volle elektronische Programm umwabert meinen Freund. Er beherrscht souverän alle Kniffe, Drücke, Streicheleinheiten, auf die ein heutiges Mobiltelefon Anspruch hat. Inhaltlich sind es fast nur Anliegen, die Konstantin erreichen. Und die Personen, die hinter den Anliegen stecken, sind die Anleger.

Parallele Phänomene setzen für Konstantin und mich ein, sobald wir die Autobahn erreicht haben: Er kämpft am Telefon mit Stimmen, die blechern quäkend bis an mein Ohr dringen. Und ich kämpfe am Steuer mit den Umrissen der Autos, die vor, neben, hinter uns fahren. So wie es für ihn nur Stimmen sind, keine Sprecher, keine Menschen, sind es für mich nur Silhouetten, keine echten Blechkisten. Zwar hüten wir uns tunlichst vor realem Kontakt. Doch so ernst wir fremde Autos und Telefonpartner nehmen müssen – unsere Gegner bleiben zweidimensional, nur am Rande der Wirklichkeit.

Auf der Autobahn, auf den mehrstündigen Fahrten ist die ideale Zeit für die beliebten Telefon-Interviews. Ich schalte nur die Navigationsstimme leise, den Verkehrsfunk aus, schon kann es losgehen. Und Konstantin ist sofort voll präsent, egal aus welchem Zwischenzustand der Anruf ihn herausgerissen hat. Es scheint, als reiche das Stichwort »Interview«, um ihn in Hochform zu versetzen.

Die Journalisten, die Redakteure von Funk und Fernsehen halten es seit je her für klug, ihn selbst über sich berichten zu lassen. Hinter dieser Klugheit schimmert die Hilflosigkeit, wie dem vielseitigen, überbordenden, uferlosen Phänomen Konstantin Wecker beizukommen sei. Die Interviewer merkten früh, dass sie es mit eigenen Worten nicht schaffen, den Wecker zu packen. Soll er seine Formulierungskunst, die man von der Bühne, den Gedichten und Liedern kennt, doch auch auf sich selbst anwenden. So sind sie während des Interviews fast arbeitslos, denn die Arbeit macht Konstantin: Es ist immer wieder beeindruckend, wie er aus einem kargen Fragekorn eine überreiche Ernte aus Antworten wachsen lässt.

Er ist dabei von großer Geistesgegenwart, behält alles zugleich im Auge: die Person des Gesprächspartners, die Eigenart der jeweiligen Zeitung oder des Senders und natürlich das vorgegebene Thema, den aktuellen Anlass, oft gleichbedeutend mit der politischen Situation.

Besteht das Thema, das erklärte Ziel des Interviews rein in der Person Wecker, so weiß Konstantin ein solch enges Konzept stets zu erweitern und zu vergeistigen. Nie hält er sich bei alltäglichen Gesprächsinhalten auf, nie verweilt er bei dem, was die Klatschpresse hören will, bei persönlichen Vorlieben und Gewohnheiten, Anekdötchen und Kulissentratsch. Er neigt nicht zum Detail, zum süffigen Geschichtenerzählen, sondern immer zur Abstraktion, zur Verallgemeinerung.

Konstantin trägt den Löwenanteil des Gesprächs, nicht, weil er sich gern reden hört, sondern weil er sich öffnen, alle Seiten seiner selbst oder des fraglichen Gegenstandes beleuchten will. Er wägt die Dinge und Worte, strebt nach dem innersten Kern, gibt sich nicht mit Halbheiten, mit Ungefährlichkeiten zufrieden, und dies erfordert Zeit und Raum.

Manche Interviewer sind von Konstantins Monologen überwältigt, soviel haben sie nicht erwartet. Sie unterbrechen und starten kühne Überleitungen, um den vorbereiteten Fragestoff doch noch unterzubringen. Die Hausaufgabe, die sie für das Gespräch gemacht haben, soll nicht ganz unter den Tisch fallen. Konstantin pflegt sie dann aufzufangen. Seine Integrationsfähigkeit, sein Geschick, mit dem er auch abseitige Themen seiner »Großen Konfession« amalgamiert, glättet harte Gesprächskanten. Ich fühle, wie der Interviewer aufatmet und auf Konstantins Woge der seligen Erkenntnis entgegenschwimmt, dass dies sein bestes Interview geworden ist.

Zeichen, Chiffren, Interpunktionen gliedern den formlosen Text einer Autofahrt. Blinkende Vorderautos, Schilder, nicht selten neu erfundene, elektronische Gebote hoch über der Bahn, zuckende Bremslichter wie kleine rote Panikschreie, feuchte Flecken auf dem Asphalt ... Ich beachte diese Zeichensetzung genau und tue so, als sähe ich sie zum ersten Mal: Vielleicht wohnt dann auch ihr ein Zauber inne, der mich schützt und der mir hilft zu fahren. Wichtig ist des Blickes Selbstbeschränkung: Ich schaue immer nur bis dahin, wo das fremde Blech beginnt, nie weiter, nie in die Fenster hinein. Die verbiesterten, ertappten, wutverzerrten Gesichter der Fahrer neben mir tue ich mir nicht an.

Wie ferngesteuert gleiten wir durch die vielen Rivalen, flüssig teile ich wie Moses die Meere. Es kommt auch vor, dass Konstantins Telefon schweigt, er horcht, drückt, dreht und wendet es, doch anscheinend braucht es eine Auszeit. Er verordnet ihm, ganz Handydoktor, der er ist, ein strenges Standby am Kabel. Um Zeit zu gewinnen, summt er eine Melodie.

Immer nämlich summt, trällert, pfeift Konstantin. Lautlos ist er nicht denkbar, man könnte mit ihm Pferde stehlen, aber nicht einbrechen gehen. Die Melodien, die er summend, trällernd, pfeifend hervorbringt, entstammen der italienischen Oper oder den Symphonien des 19., des romantischen Jahrhunderts, das für Konstantin das klassische ist. Haydn, Mozart, Verdi, Bizet, Schubert, Tschaikowsky, Grieg und Sibelius – alle kommen sie vor. Vor allem aber Puccini, immer wieder Puccini, bei dem man nach Werner Schneyder geweint haben muss, um ein Mensch heißen zu dürfen.

Jetzt ist der Moment, ihn anzusprechen. Wenn ich die Symphonie, die Opernarie erkenne, summe ich unbeholfen mit. Die Musik, die Ouvertüre für unser nun folgendes Gespräch. Auch dieser Dialog ist von Harmonie geprägt, der eine hört den anderen reden und ausreden, ohne dieses Ausredenlassen dauernd einfordern zu müssen. Jeder gibt dem anderen fast zu hundert Prozent Recht, und der kleine Rest Widerspruch, den jeder noch auf der Zunge hält, ist der ideale Einstieg in die Wand der Argumente des Freundes. Manchmal gelingt uns eine Art Bestätigungstaumel.

Neue Stadt, neues Hotel

Am frühen Nachmittag sind wir im neuen Hotel. Der Empfang an der Rezeption läuft immer nach dem gleichen Muster ab: Die Angestellte sucht mit sorgenvoller Miene nach unseren Namen, gefunden, stammelt sie an ihnen herum, als wären es keine deutschen Wörter, sondern kämen aus Kroatien oder Kasachstan. Wenn Konstantin wenigstens Becker hieße, aber Wecker ist der 17-jährigen Praktikantin gänzlich unverständlich. »Wie die Uhr«, versucht Konstantin zu helfen, aber im Handyzeitalter hat Wecker mit Uhr nichts mehr zu tun, also ist sie keine Hilfe. Wollte man das Mädchen kritisieren, würde sie sich mit ihrem Status als Praktikantin panzern. Ganz leise höre ich sie sagen: Wecker, Uhr, Bauch – war alles vor meiner Zeit! Und fast ohne Sarkasmus denke ich mir: Sind jetzt auch schon unsere Namen alt geworden?

Endlich findet sie in ihre Spur zurück und sagt den ersten der ihr eingetrichterten Sätze: »Hatten Sie eine gute Anreise?« Eine Antwort auf diese Frage, die oft ein flammendes Nein sein müsste angesichts der Zustände auf den Autobahnen, wird nicht erwartet. Wir erfahren, wie lange es Frühstück gibt, wie man nachts ins Hotel hineinkommt, ob es, da uns ein bisschen hungert, noch etwas zu essen gibt. Praktisch ohne weiteren Aufschub bekommen wir unsere Zimmerschlüssel.

In den besten Hotels, den besten Rezeptionen gibt es den neuesten Trend: den Empfang, der mit einer veritablen Hotelführung verbunden ist. Eine Dame im Kostüm zeigt ihr strahlendes Gebiss, mit dessen Hilfe sie von nun an redet. Gleich ist klar, dass sie so bald nicht mehr aufhört. Du als Gast darfst ihren liturgischen Handbewegungen folgen, dich an ihren Beinen erfreuen, ihre wohlgesetzten Redewendungen genießen, nur eines darfst du nicht, du darfst sie nicht unterbrechen. Ihr geht zusammen eigentlich nur bis zu deinem Zimmer, doch es scheint wirklich, als führe dich die Dame durchs ganze Hotel. Irgendwo hinter euch schleppt wie ein vergessenes Komma im endlosen Text ein livrierter Diener dein Gepäck. Und du erfährst alles über das Hotel. An manchen Biegungen macht die Dame Halt, nur mit dem Schritt, wohlbemerkt, nicht mit dem Mund und weist auf Sehenswürdigkeiten hin: Frühstückssaal, Garage, Fitnessstudio. Es ist ein eingelernter Text, gewiss, doch die Dame leiert nicht, nuschelt nicht, vielleicht bist du ihr Lieblingsgast? Jedenfalls ist sie nicht willens, dir auch nur eine Silbe zu ersparen. Sie verkörpert die Schöne Neue Welt, nimm sie dankbar an.

Oft gehen Konstantin und ich nachmittags in den Wellnessbereich und dort ins Dampfbad. Manager Manfred war kein Fan vom Schwitzen, für ihn gleichbedeutend mit körperlicher Anstrengung. In Ludwigsburg wohnten wir im neueröffneten Hotel Nestor, gleich neben der Stadthalle, in der wir auftraten. Natürlich hatte es auch einen nagelneuen

Nassbereich, Konstantin und ich waren sehr erpicht darauf. Manfred hatte keine Lust, blieb auf dem Zimmer, schützte dringende Abrechnungen vor. Wir waren allein, also rief ich Manfred an und flunkerte, hier im »Bereich« seien wir umgeben, umringt, umzingelt von nackten jungen Frauen mit großen Brüsten. Ich musste zwei, drei Mal anrufen, dann kam Manfred. Ein Rest Schlauheit war ihm geblieben, er hatte sich nicht ausgezogen. Also konnte er behaupten, er hätte sich nur mal so die neue Sauna anschauen wollen. Dass das mit den Frauen nicht stimmte, hätte er sich gleich gedacht ...

Noch am gleichen Nachmittag bekam er seine Revanche: Konstantin und ich lebten damals vegetarisch, Fleisch, vor allem Wurst war uns streng verboten, wir verkündeten es auch allerorten. Manfred, notorischer Freund alles Fleischlichen, hielt uns für arme Irre, die nicht wussten, was sie verpassten. Aber es war Vorweihnachtszeit, die Weihnachtsmärkte lockten mit Glühwein und Bratwurst. Im Anschluss an die Sauna behaupteten Konstantin und ich, im Hotel bleiben zu wollen. Tatsächlich fanden wir uns alle drei, »unabhängig« voneinander auf dem Ludwigsburger Weihnachtsmarkt ein. Jeder stand an einer anderen Würstlbude und sah die beiden anderen gierig Wurstschnappen. Jetzt war Manfred der lachende Dritte.

Oft fahre ich schon nachmittags ohne Konstantin in die Halle, einfach zur Probe. So mache ich mich mit den Anfahrtswegen, Hintertürchen, okkulten Treppenhäusern vertraut. Vor allem suche ich Konstantins Garderobe, damit ich später mit ihm hinfinde. Früher fuhr auch Manfred mit, zum Rekognoszieren, Kontrollieren, Requirieren. Die Techniker haben dann meist schon fertig aufgebaut, Martina stimmt den Flügel. Wir sitzen im Catering-Raum, die Techniker halten einen kleinen Zwischenimbiss.

Wir reden über die Halle, gemütlich kauend, ohne sie nochmal zu inspizieren. Was jeder von uns bis jetzt gesehen hat, reicht ihm fürs erste. Lange Erfahrung bei über 100

Konzerten im Jahr tut ein übriges. Die verschiedenen Perspektiven der verschiedenen Tourteilnehmer kommen zum Vorschein. Jeder betrachtet denselben Ort aus seinem charakteristischen Blickwinkel: Christoph Bohmeier, der technische Leiter, sieht naturgemäß alles Technische, die Größe der Bühne, die Ladesituation, die Akustik im Zuschauerraum. Ich bin sehr interessiert an der PKW-Zufahrt, dem Künstlereingang, am Weg vom Backstage ins Foyer, an meinem Verkaufstisch dort. Manfred ging immer ins Einzelne: Toiletten, Kühlschrank, Treppen, Lift, Weg von Garderobe zur Bühne.

Wir lassen andere Hallen Revue passieren, manch eine ins Vergessen versunkene »Spielstätte« taucht nach und nach wieder auf. Christoph erinnert sich an eine riesige Halle mit winziger Bühne, Bastelstunde, Vogelhäuschen ... Bastelstunde nennt Christoph viel komplizierte Aufbauarbeit, Vogelhäuschen sind kleine, mickrige Verstärkerboxen. Manfred erwähnt einen Ort mit verrückter Postleitzahl, 3 mal 15 Reihen, 600 passten rein, der Örtliche hat nur 550 abgerechnet, über 30 Freikarten, dazu Nebenkosten... Zahlen über Zahlen aus Manfreds Mund, nur die exakte Einnahme verschwieg er, das war Veranstalterehre. Mir fällt ein düsteres, kaltes, vom Konzert getrennt dahinvegetierendes Foyer ein, durch das die Besucher hetzten, ohne mich wahrzunehmen. Die Höhe meiner Einnahme verschwieg auch ich stets, obwohl Zahlen-Manfred sie streng forderte. Nicht aus Merchandiserehre, sondern aus Unkenntnis.

Sollten diese Hallengespräche an Konstantins Ohr dringen, so mischt er sich ein und beschreibt die Halle aus seiner Sicht: Die Bühne war klein, die Zuschauer dadurch nahe bei ihm, er konnte den Einzelnen in die Augen sehen, das Publikum überhaupt sehr nett, viele junge Leute ... Und damit beendet, damit krönt er die Diskussion.

Gegen 18.30 Uhr, je nach Entfernung von Hotel und Halle hole ich ihn ab. Ich geleite ihn in seine Garderobe oder, zum baldigen Soundcheck, gleich auf die Bühne. Die ersten

Zuschauer streunen schon um die Halle, sie fiebern darauf, endlich ins Haus zu kommen, um sieben ist meistens Einlass.

Im Foyer baue ich meinen Verkaufstisch auf, packe Bücher und CDs aus, zähle den Ist-Bestand, lege die Ansichtsexemplare aus sowie ein unübersehbares Schild, auf dem angekündigt wird, dass Konstantin Wecker am Ende des Konzertes hier am Tisch signieren wird. Etliche Besucher schlendern um mich herum und sehen mir beim Arbeiten zu. Für sie ist das Schild der Renner, der Lockvogel, sie zeigen es einander und fragen sicherheitshalber nach: Ist das wirklich wahr? Hier am Tisch? Nach dem Konzert? Wie lange dauert es noch, wenn das Konzert zu Ende ist? Kann man Bücher und CDs vorher schon kaufen? Unterschreibt Konstantin auch Mitgebrachtes? Während ich schichte und sortiere, gebe ich Auskunft. Es ist erstaunlich, wie viele Synonyme von »Signieren« es gibt. Einer spricht sogar vom »Gegenzeichnen«.

Aber die meisten Wecker-Besucher sind keine solchen Prosaiker. Die Mehrheit ist schon vor dem Konzert in Feierstimmung, ihnen möchte ich zurufen: Natürlich könnt ihr schon vorher kaufen, denn das ist die richtige Reihenfolge: Erst kaufen, dann signieren lassen! Global gesehen durchlebt mein Publikum drei Perioden: Vor dem Konzert, also jetzt, ist man abwartend, skeptisch, einige sind fast herablassend, fühlen sich in der Position umworbener Kunden, die durch ein Kaufhaus bummeln und sich erst mal umschauen, bevor sie ihr gutes Geld anlegen. Viele sprechen es auch aus: Jetzt hören wir erst mal rein …

In der Pause kommen Schnellentschlossene mit raschem Schritt an meinen Tisch. Sie wissen, was sie wollen und kaufen mit fester Stimme. Andere belagern, blockieren den Tisch, schmökern unschlüssig, blättern in den Ansichtsexemplaren, wundern sich über die leeren CD-Hüllen, die ich ausgelegt habe, rupfen das Booklet aus der Hülle, studieren es akribisch und stopfen es achtlos, als habe es nun ausgedient, wieder hinein. Unzufriedene verschmähen meine zerlesenen Ansichtsexemplare und schielen sehnsüchtig zu dem Stapel druckfrischer Bücher, der, sicher vor ihren Fingern, hinter mir steht. Wieder andere bitten mich um Schreibzeug, um die ISBN-Nummern der Bücher zu notieren. Die technisch Fortgeschritteneren aus dieser Gruppe fotografieren alles mit dem Handy. Was ist Papier, was Bleistift, miefiges Zeug aus dem vorigen Jahrtausend! Ganz am Ende der Pause, beim dritten Gongschlag kaufen noch etliche in großer Hast. Und alle zusammen eilen zurück in den Saal, aus dem schon Beifall sickert.

Im gerade noch überfüllten Foyer wird es einsam. Die Damen vom Getränkeverkauf klirren noch ein wenig mit den Gläsern, ich sichte meine Bestände, alle treten wir leise auf, zischeln uns ruheheischend an. Meist hört man so Konstantins Stimme, seinen Flügel, das Spiel der anderen Musiker, den aufbrausenden Applaus am Ende der Lieder – mehr oder weniger laut je nach Dicke der Saaltüren. An leisen Stellen hört man, paradox oder nicht, sogar die gespannte Stille des Publikums. Es ist kühl an meinem Platz, in einer Applauspause schleiche ich mich in den Saal, dorthin, wo die Musik spielt. Es ist mindestens zehn Grad wärmer, die Anteilnahme der Leute mit Händen zu greifen. Wieder einmal begreife ich, was Konstantin immer betont: Die Zuschauer sind nicht nur wichtig, sie machen das Konzert erst möglich. Ihre dunkle atemlose Resonanz ist für ihn die Wand zum Festhalten. Und mich fasziniert sein Programm, obwohl sattsam bekannt, jeden Abend von neuem.

Nach dem letzten Lied stürmen lauter Erschütterte, Entrückte, Verzauberte meinen Tisch. Die mir vorher patzige Worte gaben, strecken mir jetzt ihr Geld entgegen, wortlos selbst in Berlin. Die Beute in Händen schaffen sie es, eine Schlange am Signiertisch zu bilden. Nach zehn Minuten, wenn die ersten Autogrammjäger ungeduldig werden, manche von ihrem Zug schwadronieren, den sie erreichen müssen, manche gar schon den nächsten Morgen beklagen, kurz bevor ich ihnen zurufe: »Denkt nicht an Zug und Zukunft, jeder Augenblick ist ewig und jetzt ist Autogrammstunde«, dann erscheint, ein Glas Wein in Händen, abgekämpft, doch glücklich, Konstantin. Und sofort ist Zug und Zukunft vergessen, die Schlange wackelt und wabert, weil alle herandrängeln. Natürlich wollen sie alle Konstantin in die Augen sehen, seine Aura aus nächster Nähe einsaugen, private Worte von ihm hören – das ist der Sinn des Autogramms.

Und Konstantin bezirzt sie alle. Er witzelt harmlos über Vornamen, kapituliert vor ihren Schreibweisen, zwinkert altgewordenen Dauerfans zu, gesteht, sich haarklein an das Konzert in Katzenelnbogen vor dreißig Jahren erinnern zu können, verspricht, morgen noch vor der Abfahrt die Statue der Hl. Ursula im Dom der Stadt zu besuchen, stellt sich Dutzenden von Handy-Fotovorhaben, erzeugt in der Damenwelt lustvoll quietschendes Gekicher, lässt aber auch die Ernsthaften zu ihrem Recht kommen, die Leute mit den großen Mappen, deren jede Seite eine Unterschrift erfordert, und weist auch die Leute mit den Anliegen, die »Anleger«, nicht ab, die es nach Benefizkonzerten, Auftritten in Fußgängerzonen und Besuchen in Schulen von Konstantin gelüstet. Er verspricht nichts konkret, stellt alles in den Raum des Möglichen. Und jeder ist getröstet, alle sind bester Stimmung, alle glauben an das Gute.

Die Schlange ist schreibend abgearbeitet, wir könnten Schluss machen. Dennoch bleibt Konstantin oft noch länger im Foyer, eine Wolke der Heiterkeit schwebt über seinem Platz. Der Hausmeister kommt mahnend immer näher, denn Hausmeistern kann es nie schnell genug gehen. Abschließen, ausschalten, Leute verscheuchen – das ist nun mal Hausmeisters Devise. Ihm beugen wir uns, verabschieden uns zum fünften, sechsten Mal von den Fans. Der Garderobenbereich ist noch hell und geöffnet, Glück gehabt. Wir essen und trinken noch ein bisschen von den Resten des Catering-Buffets. Bald schallt auch hier Gelächter durch den

Raum, Konstantin findet für jeden Mitarbeiter ein witziges Wort. Anspannung, Konzentration, Erfülltheit einzig vom Konzert – all das weicht langsam, man sieht wieder Land links und rechts.

Zurück im Hotel, gehe ich bald aufs Zimmer, überlasse Konstantin, Musiker und späte Techniker der Bar. Sie haben noch nicht fertiggefeiert, das Konzert noch nicht vollständig begossen. Ich lege mich ins fremde Bett, gnädige Müdigkeit löscht mein Hirn. Kein Wunder, dass ich morgen früh wieder fragen muss: Wo bin ich?

IV. MIT DER ZEIT: IMMER DANKBARER

ICH BIN EIN LOBER

Konstantin Wecker

In dem spannenden Buch des österreichischen Psychologen und Neurobiologen Niels Birbaumer »Dein Gehirn weiß mehr, als du denkst« lese ich:
»So gibt es viele unterschiedliche Dinge, die wir mögen können. Wie etwa Sonnenuntergänge, Kinobesuche, schöne Gesichter und Bratwurst mit Sauerkraut. Aber wir müssen diese Dinge nicht mit aller Macht so oft wie nur möglich haben (...) Prinzipiell birgt jedoch jedes dieser Dinge das Potential, dass sich mein Verlangen nach ihnen verstärkt und schließlich so übermächtig wird, dass ich es nicht mehr ohne sie aushalte, und Sonnenuntergänge können uns genauso süchtig machen wie Zigaretten und Alkohol (...) Prinzipiell kann sich bei allen Dingen, die wir mögen, ein unwiderstehliches Verlangen bis zur Abhängigkeit aufbauen.«

Auch ein unwiderstehliches Verlangen danach, Konzerte zu geben?

Immer schon hatte ich mich im Verdacht, dass auch mein unaufhörliches, ja, fast durchgehendes Konzertieren seit über 40 Jahren etwas mit Sucht zu tun haben könnte. Mit der Lektüre von Birbaumers Buch ist mir mehr oder weniger bestätigt worden, dass ich meinen vielen Süchten auch noch diese hinzufügen muss. Ich nehme dieses Urteil klaglos an.

Birbaumer zitiert oft Schopenhauer in seinem Buch, und der wiederum sieht einen möglichen Ausweg aus »der ewigen Drangsal des Wollens« in der Kunst. Für diese Theorie spricht, dass die Suchtforschung keine Musikabhängigkeit im eigentlichen Sinn kennt.

Vermutlich ist die musikalische Dauerberieselung, der sich viele meist junge Menschen so gerne aussetzen, weniger Musiksucht als eher der Versuch, der Stille zu entkommen, die einen zu einer geistigen Versenkung zwingen könnte, die man in dieser lärmenden und ständig auf Action getrimmten Gesellschaft nicht erlernt hat.

Oft werde ich gefragt, wie ich denn so ein Leben aushalten könne, ständig unterwegs, immer in Hotelzimmern, jede Nacht ein anderes Bett, tagsüber oft elend lange Fahrten, Staus und Unfälle, Unwetter und Pannen. Und ja, wenn ich mal ganz nüchtern dieses unstete Leben Revue passieren lasse, dann bin ich hauptberuflich weniger ein Sänger denn ein Beifahrer. Allerdings mit dem großen Glück, von meinem Freund Günter gefahren zu werden, dessen Intellekt und Bildung einem die Zeit nie eintönig werden lässt.

Tagsüber im Schnitt fünf Stunden im Auto oder Zug, und am Abend sind es gerade mal drei Stunden, die ich auf der Bühne verbringen darf. Aber was für Stunden, liebe Freunde, egal wie nervig die Anfahrt gewesen sein mag!

Einen Liebesakt mit meinem Publikum habe ich meine Konzerte einmal genannt, mit Menschen, die nicht unbedingt dieselbe Meinung haben wie ich, aber stets die gleiche Sehnsucht nach einer liebevolleren und nach einer weniger ungerechten Welt. Die gleiche Sehnsucht nach Poesie. Oft bedanke ich mich nach meinen Konzerten für das Geschenk, dass mir so viele Menschen drei Stunden lang so aufmerksam beim Vortrag von Gedichten zugehört haben. Für mich jedes Mal wieder ein Wunder.

Wie sagte der große Cellist Pablo Casals einmal: »Es ist nicht der Applaus, es ist die Stille, die den Künstler ehrt ...«

Nun, um ehrlich zu sein, lieber Herr Casals, so ganz ohne Applaus wär es vielleicht doch auch etwas sonderbar und schwer zu ertragen, so ein Konzert, aber für die vielen Momente der Stille nach einigen Liedern bin ich schon auch sehr dankbar.

Es gibt Augenblicke in meinen Konzerten, in denen ich wirklich aus der Zeit herausgehoben bin, auch wenn es im Nachhinein immer sehr schwer ist, sich daran zu erinnern. Denn in diesen Augenblicken passiert ja eigentlich nichts, man ist »aufgehoben in der Ewigkeit«, wie ich es in einem sehr frühen Gedicht schon einmal versucht habe zu beschreiben.

Manchmal durfte ich das auch ganz ohne Musik und Poesie erleben, unter meinem geliebten Maulbeerbaum in der Toskana etwa, aber auch an durchaus banaleren Plätzen wie neulich auf einer Sonnenliege im Münchner Nordbad, inmitten vieler Menschen: Stille.

Diese Momente kann man nicht herbeibeten oder herbeimeditieren, man kann sie nicht erwünschen und schon gar nicht erzwingen. Sie geschehen willenlos, und vielleicht ist diese Willenlosigkeit ihr Geheimnis. Das Nirwana der Buddhisten scheint darauf hinzuweisen – keine Anhaftung, keine Gier, keine Ich-Bezogenheit.

Dieses eigentlich unbeschreibliche Erleben fand ich treffend beschrieben im Shaolin Neijin Yizhichan Qigong:

»Wenn man einen Tropfen in den weiten Ozean gießen würde, so würde sich dieser Tropfen in dem weiten Ozean auflösen und nicht der Ozean in dem Tropfen. So auch geschieht es mit unserer Seele, wenn das Dao sie in sich zieht: Sie wird zum göttlichen Dao, aber das Dao wird nicht zu unserer Seele. Da verliert die Seele ihren törichten Eigensinn, aber nicht ihre Handlungsfähigkeit und das Sein. Da ruht die Seele im Dao, so wie das Dao in sich selbst ruht.«

So schön es immer wieder sein kann, sich ausschließlich gemeinsam mit seinem Instrument zu beflügeln, so wichtig und unersetzlich ist die Erfahrung, mit anderen zu musizieren. Immer schon hat es mir große Freude bereitet, mit anderen Musikern zu spielen, von ihnen zu lernen und mich mit ihnen gemeinsam zu oft ungeahnten musikalischen Höhenflügen aufzuschwingen.

Wie wertvoll war es für mich, in den ersten Jahren so lernbegierige und begabte Musiker um mich zu wissen wie Hildi Hadlich, Raymund Huber und den leider verstorbenen Markus Sing. Was haben wir nicht gemeinsam alles erarbeitet in langen Proben, wie mussten wir anfangs um jeden einzelnen Zuschauer kämpfen, im wahren Sinn des Wortes eine brotlose Kunst.

Vermutlich war das aber die beste Schule für einen Bühnenkünstler, denn noch heute spüre ich, wenn irgendwo im Saal aufgrund eines Soundproblems ein paar Plätze nicht erreicht werden. Oft bitte ich dann, in der Pause eben dort noch eine zusätzliche Box aufzuhängen.

Jahrelang hatte ich ein Publikum zwischen zwei und höchstens 20 Leuten, und da lernt man, wie wichtig es ist, jeden einzelnen wirklich zu erreichen.

Dann hatten wir mit unserem »Team Musikon« einen sehr plötzlichen und eigentlich unerwarteten Erfolg. Es waren hunderte von Menschen in meist ausverkauften Sälen, und immer mehr Musiker gesellten sich zu uns und besuchten uns in unserem Studio in der Toskana.

Manche blieben nur für ein paar Tage und spielten bei Filmmusikaufnahmen mit, andere blieben länger und begleiteten uns dann auch auf Tourneen.

Und was durfte ich dann noch mit großartigen Musikern zusammen arbeiten im Laufe meiner Bühnenarbeit: Mit Peter Herbolzheimer, dem Produzenten von »Uferlos«, und natürlich nie zu vergessen mit dem grandiosen Wolfgang Dauner, von dem ich so viel lernen durfte, vor allem bei unseren gemeinsamen Duo-Konzerten. Und natürlich mit Charlie Mariano: Charlie, die Jazzlegende, bei Charlie Parker in die Schule gegangen, hat meine Auftritte stets geadelt durch sein schlichtes und herzliches Spiel und durch seinen unvergleichlichen Ton. Oder mit Gerd Baumann, der meine Brecht-Vertonungen so artifiziell und einfühlsam arrangiert und produziert hat. Er ist jetzt immerhin Professor an der Musikhochschule in München.

Und mit Jens Fischer, mit dem ich immer wieder noch auf Tour zusammen spiele und mit dem ich auch einige Kindermusicals zusammen geschrieben habe. Auch hat er einige meiner CDs sehr einfühlsam und künstlerisch produziert und arrangiert.

Oder mit dem Spring String Quartett, jeder einzelne daraus ein Virtuose, zusammen sind sie einfach nur weltmeisterlich. Ein Streichquartett, das neben der unglaublich guten Laune, die diese trinkfesten Linzer Musiker stets verbreiten, hinreißend zu improvisieren vermag.

Oder mit Wolfgang Haffner, dem begnadeten Jazzdrummer, der damals, als wir miteinander auf Tour waren, gerade mal 18 Jahre jung war und an jedem freien Tag nach Hause fuhr, um zu üben.

Oder mit dem besonders feinfühligen und so sympathischen Schlagzeuger Stefan Wildfeuer und mit Norbert Nagel, dem unglaublich begabten Klarinettisten und Saxophonisten.

Mit dem afghanischen Perkussionisten Hakim Ludin, einem fast mystischen Musiker, der mir viele neue Einblicke in mir bis dahin fremde musikalische Welten eröffnete – ich kann hier leider nicht allen namentlich danken, und die nicht Genannten mögen mir verzeihen.

Und mein größter Dank gilt natürlich meinem Freund und musikalischen Lebensgefährten Johannes Barnikel. Wir beide sind mittlerweile musikalisch schon so verschmolzen, dass ich sogar meine »Solo«-Tour mit ihm zusammen spiele: Solo zu zweit – mein Alter Ego am Klavier. Jos Arrangements sind äußerst einfühlsam, sie verstehen meine Texte und wollen nicht für sich allein glänzen. Mit Jo auf der Bühne zu improvisieren gehört zu den musikalischen Höhepunkten meines Lebens. Was für ein unglaublich begabter Pianist! Er kennt keine Lieblings-Tonarten, weil er sich in allen gleich virtuos bewegt, was ihn manchmal dazu verleitet, Lieder in Tonarten zu beginnen, die für meine Stimmlage eher ungünstig sind. Aber ein kurzer Blick genügt, und er schmuggelt sich wieder in die bewährte Lage. Kein Stil ist ihm fremd, ob Jazz, ob Blues, ob lateinamerikanische Klänge – aber am meisten lieben wir beide dann doch die romantische und spätromantische klassische Musik, und dorthin treibt es uns dann beim gemeinsamen Improvisieren meistens. Er sagte einmal zu mir, ich sei sein Lebens-Musiker. Das kann ich dir nur zurückgeben, lieber Jo. Du bist es für mich auch!

Seit der »40 Jahre Wahnsinn«-Tour haben sich nun auch Wolfgang Gleixner, mit dem ich auch früher schon musizieren durfte, ein sehr feinfühliger und musikantischer Multiinstrumentalist, der sich mit dem kongenialen Jens Fischer abwechselt, und die Cellistin Fany Kammerlander zu uns gesellt. Fany knüpft mit ihrem virtuosen Cellospiel und ihrer hinreißenden Bühnenpräsenz an die Anfangszeit mit meinem »Team Musikon« an, als sich meine Freundin Hildi Hadlich in die Herzen der Zuhörer spielte. Hildi hat sich mittlerweile in die Toskana zurückgezogen und ist dort mit ihrer einnehmenden Art und ihrem perfekten Italienisch, um das ich sie sehr beneide, in den Club der »Donne di Ambra« aufgenommen worden – nachzulesen in dem kürzlich erschienenen Buch desselben Titels.

Und dann noch Severin Trogbacher, der junge Gitarrist, von dem ich bei einem Konzert einmal sagte, ihn zu hören ist für mich wie damals, als ich das erste Mal Jimi Hendrix hören durfte. Er wird auch bei meiner nächsten Tour »Poesie und Widerstand« mit dabei sein.

Seit einigen Kindermusicals und der CD »Wut und Zärtlichkeit« konnte ich Flo Moser als Produzenten gewinnen – ein richtiger Glücksfall. Der ruhige, sehr belesene und hoch intelligente Musiker und Mathematiker, ein ausgezeichneter Gitarrist und Arrangeur, ist seit vielen Jahren mein unersetzlicher Partner bei Film- und Bühnenmusiken. Wir haben einige Soundtracks zusammen komponiert, und er hat unvergleichliche Arrangements für meine Musicals geschrieben.

Was für ein grandioses Team!

Und auf keinen Fall möchte ich an dieser Stelle unsere Technik-Crew unerwähnt lassen, meinen hellhörigen und stets hellwachen Cheftoningenieur Christoph Bohmeier, mit dem mich auch gut ein Vierteljahrhundert gemeinsamer Konzerte verbindet, Martina, die Klavierbauerin und liebevolle persönliche Betreuerin, Rolf, Thilo und Ringo – es ist traumhaft, mit euch allen arbeiten zu dürfen.

Ganz entscheidend ist für mich, den bekennend Harmoniesüchtigen, dass die Inhalte, die wir auf der Bühne präsentieren, von allen geteilt werden. Da ist kein Krypto-AfD-Wähler dabei, der bei meinen Bekenntnissen zur Willkommenskultur heimlich einen Ausschlag bekommt und dem sich bei meinen antifaschistischen Liedern die Nazifaust in der Tasche ballt.

Und wenn sich nun der geneigte Leser meiner Lobeshymnen fragt, ob es denn niemanden gibt, über den der Autor gerne mal lästern würde – ich überlasse das lieber den Dschungelcamp-Kandidaten und all denen, die das hauptberuflich machen.

Natürlich gab es immer wieder Kolleginnen und Kollegen, die mit mir nicht klarkamen und nicht klarkommen. Auch ausgesprochenen Stinkstiefeln läuft man im Laufe seines Lebens über den Weg. Auch Menschen, die sich mir gegenüber oft sehr seltsam, um nicht zu sagen mies verhalten haben. Vergessen und vergeben. Sie hatten alle ihre Gründe, und vermutlich war ich eben einer davon. Wie viel wertvoller ist es doch, all jene zu erwähnen, die mich mit ihrem Können und mit ihrem Dasein und Dabeisein bereichert haben.

Auch meine Feinde haben mich natürlich weitergebracht, mir im manchmal durchaus schmerzhaften Sinn des Wortes zu denken gegeben – aber warum sollte ich sie hier anschwärzen?

Mehr Sinn sehe ich nun mal im Loben als im Niedermachen, und das hab ich sicher auch, wie so vieles, meinem Vater zu verdanken.

Er war ja Sänger und Maler, und mit keinem der beiden Berufe konnte er seinen Lebensunterhalt verdienen. Ich liebe seine Bilder, naturalistisch-impressionistische Kleinode, immer aus der puren Lust am Malen geboren.

Im Mietshaus uns gegenüber wohnte ein anderer Kunstmaler – so nannte man damals die Maler. Er malte virtuos

Münchner Szenen und verkaufte richtig viele Bilder. Als Freunde meines Vaters, seine Bilder lobend, über den kommerziellen Malstil des anderen verächtlich redeten, sagte mein Vater: »Hört auf zu lästern. Der Mann verdient zu Recht sein Geld. Er ist ein ausgezeichneter Handwerker. Ich mag seine Bilder.«

Und dann nahm er mich, den gerade mal 14-Jährigen, zur Seite und sagte: »Konstantin – hast du mich jemals über Kollegen lästern hören? Ich spreche so viel lieber über das, was ich mag. Für alles andere ist mir die Zeit zu schade. Ich bin nun mal ein Lober.«

Das hat sich eingebrannt in mir.

SO VIELE GROSSARTIGE MENSCHEN ...

Konstantin Wecker

So viele großartige Menschen, Kolleginnen und Kollegen haben mich in meinem künstlerischen Leben begleitet und bereichert. Es würde den Rahmen dieses Buches sprengen, würde ich sie alle aufzählen. Ein paar möchte ich besonders erwähnen, weil sie wohl auch meinen Lesern bekannt sein dürften. Die anderen mögen mir verzeihen, wenn ich sie nur im Herzen trage.

Meine leider schon verstorbenen Lehrmeister Hanns Dieter Hüsch und Dieter Hildebrandt seien hier an erster Stelle genannt. Sie begleiteten mich Jahrzehnte, und ich habe ihnen so viel zu verdanken.

Hanns-Dieter Hüsch

Als glühender Hüsch-Fan war ich, oft in Begleitung meiner Musiker des »Team Musikon«, seit den späten 60ern in vielen Konzerten. Meist in München, in der Lach- und Schießgesellschaft. Besonders haben es mir auch die »Zwischentexte« angetan, denn Hanns-Dieter hatte seine Programme durchkomponiert und die Gedichte zwischen den Liedern waren einfach nur großartig. So viel habe ich mir von ihm abgeschaut!

Texte wie »Ich bin's nicht. Ich bin auf keinen Fall der oder das, was Sie erwartet haben. Ich bin's nicht. Ich bin's nicht. Ich bin's nicht ...« sind schon fast Hüsch-Plagiate gewesen, natürlich inspiriert von seinen grandiosen »Hagenbuchgeschichten«.

Wir mochten uns sehr, und eines Abends nach einem unserer gemeinsamen Konzerte, sagte er mir: »Weißt du, was uns verbindet? Wir haben beide unsere Wurzeln im Expressionismus.« Hanns-Dieter war für mich in erster Linie immer ein wunderbarer Poet, kein poetischer Kabarettist, sondern umgekehrt eher ein kabarettistischer Dichter.

Unvergessen sein Lied »Ich sing für die Verrückten, die seitlich Umgeknickten ...«. Diese seitlich Umgeknickten sollten in meinen Texten auch immer wieder auftauchen.

Dieter Hildebrandt

Dieter Hildebrandt und Sammy Drechsel haben mir dann den Weg zur Kabarettszene erschlossen. Was für ein Ritterschlag: Mein erster abendfüllender Auftritt war in der Münchner Lach- und Schießgesellschaft, und immerhin waren 40 Leute im Publikum. Ich sagte mir damals: Wenn ich den Laden einmal ausverkauft habe mit seinen 120 Sitzplätzen, dann hab ich's geschafft.

Man träumte nicht von großen Hallen als Liedermacher. Gesungene Gedichte brauchen kein großes Publikum, sondern ein aufmerksames. Es war die Zeit meiner »Sadopoetischen Gesänge«, der ersten LP, die ich mit meinen eigenen Liedern machen durfte, und bis heute ist mir nicht ganz klar, ob Sammy Drechsel meine Lieder mochte oder nicht doch mehr meine sportliche Erscheinung. Denn er war immer auf der Suche nach Sportlern für seinen Fußballclub »FC Schmiere«. Erst nachher gestand ich ihm, dass ich zwar ein leidlich guter Sportler, aber ein miserabler Fußballer sei.

In dieser Zeit hatte ich meine ersten Kontakte zu Dieter, der mir dann später so ein unersetzlicher Wegbegleiter wurde. Dieter Hildebrandt war der unbestechlichste Mensch, dem ich in meinem Leben begegnet bin. Sein innerer Anstand war ein Leuchtturm für mich, und auch wenn es manchmal nicht so leicht war, seinen Spott zu ertragen – er verletzte einen nie.

Einen Kabarettisten wie Dieter wird es nie mehr wieder geben. Er schlüpfte in keine Rolle, er war immer er selbst, und sein messerscharfer Verstand machte ihn nahezu unangreifbar, auch und gerade für seine Gegner.

Er fehlt mir sehr, denn wenn ich ein moralisches Problem hatte, konnte ich Dieter fragen und mich nachher blind auf seine Meinung verlassen. Als es mir sehr schlecht ging, konnte ich mich an ihn anlehnen. Nicht, dass er mir alles durchgehen ließ – wir hatten auch heftige Auseinandersetzungen – aber ich konnte mir sicher sein, ähnlich wie bei meinem Vater, dass er mich in der Tiefe seines Herzens nicht verurteilen würde.

Unvergessen, als ich gerade frisch verhaftet war und im Knast saß, anstatt bei seiner Scheibenwischersendung aufzutreten und er live vor Millionen Zuschauern im Fernsehen sagte: »Jetzt käme eigentlich der Conny. Der Conny ist im Knast. Aber durch den Knast verliert man keinen Freund.« Ich hatte in meiner Zelle keinen Fernsehapparat, aber am nächsten Tag beim Hofgang erzählten es mir die anderen Knastis. Ich musste weinen vor Freude, und diese liebevollen Worte versüßten mir meinen doch ziemlich bitteren Aufenthalt beträchtlich.

Die Beerdigungsfeier Dieters war einer der anrührendsten Nachmittage in meinem Leben. Es wurde geweint und gelacht, geschluchzt und gejauchzt, und noch nie habe ich so schöne Reden gehört wie bei diesem Begräbnis. Ob von meinem Freund Werner Schneyder, Roger Willemsen, dem Münchner Oberbürgermeister Ude – Reden, die einen den Schmerz kurz vergessen ließen, nur damit man dann umso mehr trauerte, dass dieser wunderbare Mensch von uns gegangen ist.

Werner Schneyder

Mit Werner Schneyder verbindet mich auch eine jahrzehntelange Freundschaft. Mit diesem extrem scharfzüngigen Autor, Kabarettisten und Sänger mit seinen wunderschönen Liebesliedern geriet ich früher oft aneinander. Da prallten zwei pralle Egos zusammen, die sich immer wieder mal beweisen wollten.

Unvergessen ein weinseliger Abend in der Toskana, an dem wir zornig stritten, um uns dann am Höhepunkt der Eskalation – beide gleichzeitig aufspringend – gegenseitig anbrüllend die Frage zu stellen, wer denn nun demütiger sei. »Du hast ja nun überhaupt keine Ahnung von Demut!« – »Ah ja, aber du willst eine Ahnung davon haben?« Das Ganze war so grotesk, dass wir noch mitten im Streit plötzlich vor Lachen losbrüllten und uns dann in den Armen lagen.

Werner ist für mich einer der großen deutschsprachigen Lyriker, er findet Reime von vollendeter Zartheit, und seine Jacques-Brel-Nachdichtungen sind schlichtweg unerreicht. Außerdem eint uns beide die große Liebe zu Puccini und der italienischen Oper. Nie werde ich einen Abend in der Lach- und Schieß vergessen – ich glaube, es war nach dem herausragenden Programm mit Dieter, »Schlafen Sie gut, Herr Tucholsky« – als Werner mitten im Gespräch mit gewohnt lauter Stimme rief: »Wer noch nie bei Puccini geweint hat, ist ein Arschloch!«

Alle im Raum erstarrten, und ich prustete begeistert los. Allein für diesen Satz muss man den großen und aufrechten, stets streitbaren Mann schon lieben. Zu meiner übergroßen Freude erklärte er sich bereit, bei einer Preisverleihung in Berlin eine Laudatio auf mich zu halten. Ich bekam den Preis für »Solidarität und Menschenwürde« von der Rosa-Luxemburg-Stiftung verliehen, und Werner hielt eine bissige und liebevolle Preisrede. Danke Werner!

Hans-Peter Dürr

Meine Bewunderung für den Physiker Hans-Peter Dürr lässt sich wahrscheinlich am besten beschreiben mit diesem Ausschnitt aus meiner Trauerrede am Grab des verehrten Freundes:

»Liebe Sue, verehrte Familienangehörige,
liebe trauernde Freundinnen und Freunde
des geliebten Hans-Peter Dürr,

es ist lange her, dass ich Hans-Peter zum ersten Mal etwas länger und sozusagen privat begegnen durfte. Es war bei einer Veranstaltung des IPPNW – die Internationalen Ärzte für die Verhütung des Atomkrieges. Er sprach dort, ich sang, und anschließend hatten wir etwas Zeit, weil jeder auf seinen Anschlusszug warten musste. Ich war nervös und verschüchtert, sein Vortrag hatte mich stark beeindruckt, und ich wollte so vieles fragen, hatte aber ganz schön Bammel davor, als Laie mit dem großen und bewunderten Wissenschaftler über Physik zu reden.

Es wurde eine der eindrucksvollsten Stunden meines Lebens und, wie ich glaube, der Beginn einer Freundschaft.

Selten hat mir jemand so schnell die Scheu genommen, mich in sein Herz geschlossen, und noch nie hat mir ein Wissenschaftler so leidenschaftlich das Gefühl vermittelt, dass seine Wissenschaft kein Geheimwissen sei, das er nur mit einigen Kollegen zu teilen gedenke, sondern dass seine Erkenntnisse den Menschen, allen Menschen, geschenkt werden sollen.

Er kam mir vor wie ein Pianist, dem unverständlich scheint, dass irgendjemand dieses Instrument nicht beherrscht. Ja, je mehr ich darüber nachdenke, kam mir Hans-Peter eigentlich eher wie ein Musiker vor. Ein Musiker, dem aus purer Liebe zur Musik und zu den Menschen die Melodien entströmen.

Es waren wahre Gedankenfluten, die sich über den erstaunten Zuhörer ergossen, und immer war die Liebe zum Lebendigen, zum Leben, zu den Menschen der Quell, aus dem sie flossen.

Empathie, die in unserer Gesellschaft zunehmend so schmerzlich vermisst wird, Empathie hast du gelebt, lieber Hans-Peter.

Ich habe dich oft still beobachtet, und du hattest eine Eigenschaft, die man in dieser liebelosen Welt nicht hoch genug schätzen kann:

Wer auf dich zuging und etwas wissen wollte, wurde von dir – egal welchen gesellschaftlichen Rang er hatte, ob er oder sie berühmt war oder bettelarm, ob Taxifahrer oder Universitätsprofessor – jeder wurde von dir ernst genommen. Du hast den Menschen in die Seele gesehen, denn die Schale zählte nicht für dich. Dadurch konntest du vielen einen Wert angedeihen lassen, den sie sich vielleicht selbst noch nie zugestanden hatten.

Du hast dein Gegenüber nie erniedrigt, weil du dich selbst nie erhöhen musstest. Du warst, du bist groß. Ein großartiger Mensch.

Es ist schrecklich, den Freund und Ratgeber zu verlieren. Du hast mich mit vielen Fragen alleingelassen und ich weiß im Moment nicht, an wen ich mich wenden kann.

Die Lücke, die du hier auf Erden hinterlässt, ist kein Lücke. Sie scheint mir eher ein schwarzes Loch zu sein.

Aber wir haben deine Worte, Bücher, Erkenntnisse, Lebensweisheiten, die uns weiter tragen werden.

Und dein Lachen.

Unvergessen, als du einem jungen, etwas vorlauten Journalisten verschmitzt die Antwort gabst: ›Junger Mann, im Gegensatz zu Ihnen weiß ich, dass es Materie gar nicht gibt.‹

Ich liebte dieses Lächeln, das solche Sätze umrahmte. Es war kein hochmütiges Lächeln, kein bisschen arrogant. Eher aufrichtig bedauernd, dass du nicht die Zeit hattest, dein Gegenüber restlos zu überzeugen ...«

Vieles von dem, was ich hier über Hans-Peter geschrieben habe, gilt auch für die meisten anderen meiner verehrten Freunde.

Sie richteten sich nicht nach Ansehen und Rang einer Person, sondern sie versuchten, in das Herz des anderen zu sehen. Egal ob Taxifahrer oder Reinigungskraft, Professor oder Millionär.

Arno Gruen

Ebenso der bescheidene Arno Gruen, für mich nach Erich Fromm der Psychologe, der mir am meisten gegeben hat durch seine weisen Bücher und seine bezaubernde Art. Unerreicht sein stiller Sarkasmus, der sich aber im Endeffekt immer seinem großen Herzen beugen musste.

Herrlich, wenn er mir von seiner Begegnung mit dem von mir so geliebten Henry Miller erzählte und mir stolz wie ein kleiner Junge die Skizze zeigte, die er von ihm erhalten hatte. Auf meine Frage hin, wie Miller für ihn war, meinte er nach kurzem Nachdenken: »Er war der ehrlichste Mensch, der mir je begegnet ist.«

Ich dachte mir an diesem Nachmittag, Arno Gruen ist damals wahrscheinlich genauso bei Miller gesessen wie ich gerade bei ihm. Stolz, in der Nähe des großen Mannes sein zu dürfen.

Nun, liebe Leserin, nicht dass sie denken, ich hätte nur Männer verehrt!

Was für eine großartige Zeit waren die Wochen, die ich mit Mercedes Sosa und Joan Baez zusammen sein durfte, während unserer Tournee »Three Voices«!

Joan Baez

Joan kannte ich schon länger, wir haben in Deutschland zusammen Konzerte gegeben, und ich konnte es nicht fassen, mit ihr auf ein und derselben Bühne zu stehen. Eine Ikone der Friedensbewegung, die Frau, die Bob Dylan in die Startlöcher brachte, die Frau, die Sacco und Vanzetti gesungen hatte, stand mit mir auf der Bühne und sang mit mir im Duett!

Es war, glaube ich, ein Open Air in Stuttgart, bei dem ich als »Vorgruppe« Joan zum ersten Mal begegnen durfte. Sie war schon vor ihrem Auftritt auf der Bühne, was für so einen Star sehr ungewöhnlich ist, und hörte meinen »Willy«.

Daraufhin kam sie zu mir, umarmte mich und sagte, sie hätte kein Wort verstanden, würde aber genau fühlen, was ich gemeint hätte. Wir mochten uns von der ersten Sekunde an.

Bei mehreren Konzerten und Friedenskonzerten sang sie dann mein Lied »Wenn unsre Brüder kommen« auf Deutsch, und das war unendlich wichtig für mich, ein richtiger Ritterschlag, denn dieses Lied war in der Friedensbewegung nicht unumstritten. Es war vielen zu pazifistisch.

Wenn unsre Brüder kommen
mit Bomben und Gewehren,
dann wolln wir sie umarmen
Dann wolln wir uns nicht wehren.

Das war einigen Hardline-Linken zu versöhnlich und »weicheiig«, wie sie es nannten. Die Tatsache, dass Joan Baez dieses Lied in ihr Repertoire aufgenommen hatte, beendete die Diskussion.

Vor etwa einem Jahr durfte ich dieser fantastischen Künstlerin nach über 20 Jahren wieder begegnen. Sie spielte in München auf dem Tollwood Festival, wusste nicht, dass ich da war, und sang mein Lied.

Ich ging anschließend vom Publikum zur Bühne, und sie beugte sich unglaublich geschmeidig zu mir runter und umarmte mich. Es fühlte sich an wie damals – als wären die Jahrzehnte nicht vergangen.

Mercedes Sosa

Meine erste Begegnung mit Mercedes war bei einem ihrer Konzerte in München, Anfang der 80er. Ich muss zu meiner Schande gestehen, dass ich zwar ihren Namen kannte, aber wenig von ihr gehört hatte.

Umso umwerfender war das Konzerterlebnis für mich. So eine Stimme hatte ich noch nie gehört. Aufgewachsen bin ich ja mit wunderschönen Opernfrauenstimmen – Callas, Tebaldi, Erika Köth – alles Aufnahmen aus der Schellackplattensammlung meines Vaters. Dann verliebte ich mich in Janis Joplins Stimme, die, ganz anders als die geschulten Opernstimmen, eine bis dahin nie gehörte Authentizität und leidenschaftliche Ehrlichkeit vermittelte. Und nun Mercedes Sosa!

Sie war und ist die mit der Erde am innigsten verbundene Sängerin, die ich je gehört habe. All ihr Leid, ihre Freude, ihre Empathie, ihr Einsatz für Gerechtigkeit und Menschlichkeit waren in dieser Stimme vereint, es war unmöglich, auch nur eine Sekunde unaufmerksam zu sein. Sie bewegte sich ja kaum auf der Bühne, aber manchmal stand sie von ihrem Sitz auf, um für einige Sekunden einen kleinen Tanzschritt zu vollführen – und das Publikum raste vor Begeisterung.

Auf unserer gemeinsamen Tournee bat ich Mercedes manchmal – wenn es mir nicht so gut ging – mich zu umarmen. Sie sprach kein Englisch, ich kein Spanisch, und nur ein wenig konnten wir uns auf Italienisch miteinander verständigen. Aber das war gar nicht nötig. Wir sangen ja zusammen, musizierten zusammen und umarmten uns.

Wenn mich Mercedes umarmte, hatte ich das Gefühl, Mutter Erde umarmt mich. Ich habe das nie wieder erlebt, diese tiefe Verbundenheit mit allem, was ist, mit Erde, Luft und Sonne und dieser mütterlichen und gutherzigen Frau.

Pippo Pollina

Meine enge Verbundenheit mit Pippo Pollina, die Konzerte mit ihm, hat Roland schon sehr ausführlich beschrieben. Hinzufügen möchte ich noch, dass ich mich sehr freue, dass wir uns nach einiger Zeit, in der wir uns nicht trafen, nun in den letzten Jahren wieder so freundschaftlich und herzlich begegnen konnten.

Pippo ist ein einzigartiger Künstler, und jedes Mal, wenn wir zusammen auf der Bühne stehen, erlebe ich den gleichen Zauber wie bei unserer ersten Tour. Der Mann *ist* Musik, durch und durch, er ist nicht nur ein guter Musiker, er ist vor allem auch ein Musikant. Ich hoffe, wir werden noch ein paar Songs miteinander auf die Beine stellen.

Lucio Dalla

Nicht mehr singen kann ich leider mit einem anderen Italiener, einem Sänger, dessen Stimme eine Art Weltwunder ist. Fünf Oktaven bewältigte er mit einer solchen Leichtigkeit und einem so seelenvollen Timbre, dass man beim ersten Ton, den er singt, fast immer schon weinen muss. Wenigstens mir geht es so. Natürlich spreche ich von Lucio Dalla.

Dalla war für mich – lange bevor ich ihn kennen lernte – Italien.

Seine Lieder begleiteten uns beim Ausbau unseres Tonstudios in Rimortini und auf langen Autofahrten von München nach Ambra und zurück.

Dann besuchte ich eines seiner Konzerte in Florenz und dann in München, im Circus Krone – meinem Heimspielort. Der örtliche Veranstalter kannte mich natürlich und fragte mich, ob ich Lust hätte, in der Pause in seine Garderobe zu kommen. Natürlich hatte ich Lust, und zu meinem großen Erstaunen kannte Lucio meinen Namen und wusste, dass ich ein bekannter *cantautore tedesco* sei.

Wir plauderten ein wenig, ich zollte ihm meine Verehrung und wir beschlossen, vielleicht mal etwas zusammen zu machen. Meistens bleibt so ein Satz unter Kollegen uneingelöst im Raum stehen. Bei Angelika Kirchschlager war das anders – aber dazu komme ich später noch.

Viele Jahre später schrieb ich in München, in meinem Drogenpalast in Grünwald – es war eine der schlimmsten Zeiten meines Lebens – völlig verzweifelt das Lied »Stirb ma ned weg«: eigentlich das Lied eines Mannes an seinen kranken Lebenspartner.

Heute denke ich, es war wohl auch eine Bitte an mich selbst. Und plötzlich ließ mich der Gedanke nicht mehr los, dieses Lied mit Lucio zu singen.

Ich schrieb ihm, und zu meiner großen Freude mochte er den Song, und so buchte ich einen Flug nach Bologna. Ich kam in sein Büro, und da war gerade große Aufregung. Er telefonierte mit Pavarotti, denn gerade war sein Song »Caruso« zu einem Welthit avanciert, und Pavarotti wollte ihn auch singen.

Ich kam mir etwas verloren vor, obwohl ich natürlich großes Verständnis für die Situation hatte, und dann umarmte mich Lucio und meinte, wir könnten gleich in sein Studio fahren.

Meine schlechte Verfassung in dieser Zeit ließ sich nicht verbergen, aber Lucio war sehr einfühlsam. Der Rest ist Geschichte. Dieses Duett gehört für mich zu den kostbarsten Schätzen.

Zum Glück konnte ich mich ein paar Jahre später in Wien, als wir zufällig auf derselben Bühne auf der Donauinsel standen, für meinen damaligen Zustand entschuldigen. Er hat die Entschuldigung lachend und mit viel Verständnis angenommen.

Angelika Kirchschlager

Angelika Kirchschlager, die ich kannte und schon lange verehrte, lernte ich in Wien kennen.

Ich war ganz schön aufgeregt, als wir uns nach meinem Konzert gegenüberstanden und ich konnte es gar nicht fassen, als sie mir erzählte, dass sie schon lange meine Lieder kennen und schätzen würde.

Angelika ist ein erstaunlicher Mensch! Ihre atemberaubend schöne Stimme, ihr unglaublich herzliches Temperament, ihre frische Unverblümtheit, ihre Bereitschaft, auch ungewohnte Wege zu gehen, sich musikalisch über Grenzen hinwegzusetzen, dem sogenannten »klassischen« Publikum auch immer wieder mal ein Schnippchen zu schlagen – das alles machte unsere gemeinsamen Konzerte zu einem einzigartigen Erlebnis.

Da sie unsere Begegnung sehr anschaulich in ihrem Buch »Ich erfinde mich jeden Tag neu – Meine Lebenswege, aufgezeichnet von Achim Schneyder« geschildert hat, erlaube ich mir nun, Angelika zu zitieren:

»Ich erinnere mich noch gut an diesen sehr langen Abend im Restaurant ›Holy Moly‹ auf dem Wiener Donaukanal. Dort saß Konstantin Wecker mit den vier Streichern vom ›Spring String Quartet‹, seinem kongenialen Begleiter und pianistischen Alter Ego Jo Barnikel und seinem Wiener Freund Achim. Das Team der ORF-‚Seitenblicke' hatte im Vorfeld ein Treffen mit mir eingefädelt, um eine Geschichte daraus zu machen: Wecker trifft Kirchschlager, Kirchschlager trifft Wecker. Keine Ahnung, warum sie ausgerechnet auf mich gekommen sind, aber ich habe, obwohl ich inszenierte Dinge dieser Art an sich überhaupt nicht mag, zugesagt. Spontan. Und zwar aus einem ganz einfachen Grund: Ich verehre den Künstler und bewundere den Menschen Konstantin Wecker, diese Gestaltwerdung der Kraft, seit meiner Jugend, aber nie bin ich in den Genuss gekommen, ihn persönlich kennen lernen und in seine Aura eintauchen zu dürfen. Doch an diesem Abend war diese Chance gekommen, und die vielen Stunden in diesem Lokal waren einzigartig. Wir haben gelacht, getrunken und gesungen, und wir haben gespürt, wie nahe wir uns künstlerisch stehen, weil wir das Lied lieben und das Lied leben. Und irgendwann sagte Konstantin den alles entscheidenden Satz: ›Angelika, ich denke, wir sollten eines Tages etwas Gemeinsames machen.‹

Seit dieser Nacht nennt mich Konstantin übrigens hin und wieder ›Göttin‹. Weil der Julian vom Quartett, als ich das Lokal betreten habe, ihm scherzhaft zugeraunt hat: ›Konstantin, benimm dich ab sofort, denn es schreitet gerade eine

Göttin durch die Tür.‹ Ich nenne ihn im Gegenzug ›Meister‹. Aber nur selten bedienen wir uns dieser Namen in der direkten Rede von Angesicht zu Angesicht, meist nennen wir einander so, wenn wir mit anderen über den Jeweiligen sprechen.

Es war sicherlich eine der intensivsten Wochen meines bisherigen Lebens, diese Woche, in der gemeinsam mit den Musikern das Programm ›Liedes-toll‹ entstand, mit dem wir auf Tournee gehen. Mit Liedern von Konstantin, mit Liedern von Schubert bis Schumann und begleitet vom bereits erwähnten Jo, den ›Spring Strings‹, Julian Gillesberger, Christian Wirth, Markus Wall und Stefan Punderlitschek sowie dem Perkussionisten Tim Neuhaus. Wir betrachten es als Wagnis, denn keiner kann uns garantieren, dass unsere jeweiligen Fans dieses eigenwillige Duo akzeptieren werden oder akzeptieren wollen. Aber wie auch immer. Hier in der Toskana gewesen zu sein und es eine Woche lang versucht zu haben, allein das ist schon das größte Glück. Die Konzerte sind nur noch Zugabe.

Konstantin ist ein Mensch, der keine Angst vor dem Scheitern hat. Der mit einer Unbeschwertheit an die Dinge herangeht, einer Unbeschwertheit, die es in der Klassik viel zu selten gibt. Wobei es damals, als ich siebzehn war und schließlich auch schon älter, nicht allein seine Texte waren, die mich in ihren Bann gezogen haben. Auch der Mann als solcher hat mich ungemein fasziniert. Wie dieser Wecker damals oben gesessen ist, Weißwein getrunken hat auf der Bühne und geschwitzt und seine Wut und seine Zärtlichkeit mal laut und mal leise rausgeschrien hat, das war ungeheuer fesselnd. Und jetzt habe ich mich anstecken lassen, bin verwachsen mit dieser Arbeit, und das fühlt sich sehr nahe an. Sehr nahe und sehr echt.«

Hannes Wader

Und natürlich: Hannes Wader! Mit ihm verbinden mich mehrere Tourneen und Auftritte, viele spannende Stunden, gemeinsame Rotweinabende, seine unvergleichlichen Lieder, seine sanfte schöne Stimme und viel Freude.

Ich werde nie vergessen, wie ich Hannes zum ersten Mal persönlich begegnete. Es war im »Chez Margot«, einer Studentenkneipe in Schwabing, wo allnächtlich die Revolution ausgerufen wurde und die Welt neu geordnet. Der hagere, schüchterne Junge mit dem unverkennbaren Spitzbart war umringt von Studenten, die ihn mit ihrer Ideologienlast erschlugen und das Gefühl vermittelten, einzig sie wüssten, wie man politische Lieder zu schreiben habe. Sie bewunderten ihn natürlich alle, denn sie waren alle in seinem Konzert gewesen, aber damals musste man Bewunderung eben hinter Kritik verstecken.

Mich kannte er natürlich nicht, denn ich versuchte zu der Zeit mehr schlecht als recht, für meine sadopoetischen Gesänge ein Publikum zu gewinnen. Aber er tat mir leid, denn sicher wollte er nach seinem Auftritt nur wohlverdient abhängen, und deshalb wollte ich ihm etwas Nettes sagen. Ich habe mich dann doch nicht getraut.

Vielleicht hätte er es damals auch als Provokation missdeutet. Über vierzig Jahre sind seitdem vergangen, und meine Bewunderung für ihn wie auch seine Lieder sind geblieben. Sicher haben auch sie dazu beigetragen, dass ich mich einige Jahre später immer mehr politischen Themen zuwandte, und einige Verse fand ich so schön, dass ich nicht umhin kam, sie mir auszuleihen.

Im Programmheft unserer ersten gemeinsamen Tour schrieb Hannes dann: »Als Konstantin und ich uns Anfang der 70er kennen lernten, habe ich mich ihm, dem Newcomer, gegenüber noch deutlich skeptisch verhalten. Nicht direkt ablehnend, aber mit der (wie es nun mal so meine Art ist) herablassenden Arroganz des immerhin fünf Jahre Älteren und bereits Etablierten.

Die Presse belegte ihn damals bereits mit Adjektiven wie ›brachial-sinnlich‹, ›kraftstrotzend‹ usw. Irritiert dachte ich: Das soll ja wohl heißen, dass er sein Klavier besser tragen als spielen kann. Wie sehr ich ihm doch Unrecht getan habe. Konstantin hat das mit gutmütigem Bedauern registriert und seinerseits, ob privat oder öffentlich, immer nur in den freundlichsten Tönen der Anerkennung von mir gesprochen. Diese typisch Weckersche Großherzigkeit hat mich damals ziemlich beschämt und entwaffnet. Vor allem seine Lieder, eins schöner als das andere, haben mich dann schnell überzeugt. Wir konnten Freunde werden.

Den Gedanken, gemeinsam auf Tournee zu gehen, hat Konstantin schon vor 20 Jahren geäußert. Aber immer ist irgendetwas dazwischengekommen. Im Jahr 2000 hat es endlich geklappt. Nach meinem Gefühl genau der richtige Zeitpunkt. Früher hätten wir beide (wir sind reifer geworden) das vielleicht gar nicht so schön hingekriegt.«

Reinhard Mey

Reinhard Mey bin ich erstaunlicherweise nicht so oft begegnet, aber wenn, dann war unser Zusammentreffen und gemeinsames Musizieren stets von der unglaublichen Herzlichkeit des großen deutschen Liedermachers und unerschütterlichen Kämpfers für den Frieden begleitet.

So einen in sich ruhenden und empathischen Menschen wie Reinhard Mey sieht man selten. Und wenn wir zu dritt mit Hannes sein »Es ist an der Zeit« sangen – für mich das großartigste Friedenslied deutscher Sprache – hatte ich immer Gänsehaut und das Gefühl, jetzt wird vielleicht gerade ein Stück Kulturgeschichte geschrieben.

Wir hatten zum 60. Geburtstag von Hannes unser leider einziges gemeinsames abendfüllendes Konzert, das dann auch als »Mey Wader Wecker« auf CD erschien.

Wie gesagt haben wir uns leider nicht so oft begegnen

können. Wir Kollegen sind ja meist so sehr mit unseren eigenen Konzerten beschäftigt, dass man sich gerade mal während einer Tour an einem *day off* über den Weg läuft. Meistens sieht man an den Gästebüchern in den jeweiligen Hallen, dass der andere schon kurz vorher da war.

Barbara Thalheim

Vor vielen Jahren hat mir die Liedermacherin Barbara Thalheim den Weg in die damalige DDR eröffnet. Sie hat mir die Menschen näher gebracht, hat mich ihr Land verstehen gelehrt, das sie bekämpfte und doch liebte. Ich lud sie im Gegenzug 1985 zu den »DDR-Liedertagen« in mein Kaffee Giesing nach München ein. Selten ist mir ein so aufrechter und gleichzeitig zerrissener Mensch begegnet. Als Liedermacherin beherrschte sie den leisen Protest, die verhüllte Anklage, die Zwischentöne genauso meisterhaft, wie ihr Publikum sie zu deuten verstand. Ich habe mich oft gefragt, wie mutig ich wohl in einem totalitären Regime gewesen wäre. Barbara stand zu mir in einer schweren Zeit, als wenige zu mir standen, bekannte sich zu mir, als viele stumm blieben. Sie gehört nun mal zu den Aufrechten, die nicht sofort die Fahne wechseln.

Gerhard Polt

Als ich Gerhard Polt das erste Mal hörte, in München im Konzertsaal des Bayerischen Rundfunks, war ich wie vom Blitz getroffen. So was hatte ich noch nie erlebt.
    Er telefonierte zehn Minuten lang mit einem gewissen Erwin, den man nicht hörte, und sagte nichts als »ja Erwin«, »guat Erwin« »ja genau Erwin« – und der Saal bog sich vor Lachen. So ein komisches Talent gibt's nur einmal in einem Jahrhundert. Na ja, in Bayern eigentlich zweimal, immerhin

haben wir ja Karl Valentin (nach dem mein erster Sohn benannt ist). Und Dieter Hildebrandt hat natürlich recht, wenn er über Gerhard sagt: »Er muss einfach nur die Bühne betreten und alles lacht. Ich muss erst mal eine halbe Stunde lang reden ...«

Nun wissen wir mittlerweile alle, dass Polt nicht nur komisch ist. Er ist ein unglaublich kluger und belesener, kritischer und rebellischer Geist, und die Stunden, die ich mit ihm bei ihm zu Hause verbringen durfte, über Gott und die Welt und vor allem über Mark Aurel philosophierend, werden mir immer im Gedächtnis bleiben.

Die Hinterfotzigkeit – um dieses schöne bayerische Wort mal treffend anzuwenden – des Gerhard Polt habe ich immer wieder, auch mit ihm und Gisela Schneeberger zusammen, aus nächster Nähe und in gemeinsamen Sketchen erleben dürfen, und nicht nur mir blieb und bleibt das Lachen sehr bald im Hals stecken.

Gerhard hat und *ist* Humor, und deshalb ist er kein Comedian. Die sind nämlich im besten Fall nur lustig.

So viele Menschen, so viele Dankesworte ...

So viele Menschen gäbe es noch zu erwähnen, doch das würde wirklich den Rahmen des Buches sprengen. Franz Josef Degenhardt, den großen Lyriker, ohne dessen Lieder ich vielleicht nie angefangen hätte, selbst Lieder zu schreiben. Georg Kreisler, für den ich, als er den Ehrenpreis des Bayerischen Kabarettpreises erhielt, eine Laudatio halten durfte und ohne den ich es wahrscheinlich nicht gewagt hätte, mich am Klavier zu begleiten. Ein Liedermacher musste ja damals eine Gitarre umhängen haben, und so habe ich es für kurze Zeit auch gemacht. Nun bin ich wirklich kein guter Gitarrist, und Gott sei Dank hat mir Georg Kreisler, dieser geniale Wortkünstler und Komponist, den Weg zum Klavier gewiesen und gezeigt, dass man auch vom Flügel aus, sich den Hals zwar verrenkend, aber eben doch das Publikum erreichen kann.

Klaus Hoffmann und Heinz Rudolf Kunze habe ich zum Glück ebenfalls getroffen – zwei Songwriter, ohne die die deutsche Musiklandschaft bedeutend eintöniger wäre.

Aber auch meine jüngeren Kollegen haben mir viel gegeben. Allen voran Prinz Chaos II., mit dem ich seit vielen Jahren befreundet bin. Ein kluger, belesener, kämpferischer und überaus begabter junger Mann, mit dem ich großartige und weiterführende, mich bereichernde Gespräche hatte. Dominik Plangger, der Mann mit der unvergleichlichen Stimme, Roger Stein, dessen Lieder und Gedichte mich sehr berühren und natürlich Cynthia Nickschas, die junge Frau mit der großen Stimme, mit der ich schöne gemeinsame Konzerte erlebte.

Und nicht zu vergessen: mein Kollege Heinz Ratz, der Strom- und Wasser-Akustik-Punkrocker, ein junger Mann mit erstaunlich klugen, fast weisen Texten, ein Kämpfer sowohl gegen seine eigene schwere Erkrankung als auch gegen Faschismus und jeglichen ideologischen Wahnsinn. Für mich ein echter Anarcho, unbeugsam und mit seinen Aktionen, zum Beispiel für Flüchtlinge und deren Musik, wirklich vorbildlich selbstlos.

Wir hatten zusammen eine Antifa-Tour im Jahre 2006, und da wurde uns wahrhaftig ein Konzert in Halberstadt mit dem Argument abgesagt, wenn man diesen Linken die Halle zur Verfügung stellen würde, müsste man das auch den Nazis von der NPD gestatten.

Im Herbst 2016 haben wir uns wieder zusammengesetzt und beschlossen, etwas gegen die drohende Faschisierung Europas zu unternehmen. Und wir gründeten das BOK – Büro für Offensivkultur, dessen Motto ein schönes Zitat von Heinz ist: »Gegen das Starre – sprungbereit«. Schon 2006 haben wir während einer gemeinsamen Tour auf die fast unmerklich wachsende Neonazi-Szene aufmerksam gemacht. Schon damals schlug uns heftiger Widerstand entgegen. So sagte zum Beispiel der Landrat in Halberstadt auf Druck der NPD unser Konzert ab. Heute gehören brennende Flüchtlingsheime, rechte Drohungen und öffentliche faschistische Äußerungen fast schon zum Alltag. An Unmenschlichkeit aber darf man sich niemals gewöhnen, deshalb wollten Heinz und ich erneut ein Zeichen setzen und gründeten das Büro, das als eine Art schnelle musikalische Eingreiftruppe agieren soll.

An dieser Stelle möchte ich meine geschätzte Kollegin Luise Kinseher noch ausdrücklich erwähnen. Wir kennen uns seit Kaffee-Giesing-Zeiten. Wir liebten uns und stritten uns auch manchmal ein wenig. Und dann war ich völlig geplättet von ihrer wunderbaren Laudatio. Ja, ich muss gestehen, fast kamen mir die Tränen.

»Konstantin Wecker ist ein genialer Musiker, da sind wir uns alle einig, ein Bühnentier, ein Poet, aber er ist dabei auch ein Streiter, ein tapferer Krieger im Kampf gegen die Ungerechtigkeit. Menschlichkeit ist bei ihm keine bedeutungslose Worthülse.

Er weiß wovon er spricht.

Ich weiß nicht viel über seine Kindheit, aber der Mut zur Rebellion muss da bereits seinen Anfang genommen haben, sonst erreicht man darin nicht diese Meisterschaft.

Konstantin Wecker ist ein Gigant im Mut, anders zu denken, neu zu denken, ohne dabei nachzudenken, ob es das Risiko lohnt, und vor allem, ohne dabei vorauszudenken, ob er selbst dabei Schaden nimmt.

Ohne Menschen wie Konstantin Wecker wäre nie etwas Neues entstanden, wir würden immer noch auf einer Scheibe leben und was noch schlimmer ist, an den Teufel glauben.

Es heißt ja immer, in der Musik kommt man den Göttern am nächsten, und ich denke, Konstantin Wecker führt uns tatsächlich zurück bis an den Ursprung jener göttlichen Quelle.

Das, was Konstantin Wecker ausmacht, ihn so besonders macht, kommt nicht von ungefähr. Da ist nichts beliebig.

Diese Anziehungskraft und Unbedingtheit kommt aus einer Quelle, aus der man nicht einfach schöpfen kann, sondern von der man getrieben wird mit der Wucht eines wilden Gebirgsbachs!

Diese Quelle hat etwas Unausweichliches, und der Künstler droht nicht selten in ihr zu ertrinken, denn sie zwingt zum ständigen Tun. Sie fordert fortwährende Rastlosigkeit. Unerbittliches Weitermachen auch dann noch, wenn man oft schon nicht mehr kann vor lauter Können.

Konstantin Wecker hat ein mehr als beachtliches Werk erschaffen. Lieder, Texte, wieder Lieder, Musik, Pamphlete und Manifeste und wieder Musik und Bücher und Lieder.

Er hat sich immer wieder selbst erschaffen, sich zerstört und wieder neu erfunden. Weil er nicht anders kann!

Doch ernsthaft Sorgen musste sich nie jemand um Konstantin Wecker machen. Denn Gott hat nur die Stärksten seiner Geschöpfe mit dieser Quelle ausgestattet und hat auch zum Konstantin Wecker gesagt: ›Den nehm ich, der hoit des aus, es wird net leicht, aber einer muss es ja machen!‹

Ja, der liebe Gott ist auch kein Kuscheltier. Und er verschwendet nichts. Er platziert seine Geschöpfe da, wo sie so dringend gebraucht werden als Wachrüttler und aufrechte Mahner. Der liebe Gott scheut auch nicht vor so manchen Plattheiten zurück, um seinem Willen Ausdruck zu verleihen. Er hat sich sogar gedacht: ›Den nenn ich gleich a no Wecker, den Wecker, damit erstens er es selber und dann auch noch der letzte Depp merkt, was ich gemeint habe mit ihm!‹

In einer Zeit und in einem Land, in dem so viele Menschen so satt sind, dass sie zwischendurch gerne mal hungern, und gleichzeitig andere in den Hungerstreik treten, um endlich einmal satt zu werden, in einer solchen Zeit, lieber Konstantin, weckst du uns auf, wir selbst zu sein. Zu uns selbst zu stehen, mit all unseren Gefühlen, unseren Gedanken.

Denn erst, wenn wir kapiert haben, was das Selbst in uns ist, erst dann können wir für andere einstehen und das leben, wozu wir eigentlich alle geboren sind:
Zu lieben!
Für diese Botschaft bist du bereit, jeden Preis zu zahlen! Und dafür gebührt dir jeder Preis dieser Welt! Und dieser Ehrenpreis schon lang! Gratuliere!
Luise Kinseher«

Viele Menschen haben mich politisch geprägt und sind mir wichtige Wegweiser gewesen, wenn ich oft nicht mehr weiter wusste oder an mir und meinem Weg zweifelte. Drei, mit denen mich persönlich sehr viel verbunden hat und verbindet, seien hier, auch stellvertretend für viele andere, ausdrücklich erwähnt:

Petra Kelly, die ich stets bewundert habe für ihren aufrechten Gang, diese unbeugsame große Mitleidende, deren stets loderndes Feuer so hilfreich war für so viele soziale Bewegungen. Sie war immer im Dienst der Welt unterwegs, ohne an sich selbst zu denken. Alles kam direkt an sie heran und berührte sie im Herzen. Petra war wie eine Kerze, die an beiden Enden brennt. Ohne sie hätte es auch mein damaliges Engagement für die Grünen nicht gegeben. Und mit ihr ist dieses besondere, dieses leuchtende Grün, das sich in ihrer Person verkörperte, verschwunden.

Und dann auch meine Freunde Henning Zierrock und Heike Hänsel von der Gesellschaft »Kultur des Friedens«, die ich immer wieder bewundere für ihren friedenspolitischen Einsatz, ihre Selbstlosigkeit und ihr Engagement für den Pazifismus. Ohne sie wäre ich 2003 nicht in den Irak gefahren, ein Erlebnis, das mich politisch mehr geprägt hat als alle anderen Reisen meines Lebens. Bei all den ideologischen Grabenkämpfen, die leider in den letzten Jahren die Friedensbewegung gelähmt und zersplittert haben, sind mir diese beiden unvergleichlichen Menschen und die »Kultur des Friedens« stets ein Leuchtturm gewesen und ein unverzichtbarer Halt in stürmischen Zeiten, und sie werden es auch bleiben.

Ob mein »großer Bruder«, der Indianer-Blueser Willy Michl, Lisa Fitz, die Freundin aus frühen Zeiten, oder die vielen grandiosen Kabarettisten, mit denen ich zusammen auf der Bühne stehen durfte, mit Georg Schramm, Urban Priol, Frank Markus Barwasser, Max Uthoff und Claus von Wagner, der Biermösl Blosn und Hans Brenner, Willy Astor, der meinen »Willy« so schön persiflierte, Andreas Giebel, der zu meinem 60. kongenial mein Lied »Heut schaun die Madln wia Äpfel aus« interpretierte – und so viele mehr ... Bitte verzeiht mir, wenn ich einen von euch zu kurz kommen ließ. Ihr wart mir so wertvoll.

Nun mag der aufmerksame Leser denken: Ja, kennt denn der Wecker nur Promis, hat er denn sonst keine Freunde?

Ich habe das große Glück, mit Freunden aus der Schulzeit immer noch bestens befreundet zu sein. Sie erfreuen sich noch guter Gesundheit, und wir verbringen viel Zeit miteinander. Oft habe ich schon über sie geschrieben: über die Zwillinge Michael und Christoph, Thesi, seine Frau und Günters Schwester.

In der »Kunst des Scheiterns« hab ich sie bereits liebevoll beschrieben:

Christoph ist, ebenso wie sein Bruder Michi und mein Schriftstellerkollege Günter, ein Gescheiterter. Alle drei haben es nach bürgerlichen Maßstäben zu nichts gebracht: trotz Gymnasiums keine Schönheitschirurgen, Rechtsanwälte oder Daimler-Chrysler-Manager geworden. Nicht mal Waffenhändler oder Immobilienmakler. Einfach nur Taxifahrer. Die drei gehören, soweit ich das beurteilen kann, zu den glücklichsten und freundlichsten Menschen dieser Gesellschaft.

Wir kennen uns aus der Kinderzeit, wir schusserten zusammen mit Lehmbazerln vor dem protzigen neogotischen

Eingangstor der Lukaskirche, wir blähten uns auf der Praterinsel auf als stolze DLRG-Rettungsschwimmer und retteten mit Vorliebe junge Touristinnen aus den reißenden Isarfluten, wir schummelten uns durch die Schule, studierten uns scheinfrei durchs reichhaltige Angebot der Geisteswissenschaften, soffen, stritten und liebten uns, verloren uns aus den Augen, fanden uns immer wieder und schauen heute noch aus wie junge, schlanke, hübsche Männer.

Wenigstens wenn wir zusammen radln, Schach spielen oder bei einigen Flaschen Chianti die Welt neu ordnen.

Ich bin zufällig mit meinen Liedern bekannt geworden. Wenn nicht, würde ich auch Taxi fahren. Und wäre vielleicht genauso zufrieden. Das Fantastische an meinen Freunden ist, dass sie keinen gesellschaftlichen Ehrgeiz haben. Sie sind nicht süchtig nach Titel und Beifall und manchmal beneide ich sie um ihr Verhältnis zur Zeit. Wo sie die Langsamkeit entdeckt haben, lasse ich mich noch von Terminen jagen. Sie schlendern. Ich singe nur davon.

DASS ALLES SO VERGÄNGLICH IST ...

Roland Rottenfußer

Am leichtesten schreibt es sich über den Tod, wenn er einem noch fern ist, eigentlich noch kaum real. Denn junge Menschen halten sich immer, wenigstens dem Gefühl nach, für unsterblich. Der junge Konstantin Wecker hat Formulierungen mit »Tod« oder »Sterben« beinahe inflationär verwendet, noch unverbindlich als ästhetisches Spiel, als wolle er seine Lust- und Lebenshymnen mit einem Hauch des Dekadenten und Morbiden würzen. »Wenn mein Ende nicht mehr weit ist«, »Ich hab zum Sterben kein Talent« oder »Man hat es satt und legt sich hin zum Sterben«. Von derartigen Wendungen wimmelt es in den frühen Texten des Liedermachers. Auch vor dem Verwesungsprozess werden die Augen nicht verschlossen. »Deine Hand tastet sich leise und bröckelnd an meine heran, und du nimmst diese sterbende Zärtlichkeit hin.« In »So will ich nicht begraben sein« wird das drastische Szenario einer »Luftbeerdigung« ausgebreitet:

> *Ich will so offen liegen, dass mich meine Hunde kriegen*
> *und meine Lippen weiß sind wie die Luft.*
> *Will wie ein Bock auf meiner Erde liegen.*
> *Was soll ich unfrei sein in einer engen Gruft?*
>
> *Will liegen, wie ich falle. Ich verzichte*
> *auf diesen letzten Beistand eurer Heuchelei.*
> *Gestattet, dass ich dies Geschäft allein verrichte.*
> *Kein Nachgesang. Ich war einmal und bin vorbei.*

Auf derartige Wendungen verzichtet der reife Wecker – zu bedrängend scheint die Frage nach der Endlichkeit des Lebens, wenn man selbst älter wird. In einem Gespräch, das wir führten, verwahrte sich der Künstler gegen meine schönfärbende Suggestion, er habe ja nach durchschnittlicher Lebenserwartung noch 20 oder 30 Jahre vor sich. Es kann in 20 Jahren passieren, aber auch sofort. Das Leben ist immer im Hinblick auf die Sterblichkeit zu führen – genau dies verleiht dem Lebensvollzug auch seine Dringlichkeit, was kaum jemand mit größerer Schärfe realisiert hat als gerade Konstantin Wecker. Auf der »Flussufer«-CD hat er hierzu ein schönes Memento Mori veröffentlicht.

Du wimmerst: Verzeihung, das kann gar nicht sein,
rein statistisch darf ich noch leben!
Und dann werden sie dir an den großen Zeh
das größere »Pech gehabt« kleben.

Ihr Lieben, das bringt euch doch jetzt schon um!
Die Methode ist hinterlistig.
Ja, glaubt ihr denn wirklich, der Tod ist so dumm
und hält sich an die Statistik?

Konstantin Weckers Alter brach ja – im Gegensatz zur Mehrheit der Menschen – eher abrupt über ihn herein. Er hat das einmal im Rückblick auf seine Drogenperiode so beschrieben: »Als das mit dem Kokain aufgeflogen ist, da ist etwas Interessantes passiert. Mit vierzig fühlte ich mich noch wie zwanzig. Da habe ich gar nicht daran gedacht, dass ich vierzig bin. Dann war ich zwischen vierzig und fünfzig, doch in einem ziemlichen Dämmerzustand. Ich bin eigentlich über Nacht vom Zwanzigjährigen zum Fünfzigjährigen geworden. Das war ein sehr harter Schritt.«

Aus der Nähe mit dem Tod konfrontiert wurde Konstantin auch durch den Tod seiner beiden Eltern Alexander (2001) und Dorothea (2006). Deren Sterbeprozesse erlebte er dabei ganz unterschiedlich. »Mein Vater hat mir oft gesagt, er habe keine Angst vor dem Tod. Ich habe ihm nie geglaubt. Bis es ans Sterben ging. Er hat sich gefreut auf den Tod und ging davon. Wenige begegnen dem Tod mit

Ruhe und Würde. Manche schenken sich ihm geradezu, wie einem Bräutigam.«

Schwieriger war es bei Konstantins Mutter, die an einem schmerzhaften, entstellenden Gesichtskrebs litt, ihre letzten Wochen aber glücklicherweise in einem guten Hospiz verbringen konnte: »Meiner Mutter Sterben ist die Geschichte eines kämpferischen Menschen, der nicht wahrhaben wollte, dass der Tod ihn besiegen kann. Und es wirft ein Licht auf eine Gesellschaft, die, von panischer Angst getrieben, der Vergänglichkeit ins Auge blicken zu müssen, nichts unversucht lässt, den Tod aus dem Leben auszuklammern. (...) Meiner Mutter Sterben hat mir den Tod wieder nähergebracht, nicht unbedingt als einen Freund, aber doch als einen allgegenwärtigen Vertrauten.«

In einem Kapitel aus seinem autobiographischen Buch »Die Kunst des Scheiterns« schreitet Konstantin Wecker vom Besonderen zum Allgemeinen fort und porträtiert eine verschworene Verdrängungsgesellschaft, repräsentiert auch durch enervierend dynamische »junge Alte«. »Statt sie zum Wesentlichen hinzuleiten und sie allmählich mit der Ars Morendi vertraut zu machen, verkauft man ihnen im Sommer Skistöcke, die vom Winter übrig sind, mit denen sie dann durch penetrantes und nerviges Geklapper auf sich aufmerksam machen können.« Diese Alten sind »zu jugendlich, um von der Jugend ernst genommen zu werden, zu angepasst, um in Würde zu altern.«

So ist Konstantin Weckers Bild von einem würdigen Altern durch verschiedene Texte vorgezeichnet, und mit »Würde« ist nicht unbedingt ein Erstarren in Seriosität gemeint – hört man sich zum Beispiel das Lied »Präposthum« (2004) an, in dem ein Greis ein Vermögen im Bordell verjubelt und den Seniorenaufstand probt; übrigens eines der Lieblingslieder seiner Mutter Dorle. Sehr schlecht kommen bei Wecker immer die Jungen, die Smarten, von Karriereanstrengungen völlig Absorbierten weg, für die jede Abweichung von der marktfähigen Körper- und Verhaltensnorm ein Ärgernis darstellt. So auch das Alter mit seinen schon ästhetisch suboptimalen Begleiterscheinungen. In »Opa«, einem Lied von 1989, wird der lästig gewordene Großvater gleich ins Heim abgeschoben und am Ende sanft eingeschläfert.

Denn das Gehumple und Gehuste
in nächster Nachbarschaft
schafft schlechte Vibrations
und lähmt die Arbeitskraft.

Konstantin Wecker ist mit einem »Nur-die-Besten-sterben-jung«-Lebensstil nun relativ alt geworden. Typen wie ihn, die nach dem Motto »Hauptsach, i brenn« leben, bläst es oft schon mit 27 von der Lebensbühne. Als er 60 wurde, sang ihm sein Kollege Hans-Eckhart Wenzel in Abwandlung eines eigenen Liedtextes ein Ständchen: »Es ist ein Wunder, dass Konstantin noch am Leben ist.« Drei Jahre später, 2010, sang Wecker zusammen mit Hannes Wader die trotzige Zeile »Kein Ende in Sicht, den Anfang verprasst, dazwischen nur tänzelndes Schweben. Den Sinn dieses Daseins noch längst nicht erfasst, aber immerhin: Leben im Leben.« Manchmal klang das in Interviews auch pessimistischer: »Man muss zunächst mal zugeben, dass das Altern scheiße ist.« Diese Aussage bezog sich nicht nur auf sich häufende Zipperlein, etwa die für Musiker besonders fatalen Stimmausfälle, sondern auch auf das Schrumpfen der verbleibenden Lebensspanne.

Eine Form der Bewältigung war und ist für Konstantin Wecker das Heranziehen von »Nachfolgern«. Schon anlässlich der »Uferlos«-Tournee präsentierte er den damals jugendfrischen Pippo Pollina mit einem koketten Verweis auf sein eigenes fortgeschrittenes Alter. Man müsse jetzt daran denken, junge Künstler zu fördern. Das tat er 2014 verstärkt mit der Gründung seines Labels »Sturm und Klang«. Darin nahm Wecker zunächst vier junge Künstler unter Vertrag, die auf dem »freien Markt« wegen zu ausgeprägter künstlerischer Eigenständigkeit wohl schwerlich eine Chance bekommen hätten. Der Etablierteste unter den vier Künstlern war Roger Stein, schon zuvor bekannt durch das Duo »Wortfront«, zusammen mit der Georg-Kreisler-Tochter Sandra. Stein verfasste subtile, satirische und literarische Chansons in der Art des Musikkabaretts. Weiter gehörten zu den Fabulous Four auch der stimmgewaltige Südtiroler Liedermacher Dominic Plangger sowie Cynthia Nickschas, die es mit frechen Texten und funkiger Musik sogar bis zur Duettpartnerin Weckers brachte: auf der CD »Ohne Warum« und während der anschließenden Tournee. Vor allem verdankte sie diesen Erfolg ihrer unglaublichen »Rockröhre«.

Der vierte Wecker-Schützling ist Florian Kirner, der sich selbst hartnäckig unter dem Künstlernamen Prinz Chaos II. vermarktet. Die Nummerierung ist wohl seiner Verehrung für den unglücklichen Bayernkönig Ludwig geschuldet. Tatsächlich gelang es dem Chaosprinzen, im Thüringischen Weitersroda ein Schloss zu kaufen und dieses zu einem Mehrzweck-Kulturzentrum auszubauen. Unter anderem findet dort seit einigen Jahren das jährliche »Paradiesvogelfest« statt, Treffpunkt für bekannte und weniger bekannte Liedermacher. Prinz Chaos, der durch pompöses Outfit und exzentrische Verhaltensweisen aus der Herde »normaler« Liedermacher hervorsticht, ist auch vom Lebensstil her der ideale »Sohn« seines Vorbilds Konstantin Wecker. Tatsächlich sind beide Lebemänner schon so manches Mal zusammen um die Häuser gezogen. Der Durchlauchtigste ist auch ein scharfzüngiger Essayist, seine Verse sind kapriziös und durch sein privates Umfeld inspiriert. Als Schwulenaktivist würzt Prinz Chaos einige seiner Lieder auch mit Heten-Schelte, was aber der langjährigen Freundschaft der beiden Liedermacher so wenig Abbruch tut wie der große Altersunterschied zwischen ihnen.

Wecker, der sich mit dem Erwachsenwerden doch so lange Zeit gelassen hatte, ist zu einer Vaterfigur für viele jüngere, in der breiten Öffentlichkeit noch nicht so erfolgreiche Liedermacher geworden. Er trat mit Heinz Ratz, Sarah Lesch oder Dota Kehr auf – mit wem eigentlich noch nicht? Dennoch: wenn man den ganz großen Wurf sucht – also nicht nur kritische Verse, sondern auch hinreißende, gehaltvolle Melodien –, muss sich Wecker überwiegend noch selbst nachfolgen. Seine großen Vorläufer wie Georg Kreisler, Franz Josef Degenhardt, Dieter Hildebrandt und Hanns-Dieter Hüsch sind ja jetzt allesamt tot. Ebenso große Freunde und Vorbilder aus dem außerkünstlerischen Bereich wie der Physiker Hans-Peter Dürr oder der Psychologe Arno Gruen. Das schmerzt. Quasi kulturell vaterlos geworden, sieht Wecker mittlerweile fast nur noch »Brüder« und »Schwestern«, »Söhne« und »Töchter« um sich.

Zum Tod des Cap Anamur-Gründers Rupert Neudeck im Mai 2016 schrieb Konstantin: »Zu den Plagen des fortschreitenden Alters gehört neben anderen, dass sich die Tode gerade derjenigen Menschen häufen, die für uns Vorbild gewesen sind. Man steht auf einmal wie verwaist da, älterer Freunde und öffentlicher Personen beraubt, die man bewunderte und an denen man sich angesichts des alltäglichen Kleingeists in der Politik aufrichten konnte: Unbeirrbare und vermeintlich Unermüdliche, die man zweckoptimistisch wohl für unsterblich hielt. Einzigartige, genialische, oft sperrige Persönlichkeiten, an deren Stelle schwerlich etwas Vergleichbares nachwachsen dürfte.« Letzteres gilt auch für Wecker selbst. Und schon der jüngere Pippo Pollina betrachtete sich in seinem Lied »Cantautori« als einen »Waisen« verstorbener klassischer Liedermacher wie Lucio Dalla oder Fabrizio De André.

Auf der CD »Ohne Warum« gibt es einen Text, der so tiefgründig und sperrig ist, dass ihn sein Autor gar nicht singen, sondern nur – mit Klavierakkorden untermalt – sprechen mochte: »Dass alles so vergänglich ist«. Darin greift Konstantin Wecker die für ihn typischen Themen des Lebensgenusses und des »Carpe Diem« wieder auf und überträgt sie stimmig auf die Situation einer späteren Lebensstufe:

*[...] und doch, wenn ich so Bilder seh
aus schöner Zeit, dann tut es weh
dass sich nichts rüber nehmen lässt
in diese Welt des Hier und Jetzt.*

*Dass die oft herrlich warme Zeit
verlorener Vergangenheit
nicht mehr präsent ist wie zuvor
da steh ich nun, ich armer Tor*

*und würd mich gern an Weisheitslehren
berauschen oder gar verzehren
ich hab so gern gelebt und nun
macht es mir Angst mich auszuruhen.*

Neben der nostalgischen Rückschau auf das Schöne sind es vor allem auch die hartnäckigen Erinnerungen an das Scheitern und den Schrecken, die dem »Liedermacher-Urgestein« zu schaffen machen:

*Dass alles Schöne endlich ist
und oft nur das was schändlich ist
dir mahnend im Gedächtnis bleibt
stets wiederkehrt und Unfug treibt*

*und dass das Glück so flüchtig ist
doch das wonach man süchtig ist
und an das Schreckliche gemahnt
im Rad des Werdens fest verzahnt [...]*

Auf Spekulationen über ein »Jenseits« möchte sich Wecker, der dem Wunderbaren zugewandt, jedoch kein Eskapist oder Weltflüchtling ist, hier nicht einlassen. Auch mit der »Erleuchtung«, die ja eine starke Selbstdistanz voraussetzt, hat er es noch nicht so. Er ist nie ein Drübersteher mit »Zeugenbewusstsein« gewesen, sondern stets ein tief in den Lebensfluss Eintauchender.

Ich ahn's, jetzt wär es an der Zeit
für Wunsch- und Körperlosigkeit.

Stattdessen, ungebrochen, das »Wollen, das mich drängt«.

Zum Leben ward ich doch geboren
dem Leben hab ich mich verschworen
und ach des Todes Possenspiel
scheint mir noch nicht das rechte Ziel.

»Il n'y a pas assez de vie, Leo«, schrieb Pippo Pollina in seiner Hommage an den französischen Chansonnier Leo Ferré – »Es gibt niemals genug Leben«. Wir hoffen, dass Konstantin noch eine ganze Menge davon vor sich hat. Bevor dann die »Preise für sein Lebenswerk« kommen, als wolle man ihn aus selbigem hinauskomplimentieren, mischt der Liedermacher, der seinem 70. Geburtstag entgegensieht, jedenfalls weiter kräftig mit und pinkelt dem neugewählten US-Präsidenten Trump in einer neuen Version von »Amerika« kräftig ans Bein.

Preise hatte Konstantin Wecker seit der »Tucholsky-Ehrung« (1995) zahlreiche bekommen, und er nahm sie auch gern und mit Stolz an. 2001 wurde er »Ehrendavid« bei der Münchner Umweltschutz-Organisation »David gegen Goliath« – der ideale Preis eigentlich für den Autor des Satzes »Es geht ums Tun und nicht ums Siegen.« Bernhard Fricke, der rührige und warmherzige Begründer, Inhaber einer Farm im Chiemgau mit dutzenden Schafen, Pferden und anderen Tieren, konnte auf vielen Gebieten mit dem Chansonnier mitschwingen: als politischer und spiritueller Mensch, als hellsichtiger Denker, Mahner und provokanter Utopist des Machbaren.

Es folgte – neben anderen Preisen – 2007 der Erich-Fromm-Preis der Erich-Fromm-Gesellschaft, zusammen mit Eugen Drewermann. Fromm, der wie Wecker die psychisch deformierende Macht des Kapitalismus angeprangert hatte, gehörte seit langem zu dessen wichtigste Einflüssen auf den Gebieten Psychologie und Philosophie. Große Freude bereiteten Konstantin Wecker unter anderem auch der »Preis für Solidarität und Menschenwürde« der Rosa-Luxemburg-Stiftung (2015) und – als einem erklärten Anarchisten – der Erich-Mühsam-Preis 2016. Eine Häufung verdienter Anerkennungen in den letzten Jahren – für jemanden, der sich lange von wenig berufenen »Geistern« hatte verspotten lassen müssen.

Das heitere Gegenstück zum pessimistischen »Dass alles so vergänglich ist« präsentierte Konstantin schon auf seiner »Ohne Warum«-Tour. Es wird ihn bis auf weiteres begleiten, und er verdankt es seiner ehemaligen Duettpartnerin Mercedes Sosa. Als eines der schönsten Lieder aller Zeiten bezeichnete Wecker deren Klassiker »Gracias a la vida«. Er lässt den spanischen Anfang von seiner Cellistin Fany Kamerlander hauchzart und innig anstimmen, bevor er dann mit dem von ihm selbst verfassten deutschen Text fortfährt:

Ich danke dir Leben,
hast mir so viel gegeben,
eine Stimme zum Singen
bringt die Worte zum Klingen,
Hände zum Spielen,
an vielen Klavieren,
Lust am Erlernen
und Ausprobieren
und so viel Zeit
voller Zärtlichkeit.

Ich danke dir Leben,
hast mir so viel gegeben,
durfte lachen und schweben
trotz all der Stürme und Beben.
Auch einsame Stunden
und schmerzvolle Wunden,

*doch du wolltest mich führen
mich selbst zu erspüren,
unter funkelnden Sternen
das Lieben zu lernen.*

*Ich danke dem Leben,
den Flüssen, den Reben,
den Winden, den Bäumen
und ich dank meinen Träumen,
denn sie ließen mich fliegen,
die Starrheit besiegen
und es ließ mich erkennen:
wir sind nicht zu trennen,
woher wir auch stammen –
wir sind eins und zusammen.*

NACHWORT

Konstantin Wecker

»Man muss zunächst mal zugeben, dass das Altern Scheiße ist.«
 Eigentlich wollte ich Roland bitten, diesen Satz zu streichen. Er war mir spontan peinlich. Aber ich habe ihn nun mal gesagt, so ähnlich steht es wohl auch in der »Kunst des Scheiterns« geschrieben.
 Was hat sich seitdem geändert?
 Ich bin älter geworden. Noch älter. Und ich find es gar nicht mehr so schlimm, das Altsein. Und ich bin froh, dass ich das nicht aus irgendwelchen Ratgebern nachplappern muss, sondern es erfahren durfte.
 Wenn Schopenhauer schreibt, »der Charakter der ersten Lebenshälfte ist die unbefriedigte Sehnsucht nach Glück; der der zweiten die Besorgnis vor Unglück«, dann lese ich das nicht so pessimistisch, wie es der große Pessimist vielleicht gemeint hat. Man hat die Sehnsucht nach Glück als unbefriedigt erkannt und mehr oder weniger ad acta gelegt. Die Besorgnis vor Unglück hingegen lässt sich aushalten, und wenn man sie als solche akzeptiert hat, vielleicht sogar umwandeln in Achtsamkeit.
 Das Alter birgt in seiner Zerbrechlichkeit seine eigene Schönheit des Soseins, des Seins ohne Anspruch und Ehrgeiz, mag sein nicht ganz ohne Eitelkeit, aber doch ohne albernes Rumgegockel. Ohne Aufplustern und Alles-besser-wissen-Wollen.
 Als ich 50 wurde, dachte ich, die Welt geht unter, weil meine Jugend nun endgültig vorbei ist. Als ich 60 wurde, bereitete mir die Sechs vor der Null noch schlaflose Nächte. Auf meinen 70. freue ich mich nun richtig.
 Ich bin dankbar, wenn ich ihn erleben darf, und das Alter macht mir keine Angst mehr. Es ist da, und ich habe es dankend angenommen.

Alles passiert nun mal immer nur in der Gegenwart. Wenn Sie jetzt dieses Buch lesen, werden Sie es in der Gegenwart lesen, und ich schreibe es im Jetzt, egal wie jung ich anscheinend mal war.

Bin ich nun altersmilde geworden?

Beileibe nein! Speziell die Generation der 68er hat geradezu die Verpflichtung, weiter aufzubegehren gegen die »identitäre Aggression, die Europa droht«. »Ich möchte es nicht Faschismus nennen«, schreibt Franco Bifo Berardi, der italienische Philosoph, der mir sehr ans Herz gewachsen ist, »aber ich denke, es ist etwas sehr Ähnliches.«

»Junge Leute, die in den Staaten für einen alten Sozialisten stimmen – das ist ein ironisches Ereignis.« (Gemeint ist natürlich Bernie Sanders.) Für Berardi ist die Ironie eine der Fluchtlinien, für mich ist es die Poesie. Und sie ist nicht nur eine Fluchtlinie, sondern eine Möglichkeit des Widerstands, wie ich es an anderer Stelle schon einmal versucht habe zu erklären.

Die 68er- und Hippie-Bewegung ist nach meinem Dafürhalten eine der wichtigsten Revolutionen der Weltgeschichte gewesen. Vielleicht die radikalste seit dem Erscheinen des Revolutionärs aus Nazareth. Alles anscheinend Unverrückbare wurde in den 60ern und 70ern in Frage gestellt. Vor allem der Zwang zu Leistung, Ehre, Nationalismus und autoritärer Pädagogik wurde hinterfragt, umgestürzt, Tabus wurden zerschmettert und in ihre Bestandteile zerlegt, und vor allem in der Hippiebewegung wurden Spiritualität und Mystik dem Rationalismus und hysterischen Materialismus entgegengestellt.

Freilich hat die Konterrevolution gewonnen, wie wir heute wissen. Geschickt hat der Neoliberalismus die Schwächen der Revolutionäre ausgenutzt, ihre ideologischen Kleinkriege, die eitlen Streitereien um das bessere, klügere, wahrhaftigere dogmatische Weltbild.

Aber wer damals aufwachsen durfte, kannte erst mal keinen Respekt vor sogenannten Autoritäten und keine Angst davor, sie vom selbst gebauten Sockel zu stürzen. Und das ist vielen meiner Generation bis heute geblieben.

In meinen Konzerten sind viele Menschen über 60. Oft ist das ein Grund zum Spott bestimmter Kritiker, die wohl meinen, dass Grauhaarige kein Recht mehr haben auf Musik, politischen Durchblick, frenetischen Jubel, Aufspringen von den Sitzen oder auch tiefe Betroffenheit.

Mittlerweile stelle ich schmunzelnd fest, dass gerade uns »alten Säcken«, diesen »ewig Gestrigen« das Recht auf Empörung und Engagement von meist jüngeren Journalisten abgesprochen wird. Vielleicht, weil sie sich selbst bereits allzu bequem im System eingerichtet haben?

Aber ist politisches Aufbegehren denn ein ausschließliches Recht der jungen Leute? Das sei ihnen gern zugestanden. Aber wenn sie dazu zu träge sind, zu eingelullt, zu erfolgsgeil, dann müssen halt wir herhalten.

Natürlich wäre es schön, wenn sich auch wieder die Jugend begeistern ließe für ein engagiertes, freches, antiautoritäres Leben, und manchmal gelingt das auch. An meinen eigenen Söhnen darf ich ja – manchmal auch nicht ohne väterliche Sorge – erleben, dass es einigen Jugendlichen durchaus möglich ist, sich frei und unangepasst gesellschaftlichen Zwängen zu entziehen.

Ein Satz Martin Bubers ist mir mittlerweile zu einem Anker im aufgepeitschten Meer geworden: »Erfolg ist kein Name Gottes«.

Wir müssen lernen, auch im eigenen Inneren den sogenannten Werten einer konsum- und gewinnfixierten, den wirtschaftlichen Zugewinn wie einen Götzen anbetenden, erfolgsgeilen Gesellschaft zu widerstehen. (Wie gerne sähe ich Bubers Satz als Banner über der Wall Street ...)

»Je weniger wir uns abhängig machen von der Hoffnung auf Erfolge, umso mehr werden wir uns auf den Wert und das Richtigsein unserer Arbeit konzentrieren.« (Thomas Merton) Ich weiß nicht, ob wir den ganzen Wahnsinn aufhalten können, dieses aus den tiefsten Grüften der Unvernunft von

gewissenlosen Populisten wiedererweckte völkische, nationalistische, rassistische, kleingeistige und zutiefst inhumane Gespenst. Ein Rückschritt in dunkelste Zeiten, der uns als Fortschritt verkauft werden soll.
Aber wir werden es versuchen.
Also: keine Altersmilde!
Wut UND Zärtlichkeit habe ich vor vier Jahren geschrieben.

Als ich meinen ersten und leider einzigen gemeinsamen Auftritt mit Bernie Glassman in einer Berliner Kirche hatte, war Bernie bei der anschließenden Diskussion erst mal gegen mein Plädoyer für die Wut eingestellt. Er kam gerade von seinem Retreat in Auschwitz und war voll der Liebe.

Ich meinte, ihn an sein großartiges Hilfsprojekt mit New Yorker Obdachlosen erinnernd, dass wir ohne Wut politisch doch nie etwas bewirken könnten. Wir müssten uns doch erst mal über ungerechte Zustände empören, um sie dann zu ändern. Bernie lächelte mich auf seine unvergleichliche Art an und meinte dann, mir zustimmend, dass die Wut doch notwendig sei. Aber handeln dürften wir nur aus Liebe und nicht aus Wut. Das sehe ich genauso.

Dem Alter und seiner zunehmenden Zerbrechlichkeit ist mehr abzugewinnen, als es uns eine gierige, hauptsächlich an der Jugend verdienende Marktwirtschaft weiszumachen versucht. Gerade die altersbedingte Unabhängigkeit von den allzu sehr auf Äußerlichkeit schielenden Accessoires, dieses Nicht-mehr-um-jeden-Preis-überall-dabei-sein-Müssen, der oft auch durch mangelnde körperliche Fitness bedingte Rückzug in die Stille, ins Betrachtende, Meditative, das Sich-Ausklinken aus dem ach so stressigen Wettbewerb, dieses Nicht-mehr-der-oder-die-Ansehnlichste-und-Beste-und-Witzigste-sein-Müssen: das alles und noch viel mehr erlaubt dem alten Menschen eine Sicht auf die Welt und ihr Geschehen, die einem früher nur bruchstückhaft und ausnahmsweise gestattet war.

Natürlich gilt das nicht für alle Menschen. Es gibt sehr alte, ja, geradezu weise junge Menschen, oft eher die Zurückgezogenen, Einsamen, oft auch Leidenden, junge Menschen, die mich schon immer fasziniert haben wegen ihrer unkonformen und nicht uniformen Lebensweise.

Auch ich durfte manchmal Einblick bekommen – in kreativen Augenblicken – in ein mir fremdes Universum, in eine Geistigkeit, die meiner damaligen Verfassung eigentlich nicht angemessen war, aber erst jetzt beginne ich, die Früchte dieser Geschenke wirklich zu genießen.

Richard Rohr, ein von katholischen Hardlinern wegen seines Eintretens für Homosexualität gehasster Franziskaner-Pater, spricht vom »heiligen Narren« – dem alten Mann, der Gegensätze miteinander zu verbinden vermag, der viel erlebt und viel losgelassen hat und gerade deshalb alles besitzt. Im Gegensatz zum »verbitterten Narren«, dem das Leben dermaßen zugesetzt hat, dass er negativ und zynisch wurde, dass ihm die Welt zu einem Ort des Schreckens geworden ist.

Vor etwa 20 Jahren bin ich auf den Kirchenkritiker Richard Rohr zufällig gestoßen, und schon damals schien mir der heilige Narr sympathischer zu sein als sein verbittertes Pendant. Nun, ein Narr zu sein, schien mir in jedem Fall erstrebenswert. Wie heilig ich dabei bin, sei erst mal dahingestellt. Schon immer hielt sich ja meine Heiligkeit – wie man weiß – in Grenzen, und in Momenten akuten Größenwahns hat mir dankenswerterweise mein Schicksal immer sofort einen Strich durch die Rechnung gemacht.

Ja, nicht nur meine Lieder waren meist klüger als ich, auch mein Schicksal war weitaus besonnener und hat mich, wenn es sein musste, kräftig durch den Dreck gezogen, leiden lassen, zur Demut angewiesen.

Jungen Hunden steckt man manchmal den Kopf ins Häufchen, um sie zur Reinlichkeit zu erziehen. Mir wurde, von wo auch immer, der Kopf immer wieder kräftig gewaschen. Auch das erfüllt mich heute mit Dankbarkeit, gleichwohl wenn ich oft kräftig gemurrt und mich selbstmitleidig beklagt habe.

Was gibt es denn Besseres, als ein Narr zu sein in dieser pragmatischen und sinnfreien Welt? Nicht weil man sie dadurch besser verstehen könnte, sondern weil man ihr dadurch liebevoller und dennoch rebellisch begegnen und entgegenstehen kann.

Nun, liebe Leserin und lieber Leser, das sind keine Wahrheiten und Weisheiten, die ich hier verkünde. Es sind Einsichten und durchaus auch Absichten, aber nichts Endgültiges, in Stein Gemeißeltes.

Ich bin nicht am Anfang und auch nicht am Ende. Ich bin hoffentlich immer noch mittendrin. Weiterhin fehlerhaft und lernend, närrisch und zornig, liebevoll und verzweifelt.

Und in der Hoffnung auf weitere Sommer, die nicht mehr weit sind, will ich versuchen, nach Maßgabe dessen, was mir gegeben ist, das Beste zu tun.

DAS GANZE SCHRECKLICH SCHÖNE LEBEN

*Man müsste noch mal fünf, sechs Jahre alt sein
und das vergessen, was danach geschehn.
Gleich hinterm Haus würde ein Zauberwald sein
mit bösen Hexen, Rittern und mit Feen.*

*Man würd' um Gutenachtgeschichten betteln
und könnt' nicht wirklich lange ruhig sein.
Man könnte sich minütlich neu verzetteln
und plötzlich sinnlos durch die Gegend schrein.*

*Der Vater wär' der stärkste Mann der Welt,
die Mutter schöner als der schönste Morgen.
Und jeden Tag erwachte man als Held,
und jede Nacht wär' man im Lieben Gott geborgen.*

*Und wenn man fällt, kann man sich fallen lassen.
Du weißt ja, dass dich immer einer fängt.
Kein Sommersonntag würde je verblassen.
Das Leben wär' von sanfter Hand gelenkt.*

*Vor lauter Lebenwollen könnte man nicht schlafen.
Man würde immer viel zu früh ins Bett gebracht.
Gesetze, Konten und auch Paragraphen
würden ganz einfach ausgelacht.*

*Man sähe Riesen mit den Wolken ziehn,
und hinterm Stadtpark parkte schon das Meer.
Und wenn es dunkel wird, muss man vor Monstern fliehen,
und alles Schöne endete nie mehr.*

Man würd' auch schreien, strampeln, toben, weinen.
Das Leben wäre auch sehr ungerecht.
Doch kurz darauf würde die Sonne wieder scheinen.
Am nächsten Morgen wär' der Tisch gedeckt.

Noch einmal sich vorm Nikolaus erschrecken,
auch wenn er eigentlich wie Papa spricht,
dem Christkind Hand und Herz entgegenstrecken,
auch wenn es sich verbirgt im Kerzenlicht.

Und all die Streitigkeiten und die Tränen?
Und dass was man so schmerzlich doch vermisst?
Man wär' verzweifelt. Doch man würde sich nicht schämen,
nur weil die Welt noch nicht entzaubert ist.

Willst du das wirklich? – höre ich mich fragen.
Noch einmal neu erleben, was danach geschah?
Das ganze Abenteuer noch mal wagen?
Das ganze schrecklich schöne Leben? – Ja!

ZEITTAFEL

1. Juni 1947
- in München geboren, Taufname Konstantin Alexander
- Eltern Alexander und Dorothea Wecker
- Keine Geschwister

1953
- Erster Klavierunterricht, später auch Geige und Gitarre

1955-1960
- Knabensopran im Rudolf-Lamy-Kinderchor
- Solist bei Plattenaufnahme der Filmmusik »Heimat, deine Lieder«
- Mitwirkung in einer Kinderoper von Britten (Staatstheater am Gärtnerplatz, München)

Ab 1959/60
- Erste Ausreißversuche von daheim – Ideal vom Leben als »freier Dichter«

1968
- Erste Soloauftritte in der Kleinkunstszene

1969
- Abitur am Theresien-Gymnasium München
- Musikhochschule München

1970
- Studium der Philosophie und Psychologie (Universität München)

1971
- Gründungsmitglied der Rock-Soul-Gruppe »Zauberberg«

1972
- Musicalrolle als Kaiphas und Substitut Judas bei der deutschsprachigen Tournee von »Jesus Christ Superstar«

- Filmrolle im Fernsehfilm »Die Autozentauren« (Regie: Chuck Kerremans)

1972-1974
- Pianist und Arrangeur in Tonstudios
- Schauspieler in Sexfilmen, u. a. »Beim Jodeln juckt die Lederhose« (Hauptrolle und eigenes Lied »Vroni, druck' di her«), »Unterm Dirndl wird gejodelt«, »Liebe in 3-D« und »Der Ostfriesen-Report: O mei, haben die Ostfriesen Riesen«

1973-1975
- Musik für die Stücke »Frauenpower«, »Terror« und »Viva Italia« des Theaterkollektivs »Rote Rübe«

1973
- April: Erste LP »Die sadopoetischen Gesänge des Konstantin Amadeus Wecker« (Ariola)
- Mai: Erste Auftritte in der Münchner Lach- und Schießgesellschaft

1974
- Zweite LP »Ich lebe immer am Strand« (bis 1987 alle Tonträger bei Polydor)
- Gründung der Gruppe »Team Musikon«

1975
- Mitproduzent der LP »Mario Lehner« (Polydor)
- Erste Live-LP »Ich singe, weil ich ein Lied hab' – live im Onkel Pö«

1976
- LP »Weckerleuchten«
- Mitproduzent der LP »Werd' ich noch jung sein, wenn ich älter bin« von Reiner Schöne (Polydor)
- Erste Deutschlandtournee

1977
- LP »Genug ist nicht genug« (mit »Willy«)
- Deutscher Kleinkunstpreis

- Liederpfennig am Rundy Ring
- »Stern des Jahres« der »Abendzeitung« München

1978
- Deutscher Schallplattenpreis für »Genug ist nicht genug«
- Große Deutschlandtournee
- Eigenes Tonstudio in Eching
- LP »Eine ganze Menge Leben«
- Buch »Eine ganze Menge Leben« (Ehrenwirth, später Tb. Rowohlt)
- Doppel-LP »Liederbuch«
- Musik zum ARD-Film »1982: Gutenbach« (Regie: Michael Verhoeven)

1979
- Deutschland- und Österreichtournee
- Doppel-LP »Konstantin Wecker live«
- Zwischenmusik zur LP »Hagenbuch hat jetzt zugegeben« von Hanns-Dieter Hüsch (Intercord)
- Filmrolle und -musik in »Schwestern oder Die Balance des Glücks« (Regie: Margarethe von Trotta)
- Ernst-Hoferichter-Preis

1980
- Konzerte in Holland und Skandinavien
- Buch »Man muss den Flüssen trauen« (Ehrenwirth, später Tb. Rowohlt)
- Übersiedlung mit Musikern und Freunden in die Toskana, dort: Einrichtung eines Tonstudios
- Heirat mit Carline Seiser

1981
- Musik zur zweiten Staffel der ARD-Serie »Oh, dieser Vater« (mit Willy Millowitsch; Regie: Peter Weck und Ralf Gregan)
- LP »Liebesflug«
- Große Deutschland- und Österreichtournee
- 3 LP-Set »Live in Muenchen«
- Notenbuch »Konstantin Wecker Songbuch« (Zweitausendeins, 1997 Neuausgabe)

- Buch »Lieder und Gedichte« (Ehrenwirth)
- Buch »Und die Seele nach außen kehren/Uns ist kein Einzelnes bestimmt« (Ehrenwirth, später Tb. Rowohlt, 1993 Tb. Neuaufl., Kiepenheuer & Witsch)
- Buch »Konstantin Wecker – Im Gespräch mit Bernd Schroeder« (Bertelsmann, später »Das große Konstantin Wecker Buch«, Tb., Rowohlt)

1982
- LP »Das macht mir Mut«
- LP »Wecker«
- Filmmusik »Die weiße Rose« (Regie: Michael Verhoeven)
- Mitwirkung bei der Konzertreihe »Künstler für den Frieden«
- LP »Genug ist nicht genug« (Amiga DDR, Sampler)

1983
- Mitproduzent der LP »Weine nicht, aber schrei« von Bettina Wegner (CBS)
- Filmrolle und -musik in »Peppermint Frieden« (Regie: Marianne Rosenbaum)
- LP »Filmmusiken«
- Große Deutschland- und Österreichtournee
- Musik zu Brechts »Der aufhaltsame Aufstieg des Arturo Ui« (Städtische Bühnen Bonn, Regie: Dieter Munck)
- LP »Im Namen des Wahnsinns – live '83«
- Buch »Im Namen des Wahnsinns« (Ehrenwirth, später Tb. Rowohlt)
- Konzerte mit Joan Baez und Bettina Wegner
- Buch »Ik will nog heel veel leven. Liederen & Gedichten« (Internationale Pers, Amsterdam)

1984
- LP/CD »Inwendig warm«
- Liedbeitrag »Für alles im Leben muss man bezahlen« für den Film »Is' was, Kanzler!?!« (Regie: Gerhard Schmidt)
- Filmmusik und Konzertauftritt in »Atemnot« (Buch: Peter Turrini, Regie: Käthe Kratz)
- Filmrolle und -musik in »Martha Dubronski« (Regie: Beat Kuert)
- Filmmusik »Der Havarist« (Regie: Wolf-Eckart Bühler)

- Schweiz-Tournee »Lieder und Lyrik«
- Eröffnung des Musiklokals »Kaffee Giesing« mit angeschlossenem Studio in München
- Buch »Ketterbrieven van een verslaafde: brieven en elegieen« (Novella, Amersfoort)

1985
- Mitproduzent der LP »Heimweh nach Heimat« von Bettina Wegner (CBS)
- Mitproduzent der LP »Unterm Regenbogen« von Sigi Maron (Ariola)
- Letzte Tournee mit dem »Team Musikon« (»Lieder und Lyrik«)
- Erstes Konzert in der DDR (Benzer Kirche, Usedom)
- Musik zu Goethes »Faust I« (Schauspiel Bremen, Regie: Günter Krämer)
- Musik und Rolle im Fernsehspiel »Tödlich – gilt nicht« (Regie: Marianne Rosenbaum und Gerard Samaan)
- Solo-Tournee
- SWF-Liederpreis für »Renn lieber, renn«

1986
- Solo-Tournee (Fortsetzung)
- Musik zum ZDF-Film »Stinkwut« (Regie: Michael Verhoeven)
- Ballettmusik »Casanova« (Stadttheater Aachen, Choreographie: Thorsten Müller)
- Ehrenantenne des BRF 1986
- LP »Jetzt eine Insel finden – live«
- Buch »Jetzt eine Insel finden« (Ehrenwirth, später Tb. Rowohlt)
- Musik zur ARD-Serie »Kir Royal« (Regie: Helmut Dietl)
- LP »Original Soundtrack aus der ARD-Serie Kir Royal« (Bellaphon)
- LP/CD »Wieder dahoam« mit neuer Band um Wolfgang Dauner

1987
- Große Tournee »Konstantin Wecker & Die Band«
- ZDF-Film und Buch »Wieder dahoam – Wo München mir gehört« (Eulen Verlag)

- Musik und Nebenrolle in der ARD-Comedy-Serie »Dreifacher Rittberger« (Regie: Bernd Schroeder)
- Solo-Tournee im Herbst
- Produzent der LP »Ohne Vorschrift leben« von Barbara Thalheim (Castle Records)

1988
- Filmmusik »Der Experte« (mit Dieter Hallervorden; Regie: Reinhard Schwabenitzky)
- Musik und Hauptrolle in der ZDF-Serie »Der Geisterwald« (Regie: Gerard Samaan)
- Do-LP/CD »Live in Austria«
- Scheidung von Carline Seiser
- Solo-Tournee
- LP/CD »ganz schön wecker« (ab 1988 alle Tonträger bei Global Musicon, in Österreich bis 1992 weiter Polydor)
- Duettaufnahme »Yo canto porque tengo vida/Ich singe, weil ich ein Lied hab'« mit Mercedes Sosa (auf LP/CD »La Negra«, Tropical)
- Tournee »3 Stimmen« mit Joan Baez, Mercedes Sosa, der Band und dem Modern String Quartett
- Musik zu Schillers »Die Jungfrau von Orleans« (Volkstheater Wien, Regie: Torsten Fischer)
- Tournee mit dem Modern String Quartett
- Musik und Liedertexte für Panizzas »Das Liebeskonzil« (Schillertheater Berlin, Regie: Franz Marijnen)

1989
- Solo-Tournee (Deutschland, Österreich und Schweiz)
- Notenbuch »Songbook« (Edition intro, später Firmament Musik)
- Buch »Das macht mir Mut« (Henschelverlag, DDR; Herausgeber: Fritz-Jochen Kopka)
- Konzerte in Istanbul und Ankara
- Konzert zur 200-Jahr-Feier des Englischen Gartens in München mit ca. 150 000 Zuschauern
- LP/CD »Stilles Glück, trautes Heim«
- Hauptrolle im ZDF-Kurzfilm »Deutsche Redensarten und ihr Ursprung: Jemandem einen Korb geben« (Buch und Regie: Peter Reichelt und Gerhard Thiel)

1990
- Große, selbst veranstaltete Tournee (Deutschland, Österreich, Schweiz, Norditalien) mit der »Band«
- Buch »Stilles Glück, trautes Heim« (Ehrenwirth, später Tb. Rowohlt)
- Doppel-LP/CD »Konzert 90«
- Musik zum ZDF-Film »Der Bierkönig« (Regie: Tom Toelle)
- SWF-Liederpreis für »Sturmbannführer Meier«
- Hauptrolle und Titelsong im ARD-»Tatort: Blue Lady« (Regie: Hans-Christoph Blumenberg)
- Konzerte mit Wolfgang Dauner, u.a. in Bolivien, Peru und Mexiko

1991
- Nebenrolle im Film »Go Trabi Go« (Regie: Peter Timm)
- Duo-Tournee mit Wolfgang Dauner
- Musik zum ARD-Film »Hausmänner« (Regie: Peter Timm)
- Do-LP/CD »Classics«
- »Classics«-Tournee mit dem Münchner Rundfunkorchester (Leitung: Peter Herbolzheimer)
- Musik zu Schillers »Die Räuber« (Schauspielhaus Köln, Regie: Torsten Fischer)

1992
- Filmmusik zu »Schtonk« (Regie: Helmut Dietl)
- CD/LP »Original Soundtrack Schtonk«
- Essay »Freund Flügel« (Zeitschrift »Muse«, März/April 1992, Regensburg)
- Kritikerpreis für »Classics«
- Tournee solo (»20 Jahre Wecker«) und mit Wolfgang Dauner und Charlie Mariano
- Solokonzert in der Wiener Staatsoper
- Roman »Uferlos« (Kiepenheuer & Witsch, später Tb. Knaur)
- Lesereise »Uferlos« im Herbst

1993
- Filmmusik »Ein Mann für jede Tonart« (Regie: Peter Timm)
- CD »Ein Mann für jede Tonart – Original Soundtrack« (Edelton)
- Filmmusik (teilweise) und -rolle in »Lilien in der Bank« (Regie: Marianne Rosenbaum)

- CD »Uferlos«
- Buch »Sage nein! Politische Lieder 1977-1992« (Kiepenheuer & Witsch)
- Große Tournee mit Band
- Musik und Hauptrolle im ORF/ZDF-Film »Das Babylon-Komplott« (Regie: Peter Patzak)
- SWF-Liederpreis für »Die Ballade von Antonio Amadeu Kiowa«
- Duo-Tournee mit dem Keyboarder Jo Barnikel

1994
- Doppel-CD »Uferlos in Salzburg Live«
- Trio-Tournee mit Jo Barnikel und Norbert Nagel
- Buch »Schon Schweigen ist Betrug. Die kompletten Liedtexte« (Palmyra)
- Musik und Hauptrolle im ORF/ZDF-Film »1945« (Regie: Peter Patzak)
- CD »Wenn du fort bist – Lieder von der Liebe und vom Tod«
- Musik zum SAT.1-Film »Tödliche Besessenheit« (Regie: Peter Patzak)
- Musik und Hauptrolle in den ersten vier Folgen der ARD-Reihe »Ärzte: Dr. Schwarz und Dr. Martin« (Regie: Xaver Schwarzenberger/Bernd Fischerauer)
- Tournee des »Konstantin Wecker Quartetts« (mit Jo Barnikel, Norbert Nagel und Stephan Wildfeuer), u. a. im Leipziger Gewandhaus, im Großen Festspielhaus Salzburg und in der Wiener Staatsoper

1995
- Titelmusik und Rolle (Folge »Münchner Freiheit«) in der SAT.1-Serie »Kriminaltango« (Regie: Peter Fratzscher)
- Große Tournee des »Konstantin Wecker Quartetts«
- Kurt-Tucholsky-Preis
- 29.11. Verhaftung wegen Kokainbesitzes / Untersuchungshaft
- 15.12. Aufhebung des Haftbefehls

1996
- Heirat mit Annik Berlin
- Buch »Arno Frank Eser: Konstantin Wecker – Der Himmel brennt« (Ch. Links)

- Filmmusik »Die Spur der roten Fässer« (Regie: Kai Wessel)
- CD »Gamsig« (Covergemälde: Ernst Fuchs)
- Tournee mit 17-köpfigem Chor aus Kamerun »Les Voies d'Espérance de Douala«
- Solo-Tournee »Leben in Liedern«
- Buch »Leben in Liedern – das Programm« (BerlinDruck)
- Musik und Hauptrolle in den Folgen fünf bis acht der ARD-Reihe »Ärzte: Dr. Schwarz und Dr. Martin« (Regie: Bernd Fischerauer)

1997
- 6.1. Sohn Valentin Balthasar geboren
- Fortsetzung Solo-Tournee »Leben in Liedern«
- Wissenschaftliche Arbeit an der Universität Straßburg: Corinne Scheidt, »Konstantin Wecker – Zwischen Gott und Dämon. Ein Künstler und sein Werk« (in französischer Sprache)
- Vortrag »Es gibt kein Leben ohne Tod – Drogenabhängigkeit aus der Sicht eines Betroffenen« zur 71. Jahrestagung der Bayerischen Nervenärzte in Erlangen
- Doppel-CD »Das pralle Leben« (Polydor-Sampler)

1998
- CD »Brecht«
- Buch »Schmerzvoll lebendig – die Gedichte 1963-1997« (Kiepenheuer & Witsch)
- Hör-CD/MC »Schmerzvoll lebendig« (Hörverlag)
- Lesereise »Schmerzvoll lebendig«
- Musical »Dakota Pink« (Buch und Regie: Christian Schidlowsky, Theater Pfütze, Nürnberg)
- Doppel-CD »live 98«
- Tournee »Brecht und eigene Lieder« mit neuer Band

1999
- CD »Liebeslieder«
- Buch »Es gibt kein Leben ohne Tod. Nachdenken über Glück, Abhängigkeit und eine andere Drogenpolitik« (Kiepenheuer & Witsch)
- Buch »Liebeslieder« (Pattloch)

- Rolle in der Folge »Tommy« der ZDF-Serie »SOKO 5113« (Regie: Michael H. Zens)
- Musik zum SWR2-Hörspiel »Der Hund mit dem gelben Herzen« von Jutta Richter (MC AudioVerlag)
- Musik und Rolle im ARD-Film »Mit 50 küssen Männer anders« (Regie: Margarethe von Trotta)
- CD »Es lebte ein Kind auf den Bäumen«
- Buch Jutta Richter/Konstantin Wecker: »Es lebte ein Kind auf den Bäumen« (Hanser)
- Musik zum RTL-Film »Latin Lover – Wilde Leidenschaft auf Mallorca« (Regie: Oskar Roehler)
- Nebenrolle im ARD-Film »Dunkle Tage« (Regie: Margarethe von Trotta)
- Kindermusical »Jim Knopf und Lukas der Lokomotivführer« (mit Christian Berg; CD Karussell, Liederbuch Thienemann)
- Marschkomposition für das Buch »Der Wunschkäfer. Ein Märchen von der Sehnsucht und vom Glück« von Bernhard Langenstein (Pattloch)
- Goethe-Vertonung »An den Mond« für die Doppel-CD »Rosebud – Songs of Goethe and Nietzsche« (Weimar 99/Mastermind/SPV)
- 15.9. Sohn Tamino Gabriel geboren
- Essay »Musik wird zu Sprache, Sprache zu Musik. Unerbittlicher Rhythmus, archaische Schlichtheit der Melodien – der Komponist Carl Orff« (Süddeutsche Zeitung Nr. 261, 11.11.1999, München)
- Tournee mit dem Gitarrenduo »Paradoz«

2000
- Fortsetzung der Tournee mit »Paradoz«
- Radio Regenbogen Award (Medienpreis aus Baden-Württemberg)
- April: Drogenprozess: In 3. Instanz rechtskräftige Verurteilung zu einem Jahr und acht Monaten Freiheitsstrafe auf Bewährung
- Musik und Rolle im ARD-Film »Ein lasterhaftes Pärchen« (Regie: Wolf Gremm)
- Kindermusical »Jim Knopf und die Wilde 13« (mit Christian Berg; CD Karussell, Liederbuch Thienemann)

- Sommerkonzerte mit Hannes Wader und Jo Barnikel
- Konzertante Aufführungen von »Es lebte ein Kind auf den Bäumen« in Koblenz und München unter der Leitung von Heinrich Klug
- Musik (gemeinsam mit Nicolas Kemmer) zu »Minna. Musical« (Buch und Liedtexte: Michael Wildenhain, Stadttheater Heilbronn, Regie: Klaus Wagner)

2001
- CD »Meisterstücke« (Polydor-Sampler)
- Tournee mit Jo Barnikel und Jens Fischer, teilweise auch mit Gerd Baumann
- Live-CD »Wecker/Wader – Was für eine Nacht ...!« (pläne)
- Hör-CD »Konstantin Wecker liest Das bayerische Dekameron« von Oskar Maria Graf (Literos)
- Musik zur Hör-Doppel-MC »Der Tag, als ich lernte die Spinnen zu zähmen« von Jutta Richter (Hörverlag)
- Rolle im ORF-Film »Edelweiß« (Regie: Xaver Schwarzenberger)
- Musical »Schwejk it easy!« (Buch: Michael Korth und Peter Blaikner, Theater des Westens Berlin, Inszenierung: Elmar Ottenthal)
- Uraufführung von Orchesterbearbeitungen einiger Lieder sowie der Vertonung des Textes »Entzündet vom Weltenbrand« von Rudi Spring unter der Leitung von Heinrich Klug in der Philharmonie am Gasteig (München)
- Kindermusical »Pettersson und Findus« mit Christian Berg
- Sommertournee mit Hannes Wader und Jo Barnikel
- Musik zum Kindermitmachmusiktheater »Tamino Pinguin« von Christian Berg
- Weitere konzertante Aufführungen von »Es lebte ein Kind auf den Bäumen« unter der Leitung von Heinrich Klug
- Neue CD »Vaterland« (BMG/Global)
- »Wie alles begann« (Doell Verlag)
- Großformatiger Text- und Bildband »Politisch nicht correct – Konstantin Wecker im Gespräch« (Doell Verlag)
- Große »Vaterland«-Deutschlandtournee im Herbst mit Gerd Baumann, Jens Fischer, Sven Faller und Jo Barnikel
- Verleihung der Ehrenmitgliedschaft bei der Umweltschutzorganisation »David gegen Goliath«

2002
- Konzert mit Johannes Faber und Jo Barnikel im Staatstheater am Gärtnerplatz (München)
- Herzog Albrecht in einer Teilaufführung von Carl Orffs »Bernauerin« im Rahmen eines Festkonzertes des Münchner Rundfunkorchesters im Prinzregententheater (München)
- CD »Vaterland live 01/02« (BMG/Global)
- Fortsetzung der »Vaterland«-Tournee (Deutschland, Österreich, Schweiz)
- CD »Es geht uns gut – BEST« (ZOUNDS-Sampler)
- Konzert mit Hannes Wader, Reinhard Mey und Jo Barnikel in Bielefeld zum 60. Geburtstag von Hannes Wader
- »Das Dschungelbuch Musical« mit Christian Berg (CD/MC EMI/Laut & Luise, Liederbuch Doell Verlag)
- Duo-Tournee mit Jo Barnikel (Deutschland, Schweiz und Österreich)

2003
- Januar: Zehntägige Reise mit der Gesellschaft »Kultur des Friedens« in den Irak
- Konzerte in Bagdad und Ankara
- Benefizauftritte und -konzerte gegen den Krieg, u.a. gemeinsam mit Eugen Drewermann
- CD »Konzert 90 – Die Highlights«
- Doppel-CD »Mey Wecker Wader: Das Konzert« (Pläne)
- 15. Februar: Auftritt vor 500 000 Menschen bei der Friedensdemonstration in Berlin
- Duo-Tournee mit Jo Barnikel (Österreich)
- 2. April: Konzert »Stationen« mit vielen Mitmusikern von einst und jetzt in der Philharmonie am Gasteig, München
- Frühjahr und Herbst: Solotournee (Deutschland und Österreich)
- Filmrolle und Musik zum Fernseh-Dreiteiler »In der Mitte eines Lebens« (ZDF, Regie: Bernd Fischerauer)
- Liederbuch »Ich singe, weil ich ein Lied hab« (Beste Zeiten Verlag)
- Buch »Tobe, zürne, misch dich ein« (Eulenspiegel Verlag)
- Sommer: Tournee mit Hannes Wader und Jo Barnikel (Deutschland)

- Kindermusical »Pinocchio« mit Christian Berg (CD EMI/Laut & Luise)
- Oktober: Mitwirkung bei der »Scheibenwischer«-Abschiedsgala in Berlin
- Musik zum Fernseh-Zweiteiler »Im Namen des Herrn« (ARD, Regie: Bernd Fischerauer)

2004
- Januar: Konstantin übernimmt die Patenschaft der Klinik Clowns in München
- Tournee »Stationen« mit Jo Barnikel und Norbert Nagel sowie solo
- »Hundertwasser Das Musical« (Buch und Liedertexte: Rolf Rettberg, UA 30.7.2004 Uelzen)
- Roman und Lesetournee »Der Klang der ungespielten Töne« (Ullstein Verlag)
- Tournee »Ich gestatte mir Revolte« mit Ulrich Meining und Damian Zydek
- CD »Hundertwasser. Das Musical« (SPV Records)

2005
- CD »Am Flussufer« (BMG/Global)
- Tournee »Am Flussufer« mit Norbert Nagel, Jo Barnikel und Hakim Ludin (Deutschland und Österreich)
- Pate der KRASS-Initiative (Klub Rassismus ablehnender Schülerschaft) am Friedrich List Gymnasium Gemünden am Main
- 3-CD-Box »Der Klang der ungespielten Töne« (gelesen vom Autor, Hörbuch Hamburg)
- Mitkomponist beim Musical »Ludwig^2« (Uraufführung 10./11.3.2005, Festspielhaus Neuschwanstein)
- CD »Ludwig^2« (BMG/Ariola)
- Filmrolle und Musik »Apollonia« (BR, Regie: Bernd Fischerauer)
- CD »Apollonia – Soundtrack« (SPV Records)
- Duokonzerte »Am Flussufer« mit Hakim Ludin (Deutschland und Österreich)
- Solokonzerte und weitere Konzerte »Ich gestatte mir Revolte«
- Gemeinsam mit Manfred Knaak Musik zum Musical »Quo vadis« (UA 16.6.2005 Antikenfestspiele Trier)

- Aktualisierte Neuauflage des Buches »Schon Schweigen ist Betrug. Die kompletten Liedtexte« (Palmyra)
- Doppel-CD »Am Flussufer – live in München« (SONY/BMG)
- Maxi-CD »Sage nein!« mit Avitall (die erste deutsche jüdische Kantorin) für »Hagalil«

2006
- Tournee »WeckErlebnisse« mit den Münchner Symphonikern (Ltg. Manfred Knaak)
- Weitere Konzerte »Am Flussufer« und »Ich gestatte mir Revolte« in Deutschland, Österreich, Schweiz und Luxemburg
- Antifa-Tour gemeinsam mit »Strom & Wasser«
- Taschenbuchausgabe »Der Klang der ungespielten Töne« (Ullstein-List)
- Hörbuch CD »Sophie Scholl – Das Verhör« (O. Skar Verlag)
- Hörbuch CD »Heinrich Heine: Deutschland – ein Wintermärchen« (Ed. Minotaurus)
- Aufführungen der Orchesterfassung »Pinocchio« (Orchestrierung: Franz Kanefzky) mit dem Münchner Rundfunkorchester in München
- CD-Sampler »Politische Lieder« (SONY/BMG)
- Theatermusik »Faust I« (Bad Hersfelder Festspiele)
- Kindermusical »Jan mit den Flügeln« (Theater des Kindes, Linz, Österreich)
- Weltmusikpreis RUTH für das »Bagdad Kabul Projekt«
- Liedkompositionen für »Till Eulenspiegel« (Oper Graz)
- CD »Ich gestatte mir Revolte« (Laut & Luise)
- Humor-Orden von »Humor Care«

2007
- Weitere Konzerte »Am Flussufer« und »Ich gestatte mir Revolte« in Deutschland, Österreich und Südtirol
- Buch und CD-Sampler »Fliegen mit dir« (Büchergilde Gutenberg)
- Tournee »Una nuova realtà« mit Pippo Pollina (Deutschland, Österreich, Schweiz)
- Erich-Fromm-Preis 2007 der Internationalen Erich-Fromm-Gesellschaft (gemeinsam mit Eugen Drewermann)
- Filmrolle und Musik »Gipfelsturm« (BR, Regie: Bernd Fischerauer)

- CD »Konstantin Wecker liest Janosch – Der Franz mit dem verdammten Hut« (Floff)
- CD-Box »Zwischenräume – Die Studioaufnahmen 1973-1987« (Bear Family)
- CD-Box »Alle Lust will Ewigkeit – Die Liveaufnahmen 1975-1987« (Bear Family)
- Buchveröffentlichung »Die Kunst des Scheiterns« (Piper)
- Festkonzert zum 60. Geburtstag »Alles das und mehr« im Circus Krone, München, mit zahlreichen Gästen
- Theatermusik »Faust II« (Bad Hersfelder Festspiele)
- Songwriter Workshops in Würzburg und Hamburg
- CD »Pinocchio – Das Musical« (Igel-Genius/BR)
- Musik zu »Rabenmutter und Kuckuckskind« (Kinderklangwolke Linz)
- DVD »Alles das und mehr« (SONY/BMG)
- Lesereise »Die Kunst des Scheiterns« (Deutschland und Österreich)
- Tournee »Zugaben« mit Jo Barnikel, Hakim Ludin und Lenz Retzer
- Familienmusical »Der kleine Lord« mit Christian Berg
- Doppel-CD »Die Kunst des Scheiterns« (Hörbuch, Laut & Luise)
- CD »Der kleine Lord« (Laut & Luise)

2008
- CD »Zugaben live« (Sturm & Klang)
- Weitere Konzerte »Zugaben« mit Band (Deutschland und Österreich)
- Tournee »Alles das und mehr« mit Jo Barnikel (Deutschland und Österreich)
- Erneut Songwriter-Workshop in Würzburg
- Filmmusik zum Fernsehfilm »Alles was recht ist« (ARD, Regie: Zoltan Spirandelli)
- Buchliebling Bücherpreis für »Die Kunst des Scheiterns«
- Filmrolle im Fernsehfilm »Einmal Toskana und zurück« (ARD, Regie: Imogen Kimmel)
- Musical »Peter Pan« mit Christian Berg
- CD »Gut'n Morgen Herr Fischer« (Sturm & Klang)
- Tournee »Über die Grenzen – Canzoni per la libertà« mit Pippo Pollina und Band (Deutschland und Schweiz)

- Oskar Maria Graf Lesung (München)
- Tournee »Was keiner wagt« mit Band (Herbst 2008)
- CD »Peter Pan – Fliege Deinen Traum!« (Laut & Luise)
- Filmmusik zum Fernsehfilm »Liesl Karlstadt und Karl Valentin« (ARD, Regie: Jo Baier)
- Weihnachts-Musical »Das große Geheimnis der Brüder Grimm« (Premiere 17.12.2008, Jahrhunderthalle Frankfurt)

2009
- Taschenbuchausgabe »Die Kunst des Scheiterns« (Piper)
- Filmmusik CD »Liesl Karlstadt und Karl Valentin« (Laut & Luise)
- Tournee »Leben im Leben« mit Jo Barnikel und mit Band
- Tournee »Stürmische Zeiten« mit Jo Barnikel und dem Spring String Quartet
- Lyrikanthologie »Stürmische Zeiten« (Piper)
- Neuauflage Roman »Uferlos« (Piper)
- Filmmusik »Am Seil« (BR, Regie: Fabian Eder)
- Filmrolle im »Tatort: Bittere Trauben« (ARD, Regie: Hannu Salonen)
- Filmmusik »Ob ihr wollt oder nicht« (Kino, Regie: Ben Verbong)
- Filmmusik »Das Zimmer im Spiegel« (Kino, Regie: Rudi Gaul)
- Musik zu »Die Kinder im Spiegel« (Kinderklangwolke Linz)
- Filmmusik »Lippels Traum« (Kino, Regie: Lars Büchel)
- Bayerischer Poetentaler 2009 der Turmschreiber
- Theatermusik »Jugend ohne Gott« (Theater in der Josefstadt, Wien)
- Goldener Rathausmann der Stadt Wien

2010
- Bayerischer Filmpreis 2009 für die Musik zu »Lippels Traum«
- Weitere Konzerte »Leben im Leben« mit Jo Barnikel
- Weitere Konzerte »Stürmische Zeiten« mit Jo Barnikel und dem Spring String Quartett
- Krenkl-Preis der SPD München Süd
- Tournee »Kein Ende in Sicht« mit Hannes Wader, Jo Barnikel, Nils Tuxen und Hakim Ludin (D, A)
- »Carmina bavariae«, arrangiert von Franz Kanefzky, im Rahmen der Orff-Tage der Bayerischen Philharmonie

- Sprecher bei Benjamin Brittens »Young Person's Guide to the Orchestra« (Münchner Philharmoniker)
- Musical »Alexis Sorbas« (Theater im Turm, Ingolstadt)
- Musical »Peter Pan« in einer Fassung für Orchester (Theater Dortmund)
- Schwabinger Kunstpreis 2010 (Ehrenpreis)
- CD »Kein Ende in Sicht« (Konstantin Wecker und Hannes Wader, Sturm & Klang)
- Taschenbuchausgabe der Lyrikanthologie »Stürmische Zeiten, mein Schatz« (Piper)
- Drei Lieder fürs Tiefseemusical »König Badeschwamm« (Landestheater Salzburg)
- Moderation des Patenschaftskonzerts der Münchner Philharmoniker mit dem ODEON Jugendorchester

2011
- Dokumentarfilm »Meine Heimat – Zweimal« von und mit Jo Baier, Musik: Konstantin Wecker
- Filmrolle in »Klarer Fall für Bär« (ZDF, Regie: Dirk Pientka)
- Weitere Konzerte »Stürmische Zeiten« mit Jo Barnikel und dem Spring String Quartet (D, CH, A)
- Weitere Konzerte »Leben im Leben« mit Jo Barnikel
- Filmmusik »Dora Heldt: Tante Inge haut ab« (ZDF, Regie: Mark von Seydlitz)
- CD »Stürmische Zeiten, mein Schatz« (Live mit dem Spring String Quartet und Jo Barnikel, Sturm & Klang)
- Aufnahme in die Karl Valentin-Gesellschaft (München)
- Filmrolle in »Die Trödelqueen« (ARD, Regie: Matthias Tiefenbacher)
- Klaviernotenalbum »Tasten.Spielen« (Verlag Doblinger)
- Neue Tournee »Kein Ende in Sicht« mit Hannes Wader, Jo Barnikel, Nils Tuxen und Hakim Ludin (D, CH)
- Familienmusical »Wachgeküsst – das Dornröschen Musical« mit Christian Berg und Melanie Herzig
- Dokumentar-Kinofilm »Wader Wecker Vater Land« von Rudi Gaul
- Buch Bernard Glassman/K. Wecker: »Es geht ums Tun und nicht ums Siegen« (Kösel Verlag)
- Filmmusik »Salto Vitale« (ARD, Regie: Bernd Fischerauer)

- CD »Wut und Zärtlichkeit« (Sturn & Klang)
- Filmrolle als SS Standartenführer Schwartow in »Wunderkinder« (Regie: Marcus O. Rosenmüller)
- Mitwirkung und Filmmusik »Es kann legitim sein, was nicht legal ist« (Dokumentarfilm über Martin Löwenberg, Regie: Petra Gerschner und Michael Backmund)
- Tournee »Wut und Zärtlichkeit« (D, CH)
- Filmrolle in »Das große Comeback« (ZDF, Regie: Tomy Wiegand)
- Filmrolle in »Klarer Fall für Bär – Gefährlicher Freundschaftsdienst« (ZDF, Regie: Olaf Kreinsen)

2012
- Filmmusik »Dora Heldt: Kein Wort zu Papa« (zusammen mit Florian Moser, ZDF, Regie: Mark von Seydlitz)
- Fortsetzung Tournee »Wut und Zärtlichkeit« (D, A, LUX, I, CH, LI)
- CD »Konstantin Wecker liest Rilke« (Laut & Luise)
- Solidaritätsauftritt für die griechische Bevölkerung in Athen und Besuch bei Mikis Theodorakis
- Buch »Meine rebellischen Freunde« (Langen Müller)
- Gedichtbuch »Jeder Augenblick ist ewig« (dtv)
- Filmrolle in »Der Landarzt: Herzensreise« (ZDF, Regie: Hans Werner)
- Mitwirkung im Dokumentarfilm »Ein deutscher Boxer« (ARD, Regie: Eric Friedler)
- Ehrenpreis »Reif & bekloppt« des Prix Pantheon (Bonn)
- Liederpreis der Liederbestenliste für »Absurdistan«
- Acht Lieder für »Aufstand! Die wahre Geschichte der Sendlinger Mordweihnacht von 1705« von Günter Wagner
- Filmmusik »Dora Heldt: Bei Hitze ist es wenigstens nicht kalt« (zusammen mit Florian Moser, ZDF, Regie: Mark von Seydlitz)
- Musik für »Feng Shui – Magie des Lebens«, das Tourneeprogramm des Chinesischen Nationalcircus

2013
- CD »Chinesischer Nationalcircus – Feng Shui, Balance des Lebens« (Laut & Luise)
- Doppel CD »Wut und Zärtlichkeit Live« (Sturm & Klang)
- Fortsetzung Tournee »Wut und Zärtlichkeit« (D, LUX, A)

- Solokonzerte »Jeder Augenblick ist ewig« (D, A, CH)
- Ehrenpreis des Bayerischen Kabarettpreises 2013
- Konstantin Wecker & Prinz Chaos II.: »Aufruf zur Revolte« (E-Book, Gütersloher Verlagshaus)
- Tournee »Liedestoll« mit Angelika Kirchschlager, Jo Barnikel, Sebastian Trimolt und Spring String Quartet (D, CH, A)

2014
- Tournee »Jeder Augenblick ist ewig« solo und mit Jo Barnikel (Klavier) (D, A, CH)
- Konzerte mit den Künstlern des Musiklabels Sturm & Klang (D, A) (Cynthia Nickschas, Dominik Plangger, Roger Stein und Prinz Chaos II.)
- »Carmina Bavariae« mit der Bayerischen Philharmonie (Philharmonie im Gasteig, München)
- Weitere »Wut und Zärtlichkeit«-Duokonzerte mit Jo Barnikel und mit Band (Jo Barnikel, Jens Fischer, Severin Trogbacher) (D)
- Mitwirkung und Musik (zusammen mit Florian Moser) beim Fernsehfilm »Die Hochzeit meiner Schwester« (Regio Marco Serafini)
- Filmmusik zur Fernsehkomödie »Die Dienstagsfrauen – Sieben Tage ohne« (Regie Olaf Kreinsen)
- Buch »Mönch und Krieger« (Gütersloher Verlagshaus)
- Songs an einem Sommerabend vor Kloster Banz mit Reinhard Mey, Hannes Wader, Klaus Hoffmann u.v.a.
- »Liedestoll« Open Air Konzerte mit Angelika Kirchschlager, Jo Barnikel, Sebastian Trimolt und dem Spring String Quartet in Österreich
- Tournee »40 Jahre Wahnsinn« mit Band (Fany Kammerlander, Cello; Wolfgang Gleixner, Schlagzeug, Percussion, Gitarre, Bass, Akkordeon und Tuba; Jo Barnikel, Keyboard, Klavier, Trompete, Akkordeon und Schlagzeug)

2015
- Fortsetzung Tournee »40 Jahre Wahnsinn« mit Band (A, D, LUX, CH, LI)
- Weitere Konzerte mit den Künstlern des Musiklabels »Sturm & Klang« (Cynthia Nickschas, Dominik Plangger, Roger Stein und Prinz Chaos II.) (D)

- Gespräch und Diskussion mit Arno Gruen, Eugen Drewermann und Alois Metz (Johanneskirche, Luzern)
- Buch »Entrüstet euch«, herausgegeben zusammen mit Margot Käßmann (Gütersloher Verlagshaus)
- Hörbuch CD »Entrüstet euch« zusammen mit Margot Käßmann (Laut & Luise)
- CD, Limited Edition Doppel CD und Doppel LP »Ohne Warum« (Sturm & Klang, Juni 2015)
- Preis für »Solidarität und Menschenwürde« (Rosa-Luxemburg-Stiftung Berlin)
- Workshop Songwriting beim Tonkünstlerverband Bayern e.V.
- Musical »Oliver Twist« (Buch und Regie: Christian Berg, Musik: Konstantin Wecker, Premiere 22.8.2015 Harburger Theater, Hamburg)
- Solokonzerte »Jeder Augenblick ist ewig« (Österreich)
- Schirmherrschaft Deutscher Friedenssong-Wettbewerb 2015
- Tournee »Ohne Warum« mit Band (Cynthia Nickschas, Gitarre und Gesang; Fany Kammerlander, Cello; Wolfgang Gleixner/Jens Fischer, Schlagzeug, Percussion, Gitarre, Bass u.a.; Jo Barnikel, Keyboard, Klavier, Trompete, Akkordeon und Schlagzeug) (ab Herbst 2015, D)

2016

- Fortsetzung Tournee »Ohne Warum« mit Band (Cynthia Nickschas, Gitarre und Gesang; Fany Kammerlander, Cello; Wolfgang Gleixner/Jens Fischer, Schlagzeug, Percussion, Gitarre, Bass u.a.; Jo Barnikel, Keyboard, Klavier, Trompete, Akkordeon und Schlagzeug) (D, A)
- Buch »Dann denkt mit dem Herzen – Ein Aufschrei in der Debatte um Flüchtlinge« (Gütersloher Verlagshaus)
- Tournee »Revolution« mit Band (Fany Kammerlander, Cello; Wolfgang Gleixner/Jens Fischer, Schlagzeug, Percussion, Gitarre, Bass u.a.; Severin Trogbacher/Andreas Blüml/Manuel Lopez, Gitarren; Jo Barnikel, Keyboard, Klavier, Trompete, Akkordeon und Schlagzeug (D, A, CH, LUX)
- Erich-Mühsam-Preis der Erich-Mühsam-Gesellschaft e.V.
- CD »Ohne Warum live« (Sturm & Klang)
- Konzerte Solo am Flügel mit Jo Barnikel
- Trio Tournee mit Fany Kammerlander (Cello) und Jo Barnikel (Klavier)

2017
- Weitere Konzerte Solo am Flügel mit Jo Barnikel/Trio mit Fany Kammerlander und Jo Barnikel
- Buch »Konstantin Wecker – Das ganze schrecklich schöne Leben. Die Biographie« mit Günter Bauch und Roland Rottenfußer (Gütersloher Verlagshaus)
- Tournee »Poesie und Widerstand« mit Band (geplant)
- 3-CD-Box zum 70. Geburtstag (Sturm & Klang) (geplant)

TEXT- UND BILDNACHWEIS

S. 29f.: Konstantin Wecker, »Für meinen Vater«, © Edition Fanfare Musikverlag (bei Chrysalis Music Holdings GmbH); S. 356: »An meine Kinder«. Text und Musik: Konstantin Wecker, © Sturm & Klang Musikverlag GmbH; S. 454f.: Konstantin Wecker, »Das ganze schrecklich schöne Leben«, © Edition Wecker, mit freundlicher Genehmigung von Chrysalis Music Holdings GmbH.

Abb. 1: © Peter Stubner
Abb. 2: © unbekannt
Abb. 3: © Thomas Karsten Photography, Uffenheim
Abb. 4: © ullstein bild - Calle Hesslefors
Abb. 5: © unbekannt
Abb. 6: © stern, Hamburg – Harald Schmitt
Abb. 7: © privat/unbekannt
Abb. 8: © privat/unbekannt
Abb. 9: © unbekannt
Abb. 10: © CCC Filmkunst GmbH
Abb. 11: © Thomas Karsten Photography
Abb. 12: © Karlheinz Egginger
Abb. 13: © unbekannt
Abb. 14: © unbekannt
Abb. 15: © unbekannt
Abb. 16: © unbekannt
Abb. 17: © Florian Moser
Abb. 18: © privat
Abb. 19: © privat
Abb. 20: © unbekannt
Abb. 21: © unbekannt
Abb. 22: © Thomas Karsten Photography
Abb. 23: © Thomas Karsten Photography

Wir danken den Inhabern der Urheberrechte für die erteilten Abdruckgenehmigungen. Da in einigen Fällen die Rechteinhaber trotz intensiver Bemühungen nicht festzustellen oder erreichbar waren, danken wir für entsprechende Hinweise und verpflichten uns, geltend gemachte rechtmäßige Ansprüche nach den üblichen Honorarsätzen zu vergüten.

Für alle Lebensliebhaber bietet das Gütersloher Verlagshaus Durchblick, Sinn und Zuversicht. Wir verbinden die Freude am Leben mit der Vision einer neuen Welt.

UNSERE VISION EINER NEUEN WELT

Die Welt, in der wir leben, verstehen.

Wir sehen Menschlichkeit als Basis des Miteinanders: Mitgefühl, Fürsorge und Beteiligung lassen niemanden verloren gehen. Wir stehen für gelingende Gemeinschaft statt individueller Glücksmaximierung auf Kosten anderer.

Wir leben in einer neugierigen Welt: Sie sucht ehrgeizig und mitfühlend Lösungen für die Fragen unseres Lebens und unserer Zukunft. Wir fragen nach neuem Wissen und drücken uns nicht vor unbequemen Wahrheiten – auch wenn sie uns etwas kosten.

Wir leben in einer Gesellschaft der offenen Arme: Toleranz und Vielfalt bereichern unser Leben. Wir wissen, wer wir sind und wofür wir stehen. Deshalb haben wir keine Angst vor unterschiedlichen Weltanschauungen.

Das Warum und Wofür unseres Lebens finden.

Wir helfen einander, uns selber besser zu verstehen:
Viele Menschen werden sich erst dann in ihrem Leben zuhause fühlen, wenn sie den eigenen Wesenskern entdecken – und Sinn in ihrem Leben finden.

Wir ermutigen Menschen, zu ihrer Lebensgeschichte zu stehen:
In den Stürmen des Alltags geben wir Halt und Orientierung. So können sich Menschen mit ihren Grenzen aussöhnen und zuversichtlich ihr Leben gestalten.

Wir haben den Mut, Vertrautes hinter uns zu lassen:
Neugierde ist die Triebfeder eines gelingenden Lebens. Wir wagen Neues, um reich an Erfahrung zu werden.

Erfahren, was uns im Leben trägt und erfreut.

Wir glauben an die Vision des Christentums:
Die Seligpreisungen der Bergpredigt lassen uns nach einer neuen Welt streben, in der Vereinsamte Zuwendung, Vertriebene Zuflucht, Trauernde Trost finden – und Gerechtigkeit, Barmherzigkeit und Frieden herrschen.

Wir geben Menschen die Möglichkeit, den Glauben (neu) zu entdecken:
Persönliche Spiritualität gibt Kraft, spendet Trost und fördert die Achtung vor der Schöpfung sowie die Freude am Leben.

Wir stehen mit Respekt vor der Glaubenserfahrung anderer:
Wissen fördert Dialog und Verständnis, schützt vor Fundamentalismus und Hass. Wir wollen die Schätze anderer Religionen kennenlernen, verstehen und respektieren.

GÜTERSDIE
LOHERVISION
VERLAGSEINER
HAUSNEUENWELT

Bibliografische Information der Deutschen Nationalbibliothek

Die Deutsche Nationalbibliothek verzeichnet diese Publikation
in der Deutschen Nationalbibliografie; detaillierte bibliografische
Daten sind im Internet über https://portal.dnb.de abrufbar.

 Verlagsgruppe Random House FSC® N001967

1. Auflage
Copyright © 2017 Gütersloher Verlagshaus, Gütersloh,
in der Verlagsgruppe Random House GmbH,
Neumarkter Str. 28, 81673 München

Der Verlag weist ausdrücklich darauf hin, dass im Text enthaltene externe
Links vom Verlag nur bis zum Zeitpunkt der Buchveröffentlichung eingesehen
werden konnten. Auf spätere Veränderungen hat der Verlag keinerlei Einfluss.
Eine Haftung des Verlags ist daher ausgeschlossen.

Textredaktion: Dr. Peter Schäfer, Gütersloh (www.schaefer-lektorat.de)
Umschlaggestaltung: Gute Botschafter GmbH, Haltern am See
Umschlagmotiv: © Thomas Karsten
Druck und Bindung: GGP Media GmbH, Pößneck
Printed in Germany
ISBN 978-3-579-08644-6

www.gtvh.de